A N T H O N Y

CARO

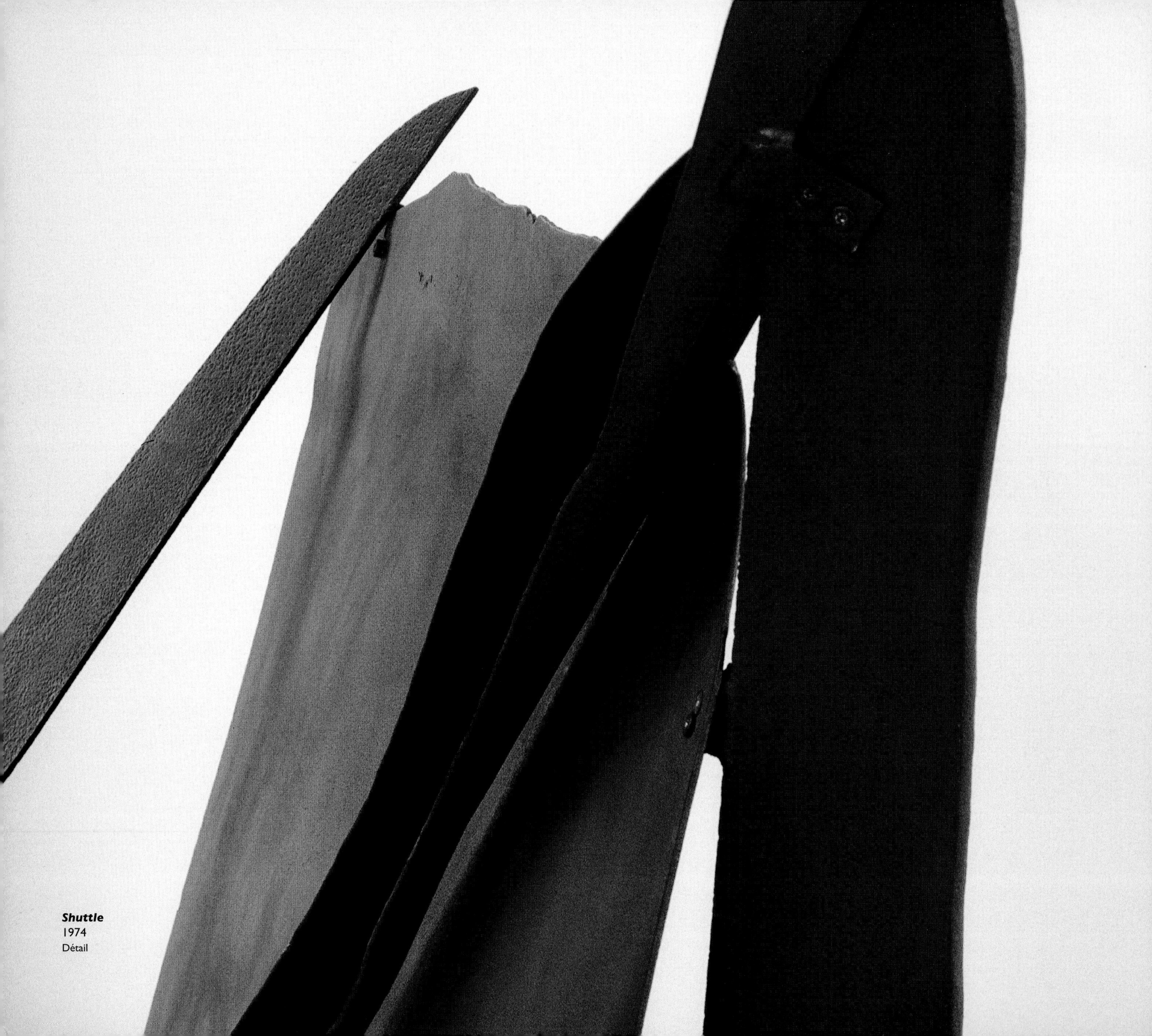

Shuttle
1974
Détail

ANTHONY CARO

Ce catalogue est publié par l'Association des Conservateurs des musées du Nord – Pas-de-Calais et les éditions GOURCUFF GRADENIGO à l'occasion des expositions consacrées à Anthony Caro présentées au musée des Beaux-Arts d'Angers, du 24 mai au 21 septembre 2008, au musée des Beaux-Arts et de la Dentelle de Calais, au lieu d'Art et Action contemporaine de Dunkerque et au musée du Dessin et de l'Estampe originale de Gravelines, du 11 octobre 2008 au 22 février 2009.

Commissaires des expositions :
Patrick Le Nouëne, directeur du musée des Beaux-Arts d'Angers
Barbara Forest, conservatrice du musée des Beaux-Arts
et de la Dentelle de Calais
Aude Cordonnier, conservateur des musées de Dunkerque
Dominique Tonneau, conservateur du musée du Dessin
et de l'Estampe originale de Gravelines
Coordination avec l'artiste :
Ian Barker (International Museums Agency)
Coordination éditoriale : Patrick Le Nouëne et Dominique Tonneau

Relecture : Katia Lièvre
Secrétariat : Zahia Dahmane, musées d'Angers
Conception graphique : Jean-Etienne Grislain, Adeline Richard

Régie des œuvres : Nathalie Besson-Amiot, musées d'Angers,
Paul Ripoche, musée de Gravelines, Natacha Haffringues, assistante
régisseuse, musée de Calais.
Coordination Action culturelle et médiation : Richard Schotte, musées
de Dunkerque. Anne-Pascal Marquet, musées d'Angers
Colloque international : Barbara Forest, musée de Calais,
et Richard Schotte, musées de Dunkerque
Logistique et transport : Paul Ripoche, musée de Gravelines
Coordination Communication : Aurore Delebarre, musées de
Dunkerque ; Corinne Busson, ville d'Angers ; Juliette Rudel, musées
d'Angers ; Agence l'Observatoire, Paris ; Agence Brunswick, Londres.
Coordination administrative : Pascaline Dron, Association Régionale
des conservateurs des musées du Nord – Pas-de-Calais ; Catherine
Gombert, musées d'Angers.

Ces expositions sont organisées avec le concours de la Direction
régionale des Affaires culturelles Nord – Pas-de-Calais et de la
Direction des Affaires culturelles des Pays de la Loire, du Conseil
Régional du Nord – Pas-de-Calais, des Conseils Généraux du Nord
et du Pas-de-Calais, de la Communauté Urbaine de Dunkerque,
du Syndicat mixte de la Côte d'Opale, des villes de Angers, Calais,
Dunkerque et de Gravelines.

Avant tout, nous tenons à remercier tout particulièrement :
Sir Anthony Caro, son épouse Sheila et son fils Paul Caro pour leur
précieuse et amicale collaboration tout au long de la préparation
de ces expositions et Patrick Cunningham, le directeur de son atelier.

Nous exprimons notre gratitude aux auteurs :
Barbara Forest
Jean-Etienne Grislain
Ann Hindry
Olivier Kaeppelin
Patrick Le Nouëne

et un remerciement tout particulier
à Hans Spinner pour son aide précieuse

aux prêteurs privés ou institutionnels :
le musée des beaux-arts et de la dentelle, Calais
le musée Würth, Künzelsau (Allemagne)
la Royal Academie of Art, Londres
Annely Juda Fine Art, Londres
le musée d'Art moderne, Saint Etienne
le MAC/VAL musée d'Art Contemporain du Val-de-Marne,
Vitry-sur-Seine
les collectionneurs privés qui ont souhaité garder l'anonymat

Nos remerciements iront également à :
Françoise Dubois, conseillère aux arts plastiques, DRAC Nord – Pas-
de-Calais ; Annely Juda Fine Art Gallery, Londres ; la galerie Templon,
Paris ; MTEC, Ware ; International Museum Agency, Folkestone,
Fabienne Renaud, Kate McLeod, Anne-Claudie Coric
sans lesquelles ces expositions n'auraient pu avoir lieu.

Enfin nos remerciements chaleureux aux mécènes :
le Crédit du Nord et tous ceux qui ont souhaité gardé l'anonymat

Et aux équipes techniques des différents musées et au personnel de MTEC

This catalogue is published by the Association of Museum Curators in the Nord – Pas-de-Calais Region and éditions GOURCUFF GRADENIGO, to accompany the Anthony Caro exhibitions held at Museum of Fine Art, Angers, May 24-September 21, 2008, Museum of Fine Art and lace, Calais, Art and Contemporary Action Space, Dunkirk, and Museum of Drawing and Print, Gravelines, October 11, 2008-February 22, 2009.

Exhibition Curators
Patrick Le Nouëne, Director, Museum of Fine Art, Angers
Barbara Forest, Curator, Museum of Fine Art and lace, Calais
Aude Cordonnier, Curator, Dunkirk Museums
Dominique Tonneau, Curator, Museum of Drawing and Prints, Gravelines
Liaison with the artist: Ian Barker (International Museums Agency)

Editors: Patrick Le Nouëne and Dominique Tonneau
Copy editor: Katia Lièvre
Secretary: Zahia Dahmane, Angers Museums
Graphic design: Jean-Etienne Grislain, Adeline Richard

Registrar: Nathalie Besson-Amiot, Angers Museums; Paul Ripoche, Gravelines Museum; Natacha Haffringues, assistant registrar, Calais Museum.

Interpretive and educational programs: Richard Schotte, Dunkirk Museums
International Symposium: Barbara Forest, Calais Museum; Richard Schotte, Dunkirk Museums. Anne-Pascal Marquet, Angers museums.
Logistics and shipping: Paul Ripoche, Gravelines Museum
Public Relations: Aurore Delebarre, Dunkirk Museums, Corinne Busson, city of Angers; Juliette Rudel, Angers museums; Agence l'Observatoire, Paris; Brunswick Arts Consulting, London.
Administration: Pascaline Dron, Association of Museum Curators in the Nord – Pas-de-Calais Region; Catherine Gombert, Museum of Fine Art, Angers.

The exhibitions are organized with funding from the Direction régionale des Affaires culturelles Nord – Pas-de-Calais and the Direction des Affaires culturelles in the Pays de la Loire, the Conseil Régional du Nord – Pas-de-Calais, the Conseil Général du Nord and the Conseil Général du Pas-de-Calais, the Communauté Urbaine in Dunkirk, the Syndicat mixte de la Côte d'Opale, the Cities of Angers, Calais, Dunkirk and Gravelines.

Above all we wish to thank Sir Anthony Caro, his wife Sheila, and his son Paul Caro for their invaluable help and friendly collaboration concerning all aspects of the exhibitions, and also Patrick Cunningham, his Studio Director.

We are very grateful to the authors:
Barbara Forest, Jean-Etienne Grislain, Ann Hindry, Olivier Kaeppelin, Patrick Le Nouëne

and specially thank Hans Spinner for his invaluable help

The lenders:
Museum of Fine Art, Calais
Museum Würth, Künzelsau (Germany)
Royal Academy of Art, London
Annely Juda Fine Art, London
Museum of Modern Art, Saint Etienne
MAC/VAL, Vitry-sur-Seine
the private collectors who wish to remain anonymous

We particularly wish to thank:
Françoise Dubois, conseillère aux arts plastiques, DRAC Nord – Pas-de-Calais.
Annely Juda Fine Art Gallery, London
Galerie Templon, Paris
MTEC, Ware
International Museums Agency, Folkestone
Fabienne Renaud
Kate McLeod
Anne-Claudie Coric
who made those exhibitions possible.

Finally, we extend our warmest thanks to sponsors from the Crédit du Nord bank, and all those who have wished to remain anonymous,

Last, but by far from least, our museum technical staff and their colleagues at MTEC.

Sommaire

Table of contents

Les traductions des textes de ce catalogue ont été assurées par :
Jeanne Bouniort, Elaine Briggs, Deke Dusinberre, Barbara Mellor et Semantis
Translation: Jeanne Bouniort, Elaine Briggs, Deke Dusinberre, Barbara Mellor and Semantis

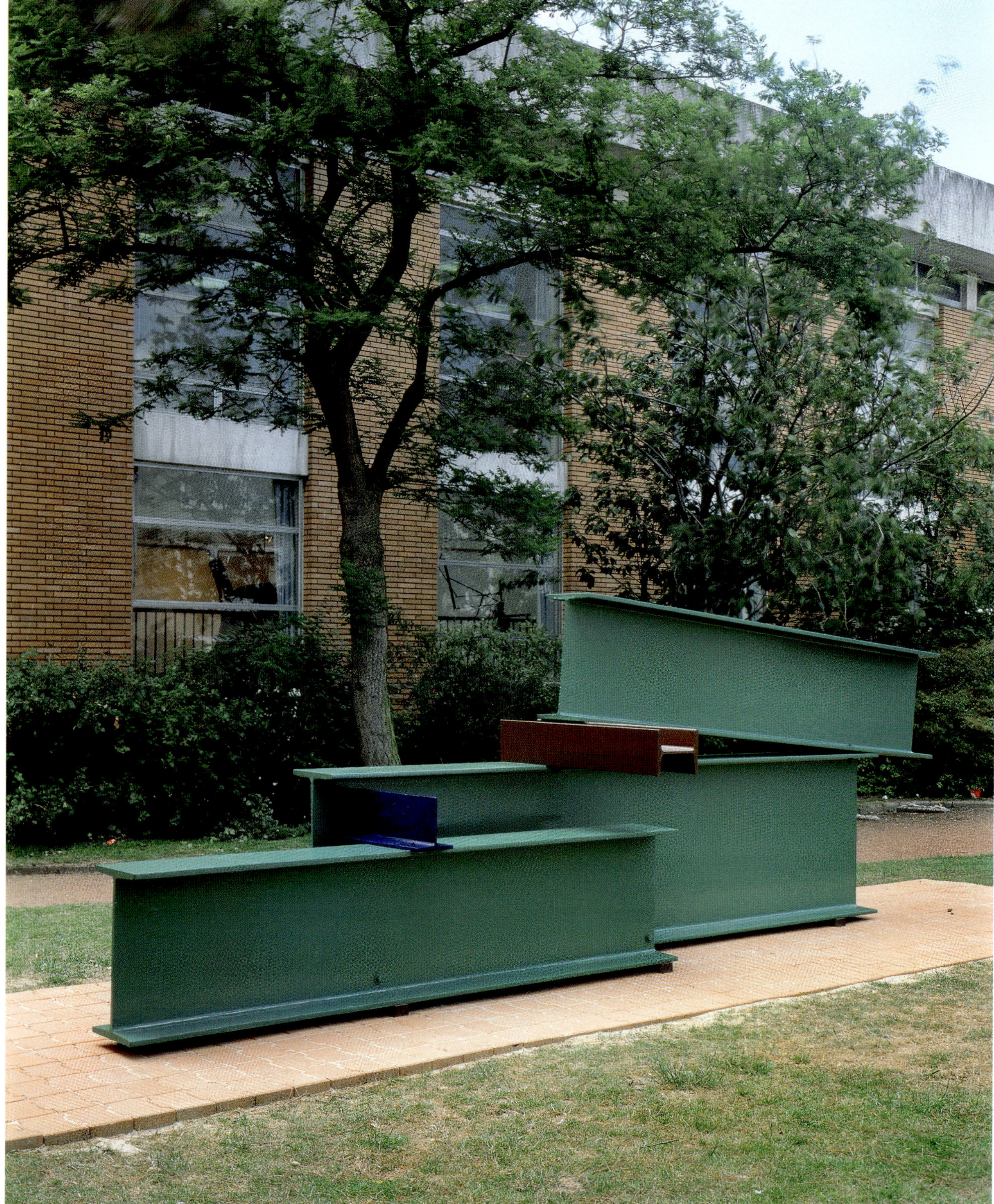

2
Sculpture Seven
1961
Acier peint en vert,
bleu et marron.
178 x 537 x 105,5 cm.
Collection particulière.

Installation devant le musée
des Beaux-Arts de Calais
en 1990 à l'occasion
de la première exposition
d'Anthony Caro dans
un musée français.

Patrick Le Nouëne
Directeur des musées d'Angers

Si, longtemps liée à la statuaire, à l'espace public, la sculpture a d'abord été un monument érigé et investi d'une fonction urbaine, il faut bien admettre que, depuis qu'elle est descendue de son socle, depuis que les sculpteurs ont renoncé à l'imitation et aux techniques qui la permettaient — la taille directe, le modelage ou la fonte —, un mouvement irréversible et multiple a contribué à la modification de sa fonction et a fait d'elle, c'est-à-dire de toute œuvre en trois dimensions située dans l'espace, un domaine privilégié d'expérimentation et de création, de liberté et d'invention ; peut-être le moyen « d'expression majeur de la création contemporaine », comme l'avait suggéré, dès 1986, Dominique Bozo, alors directeur du musée national d'Art moderne.

Amorcée en France par Rodin, poursuivie par Picasso et Gonzalez, cette aventure a été confortée aux États-Unis dans les années 1940-1960, lorsque des sculpteurs, tel David Smith, avec rigueur et cohérence, synthétisèrent forme et espace, et postulèrent l'autonomie de l'œuvre, la géométrisation maximale des formes grâce à l'assemblage de pièces manufacturées en métal soudé.

Cette aventure fut reprise par Anthony Caro au début des années 1960, après qu'il eut quitté Londres pour les États-Unis.

Depuis, son œuvre a été présenté dans les plus prestigieuses expositions internationales, des rétrospectives lui ont été consacrées dans les plus grands musées d'art moderne et contemporain, lesquels ont acquis de nombreuses œuvres de lui. Il a collaboré avec moult architectes de renom : Ieoh Ming Pei, pour la National Gallery de Washington, en 1978 ; Frank Gehry, pour un projet liant sculpture et architecture, en 1987 ; Tadao Ando, à l'occasion d'une rétrospective à Tokyo, en 1995 ; Norman Foster, dans un concours pour un pont à Londres lors du *Millenium*. Il a fait l'objet des plus hautes distinctions, anobli par la reine, en 1978, il a été fait citoyen d'honneur de New York, en 1992, il reçoit le prix de l'Empereur au Japon, il s'est vu décerné, en 2000, l'ordre du mérite britannique.

La France, cependant, méconnaît son œuvre, qu'elle a peu exposé, et, bien qu'il ait obtenu le prix de sculpture à la première Biennale de Paris, en 1959, il n'a bénéficié que de rares expositions personnelles dans des musées français — à Calais, en 1990 ; à Angers, en 1996 et plus récemment à Dieppe. En 1996, à Paris, de nombreuses œuvres de lui ont été présentées au musée du Jeu de Paume dont une dans l'allée principale du jardin des Tuileries, depuis le musée Rodin et le musée d'Orsay ont accueilli chacun une de ses œuvres.

En revanche, l'intérêt d'Antony Caro pour notre pays ne s'est jamais démenti. Il y a souvent voyagé : en 1948, il a dessiné et étudié la cathédrale de Chartres ; en 1960, après son séjour aux États-Unis, il a découvert la Bretagne et a été impressionné par les menhirs et les dolmens de Carnac. Plus tard, en 1993, il a visité longuement la France et s'est adonné à la céramique à Grasse. En 1996, il est nommé docteur *honoris causa* de l'université de Lille-III. En 1998, il visite les châteaux de la Loire. Et, depuis plus de dix ans, il collabore avec la région Nord – Pas-de-Calais, les monuments historiques et la délégation aux arts plastiques pour la restauration de l'église de Bourbourg (Nord), détruite durant la Seconde Guerre mondiale.

Toutefois, toujours en devenir — sa production d'aujourd'hui nous permettant de comprendre différemment celle d'hier —, son œuvre ne se laisse jamais enfermer. Il est toujours prompt à se renouveler, à remettre en question les acquis formels les plus assurés, à étendre le vocabulaire et la syntaxe de la sculpture par d'inédites combinaisons de formes ou par d'urgentes expérimentations de matériaux — papier, bois, argile, terre cuite, plomb, aluminium. Il revient aussi à la fonte, ou encore à une sculpture allusive et thématique. Il réinterroge les grands peintres ou les chefs-d'œuvre de l'Antiquité grecque, ne cessant depuis plus de cinquante ans d'inventer et de déjouer les classifications. À la Biennale de Venise de 1999, il présente *The Last Jugement,* œuvre dénonciatrice des atrocités du XXe siècle, qui rejoint le *Guernica* de Picasso (1937) ou le *Chant du monde* de Jean Lurçat (1957-1961).

C'est cette richesse et cette diversité d'Anthony Caro que présentent les expositions du musée des Beaux-Arts d'Angers puis du musée d'Art contemporain de Dunkerque, cette dernière étant complétée par la présentation de ses œuvres en papier au musée de l'Estampe de Gravelines et d'une série récente, les *Barbarians,* au musée des Beaux-Arts de Calais.

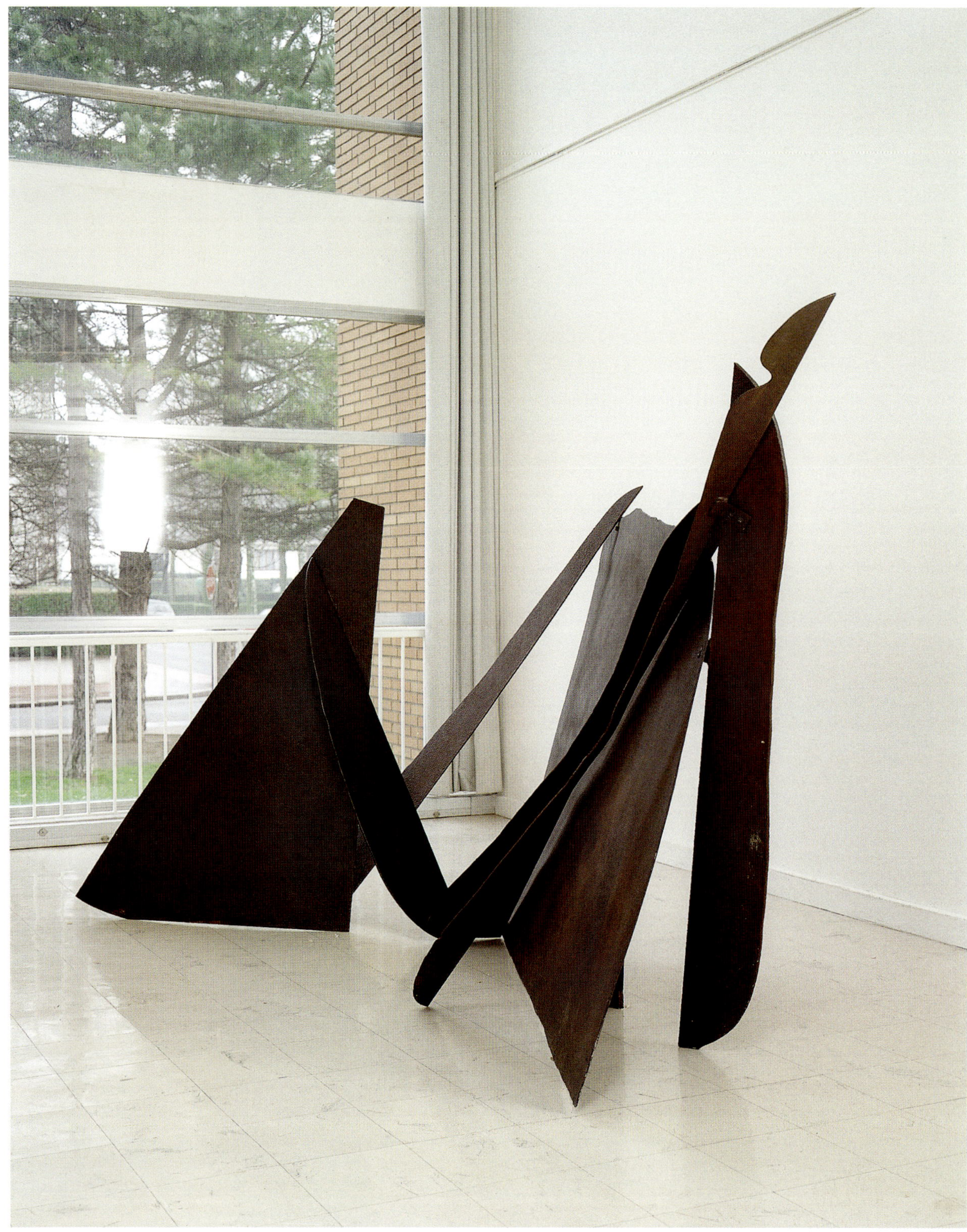

<u>**7**</u>
Shuttle
1974
Acier, rouillé et verni.
195,5 x 241,5 x 254 cm.
Calais, musée des Beaux-Arts
et de la Dentelle.

FOREWORD

Patrick Le Nouëne
Director of Museums, Angers

For many years sculpture was inextricably linked with statuary, with public spaces: initially it was a monument erected to fulfil an urban function. Yet since sculpture has descended from its pedestal, since sculptors have abandoned imitation and the techniques which made it possible – direct carving, modelling and casting – an irreversible and multifaceted trend has helped to change its role, making it – i.e., any three-dimensional work located in space – a uniquely fertile terrain for experimentation, creativity, freedom and invention. Sculpture has arguably become the "major expressive medium of contemporary creativity" – in the words of Dominique Bozo in 1986, when he was Director of the Musée National d'Art Moderne.

Initiated in France by Rodin, and continued by Picasso and Gonzalez, this trend was confirmed in the United States from the 1940s to the 1960s, when sculptors like David Smith worked with rigour and coherence, synthesising form and space, asserting the work's autonomy and optimising its formal geometry by assembling parts made of welded metal.

Anthony Caro followed in the same path in the early 1960s, after he had left London for the USA.

His work has since been exhibited in the most prestigious international exhibitions; retrospectives have been devoted to him in the leading modern and contemporary art museums, which have also acquired many of his works. He has collaborated with a number of renowned architects: with Ieoh Ming Pei, for Washington's National Gallery, in 1978; with Frank Gehry, on a project combining sculpture and architecture, in 1987; with Tadao Ando for a retrospective in Tokyo in 1995; with Norman Foster in the competition for London's Millennium Bridge. He has received the highest honours: he was knighted by the Queen; in 1978 he was made an honorary citizen of New York; in 1992 he received the Praemium Imperiale in Japan; in 2000 he was awarded the British Order of Merit.

France, however, has not given his work the attention it deserves, and has exhibited it rarely. Even though Caro won the sculpture prize in the first Paris Biennale in 1959 he has had few solo exhibitions in French museums – in Calais in 1990; in Angers in 1996 and more recently in Dieppe. A large number of his works were displayed in the Musée du Jeu de Paume in Paris in 1996, including one in the main avenue of the Jardin des Tuileries, and since then the Musée Rodin and the Musée d'Orsay have each acquired one of his works.

By contrast, Antony Caro's interest in our country has never abated. He has often travelled in France: in 1948, he drew and studied Chartres Cathedral; in 1960, after visiting the United States, he discovered Brittany and was impressed by the menhirs and dolmens of Carnac. Later, in 1993, he spent an extended period in France and devoted himself to ceramics in Grasse. En 1996 he was awarded an honorary doctorate by Lille-III University. In 1998, he visited the châteaux of the Loire. And for more than ten years he has collaborated with the Nord-Pas-de-Calais region, the French heritage authorities and the Délégation aux Arts Plastiques (visual arts delegation) on the restoration of Bourbourg chapel, which was destroyed during the Second World War.

At the same time his work is constantly changing, and constantly resists definition – his current work casts new light on our understanding of his earlier works. He is constantly seeking renewal, keen to question the most entrenched formal assumptions, expanding the vocabulary and syntax of sculpture with new combinations of forms and an urgent experimentation with materials – paper, wood, clay, terracotta, lead, aluminium. He returns to casting, for example, or to a sculpture that is allusive and thematic; he asks new questions of the great painters or the masterpieces of Ancient Greece – for more than fifty years his inventiveness, and his resistance of classification, have been unflagging. At the Venice Biennale of 1999 he presented *The Last Judgement*, a work denouncing 20th-century atrocities which aligns itself with Picasso's *Guernica* (1937) and Jean Lurçat's *Chant du monde* (1957-1961).

It is this richness and diversity in Antony Caro's work that will be on show in the exhibitions at the Musée des Beaux-Arts in Angers and then at the Musée d'Art Contemporain in Dunkerque, the latter supplemented by a display of Caro's works on paper at the Musée de l'Estampe in Gravelines and by a recent series, the *Barbarians*, at the Musée des Beaux-Arts in Calais.

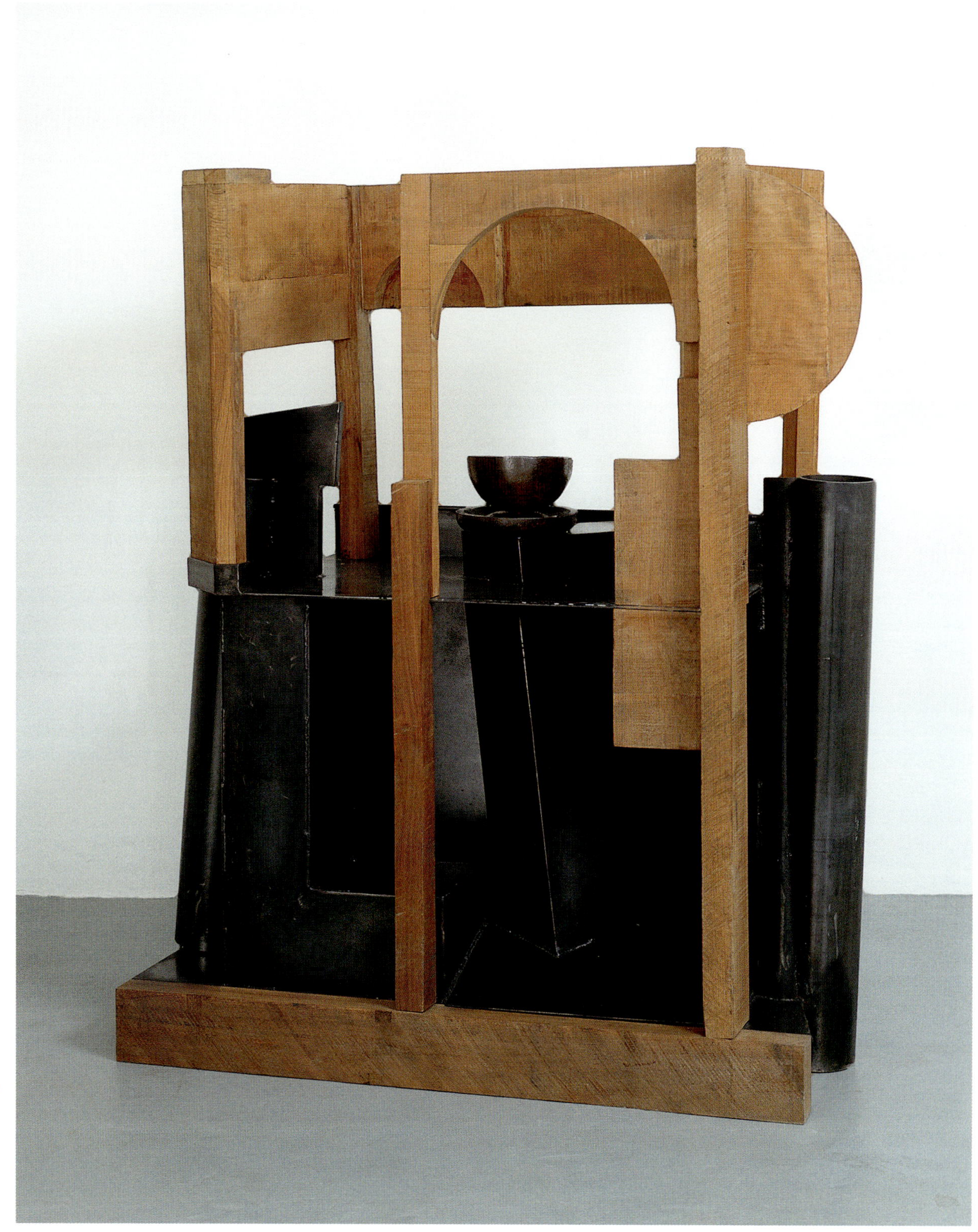

33
Duccio Variations n° 1
1999-2000
Acier, bois.
164 x 143 x 68 cm.
Londres, Courtesy Annely
Juda Fine Art ;
Paris, galerie Daniel Templon.

ANTHONY CARO
RÉTROSPECTIVE DANS TROIS MUSÉES DU LITTORAL NORD – PAS-DE-CALAIS
10 octobre 2008 – 21 février 2009

Aude Cordonnier, Présidente de l'Association régionale des conservateurs des musées du Nord – Pas-de-Calais,
conservateur en chef des musées de Dunkerque
Barbara Forest, conservateur du musée des Beaux-Arts de Calais
Dominique Tonneau-Ryckelynk, conservateur en chef du musée de Gravelines

Cette exposition, première grande rétrospective de l'œuvre de l'artiste britannique Anthony Caro sur le sol français, est un événement majeur qui s'inscrit dans le temps fort de l'inauguration de l'œuvre conçue par l'artiste pour le chœur de l'église Saint - Jean-Baptiste de Bourbourg. (2000-2008).

Cette manifestation est organisée dans le Nord – Pas-de-Calais, sur une proposition de Patrick Le Nouëne, conservateur du musée des Beaux-Arts d'Angers, par l'Association régionale des conservateurs des musées du Nord – Pas-de-Calais. Elle est remarquable dans la mesure où elle associe, autour d'une commande publique, trois musées dynamiques en matière d'art vivant, tous situés sur le littoral de la région : le musée des Beaux-Arts de Calais, le LAAC, Lieu d'Art et Action contemporaine de Dunkerque, et le musée du Dessin et de l'Estampe originale de Gravelines.

La rétrospective se développe selon trois volets qui offrent aux publics la possibilité d'appréhender sous trois angles de vue complémentaires le parcours du sculpteur des années 1960 à nos jours. L'organisation en séquences compose un environnement artistique pertinent, propice à la découverte de l'œuvre, à son appréhension. L'inscription dans le territoire fait écho à l'histoire des lieux qui l'accueillent, à leur environnement patrimonial, ainsi qu'aux projets culturels et aux collections des musées..

Au musée des Beaux-Arts et de la Dentelle de Calais, à quelques centaines de mètres du monument *Les Bourgeois de Calais* de Rodin, témoin exceptionnel d'une histoire douloureuse et d'une commande exemplaire, sont présentées une vingtaine d'œuvres imposantes et récentes d'Anthony Caro issues des séries : *The Barbarians, The Trojan War, The Kenwood Series*. Les aspects – narratif, historique et mythologique – sont bien plus significatifs dans ces installations, que dans ses créations plus anciennes. L'exposition met l'accent sur l'utilisation de matériaux classiques, en particulier du bois et de la céramique, technique de fabrication développée auprès de Hans Spinner à Grasse dans les années 90. Le musée de Calais, riche d'un fonds important de sculptures modernes et contemporaines, en particulier britanniques, relaie par l'ampleur et l'audace de son exposition, l'œuvre monumentale conçue pour le chœur de Bourbourg.

À Dunkerque, au LAAC, conçu au cours des années 1970 et érigé sur l'ancien site des batteries alliées, les œuvres abstraites en acier ont été retenues, soit la sculpture des années 1960-1980, fruit de la rencontre entre le jeune artiste émergent, désireux de s'affranchir de la tradition européenne et de l'espace américain : le sculpteur cooptait simultanément à cette époque la culture expressionniste et l'acier comme matériau de prédilection. Adaptées au contexte portuaire et industriel, ces sculptures témoignent d'une quête farouche de l'abstraction. L'exposition présente également *Child's Tower Room* (1983-1984), sculpture en bois, qui joue de complicité avec les *Tours* de l'œuvre réalisée pour Bourbourg, et *Slow Passage* (2006), toute récente création de l'artiste.

Le musée de Gravelines, haut-lieu de l'estampe, présente pour la première fois en Europe une rétrospective de l'œuvre sculpté en papier d'Anthony Caro (1980-2006). Œuvre commencé en 1981 à l'invitation de l'éditeur new yorkais Ken Tyler, elle se poursuit au Japon avec la série *Obama* dix ans plus tard. Le sculpteur trouve là un terrain d'expériences nouveau et fait preuve d'une remarquable créativité qui se poursuivra avec les *Paper books*, réalisés en 1999. En dialogue avec l'architecture de la salle de la poudrière installée dans les fortifications de Vauban, le musée présente également un ensemble de quinze sculptures exemplaires des riches relations mises en œuvre par l'artiste entre les trois disciplines, sculpture, architecture et peinture : six *Table Pieces*, huit œuvres de la série *Arena* (1995) et *Duccio* (1999/2000), et la monumentale *Cathedral* (1988/1991).

Cette opération en réseau, qui relie environnement patrimonial et création actuelle, est exemplaire à plus d'un titre. Elle déploie sur un même territoire, le littoral du Nord – Pas-de-Calais, un ensemble exceptionnel d'œuvres de l'un des plus importants sculpteurs contemporains et participe ainsi à son développement touristique et culturel. Elle propose une démarche conjointe d'accompagnement des populations et d'accueil des publics pour leur permettre de mieux appréhender une œuvre majeure, qui fera désormais partie de leur patrimoine. Elle associe des enseignants d'université et d'écoles d'art, des artistes, des conservateurs de musée et des responsables culturels pour composer un programme culturel d'envergure : rencontres, conférences, colloque… ; elle contribue par là-même au rayonnement artistique et scientifique de la région.

En proposant cet événement, l'Association régionale des conservateurs des musées du Nord – Pas-de-Calais confirme sa vocation à mettre en synergie des projets à l'échelle des territoires, visant à élargir les publics du bassin naturel du musée au profit de territoires plus vastes, vocation renforcée par l'ouverture prochaine, au cœur de la région Nord – Pas-de-Calais, du Louvre-Lens.

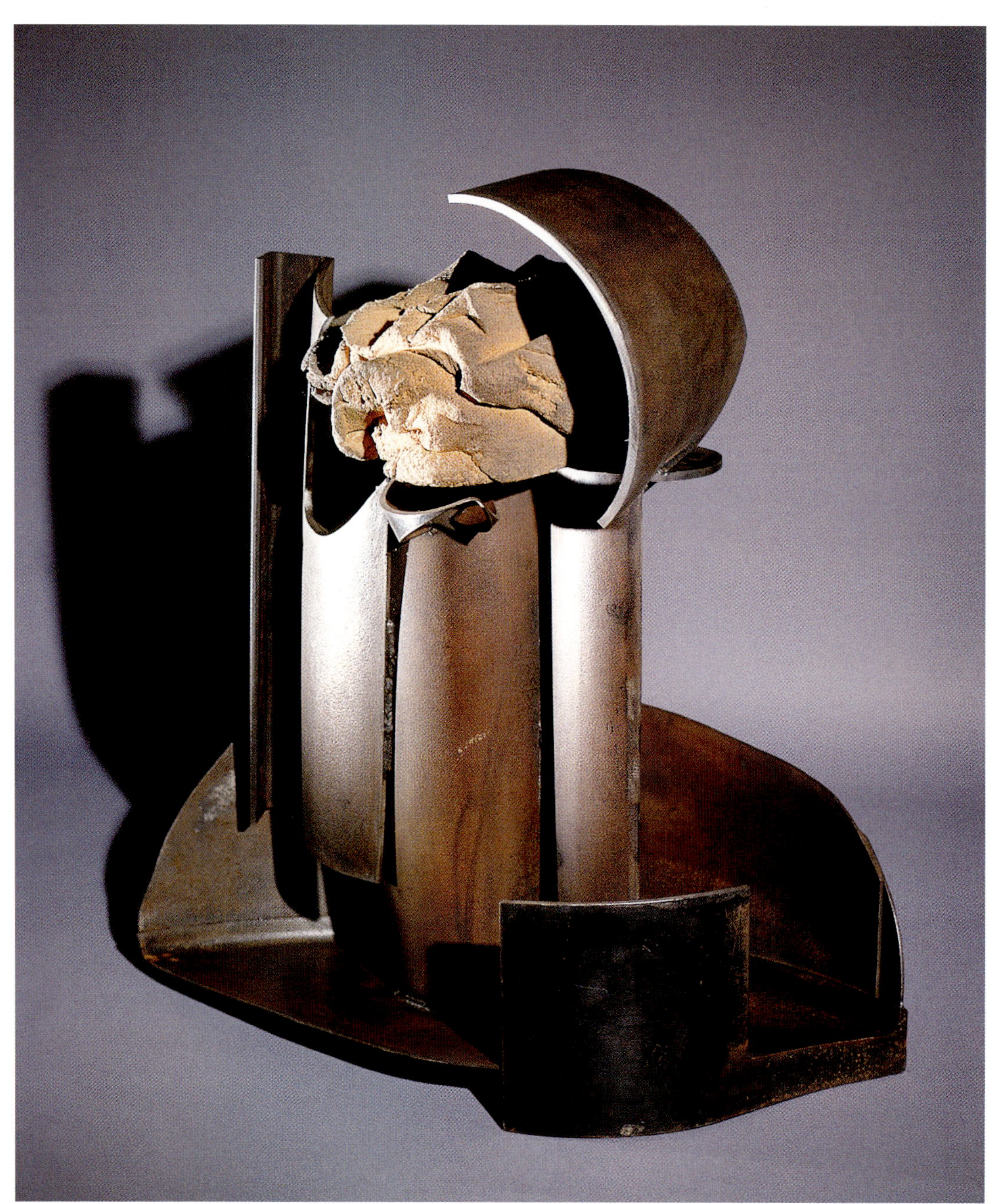

83
The Trojan War :
Poseidon
1993-1994
Grès et acier.
102,5 x 98 x 58 cm.
Collection particulière.

ANTHONY CARO
RETROSPECTIVE IN THREE MUSEUMS ALONG THE NORD–PAS DE CALAIS COASTLINE
10 October 2008 - 21 February 2009

Aude Cordonnier, President of the Association Régionale des Conservateurs des Musées du Nord-Pas de Calais
(Nord-Pas de Calais Regional Association of Museum Curators), head curator of Musées de Dunkerque
Barbara Forest , curator of the Musée des Beaux-Arts de Calais
Dominique Tonneau-Ryckelynk, head curator of the Musée de Gravelines

This exhibition is the first large-scale retrospective of British artist Anthony Caro's work in France – a major event timed to coincide with the opening of the work created by Caro for the choir of the church of Saint-Jean-Baptiste in Bourbourg (2000-2008).

This event has been organised by the Association Régionale des Conservateurs des Musées du Nord-Pas de Calais (Nord-Pas de Calais Regional Association of Museum Curators) following a proposal by Patrick Le Nouëne, curator of the Musée des Beaux-Arts in Angers. It is unusual in bringing together three museums with a dynamic interest in contemporary art, all located along the region's coastline, for a state-funded project: the Musée des Beaux-Arts in Calais, the LAAC (Lieu d'Art et Action Contemporaine) in Dunkirk, and the Musée du Dessin et de l'Estampe Originale in Gravelines.

The retrospective is arranged in three parts, giving the public an opportunity to consider the sculptor's career from the 1960s to the present day from three complementary viewpoints. The works are arranged in sequences, creating a cohesive artistic context which helps to enhance the experience and understanding of individual pieces. Placing the works within this regional context also highlights connections with the history of the locations in which they are presented, their natural environment, and the cultural projects and collections of the museums themselves.

The Musée des Beaux-Arts et de la Dentelle in Calais, a few hundred metres away from Rodin's monumental *Les Bourgeois de Calais* – an outstanding testimony to a tragic story and an exemplary commission – will present around twenty of Antony Caro's imposing recent works from three series: *The Barbarians*, *The Trojan War*, and *The Kenwood Series*. Narrative, historical and mythological aspects are far more important in these installations than in the artist's earlier works. The exhibition places the emphasis on the use of traditional materials, especially wood and ceramics, using a production technique developed with Hans Spinner in Grasse in the 1990s. The Calais museum has substantial holdings of modern and contemporary sculpture – and British sculpture in particular – and the scale and audacity of this exhibition echoes the monumental work Caro has created for the choir of Bourbourg.

The LAAC in Dunkirk – designed in the 1970s and constructed on the site of former allied batteries – has opted to show the abstract steel works, i.e. Caro's sculpture from the years 1960-1980, the fruit of the encounter between a young, upcoming artist wishing to free himself from European traditions and the American environment. At this period the sculptor simultaneously adopted both the culture of expressionism and steel as his preferred material. These sculptures, which are perfectly suited to the industrial and port environment, reveal the artist's uncompromising pursuit of abstraction. This exhibition also presents *Child's Tower Room* (1983-1984), a wood sculpture, with its clear affinity to the towers of the work created for Bourbourg, and *Slow Passage* (2006), a very recent work by the artist.

The Musée de Gravelines, a specialist print museum, is presenting a retrospective of Anthony Caro's paper sculptures (1980-2006) – the first show of its kind in Europe. This group of works dates back to 1981 – prompted by an invitation by New York publisher Ken Tyler – and continued with the *Obama* series in Japan ten years later. For the sculptor this proved a fertile new terrain, stimulating a highly creative response which continued with the *Paper Books* made in 1999. Forming a dialogue with the architecture of the Salle de la Poudrière located within the Vauban fortifications, the museum is also presenting an ensemble of 15 sculptures reflecting the rich interconnections between the three disciplines – sculpture, architecture and painting – explored by the artist: six *Table Pieces*, eight works from the *Arena* series (1995) and *Duccio* (1999/2000), and the monumental *Cathedral* (1988/1991).

This collaborative event, combining natural heritage and contemporary art, is exemplary in more than one respect. It displays an exceptional group of works by one of the most important contemporary sculptors across a single region – the Nord-Pas de Calais coastline – thus contributing to the region's development as a tourist and cultural attraction. It represents a joint initiative to raise public awareness and promote wider appreciation and understanding of a major work which will become part of the region's heritage. It also draws together lecturers from universities and art schools, artists, curators and arts managers to participate in a wide-ranging cultural programme - including meetings, talks, a colloquium, etc. – helping to raise the region's artistic and academic profile.

In proposing this event, the Association Régionale des Conservateurs des Musées du Nord-Pas de Calais (Nord-Pas de Calais Regional Association of Museum Curators) confirms its mission to synergise projects across the region, aiming to expand the audience of its museums by reaching out across a wider territory – a mission that is underscored by the upcoming opening of the Louvre-Lens museum at the heart of the Nord-Pas de Calais region.

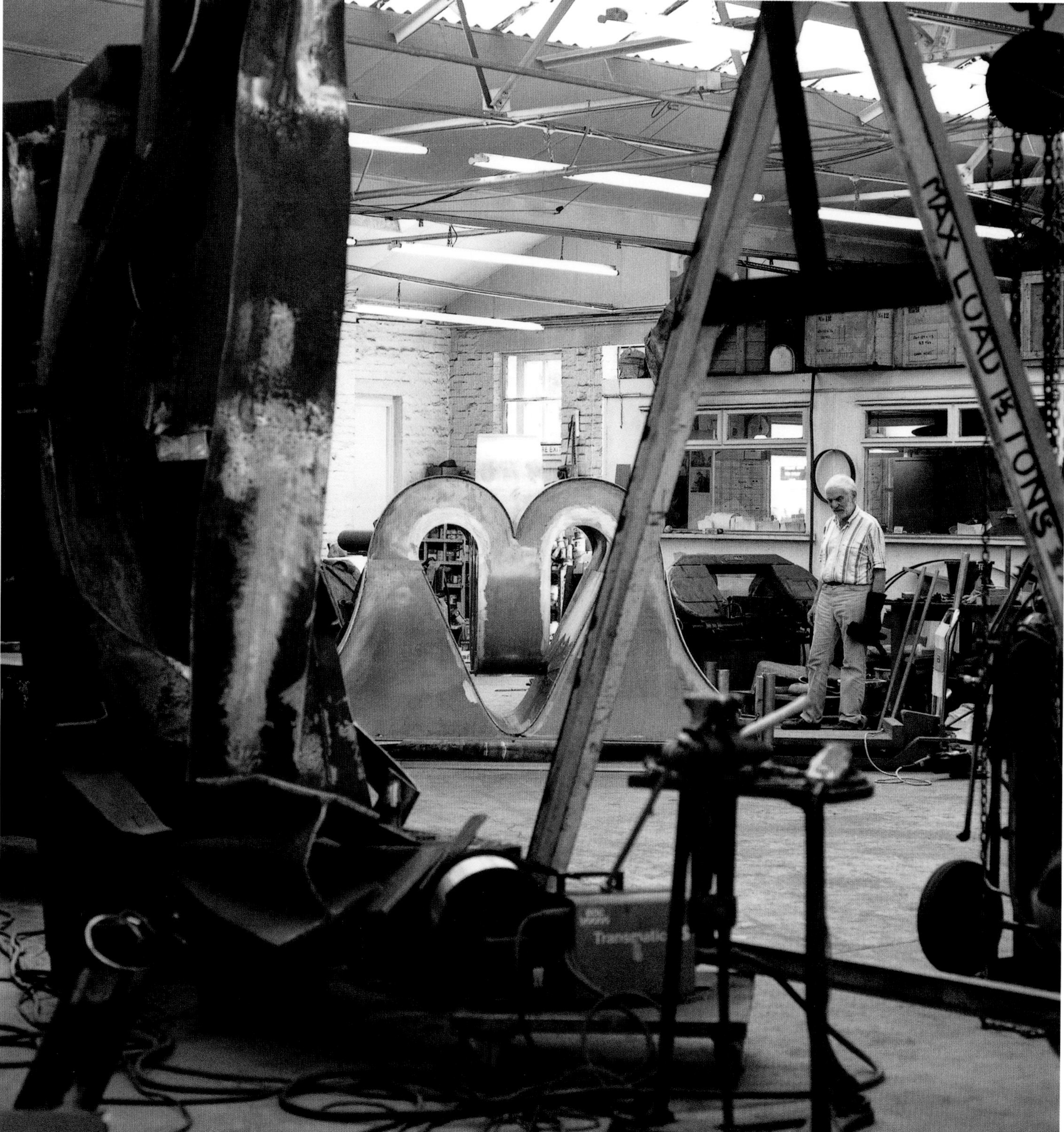

Vue de l'atelier
Londres, 1989.

Patrick Le Nouëne

Interview, Londres, décembre 2007,
avec la collaboration de Fabienne Renaud.

Interview, London, December 2007,
with the help of Fabienne Renaud.

Patrick Le Nouëne : Vous soulignez souvent, de même que vos biographes, l'importance de votre première visite de la cathédrale de Chartres, en 1948, donc à vingt-quatre ans.

Anthony Caro : C'était mon premier voyage à l'étranger après la guerre. Ma sœur est venue avec moi. Je voulais surtout voir les sculptures, à Chartres, parce que les arts roman et gothique m'attiraient beaucoup. Nous y avons passé huit jours, à dessiner, photographier et explorer la cathédrale.

P. L. N. : Vous avez réalisé vos premières œuvres personnelles à l'époque où vous étiez l'assistant de Henry Moore. C'est à ce moment que vous avez pris des distances avec votre formation académique pour entrer pleinement dans la modernité.

A. C. : Quand je suis allé à Chartres, j'étudiais encore à la Royal Academy. Je tâchais de trouver mes repères dans l'histoire de l'art. J'appréciais les représentations d'amoureux dans la sculpture romane, le gothique, etc. Le cursus s'échelonnait sur cinq ans à la Royal Academy, et, vers la fin, j'étais plus attiré par la sculpture grecque. Bien entendu, je voulais aussi comprendre ce qui se passait dans l'art contemporain. Je suis donc allé demander à Henry Moore s'il voulait me prendre comme assistant.

P. L. N. : Vous avez agrandi des sculptures d'après ses modèles. Vous avez dû apprendre le métier de la fonte en bronze à cette époque, avec la mise en route d'une fonderie.

Patrick Le Nouëne: You came to France at a relatively early age, and both you and your biographers have stressed the importance of your first visit to Chartres Cathedral, in 1948, when you were twenty-four.

Anthony Caro: It was the first time after the war that I had been abroad. I went with my sister; I wanted especially to go to see the sculptures at Chartres because I was very interested in Romanesque and Gothic sculpture. We spent about a week in Chartres, drawing, taking photographs and getting to know the cathedral.

P. L.N.: Your own early work corresponds to the time you worked for Henry Moore. It was during those years that you freed yourself from the academic training you received, that you moved toward modernism.

A. C.: When I went to Chartres, I was still a student at the Royal Academy school; I was sort of working my way through art history. I was enjoying the first depictions of lovers in Romanesque sculpture, the Gothic, and so on. It was a five-year course at the RA school, near the end of my time there I came to enjoy Greek sculpture. Also of course, wanted to understand what was happening in contemporary art. For this reason I went to ask Henry Moore if he would have me as an assistant.

P. L.N.: Henry Moore asked you to produce casts of his sculptures, based on his maquettes. So I gather you learned the craft of bronze-casting —you got a bronze foundry going.

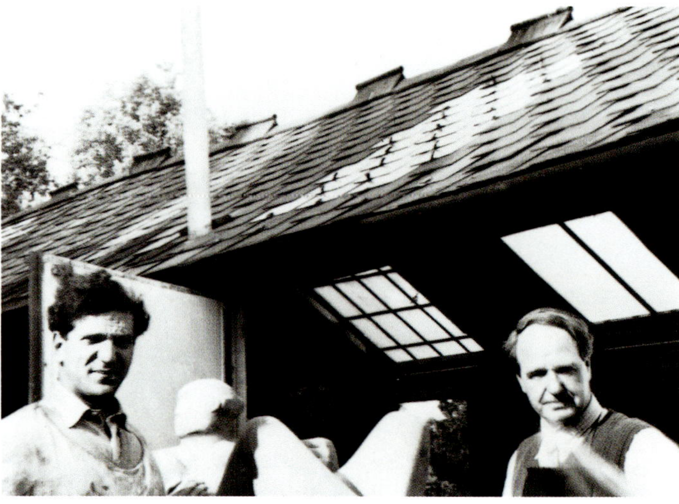

**Anthony Caro
et Henry Moore**
Vers 1952.

A. C. : Quand je suis allé voir Henry Moore, il m'a dit : « Nous allons installer une petite fonderie de bronze au fond du jardin. Dans six mois, j'aurai besoin de vous. » En réalité, on n'y connaissait pas grand-chose et on ne l'a pas vraiment construite comme il faut. Le charbon ne chauffait pas suffisamment. On utilisait de gros soufflets actionnés à la main et, pour finir, on se retrouvait à couler le bronze à deux heures du matin. C'était de l'amateurisme total. Peu après, nous avons appris que les fonderies professionnelles étaient équipées de souffleries. Tout le monde apprenait. On a fondu plusieurs sculptures de Henry, dont une œuvre de grandes dimensions, qui représentait un véritable exploit, et puis quelques œuvres personnelles aussi. C'était l'une de nos activités, à la fois amusante et intéressante. Je faisais un travail créatif plus personnel le week-end et le soir.

P. L. N. : Vous avez dit que c'est Henry Moore qui vous a donné accès à l'art nègre, au surréalisme et à l'ensemble des mouvements modernes, et que vous avez abondamment consulté sa riche bibliothèque.

A. C. : Il était très généreux. Tous les soirs, je lui empruntais des livres d'art et je les rapportais le lendemain, pour en prendre d'autres. À la Royal Academy, l'enseignement se concentrait exclusivement sur les Grecs, Michel-Ange, des œuvres très académiques. Je n'avais jamais vu une seule sculpture africaine avant de rencontrer Henry Moore. J'ignorais tout du cubisme et du surréalisme. Cette ouverture sur notre siècle a beaucoup compté dans ma formation.
Je m'initiais au fonctionnement de l'atelier. J'observais le mode de pensée de Henry Moore, sa façon de travailler. Je continuais à dessiner un ou deux jours par semaine à la Royal Academy. Je conduisais Henry

A. C.: When I first went to Henry Moore he told me: 'We are making our own little bronze foundry at the end of the garden, in six months' time I will need you'. He needed help to make his bronze foundry work. In the event we did not build it quite right, in fact we were rather amateur. We could not ever get the coke hot enough. We used hand-held bellows and in the end we poured the bronze at two o'clock in the morning. It was absolutely amateur. Soon after this, we learned that in the professional foundries they were using blowing machines. We were all learning together. We cast several of Henry's sculptures including one big piece which was quite an achievement. We would also cast our own work. It was fun and interesting too. This was one aspect of what we did. I was creative on my own work at week-ends and evenings.

P. L.N.: You've also said that your first contact with Negro art, surrealism, and the modernist movement in general, came from Moore and that you looked at many of the books in his extensive library.

A. C.: He was very generous to me. Every night I would take art books to look at and bring them back the following day and exchange for others. The Royal Academy was focused only on very academic work, the Greeks, Michelangelo; I had never seen a work of African sculpture before I went to Henry Moore. I knew nothing of Cubist art, and none of the Surrealists. That opening up to our century was a big learning experience. I learned how a studio works. I saw how Henry Moore thought, how he worked. I used to draw one or two days a week at the RA school. I would drive Henry and his wife to London, and I would draw from the model at the Royal Academy. In the

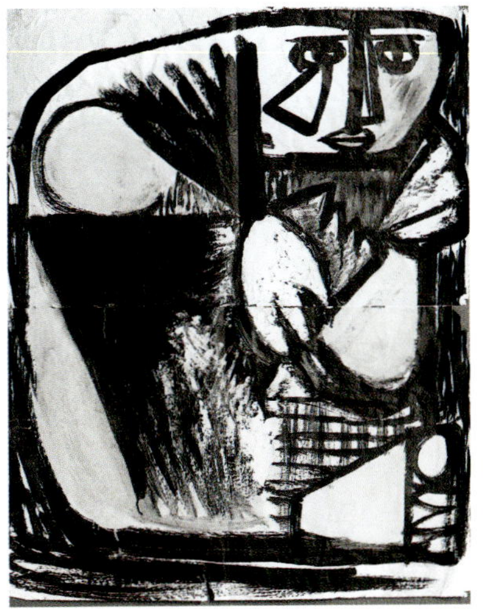

Figure 1955-56
Encre noire et peinture
sur papier journal.
33,3 x 84 cm.
Collection particulière.

et sa femme à Londres, j'allais dessiner d'après le modèle vivant et, le soir, je reconduisais les Moore chez eux. Le lendemain, Henry regardait mes dessins et me donnait son avis. Il m'a énormément appris.

P. L. N. : Il y a eu beaucoup d'expositions en Angleterre dans cette période de l'après-guerre. Elles ont offert aux Londoniens l'occasion de découvrir les principaux artistes modernes, notamment Picasso et Matisse, et aussi ceux qui commençaient tout juste à être exposés à Paris, comme Jean Dubuffet.

A. C. : Le Victoria and Albert Museum a organisé une exposition Picasso-Matisse vers 1947. Je l'ai vue du temps de mes études à la Royal Academy. La plupart des membres de l'Academy, et son président Alfred Munnings, prenaient Picasso pour un fumiste. Encore dans les années 1940 et 1950, ils le traitaient d'imposteur. Dubuffet, je l'ai découvert plus tard, après avoir quitté l'atelier de Henry Moore. J'aimais beaucoup la série des *Corps de dames*.

P. L. N. : Vous connaissiez Germaine Richier à cette époque ?

A. C. : C'était une artiste importante pour moi, sans nul doute, mais peut-être moins que les sculpteurs italiens Marino Marini, Mirko Basaldella et Luciano Minguzzi.

P. L. N. : La sculpture de Henry Moore était lisse, impeccable, à l'opposé de vos premières terres cuites très « expressionnistes », où le geste prenait une grande place. Cet aspect expressionniste était préservé dans vos premières fontes en bronze.

evening, I would drive Henry back. The next day, he would look at my drawings and make criticisms. I learned a great deal from him.

P. L.N.: There were many exhibitions in Great Britain in the years following the Second World War. Among other things, they gave Londoners a chance to discover the major artists of the modernist movement in the first half of the twentieth century, such as Picasso and Matisse, as well as those who were being shown in Paris just after the war, such as Dubuffet.

A. C.: There was an exhibition at the Victoria and Albert Museum of Picasso and Matisse in about 1947. I saw that when I was at the Academy. Alfred Munnings the president of the Academy, and most of the Academicians thought that Picasso was a phony, even as late as the 1940's or 50's they thought Picasso was nonsense. Dubuffet I came across later, I liked the *Corps des Dames* very much but that was after I had left Henry Moore.

P. L.N.: Did you know Germaine Richier at this time?

A. C.: Germaine Richier was certainly important for me at this time, less so perhaps than the Italian sculptors, Marino Marini and Mirko and Luciano Minguzzi.

P. L.N.: Moore's sculpture was very clean and smooth, the opposite of your early, very 'expressionist' works in fired clay, in which physical gesture played an important role. This expressionist aspect was retained in your first bronze casts.

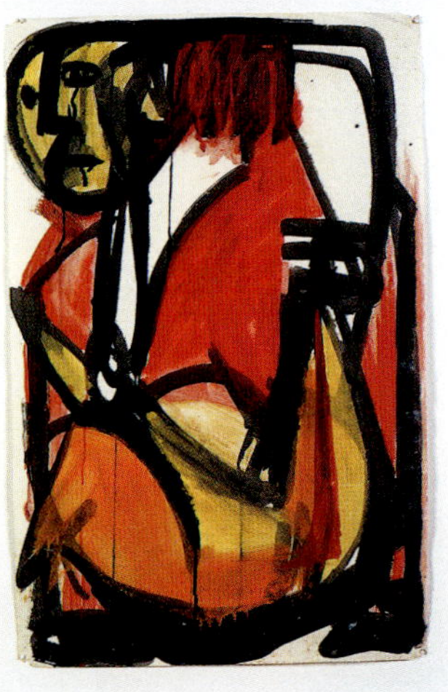

Figure
1955-1956
Peinture, pinceau et encre
sur papier journal.
83,5 x 53,5 cm.
Collection particulière.

A. C. : À la fin de mon stage à l'atelier de Henry Moore, j'ai vu des Francis Bacon et des Picasso à la Tate et j'ai compris qu'il y avait d'autres options. J'ai essayé toutes sortes de méthodes. Un jour, par exemple, en voyant un vieux tronc d'arbre par terre, j'ai eu l'idée de le scier pour en faire une tête de taureau. Une autre fois, j'ai posé des morceaux d'argile sur des sellettes. Je me suis mis à cogner contre les sellettes pour faire tomber l'argile au hasard. Je cherchais un moyen d'obtenir des effets fortuits, sans intervention de la volonté. Je prenais de l'assurance en essayant d'autres manières d'aborder la sculpture.

P. L. N. : Dans les années 1950, vos dessins étaient très proches de vos sculptures. C'étaient souvent des études préparatoires. Par la suite, vous avez très peu dessiné, ou alors les dessins avaient beaucoup moins de rapport avec les sculptures.

A. C. : Henry Moore m'avait dit : « Travaillez vite ! Vous progresserez vite. Faites donc de petites sculptures ou des dessins. » Je commençais à être influencé par Picasso. Il avait peint et sculpté des « bestioles », des chats… Je me rappelle être allé avec ma femme dans un élevage de taureaux destinés à la reproduction. Ils étaient attachés dans un pré. C'étaient des animaux très farouches, très vifs dans leurs mouvements. J'ai essayé de dessiner leurs silhouettes massives et puissantes en restituant cette impression de rapidité. Ils étaient très agiles. Cette attirance pour les taureaux me venait de Picasso, évidemment.

P. L. N. : En 1956, le critique Lawrence Alloway a rédigé la préface de votre exposition à la Galleria del Naviglio, à Milan. Il soulignait que vos « lourdes figures humaines traduisent un combat héroïque, secret et

A. C.: At the end of my time at Moore's —I saw some Francis Bacons and some Picassos at the Tate and I realized that there were other directions— I tried all sorts of ways of working. Like one day I saw an old tree trunk fallen down, and broken. I sawed it up to bring it back and make it into a head of a bull. Another time I put pieces of clay on stands, and I hit them and dropped them on the floor, blindly, to see if I could find a way through. I was seeking something that did not come out of my will but out of chance and the clay. I was gaining confidence trying to find new way of tackling sculpture.

P. L.N.: In the 1950s, your drawings were very similar to your sculpture, they were often preparatory studies. Later, however, you no longer did drawings, or at least your drawings were much less related to your sculpture.

A. C.: Henry Moore had told me: 'Work fast! You will progress quickly. Make small sculptures or drawings'. I was beginning to be influenced by Picasso. He had been painting and sculpting the 'angry animals, cats'… I remember going with my wife to a farm which raised bulls for breeding. The bulls were in the field, tied up. They were very fierce and quick moving. I drew. I was trying to catch the feeling of the speed of movement as well as the weight and power of the bulls. They were very nimble. My interest in bulls came from Picasso.

P. L.N.: In 1956, the critic Lawrence Alloway wrote the introduction to your show at the Galleria del Naviglio in Milan, where he stressed that your 'heavy human figures express a heroic combat, unnoticed but unending, between the body and gravity', a private yet endless battle bet-

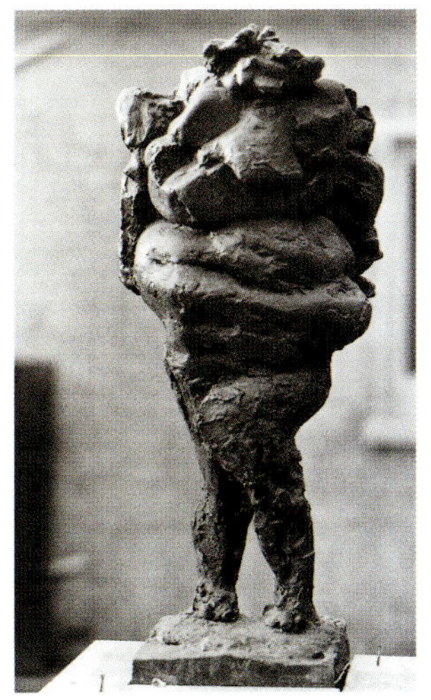

Pulling on a Girdle,
1958-1959
Bronze.
61 x 28 x 21,6 cm.
Collection particulière.

pourtant interminable, entre le corps et l'apesanteur ». Plus tard, dans vos sculptures en fer, nous retrouvons ce même combat entre la pesanteur et l'espace.

A. C. : Ce qui m'intéressait, c'était la sensation perçue à l'intérieur du corps. Quand on s'assoit ou se couche par terre, on a l'impression que le corps est lourd, qu'il s'enfonce. C'est cette impression que je voulais traduire. Une sensation physique, sculpturale.

P. L. N. : Vous avez participé à la première Biennale de Paris, en 1959, où vous avez d'ailleurs remporté le prix de sculpture. Quel souvenir avez-vous gardé de ce séjour ?

A. C. : L'argent du prix devait être dépensé en France. Je me suis rendu en Bretagne, à Carnac. Cette visite marque une étape considérable dans ma vie de sculpteur. J'ai compris que j'avais envie de créer des sculptures qui existeraient en soi, au lieu d'être des modèles réduits ou des décors, et ne seraient pas forcément figuratives non plus. Ce n'était pas vraiment leur forme qui comptait, mais leur réalité concrète. La visite de Carnac a fortement contribué à l'évolution de ma sculpture.

P. L. N. : En 1959, vous avez bénéficié d'une bourse de voyage pour les États-Unis. Vous y avez rencontré le critique Clement Greenberg. Là-bas, vous vous êtes éloigné de la tradition européenne pour poursuivre une carrière et un travail tout à fait originaux.

A. C. : New York devenait une ville passionnante, le lieu où se créaient les nouvelles formes d'art. L'esthétique des expressionnistes abstraits

ween body and weightlessness. Later this struggle between body and weightlessness was to resurface in your sculptures in iron.

A. C.: I was interested in what it feels like to be inside the body. When you sit or lie on the floor, your body feels heavy, it seems to sink. This is the feeling I wanted to express. It is physical, sculptural.

P. L.N.: Do you recall how your work was received at the First Paris Biennial in 1959, where, for that matter, you won first prize in sculpture?

A. C.: The money I won had to be spent in France. We went to Carnac, in Brittany. It was an important moment in my life as a sculptor. I realized that I wanted to make sculpture which was a fact not a model or an ornament. Not even necessarily a representation. What mattered was the fact of it rather than the form of it. This experience contributed very much to my subsequent sculpture.

P. L.N.: Just after 1959, you won a grant to go to the United States, where you met the critic Clement Greenberg. You moved away from the European tradition, and developed a career and entirely original work in the US.

A. C.: New York was beginning to seem exciting, the place where new art was happening. The abstract expressionists had a different aesthetic from the Paris artists. Eduardo Chillida was the same age as me but Paris-based. Yet 30 or 40 years later my interest and Chillida's were much the same, we had arrived at the same place by totally different routes.

ne ressemblait pas du tout à celle des artistes parisiens. Eduardo Chillida avait le même âge que moi, mais il avait choisi Paris. Or, trente ou quarante ans plus tard, nous avions des préoccupations identiques. Nous sommes arrivés au même endroit par des itinéraires complètement différents.

P. L. N. : Aux États-Unis, vous avez compris qu'« il n'y avait ni barrières ni règles. En art comme en tout, les Américains ne s'attachent à aucune convention », pour citer ce que vous disiez en 1961. Qu'entendiez-vous par là ?

A. C. : Quand j'ai trouvé mon style, il était américain, pas parisien. Les Américains ne voyaient pas la nécessité de s'appuyer sur l'histoire. Ils faisaient du neuf. En Europe, nous avons des racines profondes. On sent le poids de l'histoire dans notre art, alors que les Américains partaient de zéro en art. C'est ce que je voulais dire quand j'ai parlé de l'absence de règles. Ils n'avaient pas le soutien de l'histoire, mais ils avaient l'atout de la liberté.

P. L. N. : « Il y a une liberté extraordinaire dans l'idée que la seule limite, en sculpture ou en peinture, c'est de réussir à traduire une intention, et non de savoir si c'est de l'art », disiez-vous aussi.

A. C. : La sculpture ne devait pas obligatoirement ressembler à de l'art. Je disais toujours à mes élèves : « Elle n'a pas besoin d'être en bronze ou en pierre, ni même d'être figurative. Elle peut avoir une apparence insolite, mais elle doit être expressive, transmettre clairement son message. » À présent, un malentendu s'est installé. La sculpture, ce n'est pas n'importe quoi. Il faut respecter cette discipline.

P. L.N. : You yourself said to Lawrence Alloway in 1961 that in the United States you realized that 'there were are no rules or barriers and no regulations. Americans simply aren't bound to traditional or conventional solutions in their Art or in anything else'. In art as in everything else, Americans don't cling to convention. What did you mean by that?

A. C. : When I found my voice it was a New York style, not a Parisian style. Americans, did not feel that they needed to lean on history. They were discovering things for the first time. In Europe our roots are deep. There is a weight of history here, but in art Americans were really starting from zero. That was what I meant by saying that they had no rules. They did not have the history but they had the advantage of having the freedom.

P. L.N.: You once said: 'There is a tremendous freedom in knowing that your only limit in sculpture or painting is whether it succeeds in translating an intention, without needing to know whether it's art or not'. Today, what do you think of this claim for freedom in sculpture?

A. C. : It wasn't necessary for it to look like art. I would say to my students: 'It doesn't have to be made of bronze or stone or even to be figurative, its appearance can be unexpected but it has to be expressive, to clearly state its message. But now a misunderstanding has taken root. Running up and down the hill is not sculpture. We have to have respect for the discipline of sculpture.

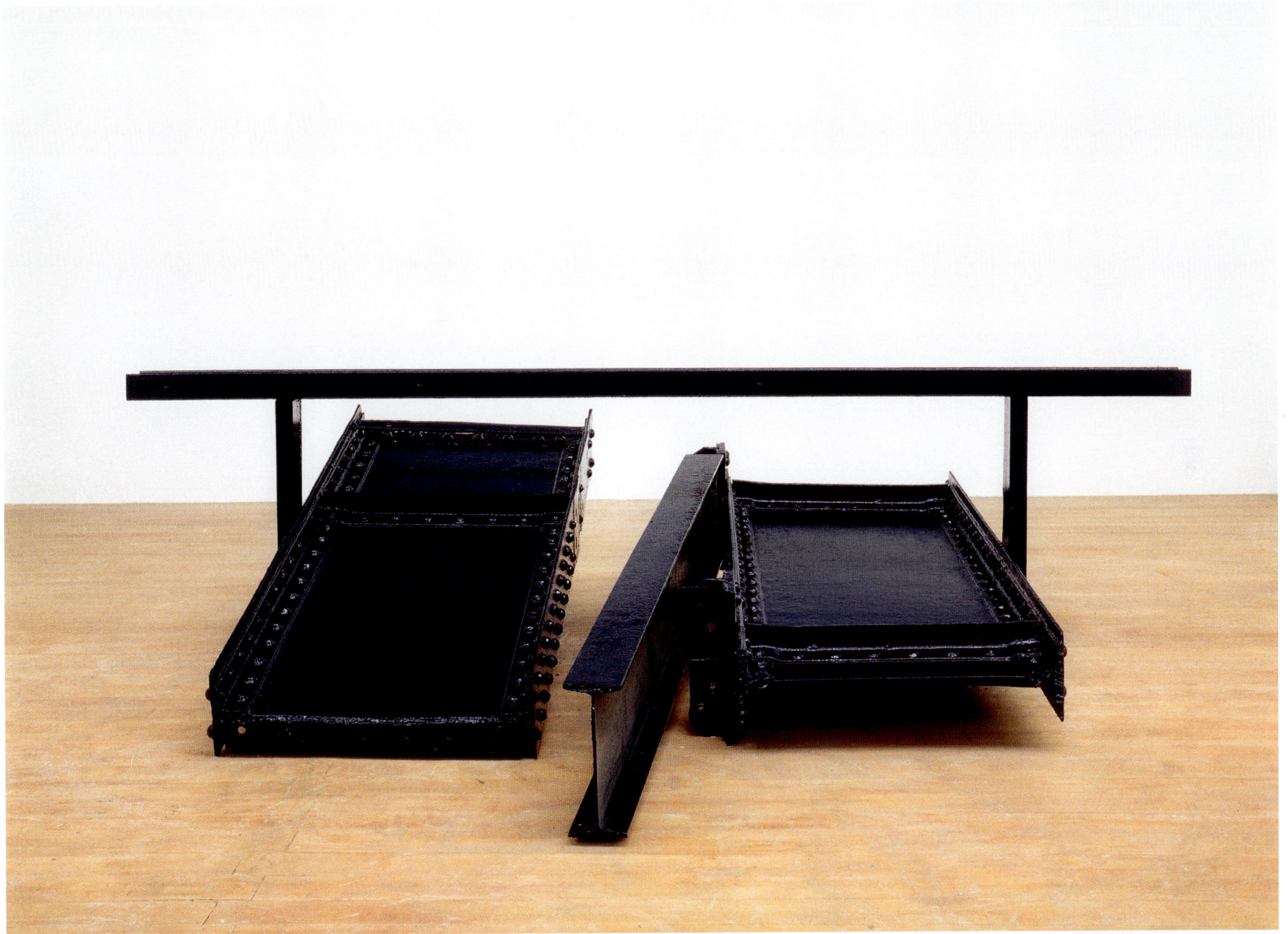

3
Lock
1962
Acier peint en bleu.
88 x 536 x 305 cm.
Collection particulière.

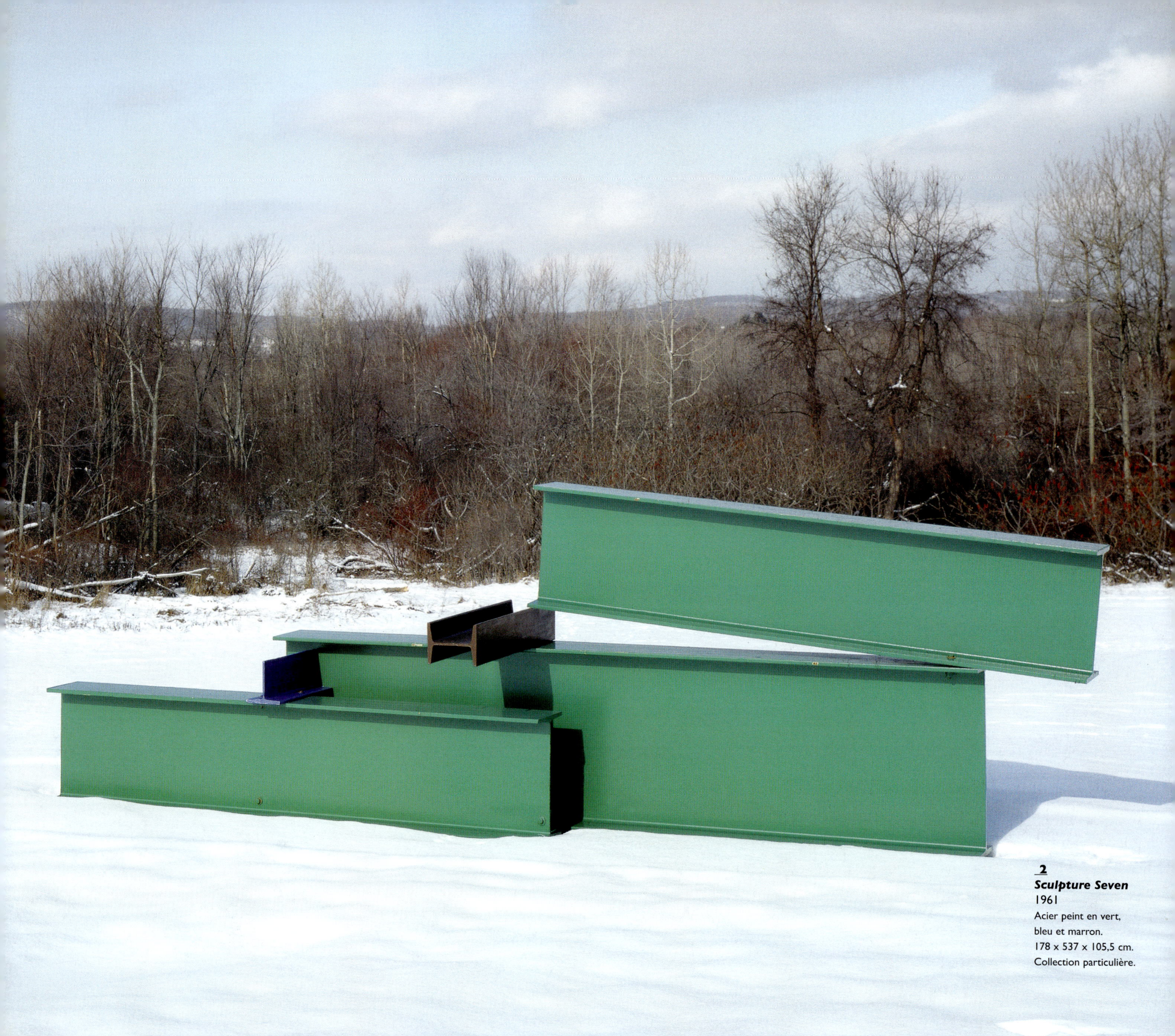

2
Sculpture Seven
1961
Acier peint en vert,
bleu et marron.
178 x 537 x 105,5 cm.
Collection particulière.

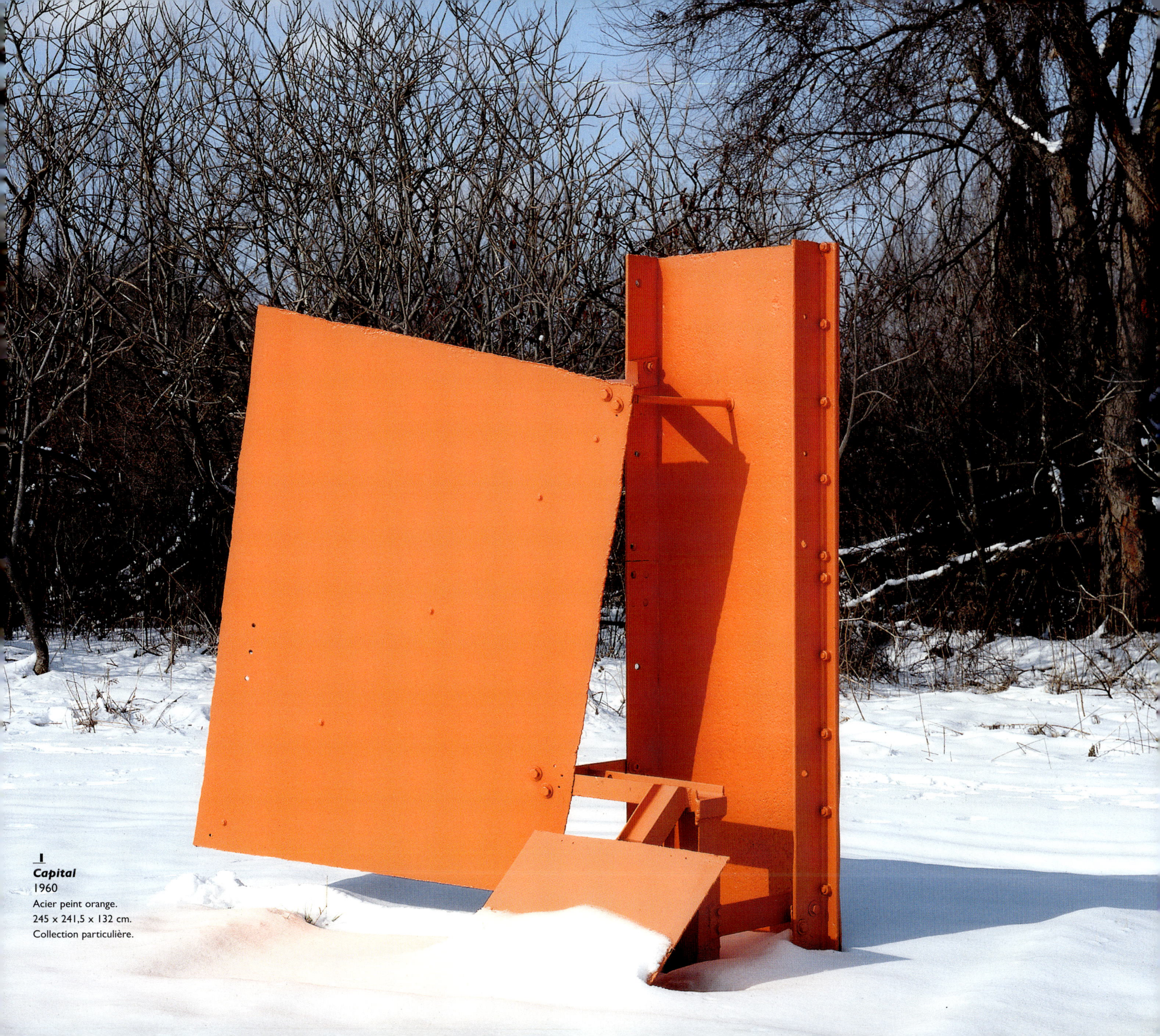

Capital
1960
Acier peint orange.
245 x 241,5 x 132 cm.
Collection particulière.

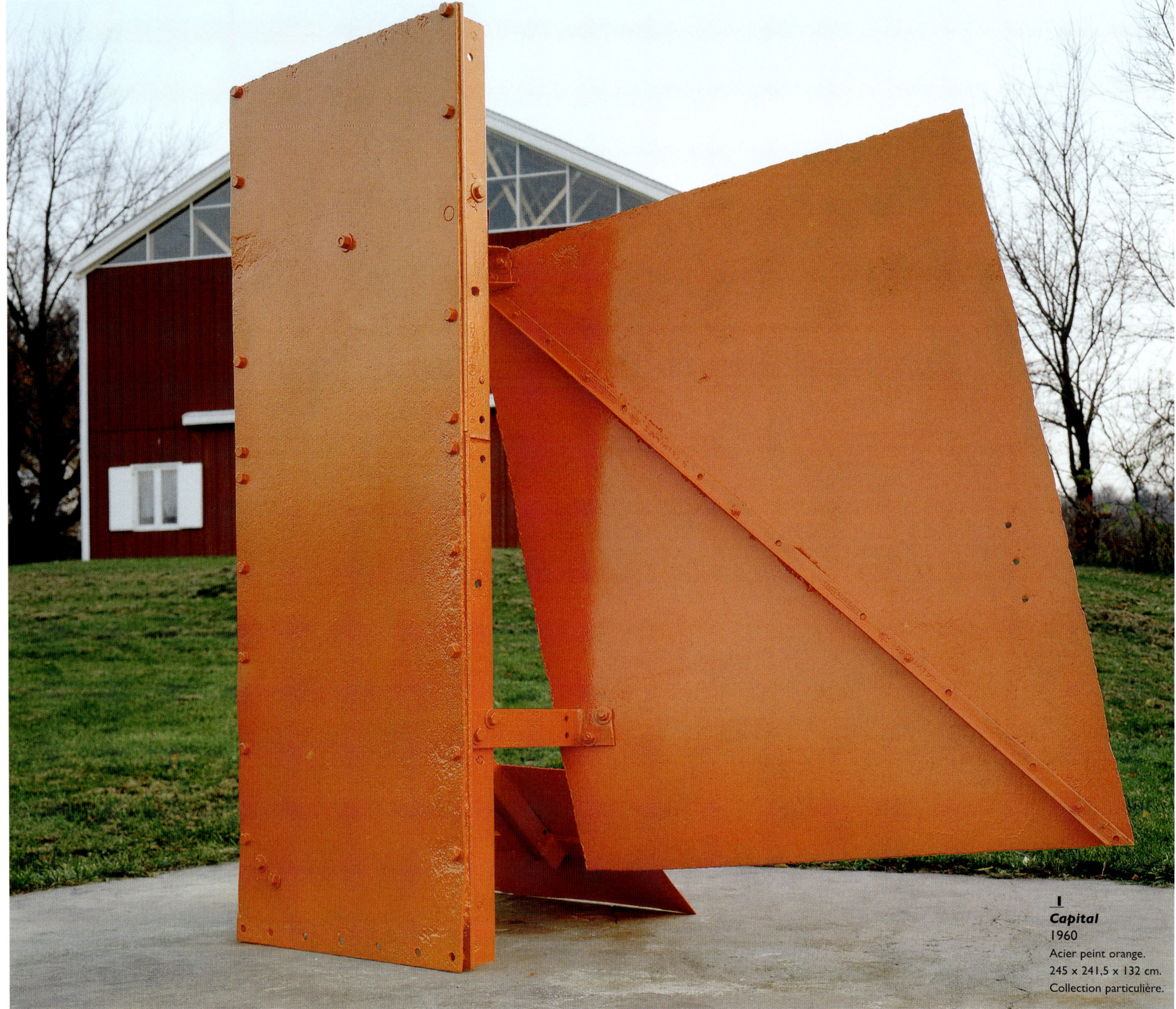

1
Capital
1960
Acier peint orange.
245 x 241,5 x 132 cm.
Collection particulière.

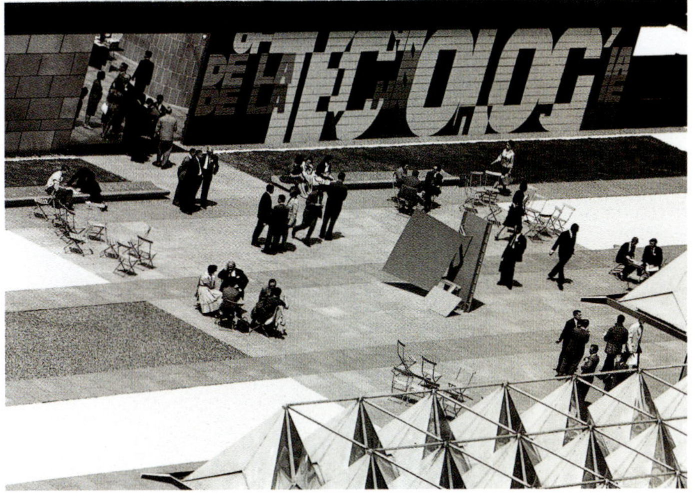

Capital, présentée lors du congrès de l'Union Internationale des Architectes, Londres, 1960.

P. L. N. : Pourrait-on dire que, dans les années 1950, un artiste comme David Smith prolongeait la tradition de l'assemblage incarnée par Julio González et Picasso ?

A. C. : David Smith avait observé attentivement González et Picasso, qu'il connaissait parfaitement. C'était quelqu'un de très cultivé, mais qui n'aimait pas le jargon artistique. Pour moi, le cubisme relève de la sculpture, de la forme sculpturale. Des sculpteurs cubistes comme Jacques Lipchitz et Henri Laurens n'ont pas poussé assez loin leur démarche. C'étaient de fabuleux artistes, mais ils conservaient le noyau central de la sculpture. Ils l'entaillaient sans l'éclater complètement.

P. L. N. : Des critiques comme Clement Greenberg et Karen Wilkin vous ont érigé en continuateur de David Smith et d'une certaine sculpture moderniste américaine.

A. C. : J'aimais beaucoup le travail de David Smith. C'est un de mes pères en sculpture, en quelque sorte. Je pense que sa forme de pensée a débouché sur une certaine sculpture moderniste en Angleterre et aux États-Unis. Elle est complètement différente de la pensée minimale ou conceptuelle.

P. L. N. : L'acquisition des débris de métal restés dans l'atelier de David Smith à sa mort a pu être assimilée à une sorte de passage du témoin, de transmission d'une génération à l'autre ?

A. C. : Quand David Smith est mort, Kenneth Noland m'a demandé si j'aimerais récupérer l'acier resté dans l'atelier de David. Il y en avait des quantités, mais j'étais sûr que j'allais m'en servir. Et j'ai tout utilisé en effet.

P. L.N.: Could we say that, in the 1950s, an artist like David Smith pursued the tradition of assemblage represented by Gonzalez and Picasso? In those years, France had lost that tradition.

A. C.: David Smith had looked very thoughtfully at Gonzalez and Picasso. He was sophisticated but he did not like art talk. He knew all about Picasso, and Gonzalez. I believe that Cubism is a sculptural matter, it is to do with form. It wasn't taken far enough by the Cubist sculptors. Jacques Lipschitz and Henri Laurens, they were marvelous, but they still retained the core. Although they sliced into it they didn't break it up.

P. L.N.: Your purchase of the scrap metal that remained in David Smith's studio after his death is often interpreted as a kind of ritual handing down, of a transmission between generations. What actually happened?

A. C.: When David Smith died, Ken Noland asked me if I would like to have what was left of David's steel. There was a lot. But I said, 'Don't worry, it will be used', and it was used in the end.

P. L.N.: Some critics, like Greenberg and Wilkin, felt that you were heir to David Smith and a certain type of modernist sculpture in America.

A. C.: I very much liked the work of David Smith. In a way he is one of my fathers in sculpture. I do think that his way of thinking has led to some modernist sculpture in England and America. It is definitely different from minimalism and conceptual thinking.

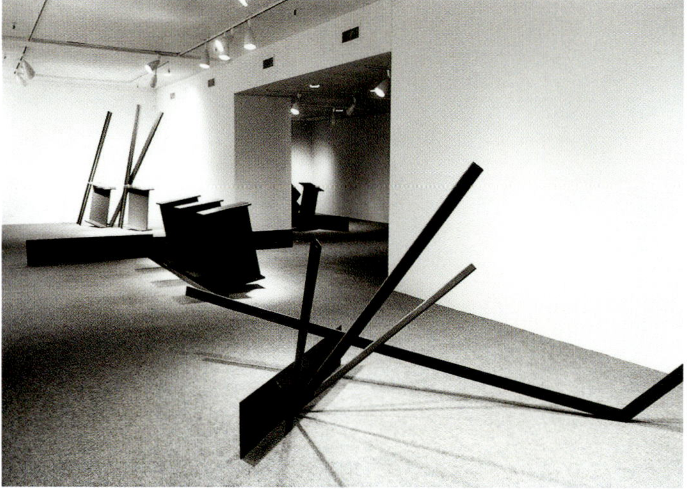

**Exposition
à la Emmerich Gallery**
New York, 1964
au premier plan, *Wide*, 1964 ;
au milieu : *Bennington*, 1964 ;
au fond : *Prospect*, 1964;
au fond à droite : *Titan IX*, 1964.
Photo : Andre Emmerich Gallery.

P. L. N. : Vos premières sculptures réalisées durant ce séjour aux États-Unis surprennent par leur proximité avec les préoccupations des peintres américains de cette période. Vous avez d'ailleurs tissé des liens d'amitié très forts avec certains d'entre eux, je pense à Jules Olitski ou Kenneth Noland. C'était assez nouveau, car beaucoup de peintres se sont intéressés à la sculpture, comme Matisse et Picasso, mais l'inverse est plus rare.

A. C. : À ce moment là, c'était la peinture qui provoquait l'effervescence à New York, pas la sculpture. À Bennington, j'avais pour voisins Olitski et Noland. Des critiques et des peintres venaient passer le week-end chez ce dernier. Je ne me rappelle pas avoir vu un seul sculpteur. C'était une situation passionnante pour moi. Je pouvais presque me couper de l'histoire de la sculpture. Dans l'atelier de Henry Moore, on parlait beaucoup de Rodin, Michel-Ange, Donatello. Je m'étais imprégné de leur sculpture, mais cela ne devait pas rejaillir sur la mienne. Je voulais créer de manière originale. La peinture pouvait offrir des pistes de recherche plus innovantes pour un sculpteur.

P. L. N. : Vos premières œuvres étaient étonnantes. Elles se sont imposées dès que vous avez commencé à exposer, à votre retour des États-Unis. Leur singularité s'affirmait par des caractéristiques qui modifiaient la situation de la sculpture. Tout d'abord, vous les aviez conçues pour être posées à même le sol, comme des « choses » autonomes.

A. C. : Je le faisais déjà avant mon séjour aux États-Unis. Je cherchais à donner plus de réalité à mes sculptures. Je voulais qu'elles aient la même présence que les mégalithes de Carnac ou que des personnes, au lieu d'être des représentations. C'est pourquoi elles sont devenues abstraites, alors que l'idée de faire de l'art abstrait ne me plaisait pas.

P. L.N.: The first sculptures you did in the United States are surprising for their close connection to the concerns of contemporary American painters. For that matter, you had very close, friendly relationships with some of them —I'm thinking of Jules Olitski and Kenneth Noland. It was something new, because whereas painters like Matisse and Picasso were interested in sculpture, fewer sculptors were interested in painting.

A. C.: When I went to America the excitement in New York was in painting not in sculpture. When I went to Bennington, my friends and neighbours were painters Olitski and Noland. At week-ends, Noland would have people to stay, critics, and painters. I cannot think of a single sculptor. For me it was very interesting. I could almost divorce myself from the history of sculpture. When I was with Henry Moore there was a lot of talk about Rodin, Michelangelo, Donatello, their sculpture was inside me. But I did not want to make sculpture that was echoing this. I wanted to innovate. Painting could tell me things which were unexpected for a sculptor to be involved with.

P. L.N.: Your early sculptures were startling, they asserted themselves right from the first exhibitions following your stay in the United States. A few original features stood out, which altered the status of sculpture —for a start, you placed your sculpture straight on the ground, like an autonomous 'thing.'

A. C.: This was so even before I went to America. I was concerned to make my sculptures more real. I wanted to make sculptures which have the presence of the stones at Carnac, or the presence of another person. Not a representation. This is why my sculptures became abstract, even though I did not like the idea of making abstract art. It was

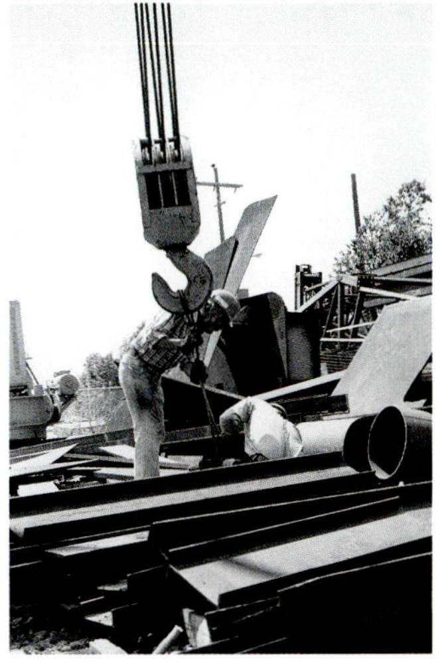

Caro travaillant à la York Steel Company Factory, Toronto, 1974.

Elles le sont devenues par nécessité. Je voulais simplement créer des sculptures expressives. Il fallait les poser par terre pour les rapprocher du spectateur.

P. L. N. : Un autre apport essentiel a consisté à introduire la couleur, une ou plusieurs teintes appliquées sur des œuvres en métal, le plus souvent. Il s'agissait véritablement d'une sculpture polychrome.

A C. : Je ne voulais pas que mes sculptures puissent tirer avantage de la beauté ou de la valeur de leur matériau. J'ai donc choisi un matériau d'usage courant : l'acier. Et je l'ai peint en marron. Et puis je me suis dit : « Pourquoi forcément du marron ? » Une couleur primaire ferait aussi bien l'affaire, par exemple le rouge. L'essentiel, c'était l'expressivité, pas le matériau ni le sujet.

P. L. N. : L'espace est primordial dans vos œuvres du début. Elles étaient conçues pour se laisser aborder par plusieurs points de vue différents.

A. C. : Je n'avais pas envie que les sculptures se laissent appréhender du premier coup d'œil. Il me semblait qu'elles devaient être horizontales, étirées en longueur. Je voulais faire entrer la dimension du temps dans la perception des œuvres. Ces sculptures longues n'étaient pas faites pour être vues de loin, mais pour être perçues sur un mode temporel.

P. L. N. : À votre retour en Angleterre, vous avez immédiatement commencé à enseigner ?

A. C. : Je donnais déjà des cours à la St. Martin's School of Art avant

a necessity. I just wanted to create sculpture that was expressive. That's why it had to be on the ground to be less removed from the viewer.

P. L.N.: Another key contribution was the use of colour in your work, usually metal pieces painted one or more colours. They became genuinely polychrome sculptures.

A. C.: I wanted my sculpture to gain no credit from the beauty or value of the material. So I used a common-or-garden material: steel. And painted it brown. Then I thought, why does it have to be brown? It could be a primary colour, say red. The only special quality I wanted for my sculpture was not in terms of material or subject matter, but only for it to be expressive.

P. L.N.: In the early works, space was of paramount importance. Your sculptures were done in such a way as to allow different points of view to traverse them.

A. C.: I did not want my sculpture to be grasped too readily. I felt that it needed it to be horizontal, long. I wanted the dimension of time to come into the perception of the sculpture. But these long sculptures were not meant to be viewed from a distance. You are meant to experience them in a temporal way.

P. L.N.: So you returned to England and immediately began teaching?

A. C.: I was teaching at St Martin's School of Art before I went to New York and I took two years away. But I came back in part because I thought it was better for the education of my sons. Also it was

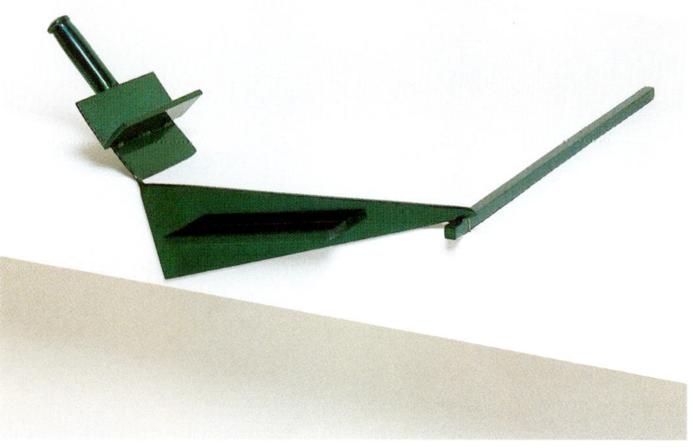

Table Piece I,
1966
Acier poli laqué en vert.
22,5 x 51,1 x 56,2 cm.
Collection particulière.

de partir pour New York, et je m'étais mis en congé pour deux ans. Je suis rentré plus vite que prévu, parce que je pensais que c'était mieux pour l'éducation de mes fils, et aussi, parce qu'il valait mieux travailler loin des États-Unis, quitte à y retourner deux ou trois fois par an. Cela me permettait de digérer toute l'excitation new-yorkaise.

P. L. N. : On considère que votre enseignement à Londres a marqué de nombreux artistes de plusieurs générations. Quels étaient les grands principes de cet enseignement ?

A. C. : Au fil des ans, j'ai eu une grande influence sur les sculpteurs. Je leur ai ouvert une porte en leur faisant découvrir certaines possibilités de liberté. Ils pouvaient être aussi expressifs que les peintres. C'est encore valable aujourd'hui. Pour être expressif, il faut être direct. Direct au sens où peut l'être un tableau de Manet : moins d'ébauches, moins de peaufinage. Supprimer les barrières entre le sentiment et l'exécution.

P. L. N. : Dans les années 1970, vous avez travaillé dans de grandes usines sidérurgiques américaines, canadiennes ou européennes, vous avez travaillé des pièces métalliques différentes en fonction de leur production et, surtout, vous vous êtes servi des vastes dimensions des plaques de métal pour établir de nouveaux rapports dans l'espace.

A. C. : Quand on cherche à progresser, on conteste l'art des prédécesseurs, et ensuite, on se remet en question à son tour. L'art des années 1970 contestait celui des années 1960. Pas seulement le mien, mais aussi la peinture. Ce qui était formidable dans les années 1960, c'était la sensation de nouvelles possibilités, d'espoir. Cela se voit dans les

a good thing to work away from America and go back two or three times a year. In this way, my excitement and involvement with what was happening in New York got digested.

P. L.N.: It's said that your teaching was important to many artists, over several generations. What were the main principles of the way you taught sculpture in London?

A. C.: Over the years I've had a big influence on sculptors. I opened the door for them, I showed them the possibility of freedom. They could be as expressive as the painters. And this has continued to this day. In order for the work to be expressive, it needed to be direct. Direct in the way that Manet's painting can be, less underpainting, less craft. Remove the barriers between the feeling and the making.

P. L.N.: In the 1970s, you worked with large steel factories in America, Canada, and Europe, exploring various metal elements according to the way they are produced, above all roll roll-end steel, which you used to establish new spatial relationships.

A. C.: Trying to keep your art growing, you question the art that came before you and later you question your own art as well. The art of the seventies was calling the art of the sixties into question. Not only my art of the sixties, but the painting as well. What was wonderful in the sixties was feeling of hope and possibility. This was apparent in the work, but perhaps it was not down to earth enough, not enough ordinary behavior, ordinary life about it. In my case my work became more about the stuff of steel, the steel was thicker, the surface color was lost. I had an exhibition in New York of coloured sculptures

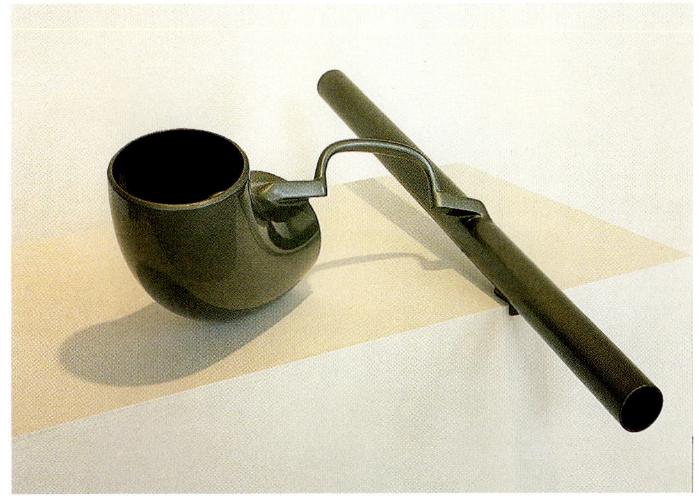

Table Piece XXII,
1967
Acier poli laqué.
25,4 x 80 x 68,6 cm.
Collection particulière.

œuvres de l'époque. Mais elles n'étaient peut-être pas assez simples, pas assez en phase avec la vie ordinaire. Pour ce qui me concerne, le travail s'est centré davantage sur le matériau. L'acier a pris de l'épaisseur et les applications de couleurs ont disparu. J'ai eu une exposition de sculptures en couleurs à New York, vers la fin des années 1960. Elle a plu à tout le monde. Et, à vrai dire, j'aurais pu continuer dans cette voie, mais l'idée de plaire à tout le monde me gênait. Je me suis dit : « Il faut faire des choses plus dérangeantes. » J'ai failli revenir en arrière. Je voulais remettre en cause tout ce que j'avais découvert. Donc, j'aurais pu continuer mes sculptures en couleurs, mais j'ai préféré explorer des territoires inconnus, m'affronter à la difficulté.

P. L. N. : Les *Table Pieces* ont apporté une solution originale à la question des petits formats, avec l'élimination du socle et, en même temps, un mode inédit de disposition dans l'espace.

A. C. : Je pensais depuis longtemps à des sculptures de petites dimensions, qui ne seraient pas des maquettes et qui reposeraient sur une table ou un socle. Avec Michael Fried, nous avons parlé de la différence entre la hauteur de la table et le niveau du sol. Contrairement au sol, la table possède un bord. Les choses posées dessus ont un rapport avec la main, pas avec le corps tout entier. Ma première *Table Piece* était munie d'un manche et elle retombait sur le bord de la table. Parmi celles que j'ai réalisées ensuite, certaines débordent de la table, d'autres non. Elles ne ressemblent pas à des maquettes. Elles ressemblent à des sculptures conçues pour ces dimensions-là.

P. L. N. : À la fin des années 1980, vous avez commencé à introduire des

at the end of the sixties. Everybody liked it. And actually I could have gone on that way, but the fact that everybody liked it made me uncomfortable. And I thought, 'I need my art to be more challenging.' I almost took a backward step. I wanted to challenge everything I'd discovered. I could have gone on making colored sculptures, but I preferred to explore unknown territory, give myself a hard time.

P. L.N.: With 'Table Pieces,' you came up with an original solution for small-scale sculpture, simultaneously eluding a plinth and endowing them with an original mode of presentation and spatial arrangement.

A.C.: I thought about making small sculptures, which were small but not maquettes, sculptures which sit on a table or on a base. Talking to Michael Fried we discussed how the table level differed from the floor level. Unlike the floor, the table has an edge, and what sits on it concerns the hand not the whole body. I made the first table sculpture with the suggestion of a handle and lipped it over the table edge. Later some went over the edge, some did not. They did not look like maquettes, they looked like sculptures meant for that size.

P. L.N.: At the end of the 1980s, you began using salvaged materials in your work. There was something very artisanal about this return to the salvaging of used objects. It's significant that you did it in Catalonia –in Barcelona– the city where not only Picasso but also Gonzalez lived.

A. C.: The Triangle workshop in Barcelona was in 1986. I like going to workshops away from my own studio –new challenges, new concepts. I don't have any particular idea of what I'm going to do but what gets me going is the new ambience and the new material. In Barcelona it

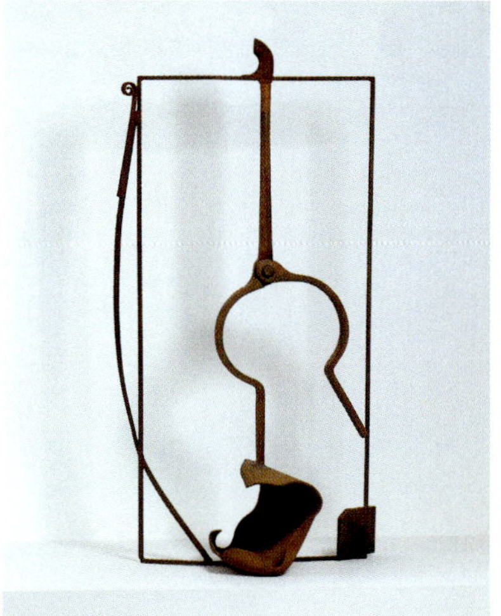

**Table Piece,
Catalan maid**
1987-1988
Acier rouillé.
134,5 x 68,5 x 39,5 cm.
Collection particulière.

objets récupérés dans vos sculptures. Il y a un côté « artisan » dans ce retour à la réappropriation d'objets qui ont déjà servi. Ce n'est pas un hasard si vous l'avez fait à Barcelone, la ville où ont vécu Picasso et González.

A. C. : Une session du Triangle Workshop s'est tenue à Barcelone en 1987. J'aime sortir de mon atelier pour participer à des groupes de travail, découvrir d'autres enjeux, d'autres idées. J'y vais sans rien préparer. Je me laisse stimuler par l'ambiance différente et les matériaux nouveaux. À Barcelone, il y avait des balcons et des escaliers, une atmosphère ensoleillée, des ombres denses, de l'acier filé. Ce type d'acier m'a été très utile, parce que j'ai pu exécuter une bonne douzaine d'œuvres que j'appelle les *Barcelona Sculptures*. J'ai fait expédier en Angleterre l'acier restant, pour réaliser des sculptures de table que j'appelle les *Catalan Sculptures*.

P. L. N. : Dans les années 1980, vous êtes revenu à la fonte, à des techniques d'assemblage que vous aviez abandonnées depuis une vingtaine d'années. Pourquoi ?

A. C. : Ma technique a toujours été l'assemblage. Ce qui était nouveau pour moi, c'était d'employer le bronze de cette manière, en associant la fonte et l'assemblage. J'avais participé à un atelier de céramique à Syracuse, où je n'avais utilisé qu'une partie de l'argile. Le reste a été expédié à Londres. En bas de ma rue, il y avait une petite fonderie qui fabriquait des pièces de machines et c'est là que je portais mes poteries. Je faisais couler en bronze un vase de céramique, puis je le découpais. J'employais aussi des plaques, des cornières, des pièces en bronze toutes faites que je soudais ensemble. Le bronze ne me servait pas à

was the balconies and staircases, the Barcelona atmosphere of bright sunshine, black shadows, linear steel. It was very helpful to have that sort of steel to work with. In Barcelona I made twelve or more sculptures which I called the *Barcelona* Sculptures. The steel left over I had sent to England where I made a series of table pieces called the *Catalan* Pieces.

P. L.N.: In the 1980s you returned to metal casting and assemblage techniques that you had given up some twenty years earlier –why?

A. C.: My work was always assemblage. Yes, I used bronze in a way that I hadn't used before with castings and assemblage. I'd previously taken part in a workshop in Syracuse, N.Y. using ceramic clay. The pieces that I didn't use were sent to London. Just down the road was a small commercial bronze foundry, for casting machine parts and I took the clay pieces there. So I would have a ceramic vase cast in bronze, which I would then cut up. I also used bronze sheet, or bronze angle, bronze pieces off the shelf, and I would weld them together. It wasn't using bronze as a reproductive material but using it just in the way and I used steel. Bronze is softer than steel. Maybe you need to add an additional part to hold it up. It's a different feeling working in bronze than in steel.

P. L.N.: In the 1970s, why did you begin employing new materials in your work, such as clay and wood?

A. C.: There's a rich vocabulary of material to explore in sculpture. Even in one material, for instance clay, there are many different ways to use it. In Syracuse, I worked with Margie Hughto and she flapped the clay and treated it like piecrust in cooking. Later I worked with Paul

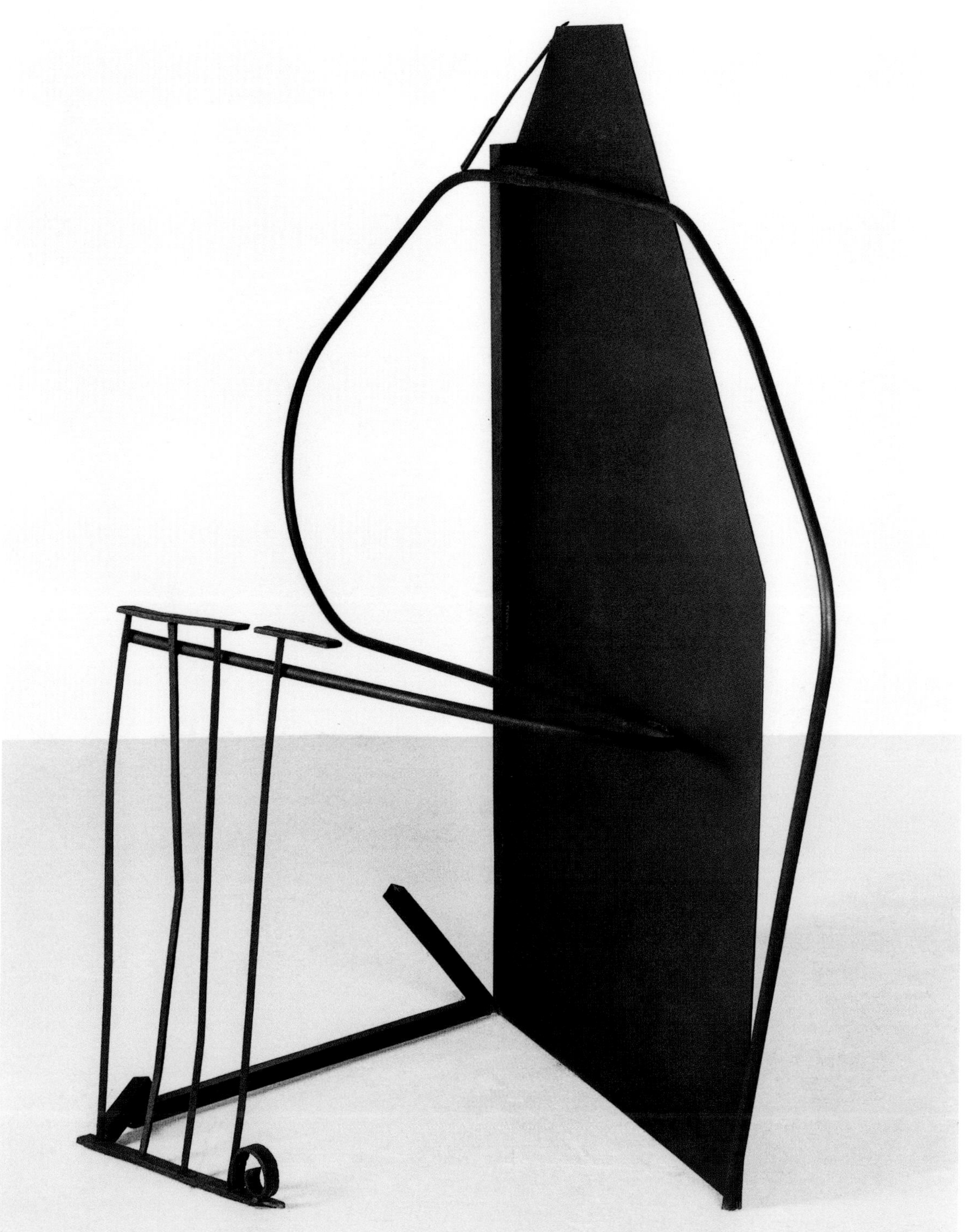

15
Barcelona Window
1987
Acier, peint en noir.
200,5 × 222 × 127 cm.
Londres, Courtesy Annely
Juda Fine Art ;
Paris, galerie Daniel Templon.

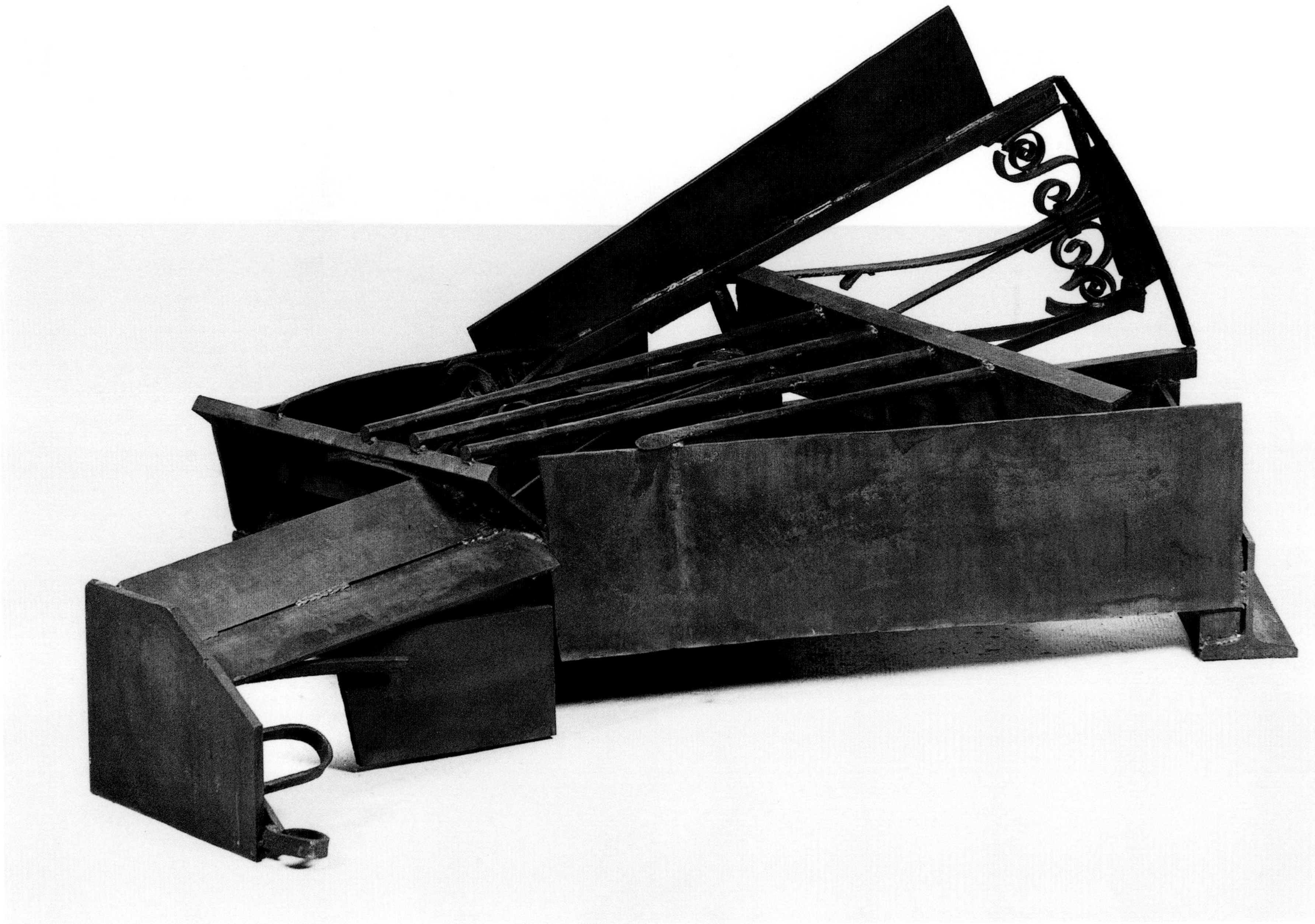

14
Barcelona Congress
1987
Acier, rouillé et verni.
104 x 266,5 x 137 cm.
Londres, Courtesy Annely
Juda Fine Art ;
Paris, galerie Daniel Templon.

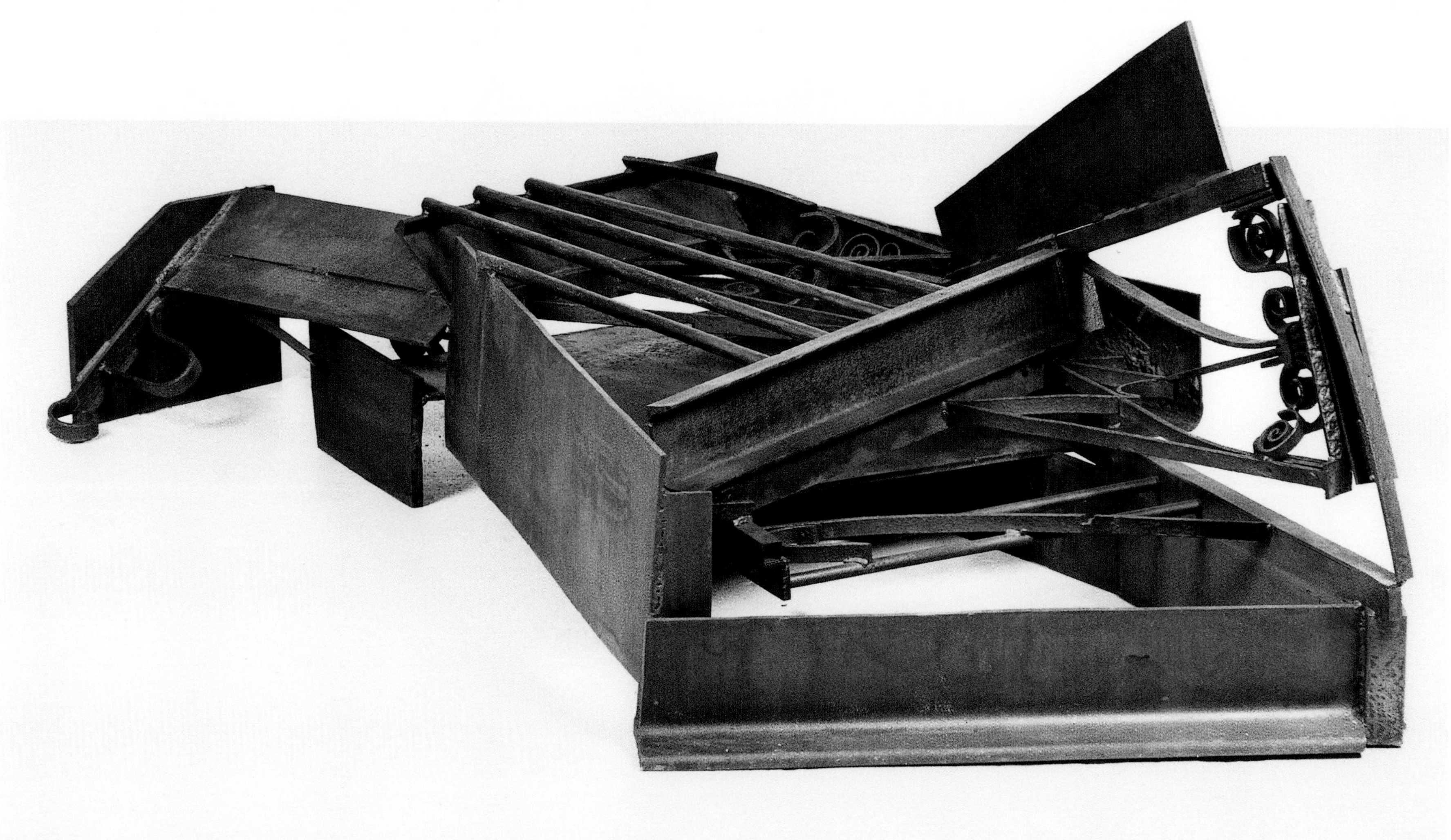

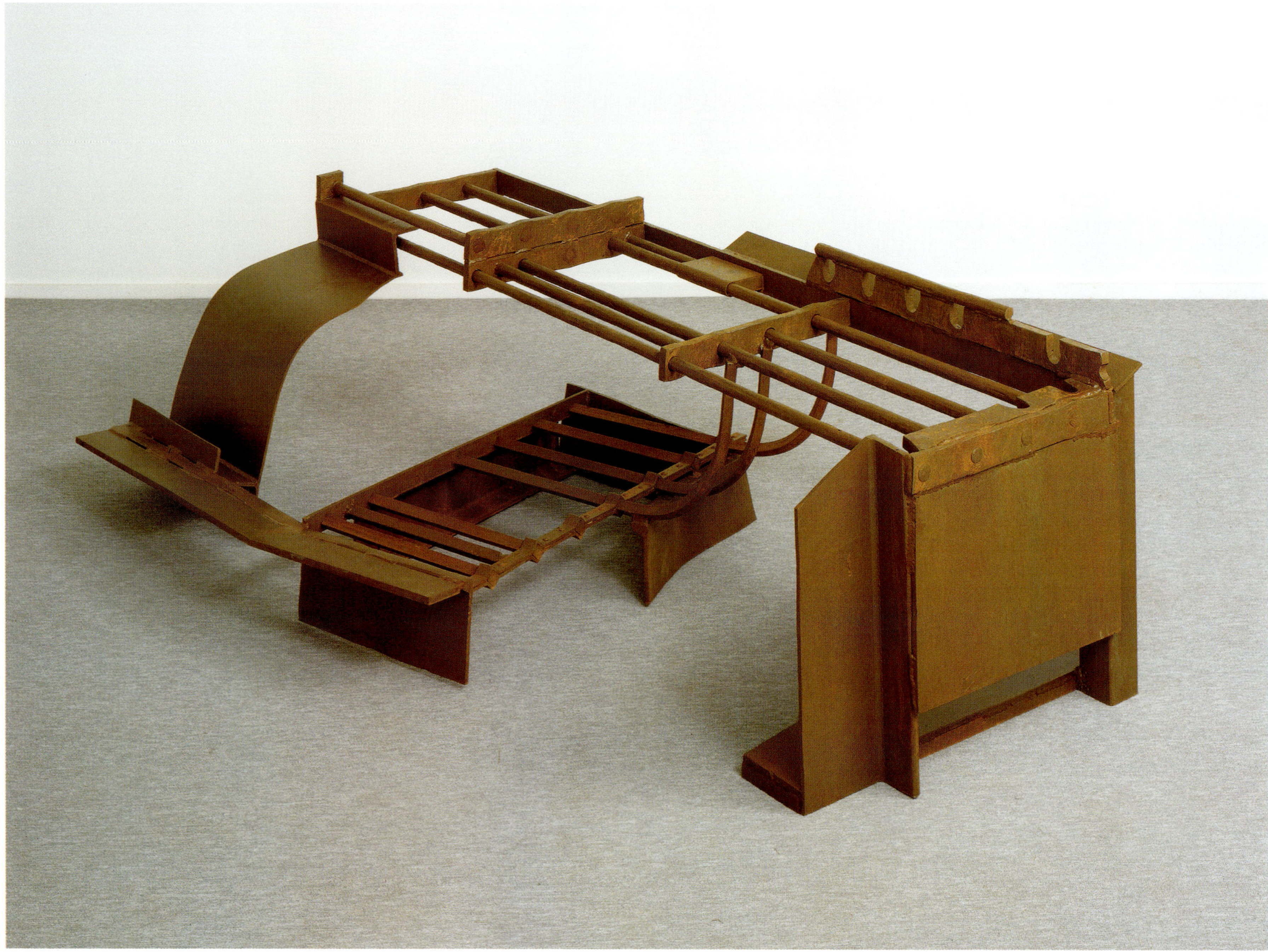

13
Barcelona Crown
1987
Acier, rouillé et verni.
68,5 x 213,5 x 124,5 cm.
Courtesy Annely Juda Fine Art, Londres
and galerie Daniel Templon, Paris.

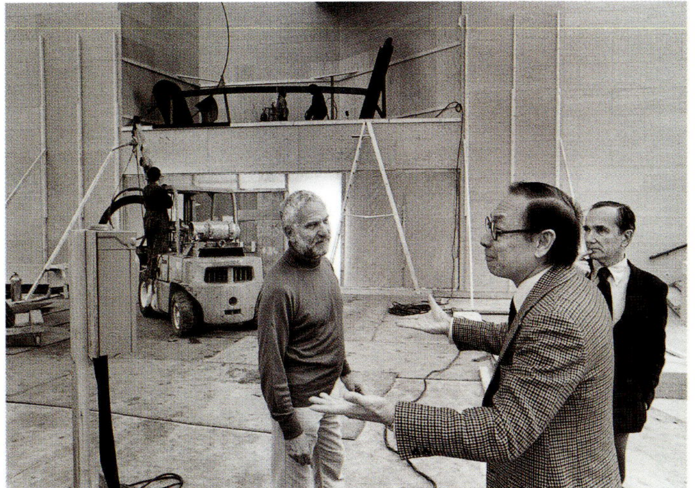

Caro travaillant avec Ieoh Ming Pei à la mise en place de sa sculpture à l'entrée de National Gallery, Washington, 1977.

reproduire un modèle. Je l'employais exactement de la même manière que l'acier. Il est plus mou que l'acier. Parfois même, on doit ajouter un élément supplémentaire pour le faire tenir. Le travail du bronze ne procure pas du tout les mêmes sensations que celui de l'acier.

P. L. N. : Dans les années 1970, qu'est-ce qui vous a poussé à recourir à d'autres matériaux, tels que l'argile et le bois ?

A. C. : Il y a tout un répertoire de matériaux à explorer en sculpture. Et pour un même matériau, par exemple l'argile, il existe plusieurs modes d'utilisation.
À Syracuse, c'était Margie Hughto qui animait l'atelier de céramique. Elle aplatissait l'argile en galettes comme de la pâte à tarte. Plus tard, j'ai travaillé avec Paul Chaleff, dans le nord de l'État de New York, qui était potier de formation, et j'ai incorporé des éléments en forme de poteries dans mes sculptures. Ces quinze dernières années, j'ai travaillé à l'atelier de Hans Spinner, à Grasse. Il emploie une argile assez solide pour permettre la cuisson de volumes pleins. C'est toujours le même matériau, mais utilisé diversement. L'art n'est pas une simple question de volonté. C'est un dialogue avec le matériau. Le matériau parle et il faut l'écouter.

P. L. N. : Par la suite, vous avez travaillé le papier, d'abord chez Tyler Graphics, aux États-Unis, puis à l'atelier de Patrick Nagatani au Japon. Le papier procure un anonymat comparable à celui de l'acier, tout en étant évidemment beaucoup plus souple et malléable.

A. C. : Je suis allé travailler le papier à l'atelier de Ken Tyler à Bedford, dans l'État de New York. C'est merveilleux d'avoir des gens comme

Chaleff in upstate New York. His field was as a potter and my work incorporated pot-like shapes. The past 15 years I have worked in the south of France with Hans Spinner: his clay has got more baked clay incorporated in it so he can fire solid pieces. All these are different ways to use the same material. Art is not simply a matter of will but a dialogue with the material. The material is talking to you and you have to let it speak.

P. L.N.: You subsequently worked with paper, first at Tyler Graphics in Bedford, New York, then a few years later at Nagatani's studio in Obama, Japan. Paper offered an anonymity similar to steel, yet was far more supple and malleable.

A. C.: I went to work in paper with Ken Tyler in New York State. It's wonderful that there are people like Ken technically expert yet with a fully developed artistic feeling. They're making art with you as if they live inside your head. Ken showed me possibilities in paper which I hadn't dreamed of. In Japan, in the countryside, I worked with Mr. Ohé. He quickly understood what I wanted to do. One day Mr. Ohé was on the roof of his house with a large sheet of wet paper. And I said to the translator – he did not speak any English – 'What are you doing Mr. Ohé?' He said: 'I'm casting these roof tiles in paper, I think you will like it!' This was amazing. This is the joy of making sculpture with other people, you respond to their input, and their knowledge of the material and what it can do and also their grasp of what you are trying to do. You get to things you never thought of doing.

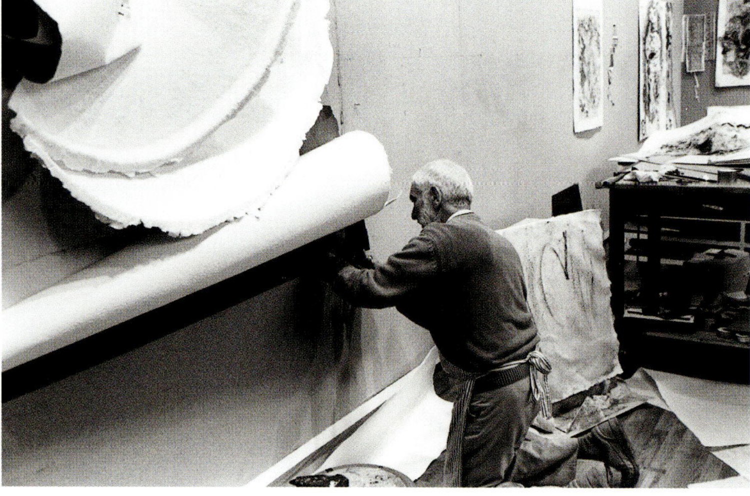

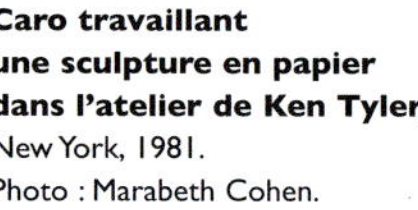

**Caro travaillant
une sculpture en papier
dans l'atelier de Ken Tyler,**
New York, 1981.
Photo : Marabeth Cohen.

Ken, qui sont des techniciens accomplis et possèdent en même temps un sens artistique très développé. Quand ils collaborent avec un artiste, ils se glissent dans ses pensées. Ken m'a révélé certaines ressources du papier que je n'aurais jamais imaginées. Au Japon, dans un atelier à la campagne, j'ai travaillé avec M. Ohé. Il a compris tout de suite ce que je voulais faire. Un jour, j'ai trouvé M. Ohé sur le toit de sa maison avec une grande feuille de papier humide. J'ai demandé (en passant par le traducteur, car il ne parlait pas un mot d'anglais) : « Que faites-vous, Monsieur Ohé ? » Et il a répondu : « Je prends l'empreinte des tuiles sur le papier. Je crois que cela va vous plaire ! » Il était incroyable. C'est un bonheur de créer des sculptures avec d'autres personnes. Elles apportent leur connaissance du matériau et de ses propriétés, et aussi leur compréhension de votre recherche artistique. On aboutit à des choses que l'on n'aurait jamais imaginé faire.

P. L. N. : La grande liberté que vous avez progressivement acquise vis-à-vis des matériaux est peut-être le fruit d'une longue expérience. Un jeune artiste se sent obligé d'employer un ou deux matériaux, alors que vous vous émerveillez toujours devant les nouvelles possibilités qu'autorisent les combinaisons de matériaux. Et vous en avez joué avec de plus en plus de liberté.

A. C. : Dans les années 1960, nous avions opéré une avancée majeure, en apportant à la sculpture une possibilité nouvelle d'élargir son champ, d'aller dans plein d'autres directions. Après les années 1960, nous n'avions plus besoin de nous battre pour faire de la sculpture abstraite. Cette bataille était gagnée. Mais on doit toujours remettre en cause ses présupposés. Quand on m'interrogeait sur les contraintes de la sculpture, je répondais qu'elle s'appréhende de l'extérieur. Et puis, à la réflexion, je me suis demandé : « Pourquoi ne serait-il pas

P. L.N.: The great freedom in your use of materials is perhaps due to long experience and time. A young artist feels obliged to work in one or two materials, while you constantly marvel at the new possibilities offered by combinations of materials, playing with them with ever increasing freedom.

A. C.: In the sixties we made this big push forward, gave a new opportunity for sculpture to broaden, to go to all sorts of other places. After the sixties we no longer felt we had to fight to make abstract sculpture! The battle had been won. But even one's own assumptions need to be questioned. When I was asked, 'What are sculpture's limits?' I would say 'Sculpture is something that you are outside of.' This made me think again. Why couldn't I make a sculpture that you could be inside of? It opened up the possibility of even going through a work. I think every generation makes a little move, a small step in the process of keeping the art alive, keeping it moving. Something gets lost, but new possibilities present themselves.

P. L.N.: How would you describe the relationship with what you, a sculptor, can embrace or manipulate with your arms?

A. C.: I think that sculpture has very much to do with physicality, reality, mass, weightlesness, gravity. When I make abstract sculpture, it's still with a strong consciousness of the body. Perhaps not quite so physical as some of my earlier work, nevertheless it has to do with the size of one's arm's stretch or what it feels like to dance or walk. Sculpture is very much to do with the physical.

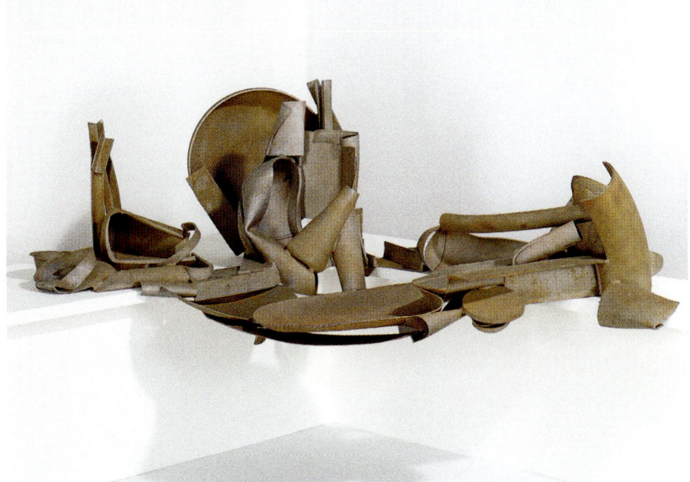

Table Piece Y-98,
Déjeuner sur l'herbe II
1989
Acier verni et ciré.
Londres, Tate Gallery.

possible de créer des sculptures que l'on verrait de l'intérieur ? » C'est cela qui m'a donné l'idée des œuvres que l'on pourrait même traverser. Je crois que chaque génération bouge un peu, fait un petit pas dans la perpétuation d'un art vivant, d'un art qui va de l'avant. Quelque chose se perd en cours de route, mais de nouvelles ouvertures se proposent à nous.

P. L. N. : Comment décririez-vous votre relation physique avec ce que vous, sculpteur, pouvez manipuler ou enlacer avecq vos bras ?

A. C. : Je pense, en effet, que la sculpture est du côté du physique, du réel, de la masse, de la pesanteur. Quand je réalise des sculptures abstraites, je reste très attentif au corps. Elles ne sont peut-être pas aussi physiques que certaines de mes œuvres antérieures, mais elles ont tout de même un lien avec la longueur du bras humain ou avec les sensations produites par la danse et la marche. Il y a une forte composante physique dans la sculpture.

P. L. N. : Au milieu des années 1980, vous avez commencé à revisiter des œuvres anciennes de peintres ou de sculpteurs, surtout des tableaux que vous avez interprété en volume. Je pense au *Déjeuner sur l'herbe*, de Manet, et à la *Descente de Croix* de Rembrandt. D'où est venue la nécessité de revisiter ces chefs-d'œuvre du passé ?

A. C. : Je cherchais à associer fluidité et géométrie. Après mon premier voyage en Grèce, en 1985, j'ai réalisé des sculptures délimitées par leur géométrie externe et je me suis demandé si la géométrie ne pourrait pas intervenir plutôt à l'intérieur de mes sculptures. La *Descente de Croix* de Rembrandt et l'*Annonciation* de Duccio, dont je me suis ins-

P. L.N.: In the mid 1980s, you began to revisit earlier works by painters and sculptors, especially painted works to which you gave volume –I'm thinking of *Déjeuner sur l'herbe* after Manet, and the *Descent from the Cross* after Rembrandt. Why did you feel the need to revisit these old masterpieces?

A. C.: I was interested in the idea of combining looseness and geometry. After I'd been to Greece for the first time in 1985 I made sculptures, which were limited by their geometry on the outside, I wondered if the geometry could be inside instead. The *Descent from the Cross* by Rembrandt I worked from and the *Annunciation* by Duccio both feel architectural. Also they were close enough to sculpture without being sculpture.I was moved by what I saw in Greece, thrilled by the pediments of the temple of Zeus at Olympia. The pediments are displayed indoors as if they were for an indoor space. Also of course I wanted to get away from sculpture as a monument. *After Olympia* came out of this.

P. L.N.: This stay in Greece led you to return to the theme of ancient sculpture, which you studied in your early years. However, you were no longer interested in ancient sculpture as a model or reference, but as a source of inspiration and interpretation, as testimony to continuity.

A.C.: When I saw the pediment of the temple of Zeus at Olympia, I thought I could do something like this: a sculpture that was to be seen within the limit of the triangle shape of the pediment and the floor. I thought maybe it could be more subject matter than one small sculpture. *After Olympia* is a kind of intimate sculpture. It's not a statue to put on a stage. It's something that you walk along. It's a sculpture

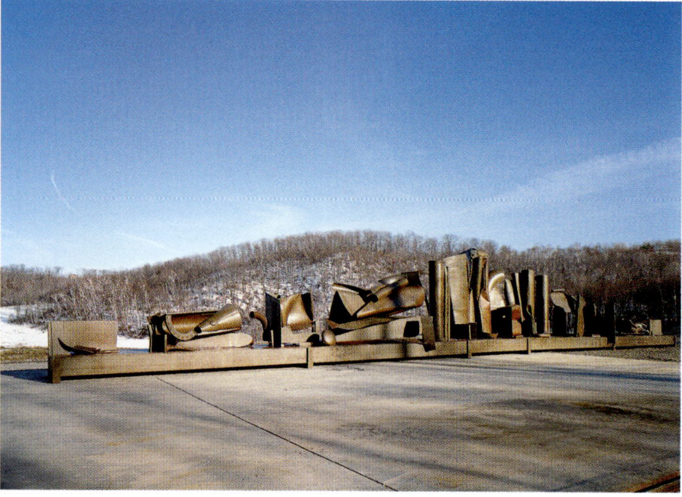

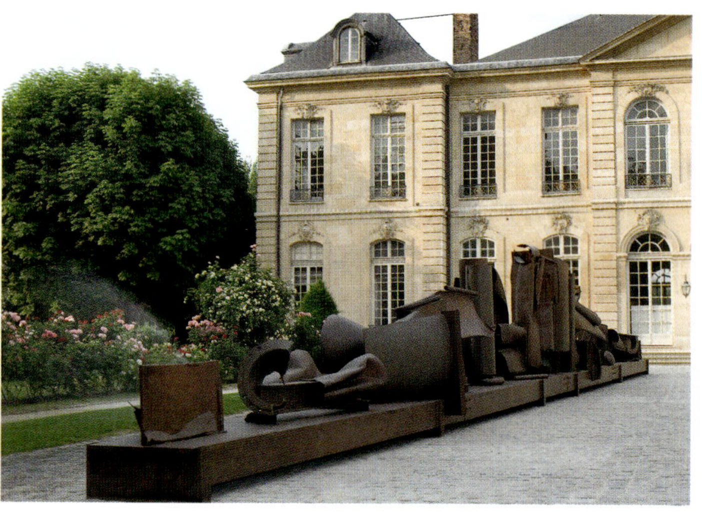

After Olympia
1986-1987
Acier.
332,5 x 2342 x 170 cm.
À gauche :
Ancram studio, État de New York.
À droite :
Musée Rodin, Paris, 2006.

piré, revêtent toutes deux un aspect architectural. Ces peintures sont assez proches de la sculpture.

P. L. N. : Un séjour en Grèce vous a incité à revenir au thème de la sculpture antique, qui vous avait occupé lors de vos études. Dans les années 1985-1995, il ne s'agissait plus de la prendre pour modèle ou référence, mais d'y voir une source d'inspiration et un témoignage de continuité.

A. C. : Les œuvres d'art que j'ai vues en Grèce m'ont beaucoup touché. J'ai trouvé fascinant le fronton du temple de Zeus à Olympie, exposé à l'intérieur du musée. Je me suis dit que je pourrais faire quelque chose d'analogue : réaliser une sculpture destinée à être vue dans un espace délimité par le triangle du fronton et par le sol. *After Olympia* est d'ailleurs une sorte de sculpture intimiste. Ce n'est pas une statue à placer sur une estrade. C'est une œuvre que l'on doit installer dehors, si possible. On la longe en marchant. Elle a été présentée dans la cour d'honneur du musée Rodin à Paris. Je veux échapper à la tradition du monument. À mon sens, la sculpture, grande ou petite, n'est pas un monument.

P. L. N. : Certaines de vos sculptures ont suscité des comparaisons avec l'architecture, en particulier *The Tower of Discovery* (1991), un petit édifice dans lequel le visiteur peut pénétrer réellement. De plus, vous avez souvent travaillé avec des architectes comme I. M. Pei, Frank Gehry ou Norman Foster. Quel lien faites-vous entre sculpture et architecture ?

A. C. : J'ai réalisé une tour pour les enfants. Ils y trouvaient un espace architectural à leur mesure, comme ils le font quand ils se cachent sous la table. *The Tower of Discovery* est un peu le prolongement de cette idée. Elle n'a pas besoin de porte. L'entrée est assez grande pour que les enfants y pénètrent sans difficulté.

for an outdoor space, if possible. It was shown in the main courtyard at musée Rodin in Paris. I think I want to get away from sculpture as monument. It can be big or small, but to me it's not a monument.

P. L.N.: Some of your sculptures have been compared to architecture, such as *The Tower of Discovery* (1991), a little shrine that visitors can actually enter. Furthermore, you've often worked with architects such as Pei, Gehry or Foster. How do you conceive the relationship between sculpture and architecture? What is the place of the human body, the link between sculpture and architecture?

A.C.: I made a children's tower, a tower for children. They could kind of relate to architectural space, in the way children relate to architecture space when they hide under a table, which they love to do. It is a little chamber of architecture. I thought it would be a good idea to do this with a sculpture you could get inside. *The Tower of Discovery* was something of a follow-up to that. It didn't need any door, I made the entrance big enough so children don't have to struggle to get in.
I've done two towers for the church of Saint John the Baptist, they aren't architecture and they aren't sculpture. But I'm very interested in painting. Donatello is unbeatable, marvellous, and some sculptures from Oceania are wonderful! I learn from things that are further away from me —like painting and architecture. There is so much to learn from architecture: how to make three dimensional things in the open air, how to relate to landscape. In a way, sculpture is in the middle, between painting and architecture— and abstract sculpture even more so. It's nearly architecture, it's nearly painting. It's in the middle. And we have to find that place in the middle.

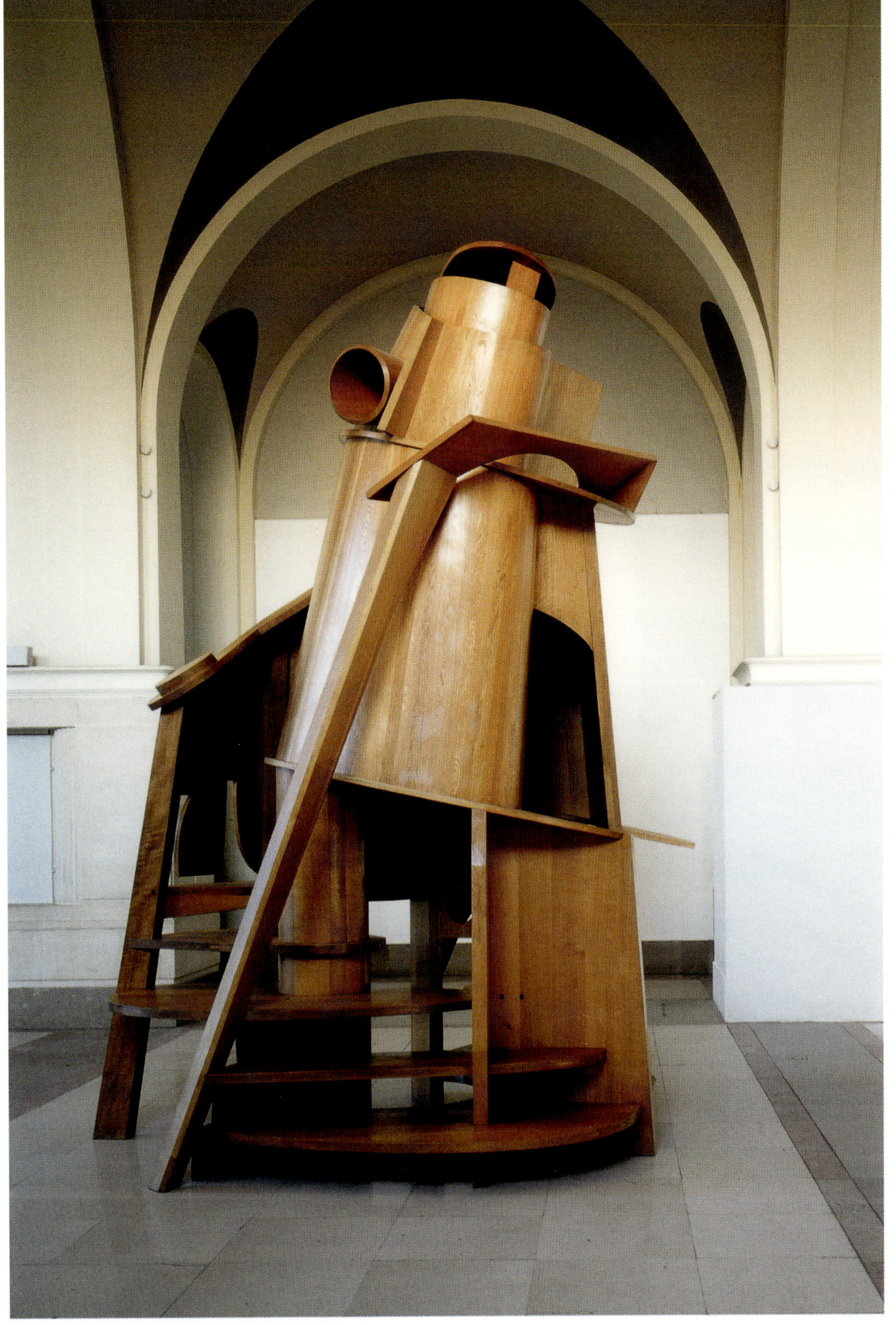

11
Child's Tower Room
1983-1984
Chêne japonais verni.
381 x 274,5 x 274,5 cm.
Collection particulière.
Installation au Southampton
Museum and Art Gallery.

11
Child's Tower Room
1983-1984
Chêne japonais verni.
381 × 274,5 × 274,5 cm.
Collection particulière.

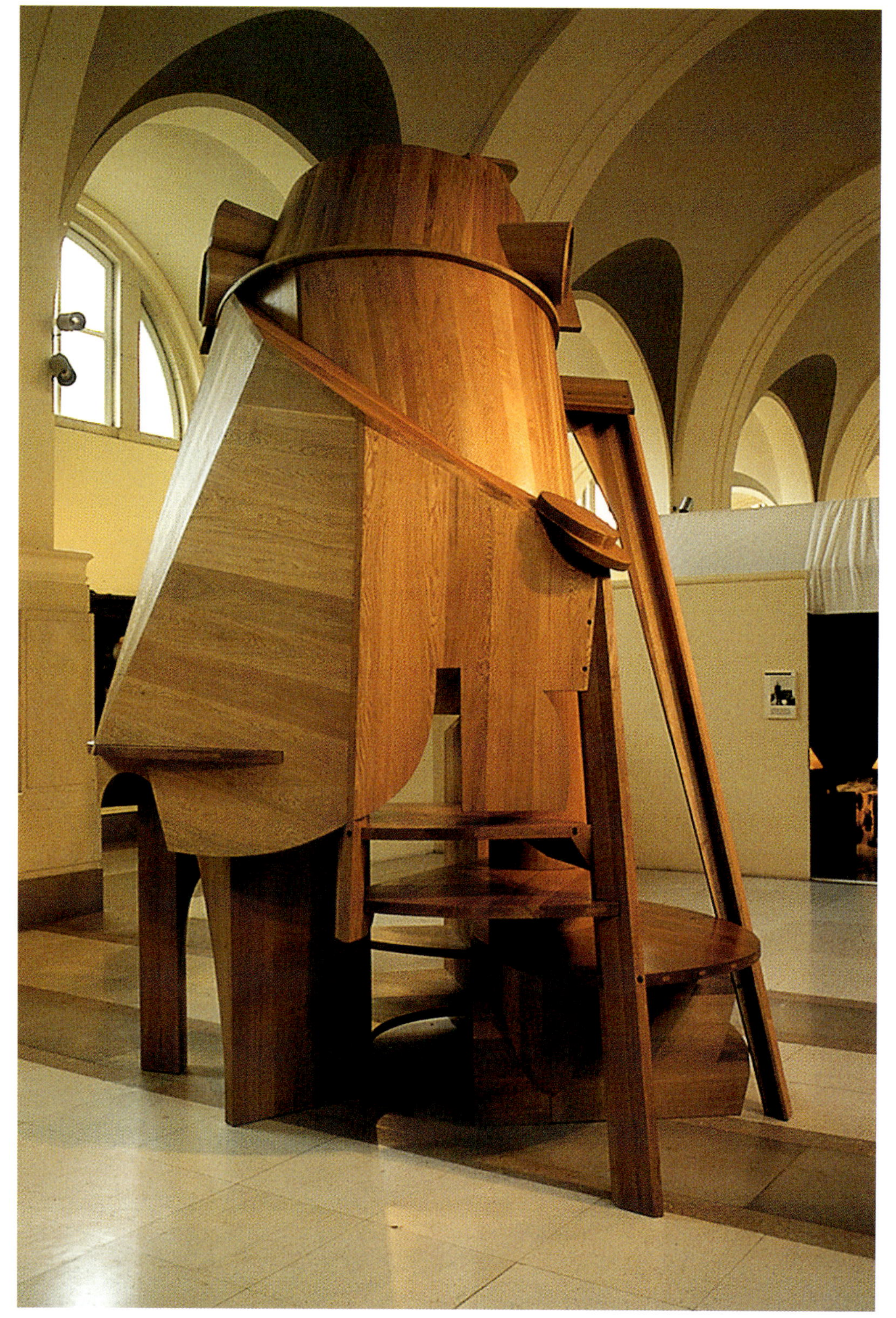

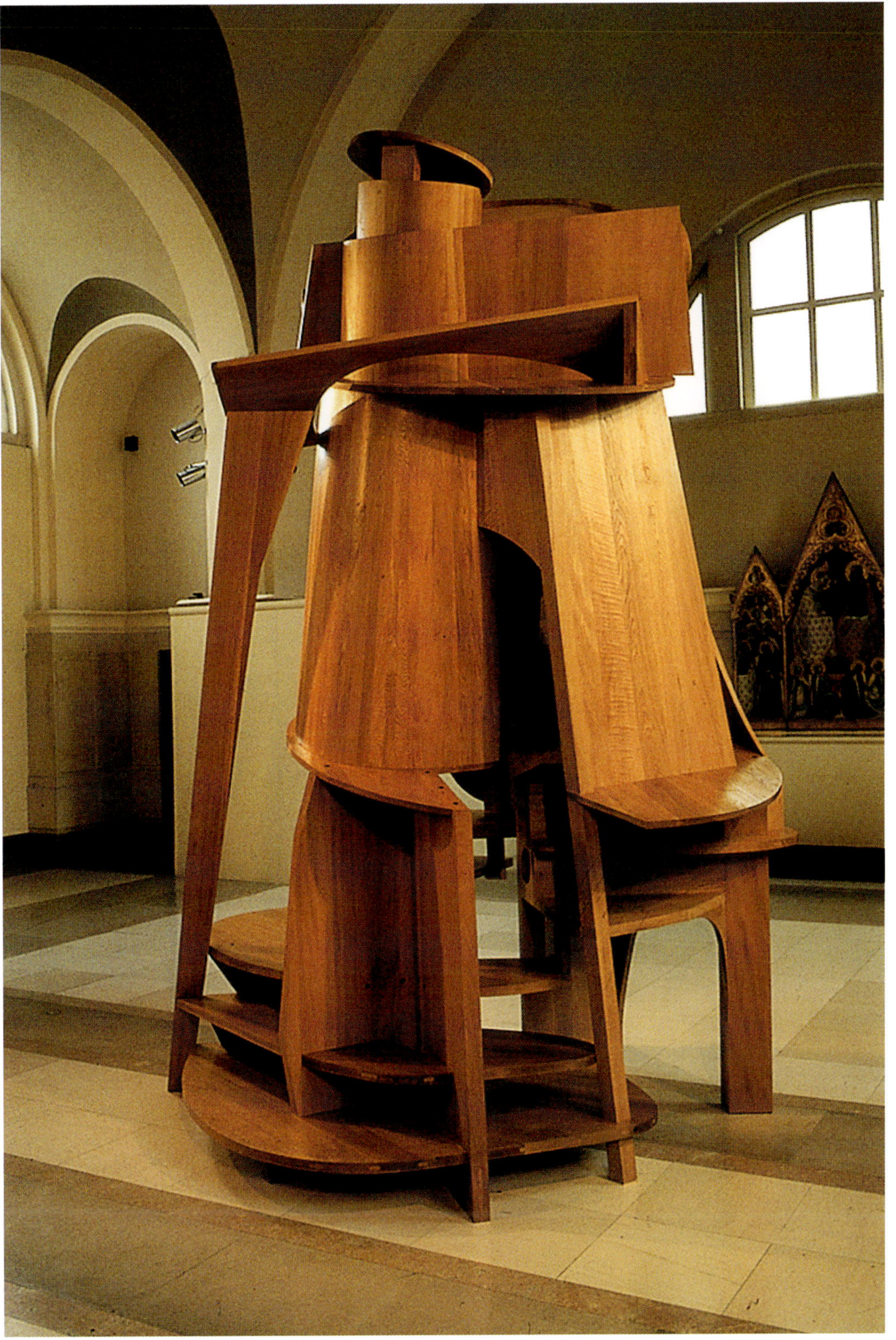

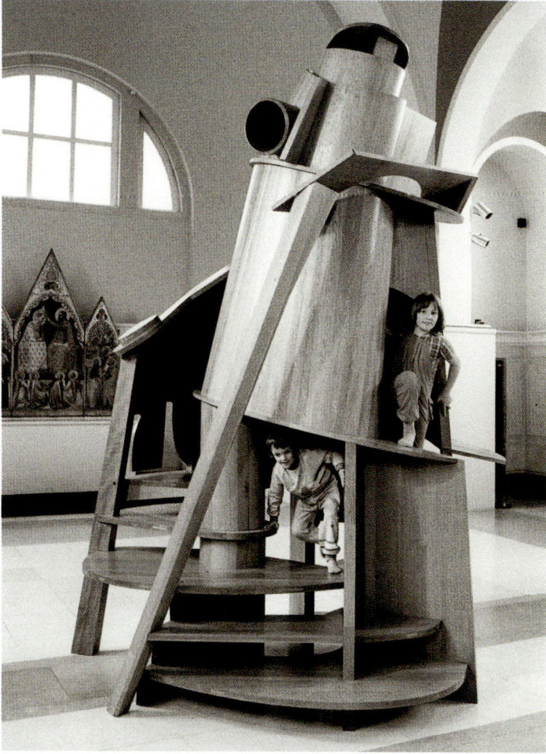
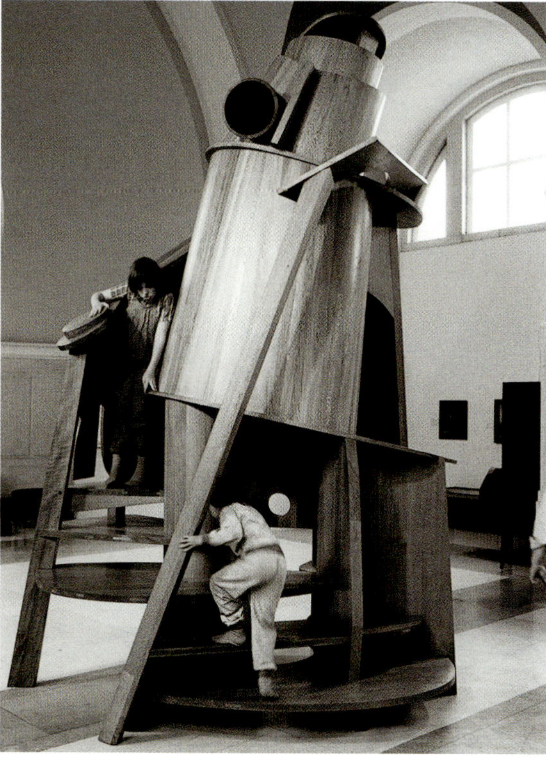

Enfants jouant dans *Child's Tower Room*,
1983-1984

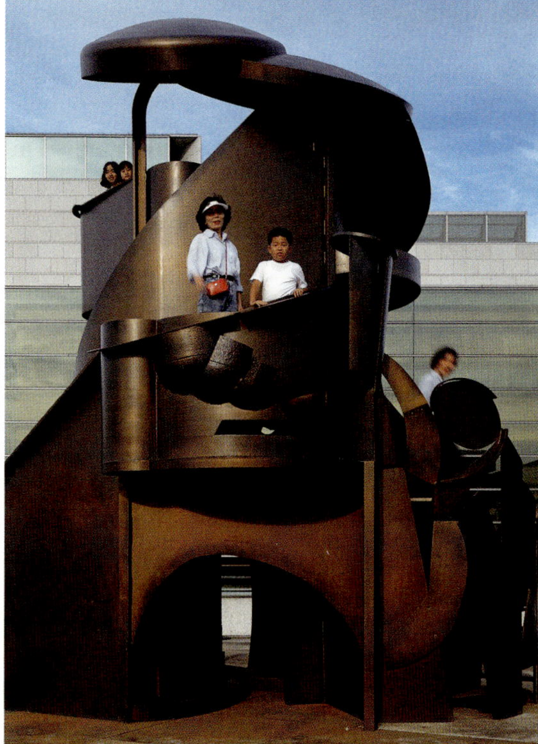

Enfants jouant dans *Child's Tower of Discovery*,
1991
Acier peint.
670,5 x 553,5 x 535,5 cm.
Installation au Museum
of contemporary art, Tokyo.

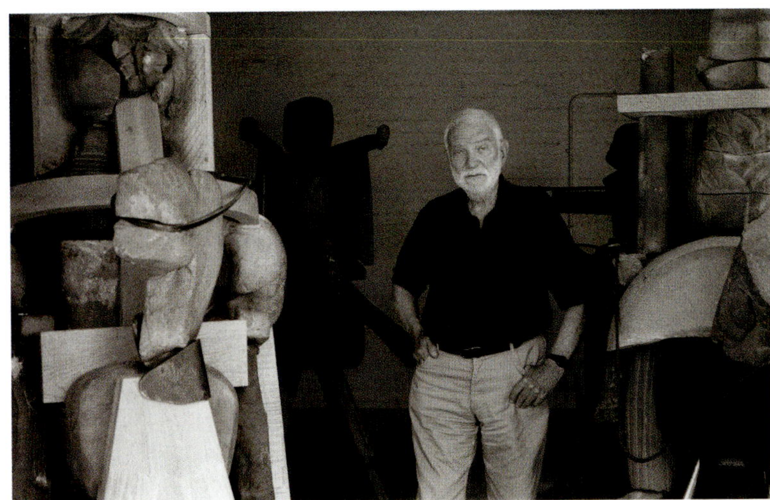

Anthony Caro dans son atelier, parmi les sculptures de la série *The Barbarians*
1999

Il y a tant à apprendre de l'architecture ! Créer en trois dimensions pour des espaces en plein air, établir une relation avec le paysage… Au fond, la sculpture se situe à mi-chemin entre la peinture et l'architecture, surtout la sculpture abstraite. C'est presque de l'architecture et presque de la peinture. Elle est entre les deux. Il nous faut trouver ce lieu, dans l'entre-deux.

P. L. N. : Votre *Last Jugement*, débuté en 1995 et présenté à la Biennale de Venise en 1999, est une œuvre monumentale qui témoigne de toutes les atrocités qui ont obscurci le XXᵉ siècle. Comme d'autres artistes, vous avez ressenti la nécessité de les dénoncer.

A. C. : Oui, sans doute. On voit tant de choses pénibles à la télévision. Je suis plus attiré par une sculpture purement artistique, mais ce n'est pas toujours possible. Je pense que, d'une certaine façon, je m'attache à la dimension narrative de la sculpture. C'est une évolution qui a commencé quand je suis allé travailler à l'atelier de Hans Spinner. Elle a débouché sur le thème des guerriers, puis des *Barbarians*.

P. L. N. : Les *Barbarians* constituent une œuvre monumentale, très ambitieuse par son thème et sa facture. L'ensemble recèle une cohérence plastique qui souligne les liens mythologiques entre les hommes et les animaux. Comment l'idée de cette œuvre vous est-elle venue ?

A. C. : Les *Barbarians* poussent aussi loin que possible la notion de sculpture narrative. Je me promenais à Londres avec ma femme et nous avons vu des chevaux chez un antiquaire. Ils étaient à vendre. L'image a fini par se transformer en vision des barbares venus anéantir notre art, notre civilisation, détruire la paix et l'harmonie du monde.

P. L.N. : When you did *Last Judgment*, beginning in 1995 and shown at the forty-eighth Venice Biennale in 1999, it was a monumental work that testified to all the atrocities that sullied the twentieth century. Like other artists, you felt the need to make a protest.

A.C.: Yes, I think so. We see so much on television, things which are very difficult. I'm interested in a more pure art of sculpture, but it's difficult to be purely aesthetic always. I think, in a way, I am very much engaged with narrative sculpture. It originally came when I worked with Hans Spinner in the south of France. The theme that emerged was the warriors, and then the *Barbarians*.

P. L.N.: *Barbarians* is a very monumental work, very ambitious in subject and execution. The whole thing possesses a great sculptural coherence that testifies to a mythological relationship between men and animals. How did this work come about, some ten years ago?

A.C.: *Barbarians* goes as far as a sculpture can go in narration. My wife and I were walking in London, we saw some vaulting horses in an antique shop, and they were for sale. They became the idea of the barbarians coming to destroy our art, our civilization if you like, to destroy the peace of the world, coming like the Mongolians from the Carpathians..

High quarter,
1988
Avec la maquette de l'œuvre
de Lakeside Folly.
A. Caro, S. Girling,
J. Isherwood
et Frank Gehry.

**Village,
sculpture – architecture,**
Triangle Workshop,
Pine Plains, 1987.

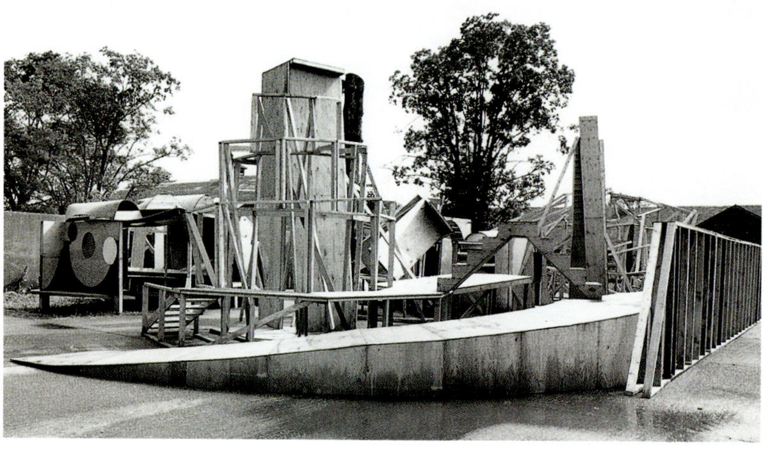

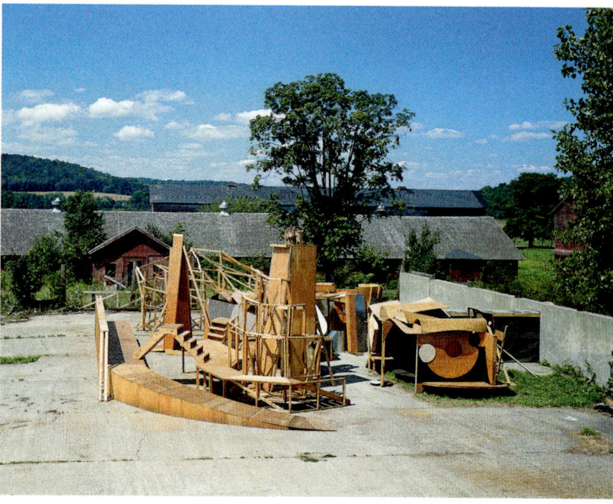

P. L. N. : Vous avez reçu une commande publique du ministère de la Culture pour l'église de Bourbourg (Nord). Il s'agit d'un environnement sculpté qui renvoie à la guerre tout en ayant une dimension sacrée. Faut-il le considérer comme un monument spirituel ou religieux ?

A. C. : J'aimerais que ce soit un lieu de repos, de calme et de spiritualité. Le prêtre dominicain qui est venu me voir et l'archevêque de Lille m'ont expliqué que le sujet devait tourner autour du baptême et de la naissance ou la renaissance (l'église est dédiée à saint Jean-Baptiste). S'y trouve un chœur magnifique et la lumière est très belle. J'ai voulu partir de ces deux données essentielles. Les gens devraient pouvoir entrer directement dans la chapelle en venant de la rue. Je voudrais que des personnes de toutes confessions viennent y célébrer le simple fait d'être vivant et s'y reposer un instant à l'écart du reste du monde. C'est peut-être cela aussi, l'art.
Quelqu'un m'a demandé si la sculpture était ma religion. Je ne sais pas très bien en quoi je crois. Mais je pense que nous sommes très matérialistes. Je me méfie du tout-technique. L'aspect spirituel est très important. Est-ce que tous les artistes n'essaient pas, d'une certaine manière, de saisir l'essence de la vie ? Ce n'est pas une religion. C'est croire aux valeurs de la vie.

P. L.N.: The sculpted environment that the French Ministry of Culture commissioned from you, for the church of Bourbourg, is a monument that refers to war but simultaneously has a religious level –so should it also be viewed as a spiritual or religious monument?

A.C.: I would like it to be a place of repose and tranquillity and spirituality. I thought it would have to be about the niches. But talking to a churchman from France, to a Dominican who came over here, and the archbishops of Lille, they wanted it to be more the history of baptism, birth or rebirth. The subject of the niches is creation, mainly in terms of water. The idea that the font is something you go down into and the tower something you go up into. There is a beautiful choir and the light is beautiful. I wanted to respond to that. The bishop wanted people to come to it from the church, but I want people to be coming from the street and straight into the chapel. I want all people from all religions or people with no religion to celebrate the fact that they are alive and to have a little respite from the heaviness of the world. Maybe art has something to do with that.
Somebody said to me, 'Is sculpture your religion?' I don't know what I believe in exactly, but I do believe in good. And I think we are very material. I don't believe in the technical order, if you know what I mean. The spiritual is very important. But, in a way, aren't all artists trying to catch the essence of life? It isn't religion. It's believing in the value of life.

6
Vespers
1972-1974
Acier peint.
305 x 343 x 122 cm.
Londres, Courtesy Annely
Juda Fine Art ;
Paris, galerie Daniel Templon.

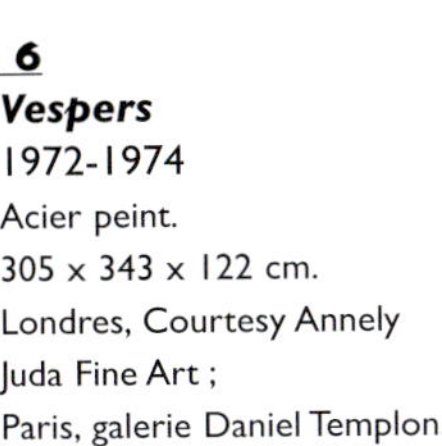

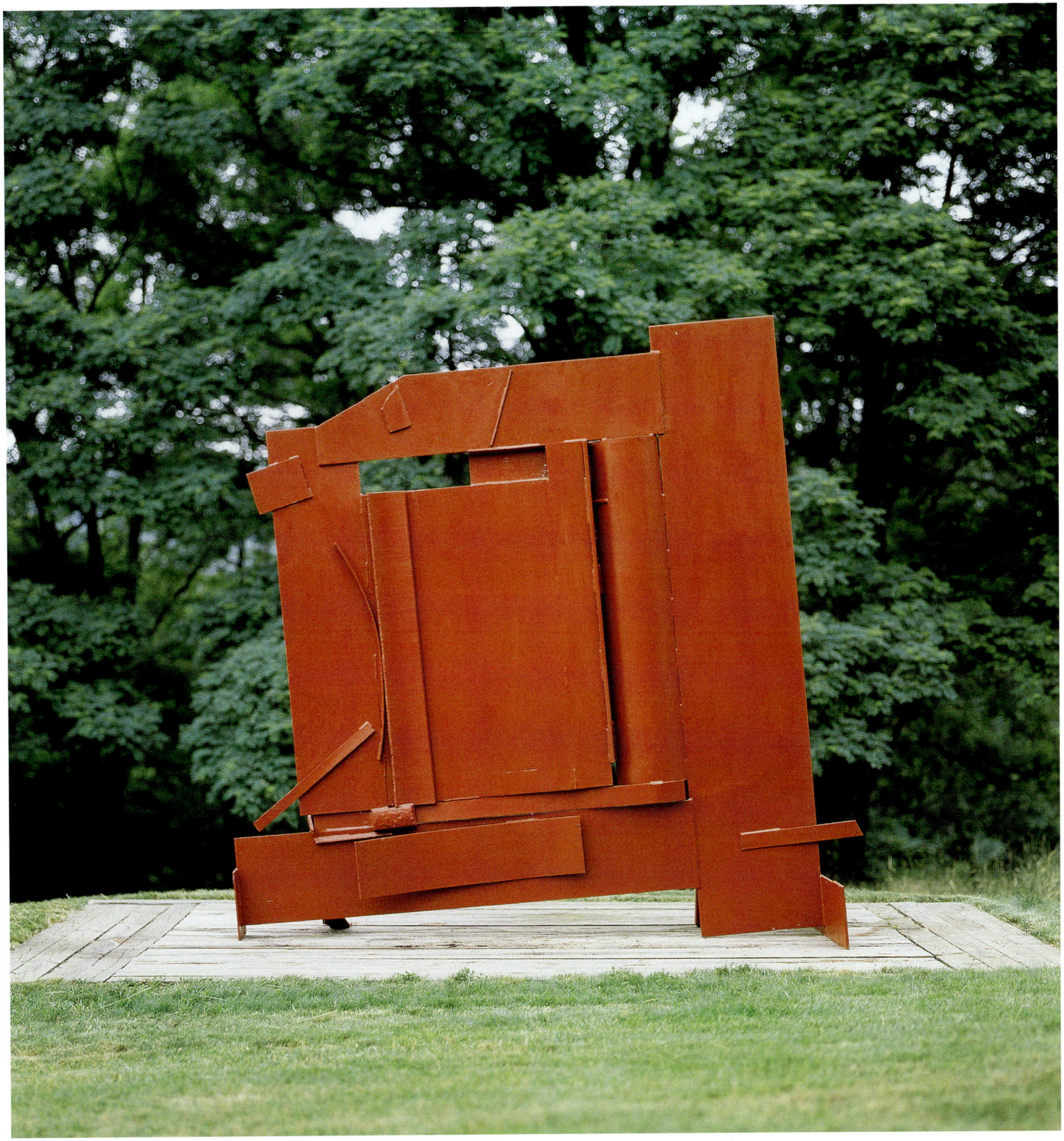

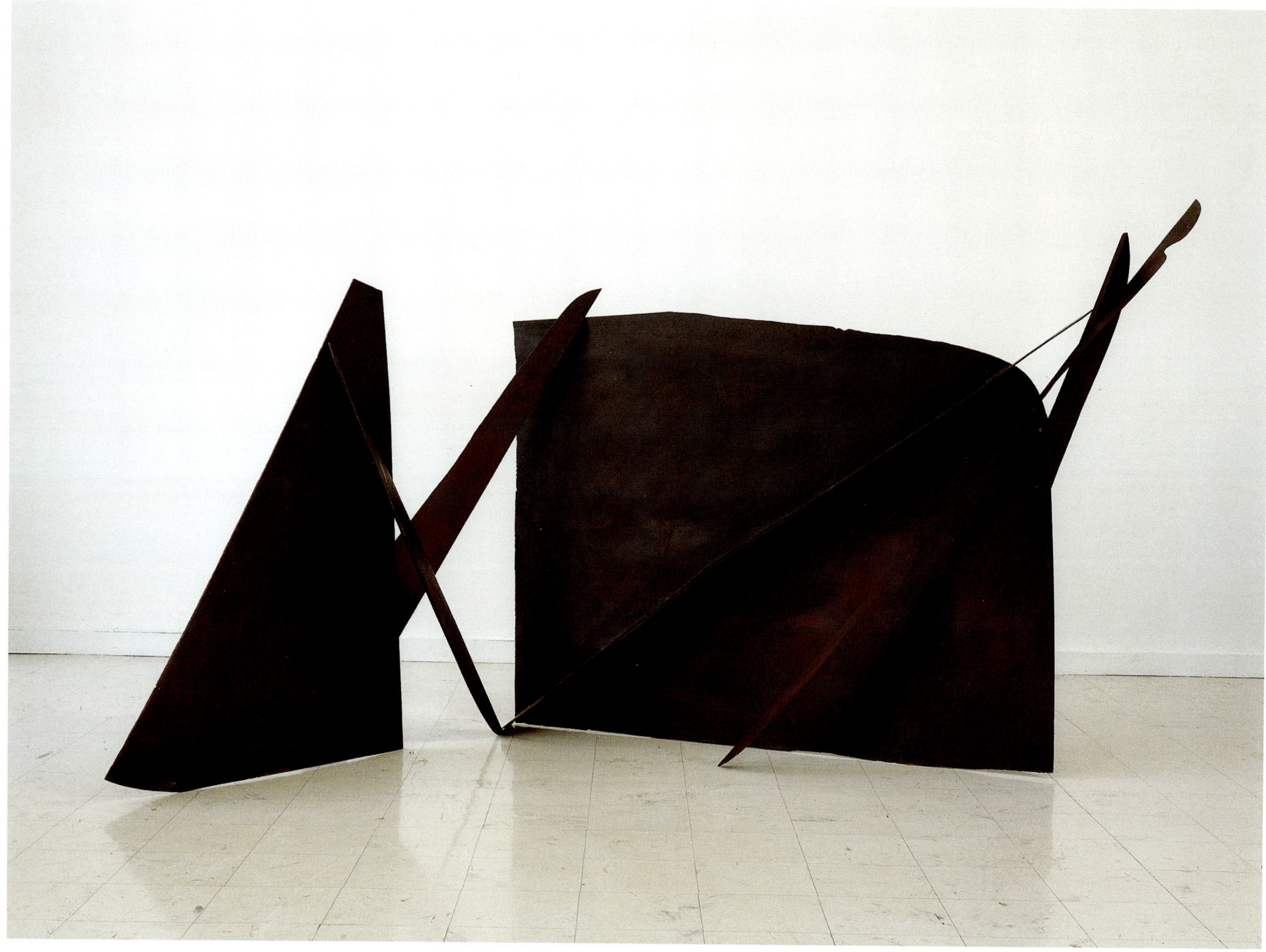

7
Shuttle
1974
Acier, rouillé et verni
195,5 x 241,5 x 254 cm.
Calais, musée des Beaux-Arts
et de la Dentelle.

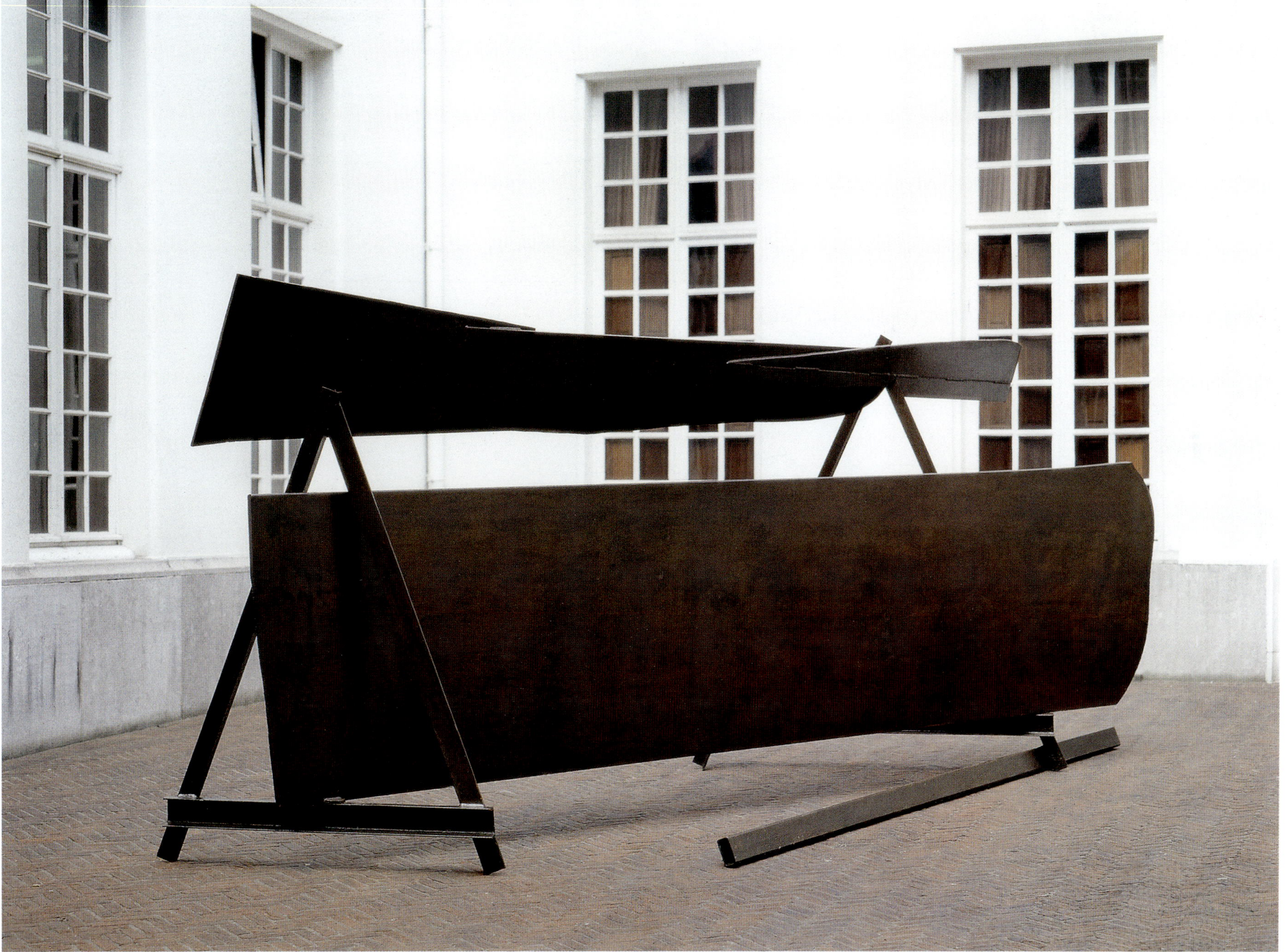

___8__
Fathom
1976
Acier rouillé et verni.
206 x 775 x 167,5 cm.
Collection particulière.

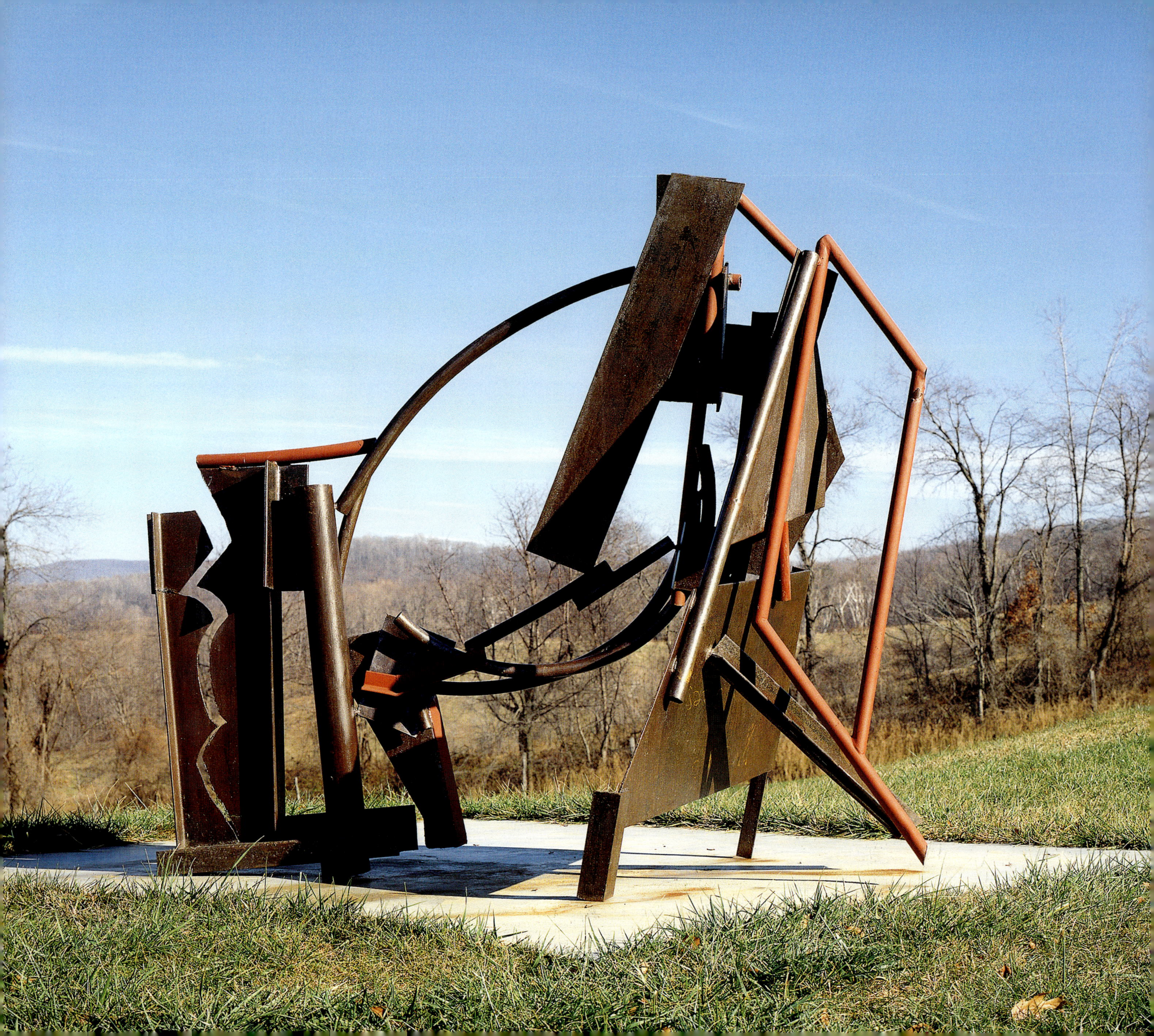

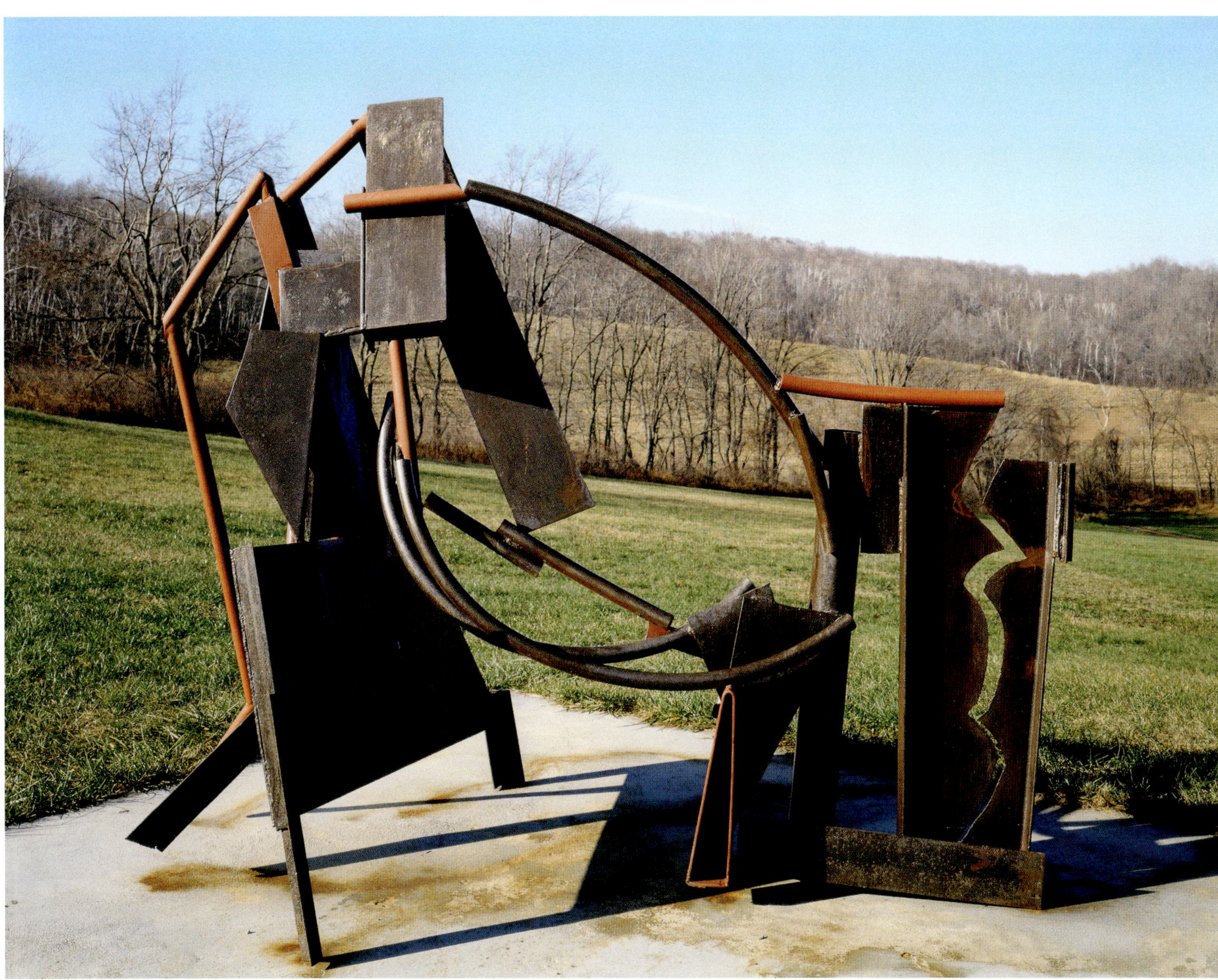

10
Emma Scribble
1977-1979
Acier rouillé
et peint en rouge.
198 x 231 x 137 cm.
Saint-Étienne,
musée d'art moderne.

16
Cathedral
1988-1991
Acier inoxydable,
peint en partie.
467 x 503 x 295 cm.
Londres, Courtesy Annely
Juda Fine Art ;
Paris, galerie Daniel Templon.

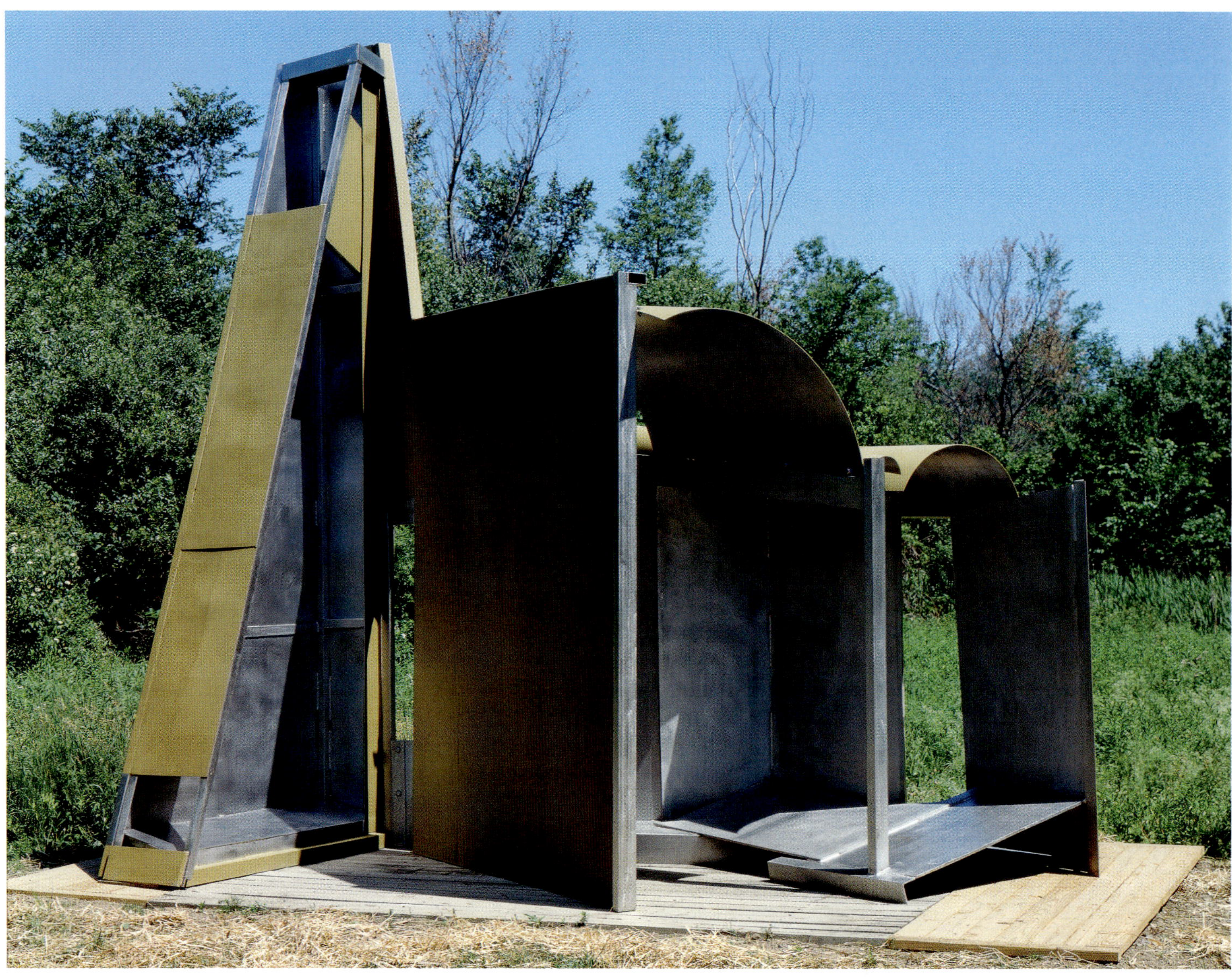

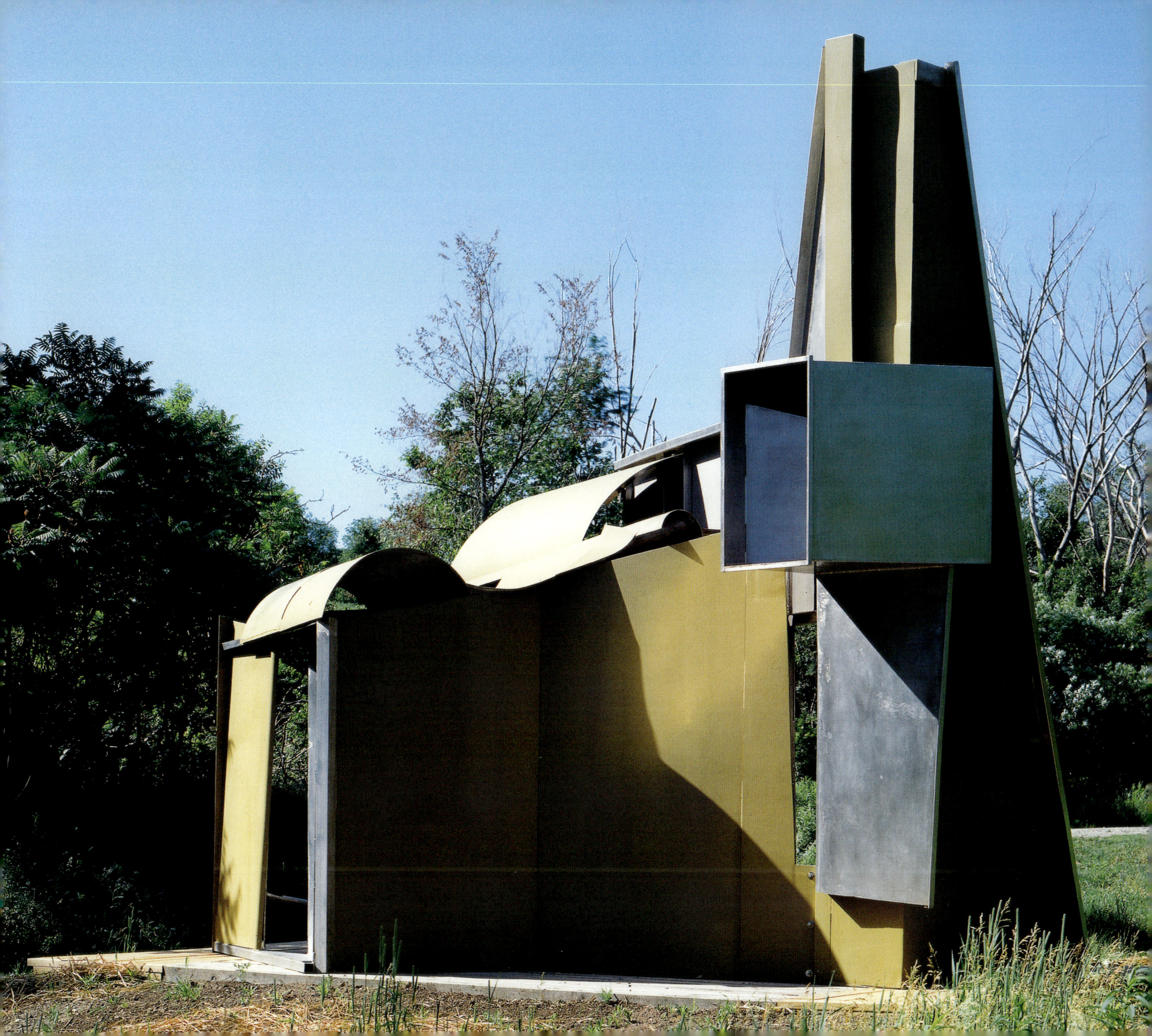

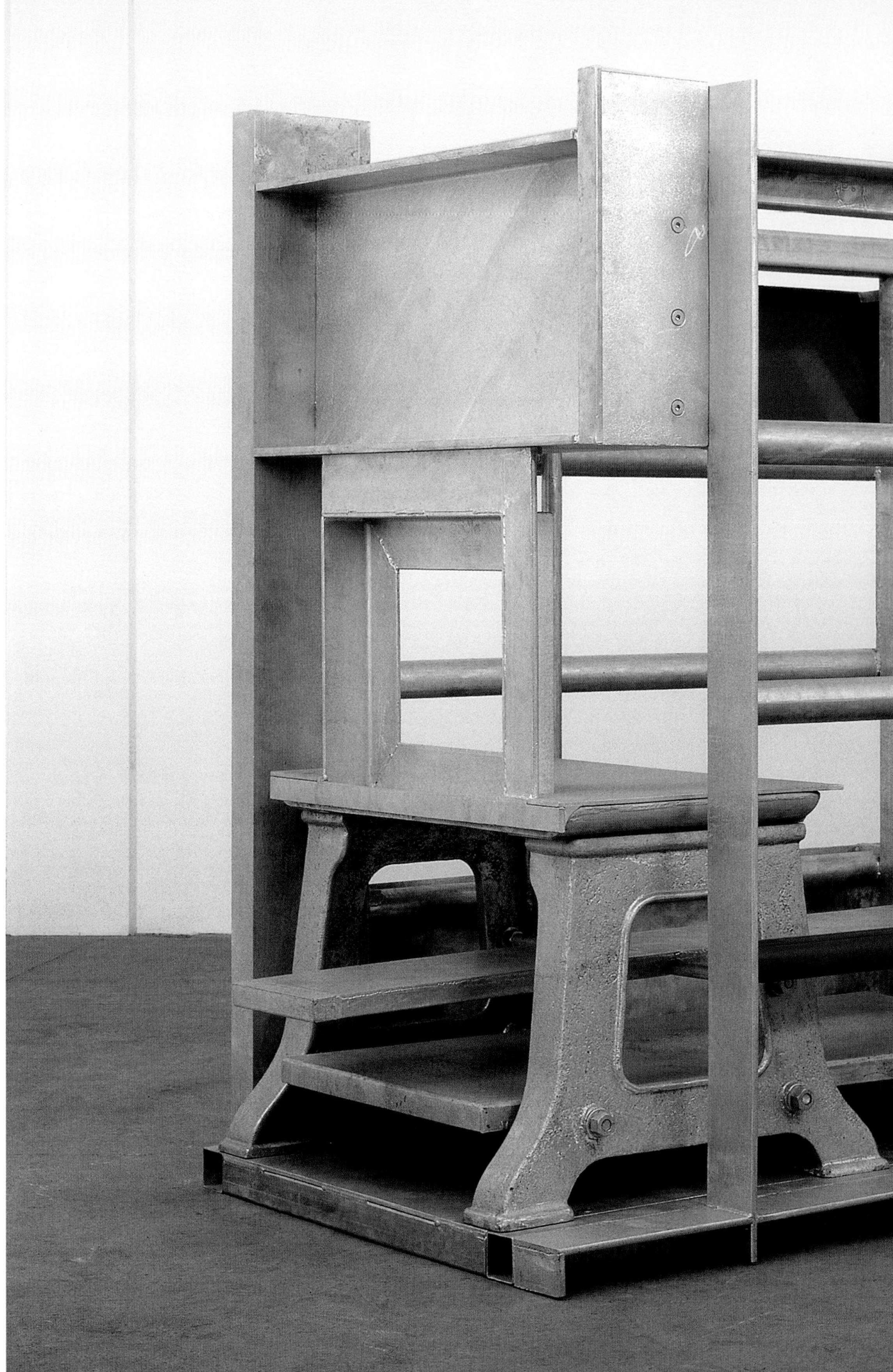

37
Slow Passage
2006
Acier, fonte,
galvanisé et peint.
239 x 449,5 x 160 cm.
Londres, Courtesy Annely
Juda Fine Art ;
Paris, galerie Daniel Templon.

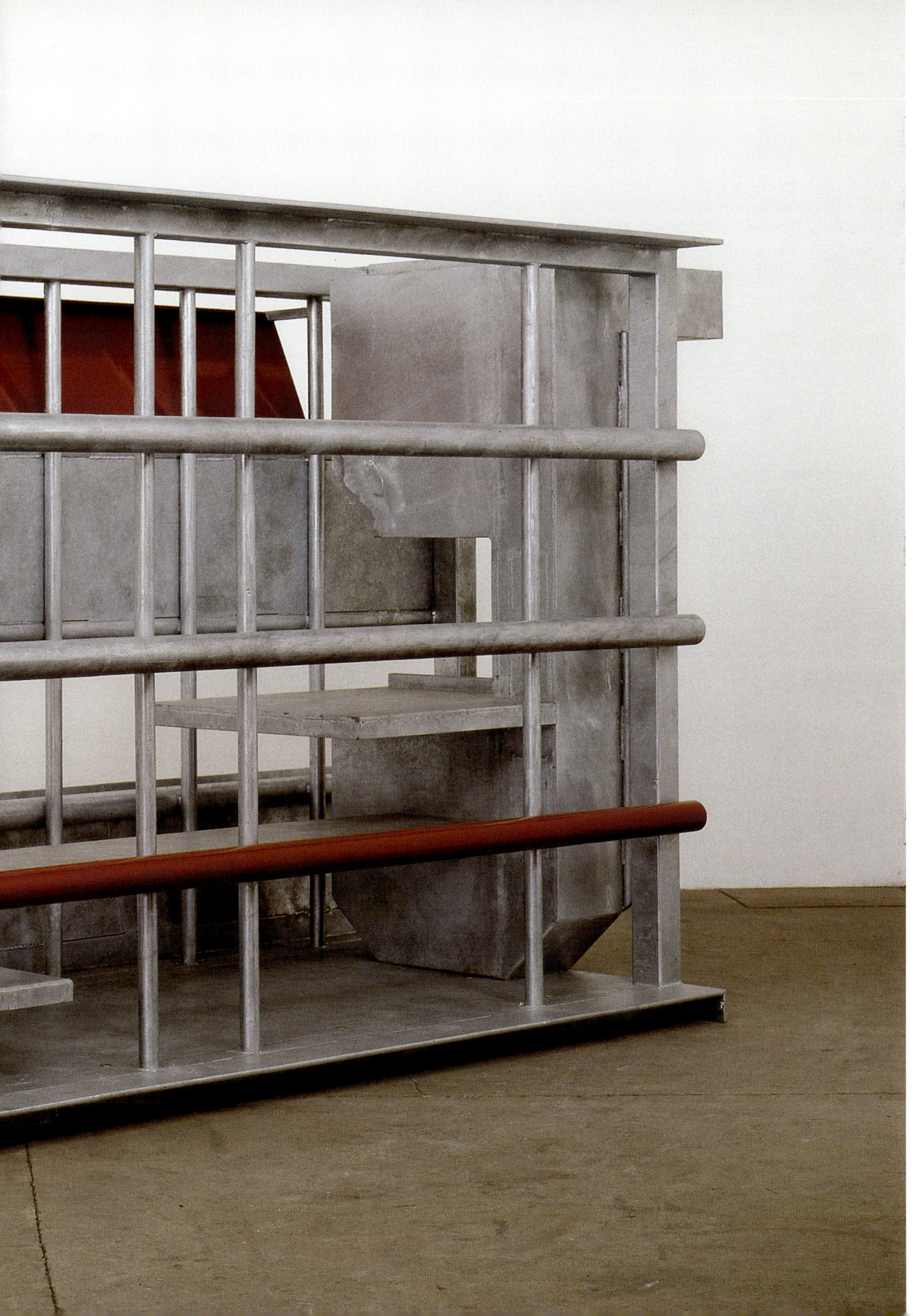

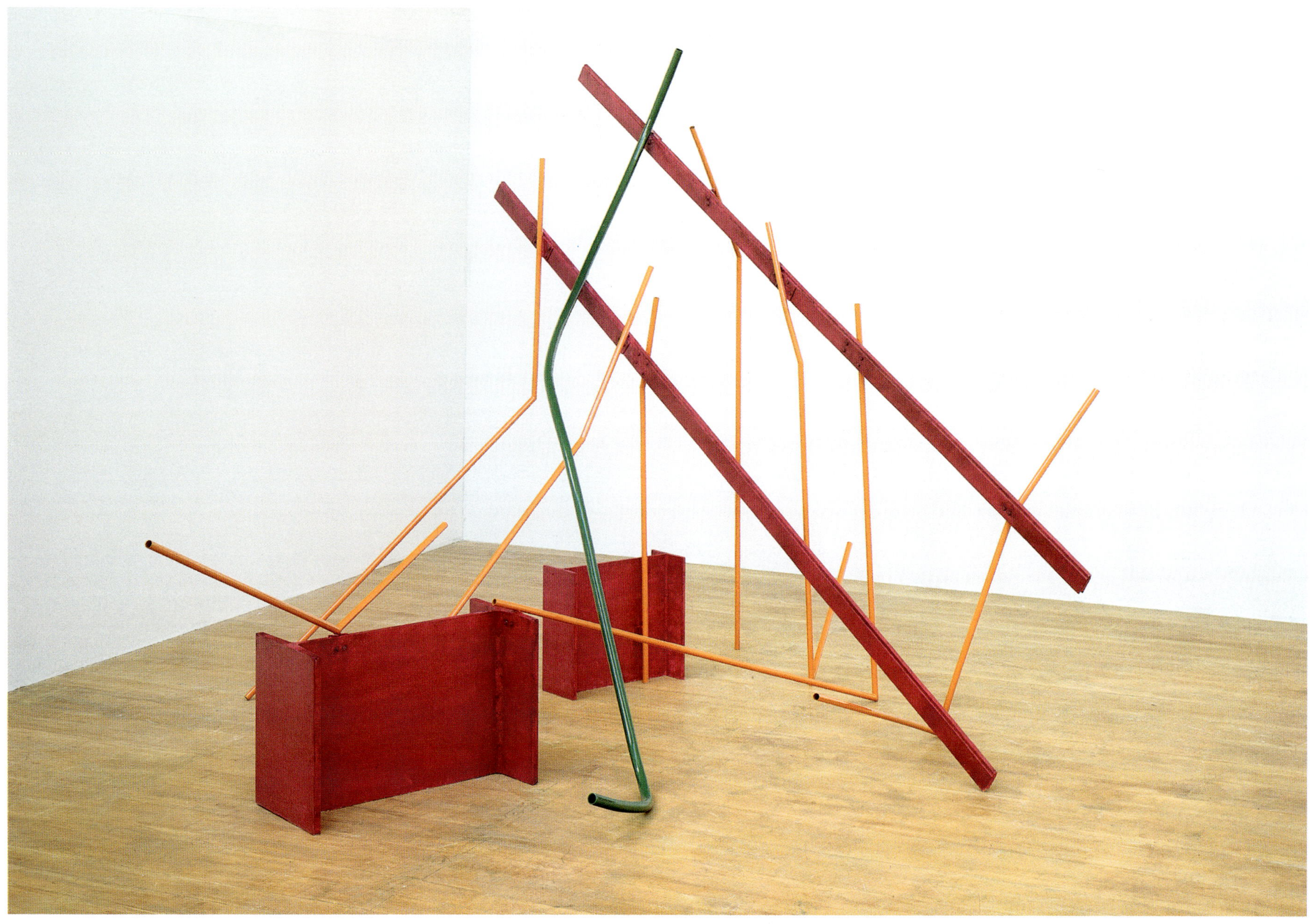

4
Month of May
1963
Acier et aluminium peint
en magenta, orange et vert.
279,5 x 305 x 358,5 cm.
Collection particulière.

COMME UN CHAMP QUI S'ÉLARGIT

LIKE AN EVER-WIDENING FIELD

Ann Hindry

La carrière d'Anthony Caro s'étend aujourd'hui sur plus de cinquante ans. Un demi-siècle d'une quête artistique intense dans un mode plastique qui, pour être défini et recensé en tant que tel depuis l'aube de la civilisation occidentale, s'est vu constamment repensé depuis le début du XXᵉ siècle et drastiquement reconfiguré depuis une trentaine d'années. Au début des années 1960, avec ses constructions horizontales ouvertes de matériaux industriels lourds, Caro contribua à bousculer les idées ancrées sur la sculpture, mais il fut aussi celui qui marqua en quelque sorte, sans l'avoir choisi, l'apothéose de la sculpture moderniste et ce faisant, la notion même de modernisme. Cette position charnière, qu'il n'avait pas cherchée et qui ne s'est révélée qu'*a posteriori* comme le glas d'une certaine façon d'appréhender l'art, a sans aucun doute, pour certains, figé son œuvre dans ce moment-là. Il n'a pourtant cessé depuis d'exploiter les paramètres de son champ de prédilection en empruntant, sans crainte de se dédire, des voies inattendues, quoique toujours maîtrisées et tenues par quelques points cardinaux irréductibles. Son objectif est resté clair : trouver de nouvelles articulations au langage tridimensionnel, explorer à fond le potentiel de l'instance sculpturale et l'élargir à partir de ses propriétés immanentes, telle l'architecture. Cela sans renier d'aucune manière son appartenance à la tradition moderniste d'une sculpture construite, *physique* avant tout, mais en mettant l'accent sur les attributs optiques de celle-ci, en l'appuyant sur une relation à la peinture. Interrogé sur son évolution parallèle, au fil des années, vers une sculpture plus chargée psychologiquement, plus signifiante d'autre chose qu'elle-même, plus expressive et même carrément figurative, Caro a répondu en évoquant sans ambiguïté l'acquis de la percée des années 1960 : « (à l'époque) nous essayions de trouver des moyens de faire de l'art avec clarté et économie, d'établir notre grammaire. Maintenant nous pouvons écrire des phrases entières, nous permettre plus de poids et de pression sans sacrifier pour autant les gains d'alors[1]. »

Today the career of Anthony Caro stretches back over fifty years. A half-century of an intense artistic quest in a plastic mode that, though inventoried and defined as such since the dawn of western civilization, has been constantly rethought during the twentieth century and drastically reconfigured over the past thirty years. In the early 1960s, with his open horizontal structures made of heavy industrial materials, Caro helped to overturn deep-rooted traditional attitudes towards sculpture; but he also, though without setting out to do so, marked the apotheosis of modernist sculpture, and in so doing the very notion of modernism. This pivotal position, which he did not seek and which was revealed only with hindsight as the death knell of a certain way of looking at art, has had the effect – for some – of fixing his work as it was at that period. Yet since that time he has never ceased to explore more parameters of his chosen field, never afraid to seemingly go back on earlier propositions, taking off in unexpected directions that always remained nevertheless controlled and led by a number of unchanging compass points. His aim has remained clear: to find new forms of expression in this three-dimensional language, to explore to the full the potential of the process of sculpture and to broaden it from the basis of its intrinsic properties, such as its kinship to architecture. He has done so without repudiating in any way his place in the modernist tradition of a constructed sculpture, *physical* above all, but by focusing on the optical qualities of this sculpture, on its relationship with painting. When he was asked about his parallel development over the years towards a more psychologically charged sculpture, more significant of something other than itself, more expressive and even explicitly figurative, Caro's response made clear reference to the experience of the breakthrough of the 1960s: '[At the time] we were trying to find ways to make art with clarity and economy, to establish our grammar. Now we can write fuller sentences. We can allow for more weight and pressure without throwing overboard the gains that were won then.' [1]

[1] Cité par David Cohen in *Independant Saturday Magazine*, 21 février 1998.

[1] Quoted by David Cohen in the *Independent Saturday magazine*, 21/02/1998.

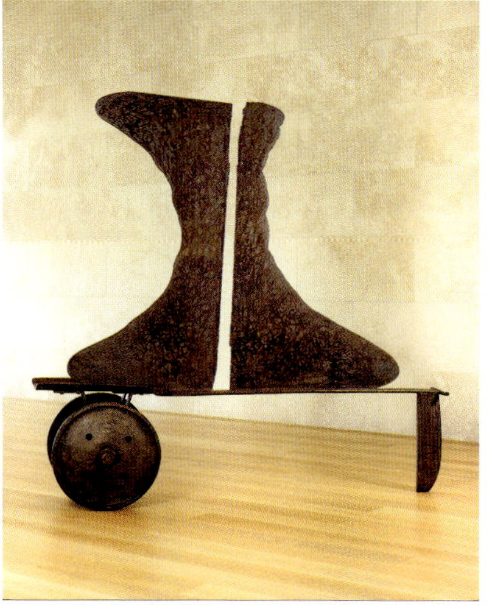

DAVID SMITH
Voltri VI, 1962
Acier,
251,1 x 259,7 x 61 cm.
Dallas, collection Raymond
et Patsy Nasher.

LA SCULPTURE AU SOL

Jeune sculpteur en devenir à la Royal Academy de Londres, Anthony Caro a déjà l'ambition la plus grande lorsqu'il contacte dès 1951 Henry Moore dont il deviendra l'assistant durant deux ans. À partir de 1953, il enseigne à la désormais célèbre St Martin's School of Art, où il restera jusqu'en 1979 (comptant, parmi ses étudiants, Barry Flanagan, Gilbert and George, Richard Long, Richard Deacon, pour ne citer qu'eux). Sans pousser plus loin l'exercice qui consisterait à refaire l'histoire, on est néanmoins tenté, sachant l'acmé que représenta la période américaine d'après-guerre pour l'art moderne, de se demander si la carrière d'Anthony Caro aurait été la même s'il n'était parti aux États-Unis dès 1959, tant sa pratique a pris un tournant décisif à son retour. C'est en effet en 1960 qu'il opère un changement radical. Abandonnant toute figuration, tout modelé, il va initier un ample « travail de force » sur les attributs de la sculpture déjà chahutée par Archipenko, Gonzalez et Picasso, Giacometti. Aux États-Unis, Caro a rencontré le peintre Kenneth Noland, le sculpteur David Smith ainsi que Clement Greenberg, chantre de l'expressionnisme abstrait et mentor incontesté de la deuxième génération des peintres du *color field*. L'impact des échanges qu'il a eus n'est pas mesurable mais à l'écouter et à lire sa correspondance avec eux au fil des années, à constater les liens durables qu'il a tissés, on entrevoit à quel point l'atmosphère exaltée, les discussions intenses, le sentiment partagé par tous d'être des défricheurs, des *pionniers*, notion centrale de la culture américaine, a été stimulante pour le jeune anglais. Sur le conseil laconique de Greenberg, « simplifiez », il en arrive vite à formuler pour lui-même ce qu'il cherche : une sculpture intransitive, une instance visible non signifiante hors de sa réalité objective mais dont l'impact visuel immédiat appelle

SCULPTURE ON THE GROUND

As a young, budding sculptor at the Royal Academy in London, Anthony Caro already nursed great ambitions when, as early as 1951, he got in touch with Henry Moore and became his assistant for two years. From 1953 he taught at St Martin's' School of Art where he remained until 1979 (counting among his students Barry Flanagan, Gilbert and George, Richard Long and Richard Deacon, to name only few). Without unduly indulging in the rather futile temptation to rewrite history, it is none the less tempting, given the summum of modern art that was reached in postwar America, to speculate as to how different Anthony Caro's subsequent career would have been had he not chosen to leave for the United States in 1959, so decisive was the turning point in his work on his return. In 1960 he implemented a radical change. Abandoning any form of representation, all modelling, he embarked on a wide-ranging and concentrated *travail de force* into the attributes of sculpture, already actively revisited by the likes of Archipenko, Gonzalez, Picasso or Giacometti. In the United States, Caro met the painter Kenneth Noland, the sculptor David Smith and Clement Greenberg, high priest of abstract expressionism and undisputed mentor of the second generation of Color Field painters. It is impossible to measure the impact of these exchanges on him, but from his statements and his correspondence with them over the years, from the enduring links he established, we may imagine how exhilarating the atmosphere of excitement, the intense discussions, the shared feeling of doing ground-breaking work, of being *pioneers* – a notion so central to American culture – was for the young Englishman. Following Greenberg's laconic advice – 'simplify' – he rapidly came to formulate for himself what he was searching for: a sculpture that was intransitive,

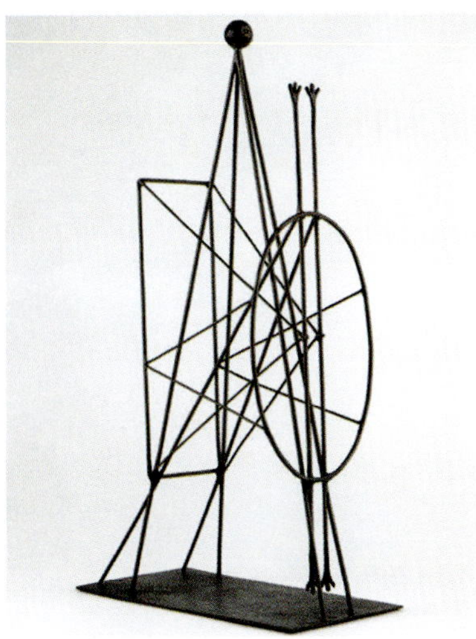

PABLO PICASSO
*Figure (projet de monument
à Apollinaire)*, 1928
Fil de fer et tôle.
37,5 x 10 x 19,6 cm.
Paris, musée Picasso.

néanmoins à une expérimentation progressive. Une sculpture dont l'expérience sera d'abord phénoménologique. Un objet élaboré intentionnellement pour ne représenter ni la forme, ni l'espace, ni le matériau ni la couleur mais pour en rendre compte. Il choisit les composants : des matériaux de chantier – plaques de tôles, poutrelles de soutènement, tubes d'aluminium etc. – et acquiert l'équipement adéquat pour les souder ou les arrimer ensemble. Visant à une présence littérale forte, il cherche surtout à dégager des lignes de force, des axes directifs, articulés par une disposition syntaxique des éléments. D'emblée, presque « logiquement » pourrait-on dire, il va faire reposer l'assemblage ainsi réalisé, dépourvu de centre mais solide sur ses différents points d'appui, à même le sol. L'évidence s'est imposée à l'artiste que l'objet qu'il venait de créer appartenait au même espace que lui, que l'œuvre et lui-même partageaient la même terre d'appui. En la libérant de l'intercession du socle qui l'abstrait de sa réalité pour l'intégrer au registre de l'illusoire, de la représentation d'un ailleurs, Caro va ainsi faire basculer une certaine conception de la sculpture, l'amener en quelque sorte au monde. Certes, poser sa sculpture directement sur le sol n'est pas l'« invention » d'Anthony Caro. Et là n'est pas l'essentiel non plus. Rodin, Picasso, Giacometti, de même que le compatriote et grand précurseur de Moore et Caro, Jacob Epstein, l'ont fait. Epstein avec, pour un temps, l'exceptionnel *Rock drill*. Il est arrivé à David Smith aussi, notamment avec certains *Tanktotem* de 1953, de faire l'impasse du socle. Toutefois, ces œuvres restent dans le registre de la figuration ou de la métaphore anthropomorphique. Les assemblages d'attirail de construction que Caro réalise « à terre » représentent à l'époque un tout autre défi. Non isolés de leur environnement par un artifice quelconque, ils sont tellement partie intégrante de l'univers des objets fonctionnels dont ils sont issus que la question

a visible instance with no meaning beyond its objective reality, but whose immediate visual impact nevertheless required progressive experimentation. It was to be a sculpture the experience of which would be primarily phenomenological; an object intentionally elaborated not so much to represent form or space, texture or colour as to *account for* it . Thus, Caro promptly selected the components – building materials such as steel plates, I-beams, aluminium pipes and the like – and acquired the appropriate equipment to weld and bolt them together. Aiming always for a presence of literal strength, he sought above all to reveal lines of force, directional axes that would be articulated by a syntactical arrangement of the elements. From the start, one might almost say 'logically', he placed the assemblage he thus created, devoid of a centre but self-supporting on different points, directly on the ground. To Caro it was self-evident that the piece he had created occupied the same space as he did, that he and the work rested on the same ground. In freeing sculpture from the mediation of the plinth, which removes it from its reality and abstracts it to the level of the illusionistic, to the representation of a different reality, Caro was also to challenge a particular view of sculpture, to as it were bring it into the world. Placing sculpture directly on the ground was not an idea 'invented' by Anthony Caro, of course. But this is not the main point. Rodin, Picasso, Giacometti and Moore, as well as Caro's compatriot and great forerunner Jacob Epstein, all preceeded him. Epstein for a time with his remarkable *Rock Drill*. David Smith was also known to dispense with the use of a plinth, notably with some of his *Tanktotem* series of 1953. However, these works remain in the register of the figurative or the anthropomorphic metaphor. Caro's assemblages of construction materials placed directly on the ground represented a challenge of a completely different order. Not isolated

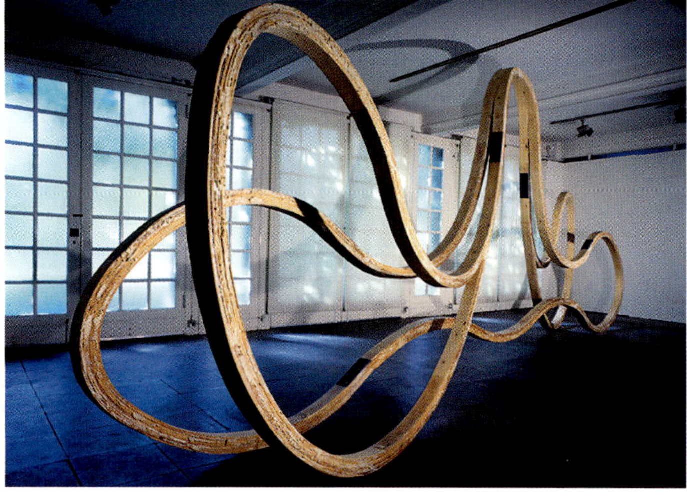

RICHARD DEACON
Blind, Deaf and Dumb, 1985
Acier galvanisé.
370,8 x 800 x 381 cm.
Londres, Serpentine gallery.

se pose à l'artiste de leur réabsorption par celui-ci. Or, à l'instar de ses prédécesseurs modernistes, Caro pense que le devoir du sculpteur est aussi de préserver la différence de nature entre l'art et les objets. Il sait que la nature assez insaisissable de l'art tient en partie à ce qui se passe dans le moment même de l'appréhension de l'œuvre. Il choisira donc très vite de recouvrir ses sculptures d'un pigment industriel de couleur vive. Celle-ci va ainsi unifier l'ensemble et le singulariser. L'artiste dira également qu'il a peint ses sculptures pour créer « la sensation d'abstraction que l'on a avec la peinture ». Au-delà de la question de la différentiation immédiate, c'est également à la capacité d'instance renouvelée dans la durée, propre à la peinture, qu'il fait allusion. Tout au long de sa carrière, il continuera ponctuellement à peindre ses sculptures, quand bien même il aura de plus en plus souvent recours à l'utilisation de matériaux bruts dont il exploitera à des fins visuelles les différentes surfaces. Les œuvres que Caro réalise dans les premières années de la décennie 60 sont indéniablement un événement pour l'histoire de la sculpture. Mais, elles furent paradoxalement, pour lui, même si la période de création fut d'une grande frénésie, un « non-événement », tant elles se sont imposées sans autre agenda que leur nécessité d'être. Certes, Caro avait rencontré David Smith. Il savait peut-être, sans s'être encore rendu dans son atelier, que celui-ci assemblait certaines de ses sculptures sur le sol, avant de les souder et les relever. Il avait beaucoup parlé avec Kenneth Noland et Clement Greenberg, visité les ateliers de certains peintres du groupe, dont celui de Jules Olitski. Il avait pleinement conscience de l'aventure Pollock, en avait parlé avec ses hôtes, avait sans doute connaissance du film de Namuth où l'on voit le peintre « danser » au-dessus de ces toiles étalées sur le sol. Ces aperçus d'outre-Atlantique l'ont sans nul doute émancipé de conventions anciennes, l'« attitude » des Américains l'a

from their environment by any artifice of any kind, they were so much an integral part of the world of functional objects from which they came that the question arose for the artist of their possible re-absorption into this world. Like his modernist predecessors, Caro believed that the sculptor's duty was also to preserve the difference between the nature of art and that of objects. He knew that the rather elusive nature of art stems in part from what happens in the very moment of apprehending the object. He therefore decided very early on to paint his sculptures with industrial pigments in bold colours. This would unify them and also mark them out. He would also say that he painted his work in order to create 'the feeling of abstraction that you have with painting'. Beyond the question of immediate differentiation, he was also referring to the capacity to impose itself anew over time that seems to be more specific to painting. Throughout his career he has continued from time to time to paint his sculptures, even though he would turn more and more frequently to the use of raw, unfinished materials, whose different surfaces he would exploit for visual ends. The works that Caro created in the early 1960s were indisputably a significant event in the history of sculpture. But for him, paradoxically, even though this was a period of furious creative activity, they were a 'non-event' so imperative did they reveal themselves to be, devoid as they were of any other agenda than their unquestionable necessity to be. As mentioned above, Caro had met David Smith. He perhaps knew, though he had not yet visited his studio, that Smith assembled some of his sculptures on the ground before he welded them together and pulled them upright. He had had many discussions with Kenneth Noland and Clement Greenberg, and had been to the studios of some of the painters in the group, including that of Jules Olitski. He was fully aware of the Pollock adventure,

inspiré, mais il n'en reste pas moins vrai que l'homme est britannique et que son rapport au sol et à son environnement, conscient ou non, est bien particulier. « L'esprit anglais transforme chaque abstraction en un ustensile portatif » disait Emerson en 1856. Ce pragmatisme quasi philosophique, ajouté à une conscience forte d'habiter au centre de son corps, lui-même fermement planté sur une terre à laquelle il s'identifie, une terre inviolée depuis mille ans et définitivement apprivoisée par ses habitants, peut avoir, à mon sens, aidé le jeune sculpteur de 38 ans à trouver spontanément là ce qui lui correspondait. Plus qu'une réflexion opportune sa décision de construire sa sculpture à même le sol tient aussi au sentiment profond d'une relation osmotique signifiante avec le sol que l'on foule. Par ailleurs, Caro avait 16 ans durant le Blitz qui ravagea Londres en 1940, et 21 ans à la fin de la guerre. Il a vu son lieu, indiscuté depuis un millénaire, aplati sous les bombes. Comme il a été témoin, ensuite, de la rapide reconstruction de Londres. Jusque dans les années 1960, la ville de sa jeunesse a résonné du bruit des matériaux sur les chantiers de construction. Il est clair que Caro aurait sûrement été un grand sculpteur si tous ces facteurs n'avaient pas été réunis. Ils explicitent cependant comment, après s'être affranchi de la tutelle, auto imposée, d'Henry Moore, et s'être ensuite autorisé au changement par sa rencontre avec les *éclaireurs* de l'art américain, il a pu recourir si vite à un vocabulaire et un mode d'expression radicalement différents. Ceux-ci étaient d'autant plus injonctifs qu'ils devaient participer d'un choix très naturel : celui des matériaux de (re) construction d'une part et, d'autre part, leur placement à même le sol.

Les sculptures horizontales requalifient le sol où elles reposent en le redressant. Celui-ci acquiert alors une fonction active dans le dispositif de la sculpture. Les matériaux sont simplement choisis

had discussed it with his hosts, and doubtless knew of Hans Namuth's film that showed the artist 'dancing' over canvases spread out on the floor. Undoubtedly these insights from across the Atlantic helped to liberate him from traditional conventions, and the forceful attitude of the American artists inspired him; but at the same time he was still an Englishman, with – whether consciously or not – a very specific relationship to the ground and to his environment. 'The English mind turns every abstraction it can receive into a portable utensil,' wrote Ralph Waldo Emerson in 1856. A quasi-philosophical pragmatism, added to a very definite awareness of inhabiting the centre of one's body, itself firmly planted on a land with which one identified, a land unviolated by invasion for a thousand years and thoroughly tamed by its inhabitants are a strong part of British specificity and may possibly, it seems to me, have played a meaningful role in the thirty-eight-year-old sculptor's quite spontaneous choice of means. More than an opportune reflection, his decision to build his sculpture directly on the ground stemmed also from a deep feeling of a meaningful osmotic relationship with the soil that we tread. Furthermore, Caro was sixteen during the Blitz that ravaged London in 1940, and twenty-one when the war ended. He had seen the place to which he belonged, that had remained undisputed for over a millennium, flattened by bombs. Just as he subsequently witnessed the rapid rebuilding of London. Up to the 1960s, the city of his youth reverberated with the noise of building sites at work. Clearly Caro would still have been a great sculptor had all these factors not coincided. Yet they help to explain how, after leaving the self-imposed tutelage of Henry Moore, and having allowed himself the possibility of change through his encounter with the trailblazers of American art, he was able to have recourse with such speed to a radically different vocabulary and mode of expression. These were all

pour leurs qualités d'usage. Par ailleurs, leur position logiquement basse force le spectateur à baisser les yeux pour les regarder. Toute identification de l'œuvre à soi devient alors improbable, l'attitude *de facto* de dévotion vers un objet hors du monde est abolie. La sensation à la fois existentielle et pragmatique est, aussi bien pour l'artiste que pour le regardeur, celle de partager un espace avec ce que l'on voit ou ce que l'on produit. Les artistes *Minimal* dont Don Judd, avec ses *Objets spécifiques* et Carl Andre, avec ses sculptures au sol, apparaîtront sur la scène deux ou trois années plus tard avec des propositions comparables sur ce point-là, mais la démarche est évidemment très différente. Caro s'intéresse aux relations internes à l'œuvre ; il cherche dès le départ à créer dans chaque sculpture une situation de tension entre forme et masse, espace et volume, mouvement et immobilité, pesanteur et vitesse, une syntaxe des parties et des fonctions. « Je travaille dans la tradition cubiste » dit-il. Il rentre d'ailleurs des États-Unis conforté dans son intérêt pour les grands Européens tels que Picasso et Matisse, quelque peu relégués dans l'histoire, de son côté de l'Atlantique, à l'époque où il émerge. Il découvre avec quelle fraîcheur d'approche les artistes américains se nourrissent de Picasso et Matisse, de Giacometti. Avec David Smith, il rencontre un sculpteur aussi préoccupé de peinture que lui. La peinture restera effectivement, comme pour Smith, le mode plastique à l'aune duquel Caro voudra réhabiliter la sculpture. Son désir de trouver pour celle-ci un langage qui la libère des entraves à l'improvisation que représente la pesanteur, et que ne connaît pas la peinture, s'est sans doute reconnu dans le travail de Smith. C'est lui cependant qui, en ouvrant sa sculpture à l'horizontale, modifiera durablement le facteur intrinsèque de la gravité. Il donnera, par là même, à sa sculpture, une autre spécificité : celle d'offrir de multiples points de vue, aussi différents les uns

the more authoritative for being part of a choice that was very natural: the use of materials of (re)construction on the one hand, and their positioning directly on the ground on the other.

The horizontal sculptures redefine the ground on which they sit by raising it as it were so that it takes on an active role in the dynamic of the sculpture. The materials are chosen simply for their functional properties. Moreover their low position inevitably obliges the viewer to look groundwards in order to see them. Any identification of the work in and of itself therefore becomes unlikely, and the *de facto* attitude of worship towards an object removed from the world is instantly abolished. For both artist and viewer the experience, at once existential and pragmatic, is that of sharing a space with what one makes or sees. Minimal artists such as Don Judd, with his *Specific Objects*, or Carl Andre, with his sculpture laid on the floor, appeared on the scene two or three years later with comparable propositions but a very different approach. Caro is interested in the work's internal relationships; from the outset he seeks to create within each sculpture a situation of tension between shape and mass, space and volume, movement and stillness, heaviness and speed, a syntax of parts and functions. 'I work within the Cubist tradition,' he says. Moreover he returned from America reaffirmed in his interest in great European artists such as Picasso and Matisse, who tended to be relegated in importance in Britain at this time. He discovered with what freshness of approach American artists took their influences from Picasso, Matisse and Giacometti. In David Smith he encountered a sculptor as preoccupied with painting as he was himself. Painting was to remain for Caro, as it had been for Smith, the plastic mode through which sculpture's status was to be restored. His desire to find a language for sculpture that would free it from the hindrances to improvisation

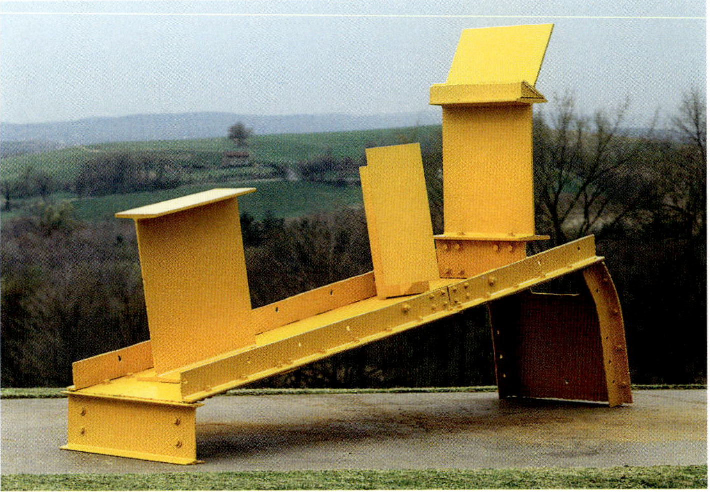

Midday
1960
Acier peint en jaune.
240 x 96,5 x 366 cm.
New York
Museum of Modern Art.

des autres qu'imprévisibles. Depuis les premières œuvres construites, *Twenty-Four Hours* (1960) et *Midday* (1960), jusqu'aux plus récentes, il n'est pas de sculpture de Caro qui puisse être saisie, visuellement comme mentalement, en un seul temps. Toutes changent radicalement de morphologie suivant l'angle de vue et il est impossible d'anticiper ce que l'on va voir en tournant autour d'elles, à partir de ce que l'on confronte au premier contact. C'est dans une dimension temporelle comparable à la chronologie de la musique, très importante pour l'artiste, que s'inscrit l'immanence de l'œuvre. « Comme pour la musique, je ne veux pas que la totalité de l'expérience soit vécue sur-le-champ » dit-il très tôt[2]. *Lock* (1962), comme son prédécesseur *Midday* (1960), présente un arrangement simple et contondant de grandes pièces d'acier, peintes d'une couleur vive : jaune pour *Midday* et bleu sombre pour *Lock*. Dans les deux sculptures, on distingue très nettement les rangées de gros boulons de fixation des pièces cornières qui rappellent l'origine utilitaire des parties en même temps qu'elles soulignent la position des éléments (à revoir ces œuvres à l'aune du temps, on pense à l'insistance d'un Richard Deacon sur la visibilité des boulons et autres rivets de ses sculptures). De lourdes plaques centrales, inclinées, entretiennent une relation dialectique avec le sol qui renvoie au spectateur le sentiment précaire de sa perpendicularité par rapport à lui, et évoquent le mouvement, au défi de la pesanteur. Dans *Lock*, seule une des plaques horizontales est inclinée, tandis que l'autre est parallèle au sol. Le contraste amène un jeu de bascule qui induit le mouvement. Un élément posé sur la tranche entre les deux, pourrait, semble-t-il immobiliser l'ensemble au sol mais, en étant arrimé à l'une mais pas à l'autre, la possibilité de cet ancrage reste ouverte. L'ensemble est tenu visuellement par trois éléments linéaires qui forment un cadre, ou plutôt un portique, au-dessus de lui. Cette description, pour véritable

presented by its weight – to which painting is not subject – was also clearly present in Smith's work. But it was Caro who, by opening up his sculpture horizontally, was to effect a lasting change in the intrinsic factor of gravity. And in so doing he also endowed it with another specific quality: that of offering multiple points of view, as different from each other as they are unpredictable. From his early works, *Twenty-Four Hours* (1960) and *Midday* (1960), to his most recent, there is no Caro sculpture that can be grasped, either visually or intellectually, in a single viewing. The morphology of each work changes radically according to the viewing angle, and it is impossible to anticipate what one will see as one walks round them, starting from that first contact. The immanence of the work is set in a temporal dimension comparable to that of music, which is of such importance to the artist: '… like music, I don't want the entirety of the experience to be given all at once,' he explained very early on.[2] *Lock* (1962), like its predecessor *Midday* (1960), presents a simple and blunt arrangement of large pieces of steel, painted in bright colours: yellow for *Midday* and dark blue for *Lock*. In both sculptures, the rows of prominent bolt heads on the corner irons are clear to see, recalling the utilitarian origins of the parts and at the same time emphasizing their position (on revisiting these works over time, one is reminded of Richard Deacon's insistence on the visibility of bolts and other rivets in his sculptures). Heavy central sheets, inclined, enter into a dialectical relationship with the ground that makes the viewer aware of his or her own precarious vertical relationship with it, and evokes movement, challenging gravity. In *Lock*, only one of the horizontal sheets is inclined, while the other lies parallel to the ground. The contrast between them introduces a play on balance that induces momentum. A metal piece wedged between them might, it seems, anchor the whole structure to

[2] Cité par Ian Barker in Ian Barker, *Anthony Caro. Quest for the new sculpture,* Swiridoff Verlag, 2004.

[2] Quoted by Ian Barker in *Anthony Caro: Quest for the New Sculpture,* Swiridoff Verlag & Lund Humphries, 2004.

qu'elle soit, n'est bien sûr visible qu'à certains angles. À 90° de là, le cadre a disparu, les profils des plaques, devenues bandes linéaires, se croisent, etc. La découverte complète de l'œuvre ne peut se faire que dans le temps de son contournement. La complexité de l'articulation des volumes, des espaces et des lignes, ne se dévoile que dans le déplacement du regardeur. La perception visuelle s'égrène, comme les notes de musique sur la portée. Certaines sculptures imposent carrément leur rythme, comme *Sculpture Seven* (1961) dont les trois éléments principaux sont peints en vert tandis que deux petits éléments qui déterminent la position des uns par rapport aux autres, sont peints respectivement en bleu et brun. L'œil va tendre à s'arrêter sur ces intersections aux couleurs différentes, rompant le déroulé temporel de la vision, marquant la pause.

L'ESPACE DE LA SCULPTURE, L'ESPACE DU CORPS

Scuplture Seven se propose, par ailleurs, immédiatement, comme une réminiscence de l'action qui l'a construite. Sa résolution formelle revendique un (dé) placement délibéré. Elle est indicielle de l'acte physique qui a positionné les poutres. En effet, quand bien même il rejette, à ses débuts, toute évocation analogique, Caro ne conçoit pas sa sculpture autrement que comme une manifestation de l'exploration de l'identité du corps. « Je pense, dit-il très tôt, que l'art traite de ce que c'est que d'être en vie ». Être en vie, c'est être dans son corps et expérimenter ce corps comme un espace dans l'espace qui l'entoure. Caro ne s'intéresse pas à une sculpture qui « représenterait » le corps (la vie) en quoi que ce soit mais la disposition formelle qu'il choisit renvoie d'une façon ou d'une autre à notre propre corps.

the ground, but since it is bolted only at one end, the potential of this attachment remains open. The ensemble is held together visually by three linear elements forming a frame, or rather a portico, above it. Accurate though this description may be, it is of course visible only from certain angles. Turn through ninety degrees, and the frame vanishes, the end views of the now-linear sheets intersect, and so on. The complete discovery of the work can take place only in the time that it takes to view it from all sides. The complex articulation of the volumes, spaces and lines is revealed only as the viewer moves. Our visual perception of it is measured out like notes of a piece of music.

Some sculptures clearly impose their own rhythm, such as *Sculpture Seven* (1961), in which the three principal components are painted green, while the two smaller ones that determine their relative positions are painted blue and brown respectively. The eye tends to linger on these intersections of the different colours, interrupting the smooth unfurling of our vision, marking a pause.

THE SCULPTURE'S SPACE, THE BODY'S SPACE

Sculpture Seven also offers itself immediately as a memory of the action that constructed it. Its formal resolution proclaims the deliberate nature of its (dis)placement. It bears witness to the physical act that positioned the beams. Although in his early career he rejected all analogical evocations, Caro views his sculpture as the exploration of the identity of the body. 'I think,' he observed very early on, 'that art has to do with what it is to be alive.' To be alive is to be inside your body and to experience this body as a space within the surrounding space. He is not interested in a sculpture that would 'represent'

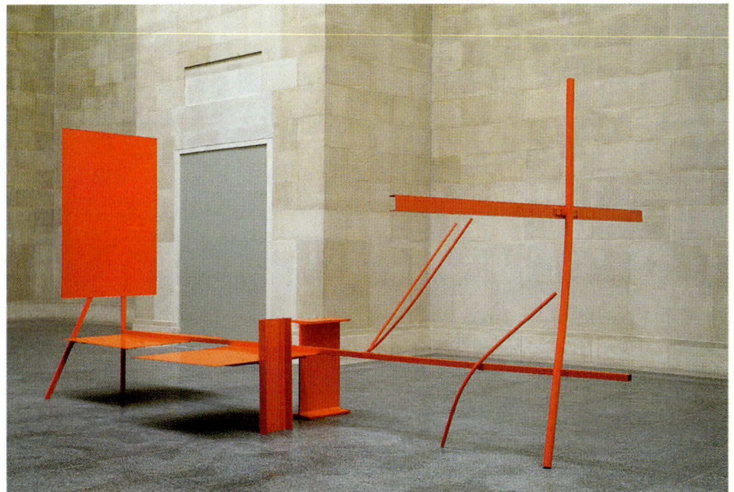

Early One Morning
1977-1978
Acier et aluminium
peint en rouge.
290 x 620 x 333 cm.
Londres, Tate Gallery.

Celui-ci étant, somme toute, le seul parangon à partir duquel mesurer le monde, la masse, le vide. Ainsi que l'analyse avec finesse Paul Moorhouse, *Lock,* par exemple, n'est pas l'image du fait d'être allongé. Elle *est* allongée. En 1972, Caro expliquera, à propos de ses sculptures de la première période, avant l'Amérique, « mes sculptures figuratives traitaient de ce que cela veut dire d'être à l'intérieur de son corps (…). Par exemple, quand on est allongé, on se sent lourd, notre propre poids nous donne l'impression d'être aplati, compressé vers le bas[3] ». Antony Gormley, quelques années plus tard, avec une sculpture également très forte mais expressément anthropomorphique, très éloignée de celle de Caro, n'exprimera pas autre chose. Le corps comme espace et comme lieu. Les deux artistes anglais explorent, à deux décennies de distance, et chacun à leur manière, les dualités fondamentales : espace intérieur/espace extérieur, contenu/contenant, ainsi que le passage de l'un à l'autre dans l'équation de l'homme à son lieu. Cette investigation centrale à leur pratique les amènera tous deux à y intégrer l'architecture comme donnée essentielle.

Dès 1962, Caro va alterner les sculptures aux volumes stricts, pleins et lourds, avec des constructions très aérées, faites d'éléments linéaires légers et de parties planes relativement fines. Ce faisant, il va, pour ainsi dire, éclater la sculpture dans l'espace. Ce qu'il donne à voir n'est définitivement plus un objet, pas encore un lieu, mais une expérience entre les deux. On ne « regarde » pas *Early One Morning* (1962), dans la mesure où la prise de possession que suppose le regard porté sur un objet, ne peut advenir. On la longe, la contourne, la côtoie (comme l'Anglais l'a fait de son île, qu'il ne peut pas voir en tant que telle mais dont il a entièrement défini les contours à sa mesure en les marquant intégralement de sentiers piétonniers). Le seul moyen de dialoguer avec l'œuvre est effectivement de prendre en compte

the body (life) in some way, but the formal arrangement he chooses refers in one way or another to our own bodies. This human body being, when it comes down to it, the sole paragon from which we can measure mass, or void, from which we can comprehend the world. As Paul Moorhouse has pointed out perceptively, *Lock,* for example, is not an image of lying down. It *is* lying down. In 1972 Caro explained, with regard to the sculptures of his early period, before America, 'My figurative sculptures were to do with what it is like to be inside the body. … For example, when you're lying down, you feel heavy; your weight causes you to feel flattened and pressed down.'[3] Some years later Antony Gormley would express the same thing through sculpture that was also very strong but expressly anthropomorphic, very different from that of Caro. The body as space, the body as a place. Two decades apart, these two English artists explore, each in his own way, the fundamental dualities of internal space/external space and contained/container, as well as the transition from one to the other in the equation of man to the place he inhabits. This investigation, so central to their work, has led both artists to integrate architecture within it as an essential given.

From 1962, Caro was to alternate sculptures with severe volumes, full and heavy, with extremely airy constructions made up of light linear components and flat sections that were relatively thin. In this process, he was as it were exploding his sculpture in space. What he shows us is definitively no longer an object, not yet a place, but an experience between the two. We do not 'look at' *Early One Morning* (1962), to the extent that the possession of an object assumed by the act of seeing it cannot take place in this instance. We walk along it and round it, circling it (as the British have done with their Island, which they cannot see in its entirety, but whose contours they have defined

[3] Phyllis Tuchman, « An interview with Anthony Caro », *Artforum,* juin 1972.

[3] Phyllis Tuchman, *An interview with Anthony Caro,* Artforum, June 1972.

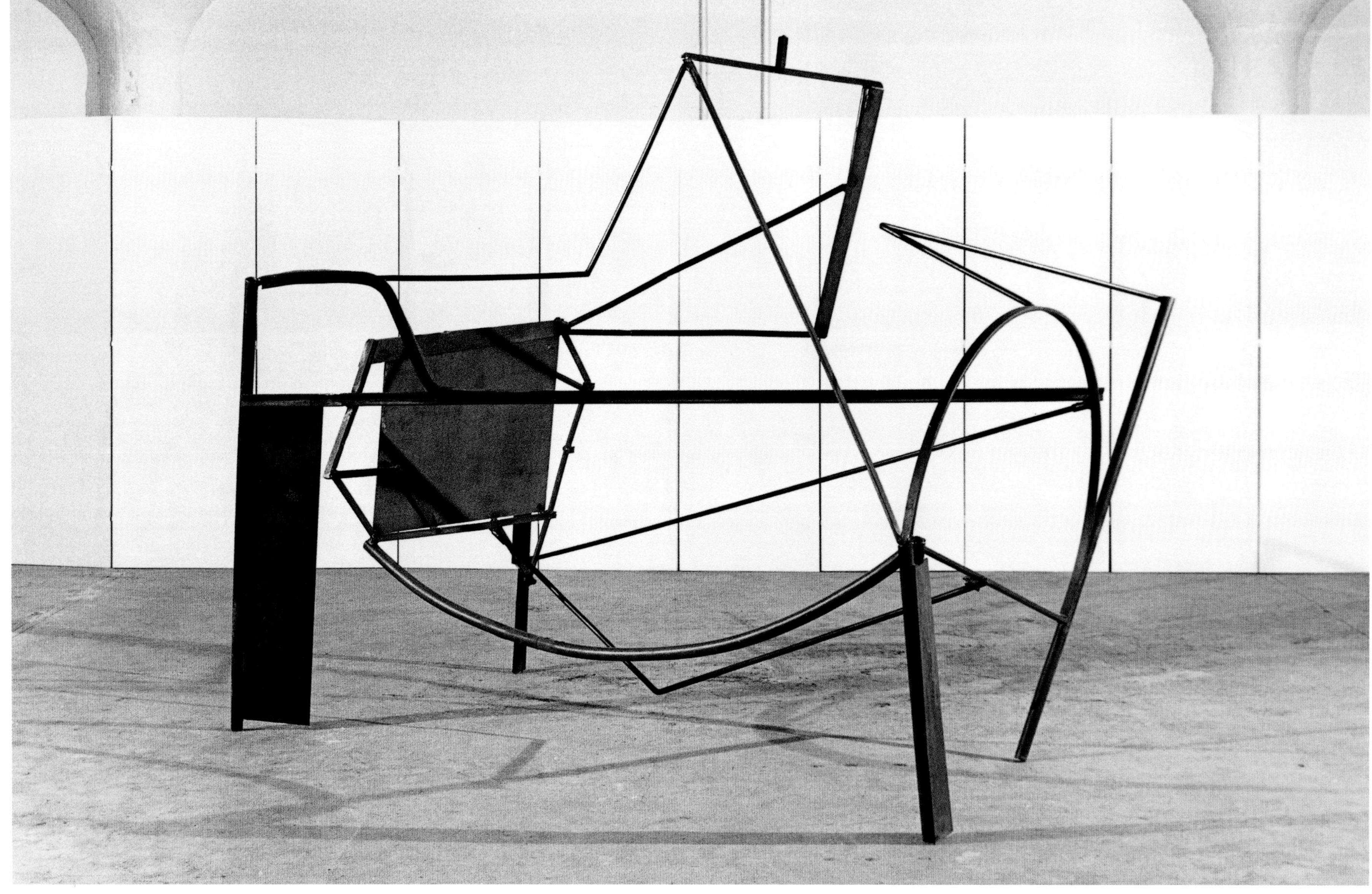

9
Emma Dance
1977-1978
Acier rouillé noirci et peint en rouge.
240 x 249 x 282 cm.
Londres, Courtesy Annely Juda Fine Art;
Paris, galerie Daniel Templon.

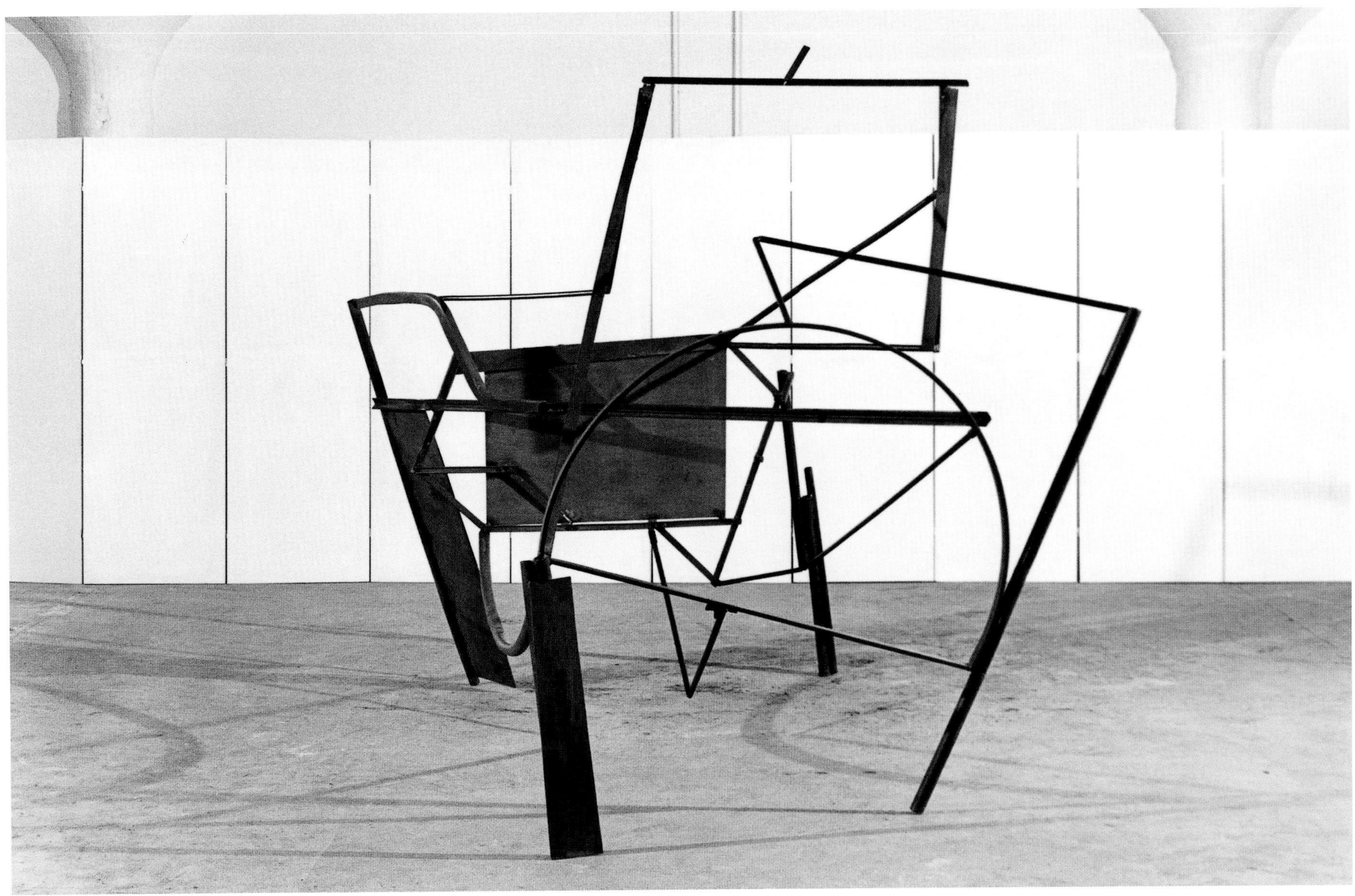

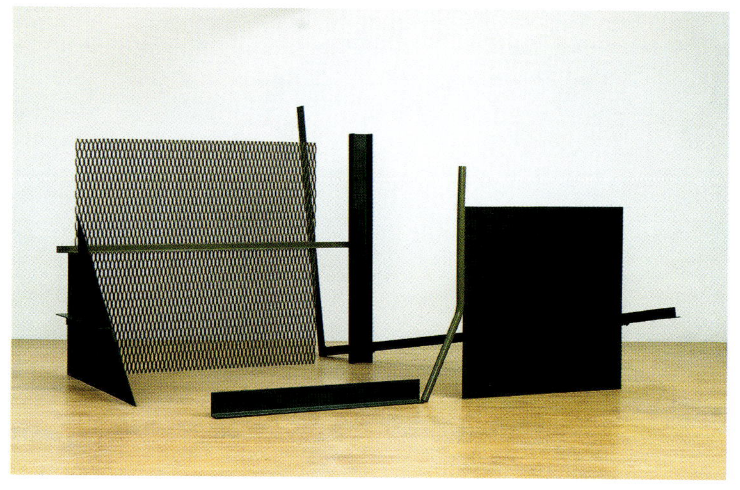

The Window
1966-1967
Acier peint en gris
et vert olive.
215 x 320,5 x 390 cm.
Londres, collection particulière.

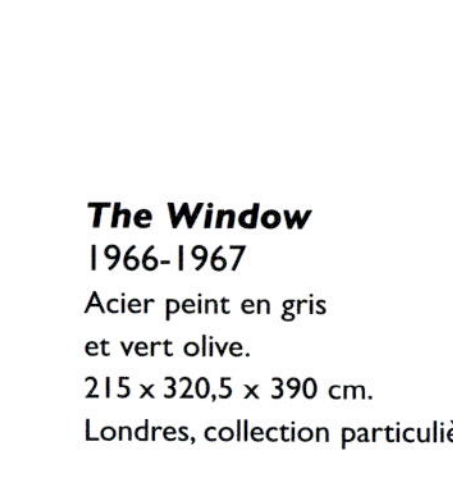

sa gestion de l'espace en fonction de son propre corps en train de la parcourir. Avec *Month of May* (1963), l'année suivante, le spectateur passe de la promenade à l'escalade virtuelle. Les éléments longilignes qui surgissent sont de trois couleurs différentes. Leur aspiration vers le haut est (re) tenue par deux sections de poutrelles fermement arrimées au sol. L'élan des tiges de couleur orange est barré (ou souligné ?) par le haut, par deux tiges diagonales rouges de la même couleur que les plots qui arriment l'œuvre au sol. Le contre-ut, dans cette mise en musique de l'espace, étant donné par l'unique tige verte qui allie les deux fonctions (arrimage et définition). Celle-ci sera déclinée dans les sculptures présentant un seul élément tubulaire telles *Eyelit* ou *Smoulder*, (1965), toutes deux convoquant l'espace par une ponctuation discrète, une manière de cocher leur espace. Très vite, Caro introduira, toujours dans la gamme des matériaux de construction, d'autres composants, telle la structure maillée qui apparaîtra notamment dans *Window* et *Carriage* (1966). Avec ces deux œuvres, dont la configuration invite au passage, le spectateur est sollicité, mais non autorisé, à pénétrer dans la sculpture. Dans la plupart des sculptures de la série, l'élément grillagé, fiché verticalement au sol, fait office de mur et définit donc l'espace comme « habitable », sauf que sa transparence le subordonne visuellement (selon l'angle de vue) aux éléments pleins. Le sculpteur se livre ici à un équilibrage ciselé des propriétés des matériaux, amenant le regardeur à reconsidérer ses références acquises.

Caro poussera plus avant la dialectique intérieur/extérieur avec la série des *Emma*, qui doivent leur nom au lieu où elles furent élaborées, en 1977 : *Emma Lake,* dans la province du Saskatchewan au Canada où l'artiste mène, durant un été, un atelier universitaire. Dans l'impossibilité de faire venir des éléments volumineux dans un lieu isolé et difficile d'accès, il décide de travailler avec des tubulures légères disponibles

on a human scale by circling it with coastal footpaths). The only way to open a dialogue with the work is to take into account its management of space according to one's one body as it circles it. With *Month of May* the following year (1963), the viewer moves from walking to virtual climbing. The soaring longilinear components are of three different colours. Their upward aspiration is retained by two sections of girder solidly anchored to the ground. The thrust of the orange-coloured rods is barred (or emphasized?) at the top by two diagonal red rods, the same colour as the blocks anchoring the work to the ground. The high C in this spatial music is sounded by the single green rod that links the two functions (anchorage and definition). This was to find further expression in sculptures consisting of a single tubular component, such as *Eyelit* or *Smoulder* (1965), both of them summoning space by so to speak punctuating it, as if they were discreetly marking a blank page with a discreet yet adamant checking sign. Very soon afterwards, Caro introduced new elements to his range of construction materials, such as the meshed structure that was to appear notably in *Window* and *Carriage* (1966). With these two works, both of which invite passage, the viewer is urged, yet not accorded permission, to penetrate inside the sculpture. In most of the sculptures of this series, the meshed component, standing vertical to the ground, fulfils the function of a wall, so defining the space as 'habitable', except that its transparency subordinates it visually (according to the angle of view) to the solid components. Here the sculptor engages in a delicate balancing of the properties of his materials, leading the viewer to reappraise any accepted points of reference.

Caro brought this interior/exterior dialectic more to the fore with his *Emma* series, named after Emma Lake in Saskatchewan, Canada, where he led a university summer workshop and created these works in

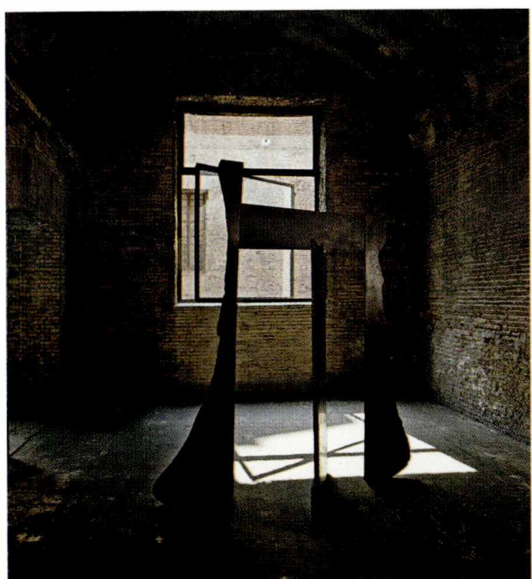

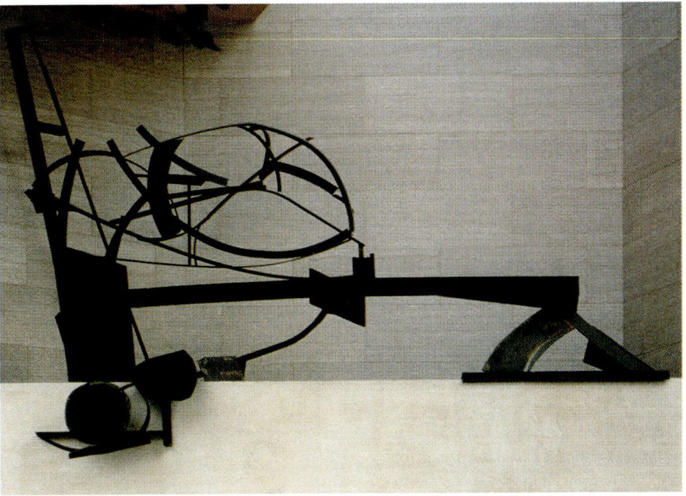

Veduggio Sound
(at the Trojan Market,
Rome, 1992)
1972-1973
Acier rouillé et verni.
231 x 203 x 132 cm.
Zürich, Kunsthaus.

*National Gallery
Ledge Piece*
1978
Acier rouillé et peint.
442 x 597 x 272 cm.
Washington, National Gallery
of Art.

sur place, démontrant accessoirement la résilience impressionnante du grand artiste face aux contraintes. Il dira d'ailleurs plus tard à propos de la série : « On doit considérer les limitations comme un plus[4] ». Il va ainsi évider la forme. En rupture avec la série qui les précède – les massives *Veduggio* – les *Emma* sont totalement ouvertes. Elles ne repoussent ou ne marquent pas l'espace autour d'elles par la puissance de leur présence physique comme ces dernières mais l'inscrivent en toute légèreté. Dépourvues de centre, elles déploient dans l'espace des lignes aléatoires qui restent néanmoins tenues par de petites structures orthogonales vides ou pleines, créant une tension qui ajoute à la dynamique du tout. Ajourées par définition, elles incluent le vide comme élément de la structure d'ensemble. À l'encontre des sculptures métalliques de Picasso, qu'elles rappellent de loin, elles sont expansives. Caro parle « d'avoir travaillé la sculpture de l'intérieur[5] ». Et Karen Wilkin, l'une des meilleures exégètes de l'artiste, note qu'en dépit de l'importance de la ligne, « elles ne sont pas calligraphiques mais tiennent davantage de l'échafaudage[6] ». Une métaphore du bâtiment qui a toute sa pertinence. Les *Emma* annoncent en effet le moment de l'évolution de l'œuvre où l'exploration de l'espace cessera, pour l'artiste, d'être une donnée purement visuelle pour devenir phénoménologique. Caro se rapprochera alors plus explicitement de la dimension architecturale contenue à son sens, intrinsèquement, dans la sculpture. Auparavant, avec la série des *Veduggio,* (qu'il démarra en 1972 aux aciéries de Rigamonti en Italie, à l'instar de David Smith aux ateliers de Voltri, et qui évoque parfois la série éponyme de celui-ci), Caro utilise les feuilles de métal découpées pour imposer une présence mais la module par l'aspect fragile des bords émoussés, le traitement quasi sensuel de l'acier patiné. Avec des surfaces ravinées, archaïsantes, les *Veduggio* marquent néanmoins l'espace avec l'autorité des falaises ou des

1977. Faced with the impossibility of transporting bulky and cumbersome materials to an isolated spot with difficult access, he decided to work with lightweight pipes that were available on site, incidentally demonstrating the impressive resilience of a great artist in the face of constraints. Later, indeed, he would say of this series, 'We must consider that limitations are a plus.'[4] Thus he was to empty the form. In contrast with his previous series – the massive *Veduggio* sculptures – the sculptures of the Emma series are completely open. Unlike the *Veduggio* series, they do not push back the space nor do they underscore it with a powerful physical presence, but rather they inscribe it with their airy lightness. Void at their centre, they unfurl in space apparently random lines that are nonetheless held by small orthogonal structures, hollow or solid. The consequent "stop-and-go" tension increases the overall dynamic. Open by definition, they embrace the void as a structural element of the ensemble. Though they distantly recall Picasso's sculptures in metal, they are quite unlike them in their expansiveness. Caro talks of 'having worked the sculpture from within'.[5] And Karen Wilkin, one of the finest interpreters of his work, notes that despite the important place of line, the pieces 'are not calligraphic in the usual sense of the word' but are more like scaffolding:[6] a highly pertinent metaphor from the world of building. Indeed the *Emma* pieces mark the point in the development of Caro's work where the exploration of space ceases to be a purely visual quest and becomes a phenomenological one. With the series, Caro moved more explicitly towards the architectural dimension that in his view was intrinsically contained within architecture. Formerly, with the *Veduggio* series (begun in 1972 at the steelworks of Rigamonti in Italy, following the example of David Smith at the Voltri workshops, and sometimes evoking Smith's eponymous series), Caro had used sheet metal with curved edges to

4 Karen Wilkin, « Anthony Caro's Emma Lake Sculptures », *Artsmagazine*, nov. 1978
5 Ian Barker, *Anthony Caro. Quest for the new sculpture*, Swiridoff Verlag, 2004
6 *Ibid* note 4.

4 Karen Wilkin, *Anthony Caro's Emma Lake Sculptures*, Artsmagazine, November 1978.
5 Ian Barker, *Anthony Caro: Quest for the New Sculpture*, Swiridoff Verlag & Lund Humphries, 2004.
6 Karen Wilkin, op. cit.

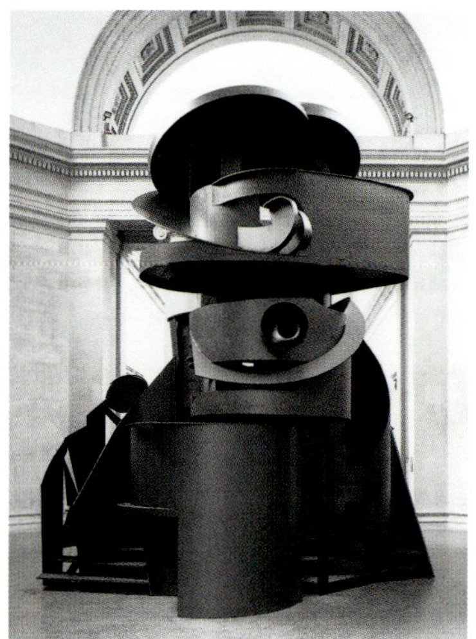

Tower of Discovery,
1991
Acier peint.
670,5 x 553,5 x 535,5 cm.
Tokyo, Museum of Contemporary art.

Tundra
1975
Acier ciré.
272 x 579 x 132 cm.
Londres, Tate Gallery.

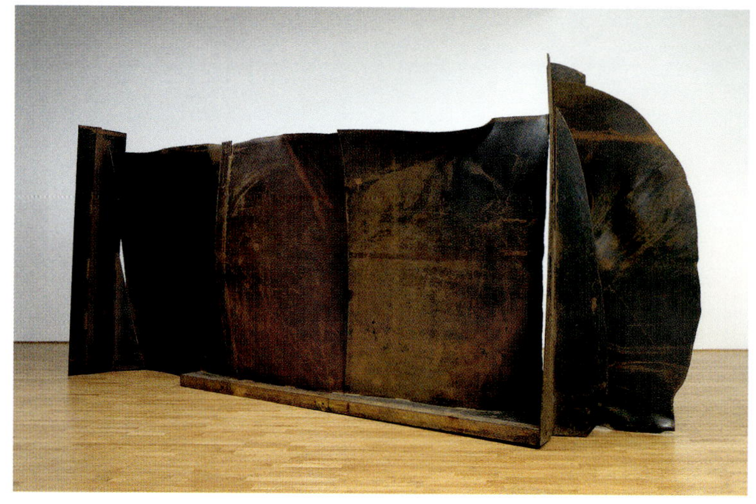

menhirs (*Tundra*, 1975). Certains, comme *Fathom* (1976) propose le dispositif paradoxal d'une grande plaque horizontale, dont la direction est subvertie par son placement dévié, à l'intérieur de l'un à l'extérieur de l'autre, dans les deux éléments en « tréteaux » de la structure qui la tient, tandis que le délicat *Veduggio Sound* (1972-1973), à la configuration de portail ouvert, renvoie à la notion de passage, à la donnée récurrente de l'architecture.

À partir des années 1980, celle-ci se fait plus explicite. En 1982, Caro présente un projet de pont piéton[7]. La création d'une structure fonctionnelle n'est cependant pas, pour lui, un but en soi. Ce qu'il cherche c'est à dépasser le rapport exclusivement visuel à sa sculpture. Il trouvera une issue l'année suivante avec la *Child's Tower Room* (1983-1984), sa première sculpture littéralement pénétrable, à l'échelle des enfants. Sa configuration en spirale décentrée renvoie à l'iconique *Monument pour la IIIe Internationale* de Tatlin et aux avancées du constructivisme russe dont Caro s'est toujours réclamé. Elle concrétise les préoccupations de Caro sur l'articulation du vide et du plein, du concave et du convexe, de la ligne et de la courbe, mais surtout, sur la dialectique spatiale de l'intérieur/extérieur, la notion du passage avec les ouvertures, les escaliers. (Il avait noté, dès 1973, à propos de Donatello qu'il avait vu à Florence : « Dans ses reliefs, balustrades, escaliers, il donne constamment l'idée d'une *architecture sculptée*[8] »). L'espace se rétrécissant de bas en haut oblige le visiteur, au cours de son ascension, à conformer son corps à l'espace proposé. L'expérimentation phénoménologique du parcours n'est plus seulement visuelle, elle devient véritablement physique. Caro construira en 1991, pour la Tate Gallery, une œuvre pénétrable plus grande, à taille adulte, la *Tower of Discovery* dans laquelle le visiteur expérimentera son corps comme espace contenu, comme mesure à la fois de soi-même et de l'espace

[7] À l'occasion de l'exposition *A New Partnership : sculpture and architecture*, à l'Institute for Contemporary Art (ICA) à Londres, Caro présente un projet de pont piéton pour le City Library Building de Los Angeles. Le projet ne sera pas réalisé.
[8] Cité par Giovanni Carendente in *Caro at the Trajan Markets*, Lund Humphries ed., 1993.

create a threatening presence, but had modulated it by means of the fragile appearance of the dull edges and the almost sensual treatment of the polished steel. With their furrowed, aged-looking surfaces, the *Veduggio* series and the sculptures that followed imposed themselves in space with all the authority of cliff faces or standing stones (*Tundra*, 1975). Some of them, such as *Fathom* (1976) offer the paradoxical device of a large horizontal plate, the orientation of which is subverted by its offset position inside one of the two components that form the 'trestle' holding the structure, and outside the other. The delicate *Veduggio Sound* (1972-3), meanwhile, has a configuration resembling an open gateway, returning to the idea of passage, a clearly central theme in architecture.

From the 1980s, this theme became more explicit. In 1982, Caro produced a design for a pedestrian bridge.[7] For him, however, the creation of a functional structure was not an end in itself. He sought to go beyond the exclusively visual import of his sculpture. The following year he found a way forward with the *Child's Tower Room* (1983-4), his first sculpture to be literally penetrable, on a child's scale. Its off-centre spiral configuration recalls Tatlin's iconic *Monument to the Third International* and the achievements of Russian Constructivism to which Caro has always adhered. It gave concrete form to Caro's preoccupation with the articulation of the void and the solid, concave and convex, line and curve, and above all the spatial dialectic between interior and exterior, the idea of passageways, with openings and steps. (In 1973 he observed of the works of Donatello that he had seen in Florence, 'In his reliefs, balustrades, steps, arches, he constantly gives the idea of *sculpted architecture*.')[8] As the space contracts from bottom to top, the visitor is required to adjust his or her body to the available space. The phenomenological experience of the journey is no longer

[7] In the exhibition *A New Partnership: Sculpture and Architecture*, at the Institute of Contemporary Art (ICA) in London, Caro displayed a design for a pedestrian footbridge for the City Library Building in Los Angeles. The design was not built.
[8] Quoted by Giovanni Carendente in *Caro at the Trajan Markets*, Lund Humphries, 1993.

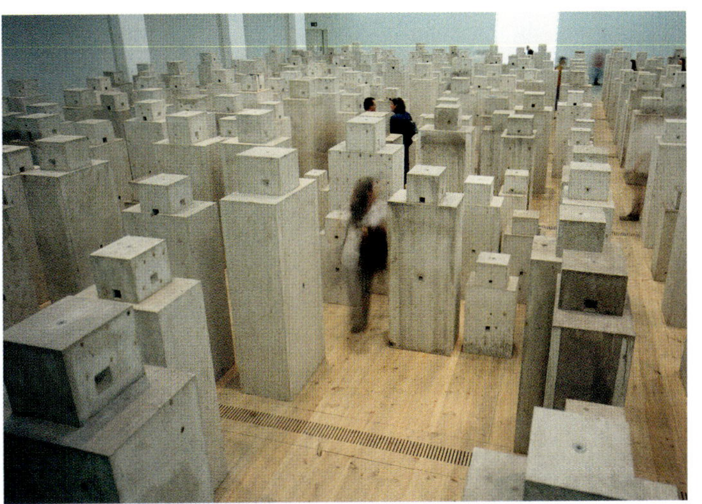

ANTONY GORMLEY
Allotment II, 1996
Béton armé, 300 éléments
grandeur nature dérivés des
mensurations des habitants
de Malmö âgés de 1,5 à 80 ans ;
vue de l'installation au Baltic
Center for Contemporary Art,
Gateshead, Grande-Bretagne,
2003.

contenant. La *Child's Tower* est en bois de chêne japonais, un matériau de construction léger tandis que *Tower of Discovery* est construite en acier. La relation contenu/contenant en est significativement modifiée. Celle-ci sera plus tard explorée par Anthony Gormley dans une de ses séries maîtresses, celles des *Allotment (1997-)*, groupes de cubes de béton, constitués à partir des mensurations de différents individus, et troués en lieu et place des orifices de leur anatomie, identifiant le corps contenant au corps contenu. Avec *Cathedral* (1988-1989), Caro présente un intéressant contrepoint aux *Towers* qui lui sont contemporaines : impénétrable, cette grande sculpture presque figurative, propose un constat sur l'espace intérieur et son invisibilité inhérente. Caro explique à son propos : « L'idée était de traiter la sensation d'intériorité. C'est cela qui la rend importante en tant que lieu. (…) Juste un lieu qui ne soit qu'un lieu comme la sculpture n'est qu'elle-même[9] ».

L'ARCHITECTURE, LA PEINTURE

Dans une entrée datant de 1979 de son carnet de notes/journal tenu depuis ses débuts, Caro note que « dans toutes les grandes périodes de la sculpture occidentale, la sculpture fait partie intégrante de l'architecture, elle tient de la même *sensation* que l'architecture ». Il ajoutera quelques années plus tard avoir *enfin* compris que la sculpture *utilisait* l'espace architectural, mais qu'elle y était aussi soumise. À cette réflexion viendra s'ajouter un voyage en Grèce et notamment à Olympie où Caro trouvera avec les frontons du Temple de Zeus une nouvelle direction à sa recherche. « J'y ai vu des sculptures davantage comme elles avaient été originellement conçues – des

merely visual, but becomes truly physical. Later on, in 1991, Caro constructed for the Tate Gallery another penetrable work on a larger, adult scale, the *Tower of Discovery*, in which the visitor would experience his or her body as a contained space, as a measure at once of him or herself and of the surrounding space. The *Child's Tower* is in Japanese oak, a light material, while the *Tower of Discovery* is in steel. The contained/container relationship is thus significantly altered. This would later be explored by Anthony Gormley, notably in one of his major series, *Allotment* (1997–), groups of concrete cubes made according to the measurements of different individuals, with holes in place of anatomical orifices, so identifying the containing body with the contained body using a constraining and heavy construction material. With *Cathedral* (1988/9), Caro offered an interesting counterpoint to the contemporary *Towers*: this large, impenetrable, almost figurative sculpture offers an observation on interior space and its inherent invisibility. Caro explains that the idea was to address the sensation of interiority: this was what gave it its importance as a place – just a place that was only a place, as sculpture was only itself.[9]

ARCHITECTURE, PAINTING

In an entry he made in 1979 in the notebook/journal he has kept from the beginning, Caro noted that 'in all the great periods of western sculpture, sculpture is part and parcel of the architecture (…), sculpture partakes of the same *feeling* as architecture.' A few years later, he added that he had *finally* understood that sculpture *used* architectural space, but was subordinate to it. To this reflection was added a journey to through Greece and notably to Olympia, where Caro was to find

[9] Caro précisait ici la différence entre *Cathedral* et les « Sculptitecures » (son expression) qui étaient des sculptures architectures pénétrables et sur lesquelles il travailla beaucoup dans la période 1988-1991. (Voir le *Architectural Village project*, mené à partir de 1987 par Caro, F. Gehry, Sheila Girling-Caro, entre autres).

[9] Here Caro was specifying the difference between *Cathedral* and the 'Sculptitecures' (his expression): penetrable architectural sculptures on which he worked a great deal in the period 1988-1991 (see the *Architectural Village Project* led from 1987 by Caro, Frank Gehry and Sheila Girling-Caro, among others).

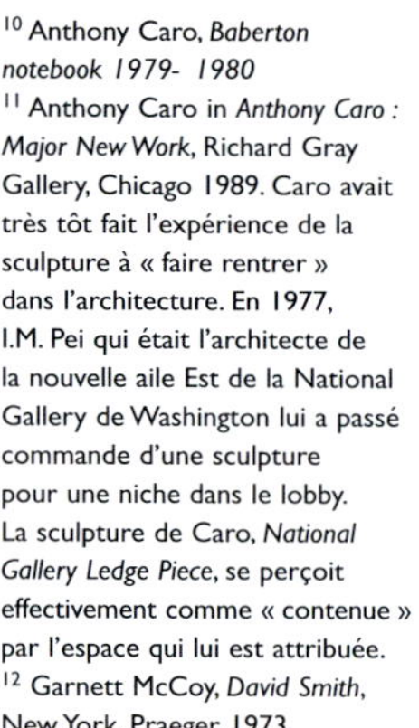

Millbank steps
2004
Acier rouillé.
534 x 13 072 x 780 cm.
Annely Juda Fine Art,
London & New Art Centre
Sculpture Park & Gallery,
Salisbury.

Projet en collaboration avec Norman Foster pour le Millenium Bridge sur la Tamisse, London, 1996.

[10] Anthony Caro, *Baberton notebook 1979- 1980*
[11] Anthony Caro in *Anthony Caro : Major New Work*, Richard Gray Gallery, Chicago 1989. Caro avait très tôt fait l'expérience de la sculpture à « faire rentrer » dans l'architecture. En 1977, I.M. Pei qui était l'architecte de la nouvelle aile Est de la National Gallery de Washington lui a passé commande d'une sculpture pour une niche dans le lobby. La sculpture de Caro, *National Gallery Ledge Piece*, se perçoit effectivement comme « contenue » par l'espace qui lui est attribuée.
[12] Garnett McCoy, *David Smith*, New York, Praeger, 1973.

[10] Anthony Caro, *Baberton Notebook*, 1979- 80.
[11] Anthony Caro in *Anthony Caro: Major New Work*, Richard Gray Gallery, Chicago 1989. Very early on, Caro had experimented with sculpture to 'become part of' architecture. In 1977, I.M. Pei, architect of the new east wing of the National Gallery of Art, Washington DC, commissioned him to create a sculpture for a niche in the lobby. Caro's sculpture, *National Gallery Ledge Piece*, does indeed appear to be 'contained' by the space attributed to it.
[12] Garnett McCoy, *David Smith*, New York, Praeger, 1973.

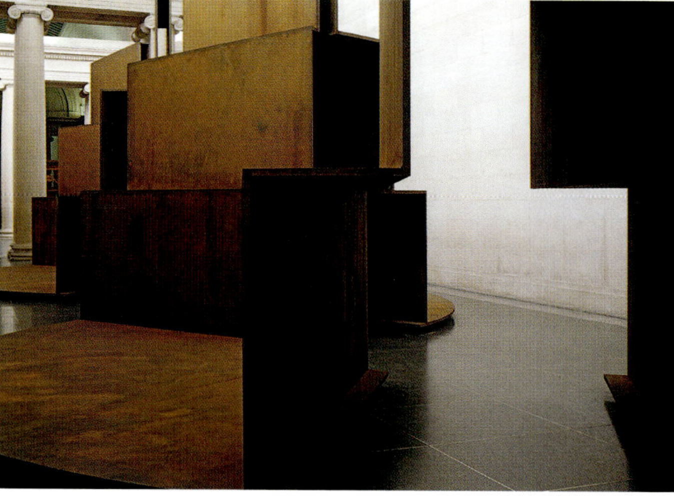

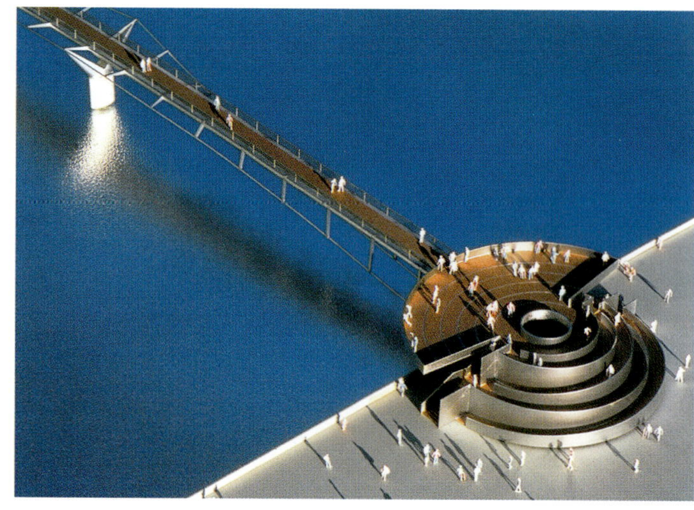

formes et des figures rondes et sensuelles contenues et même forcées dans de strictes structures géométriques[10] ». L'épiphanie vécue par l'artiste donnera le magistral *After Olympia* et nombre d'œuvres afférentes mais surtout le confortera dans l'idée de travailler sur l'espace contenu de la sculpture comme métaphore de l'humain au lieu. « Quand je regarde les sculptures contenues dans la forme d'un fronton, je ne pense pas seulement à la sculpture en soi mais aussi à sa compression dans la structure architecturale[11] », ajoute-t-il. Il mènera l'idée de l'emboîtement des espaces et de la réciprocité architecture-sculpture à une forme d'apothéose avec le gigantesque *Millbank Steps,* dôme géométrique en escalier, faisant écho au grand perron de la Tate Britain et emplissant tout l'espace de l'entrée, se posant *de facto* comme passage obligé vers le reste de l'exposition, comme espace contenant, lui-même contenu dans le bâtiment du musée. De même que *Slow passage* de 2006, parmi la série récente des *Passages*, structures complexes, faites d'éléments récupérés, aussi injonctives dans leur trajectoire indiquée que restreintes dans leur accès, purement visuel, est en quelque sorte une déclinaison exclusivement sculpturale du *Millenium Bridge* conçu par l'artiste et l'architecte Norman Foster. Le pont qui enjambe la Tamise entre la Tate Modern et la cathédrale Saint Paul et dont les portants, vus du musée, encadrent l'édifice.

Dans le même temps qu'il élargit le champ de sa sculpture à l'architecture, Caro la ressource constamment à la peinture. À la suite de David Smith qui se déclarait peintre et disait : « Je ne constate plus aujourd'hui, d'un point de vue esthétique, de ligne de démarcation entre peinture et sculpture », Caro ne conçoit pas sa pratique en dehors de l'exploration picturale[12]. Les trois disciplines formant chez lui un champ triangulaire élargi. Avec les *Table Pieces*, il se donne

a new direction for his researches in the pediment to the temple of Zeus: 'I now saw the sculptures more as they were originally conceived – sensual rolling forms and figures contained and even forced into strict architectural shapes'.[10] This epiphany was to give rise to the masterly *After Olympia* and numerous related works, and above all was to confirm him in the idea of working on the space contained within the sculpture as a metaphor of human beings within their space. When he looked at the sculptures contained within the shape of the pediment, he explained, he saw not only the sculpture itself but also its compression within the architectural structure.[11] This idea of spaces fitting within each other and the reciprocal relationship of architecture and sculpture was to reach its apotheosis in the massive *Millbank Steps*, a stepped geometrical dome echoing the great perron staircase of Tate Britain and filling the entire entrance hall, a *de facto*, unavoidable passage between the entrance and the rest of the exhibition, a containing space itself contained within the museum building. Similarly, *Slow Passage* of 2006 – one of the recent *Passages* series built using recuperated materials, as commanding in their suggested trajectory as they are restricted in their access which remains purely visual – is in some ways an exclusively sculptural declension of the Millennium Bridge designed by Caro and the architect Norman Foster, spanning the Thames between Tate Modern and St Paul's Cathedral and, when seen from the Tate, framing the cathedral with its supports.

While broadening the scope of his sculpture to the field of architecture, Caro also returns recurrently to sources in painting. Like David Smith, who declared himself a painter, saying 'I cannot see today from an aesthetic point of view a dividing line any more between painting and sculpture,' Caro doesn't view his sculptural praxis as separated from the exploration of painting.[12] The three disciplines form for him

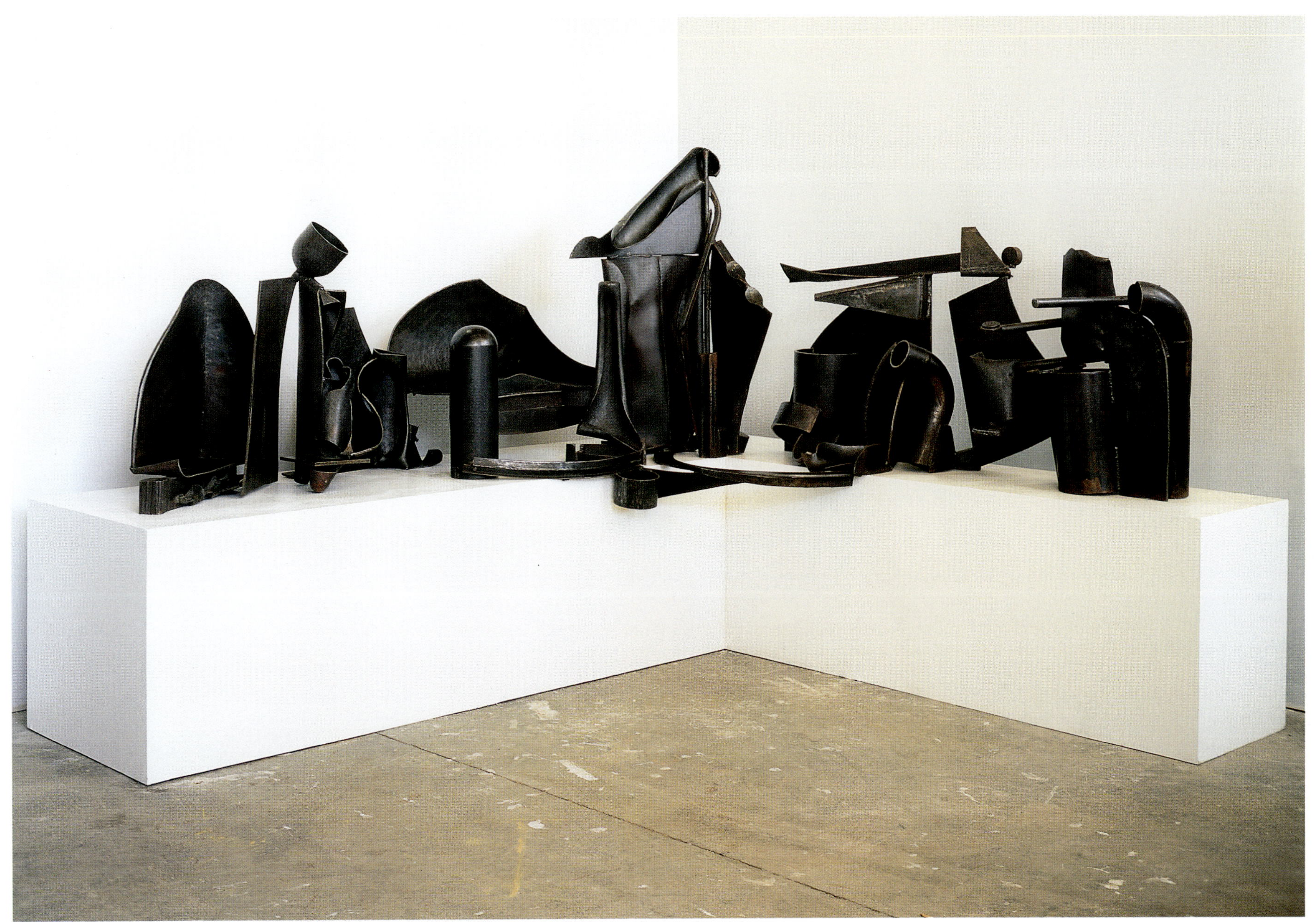

12
Table Piece Y-93:
The Procession
of the Magi
1987
Acier ciré.
147,5 x 360,5 x 172,5 cm.
Künzelsau (Allemagne),
collection Würth.

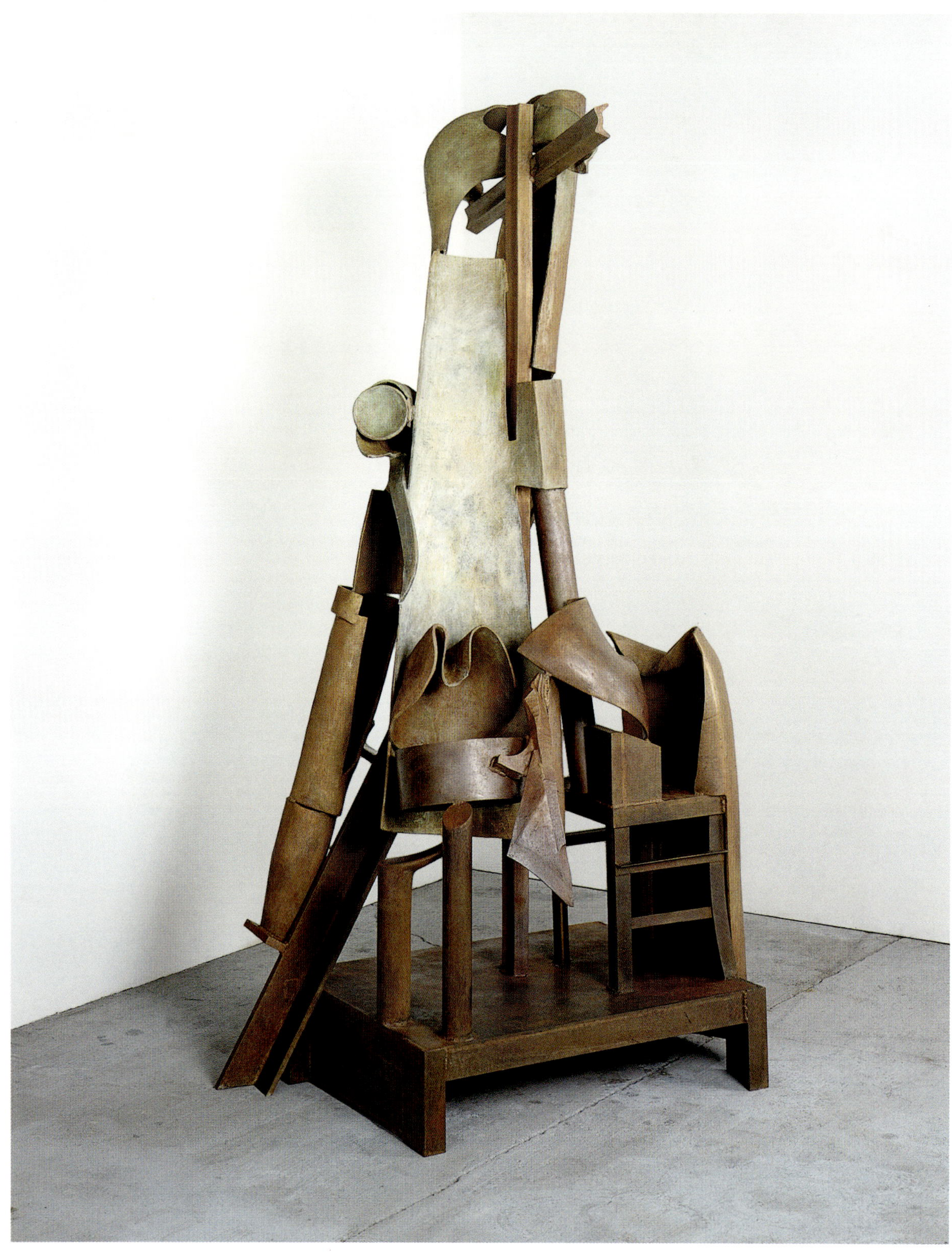

17
*Descent from
the Cross III :
After Rembrandt*
1989-1990
Bronze, cuivre.
221 x 119,5 x 111,5 cm.
Vitry-sur-Seine, MAC/VAL,
Musée d'art contemporain
du Val-de-Marne.

29
*Arena Piece :
Procession*
1995-1996
Bois et acier peint.
48,5 x 93 x 56 cm.
Londres, Courtesy Annely
Juda Fine Art ;
Paris, galerie Daniel Templon.

30
*Arena Piece :
Conclusion*
1995-1996
Bois et acier peint.
62 x 95 x 42 cm.
Londres, Courtesy Annely
Juda Fine Art ;
Paris, galerie Daniel Templon.

27
*Arena Piece :
Descant*
1995
Bois et acier peint.
58,5 x 89,5 x 48 cm.
Londres, Courtesy Annely
Juda Fine Art ;
Paris, galerie Daniel Templon.

28
*Arena Piece :
Kiss*
1995
Bois et acier peint.
58,5 x 55 x 20 cm.
Londres, Courtesy Annely
Juda Fine Art ;
Paris, galerie Daniel Templon.

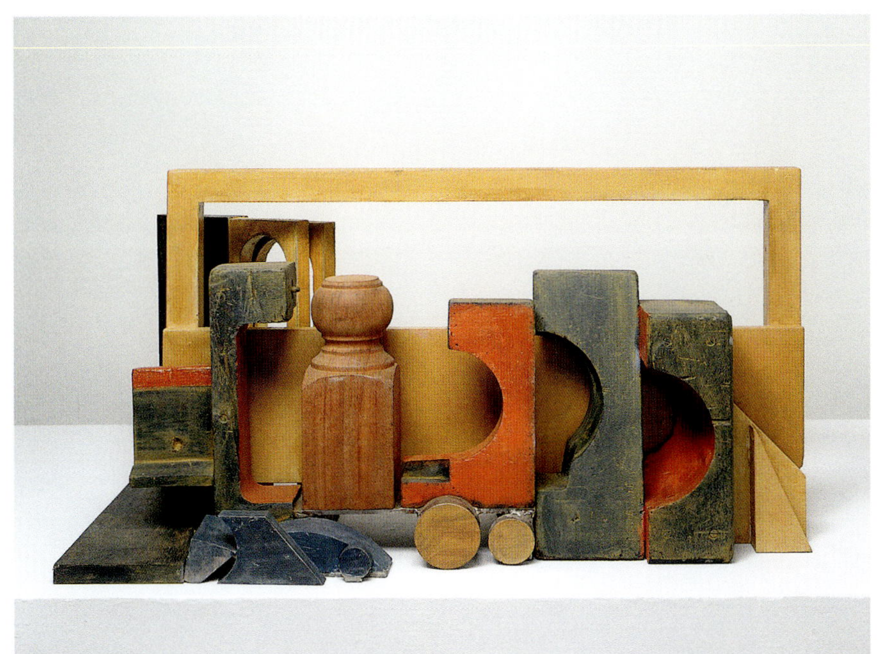

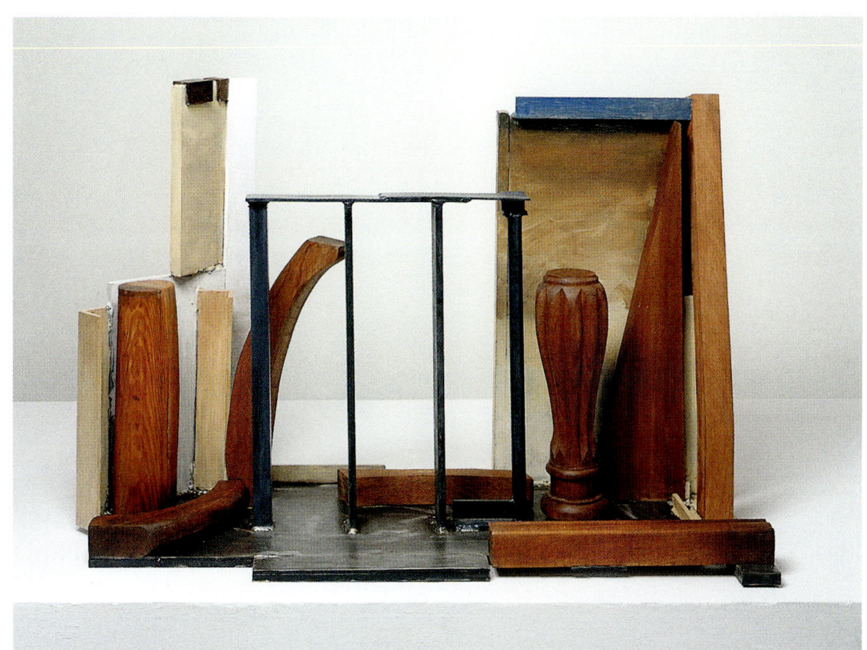

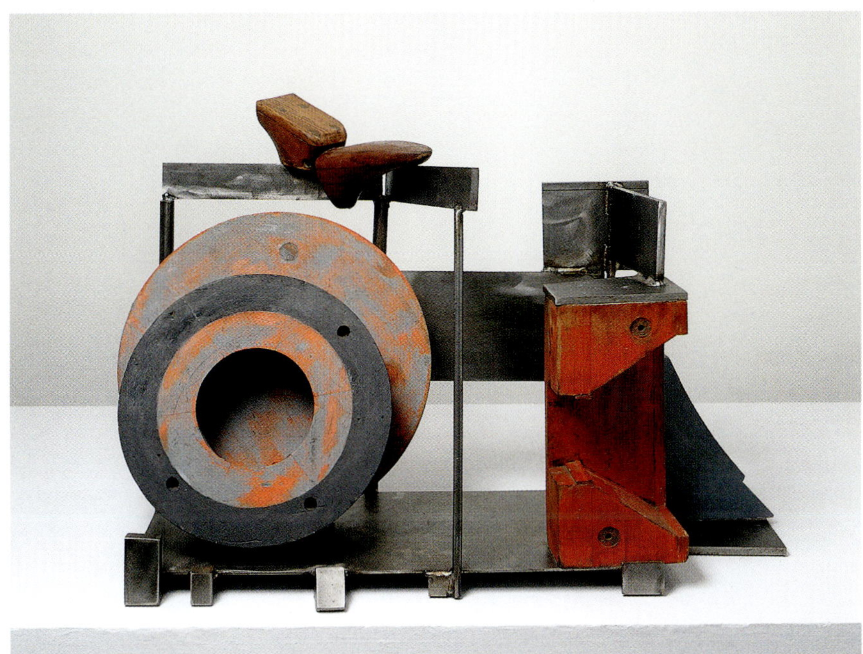

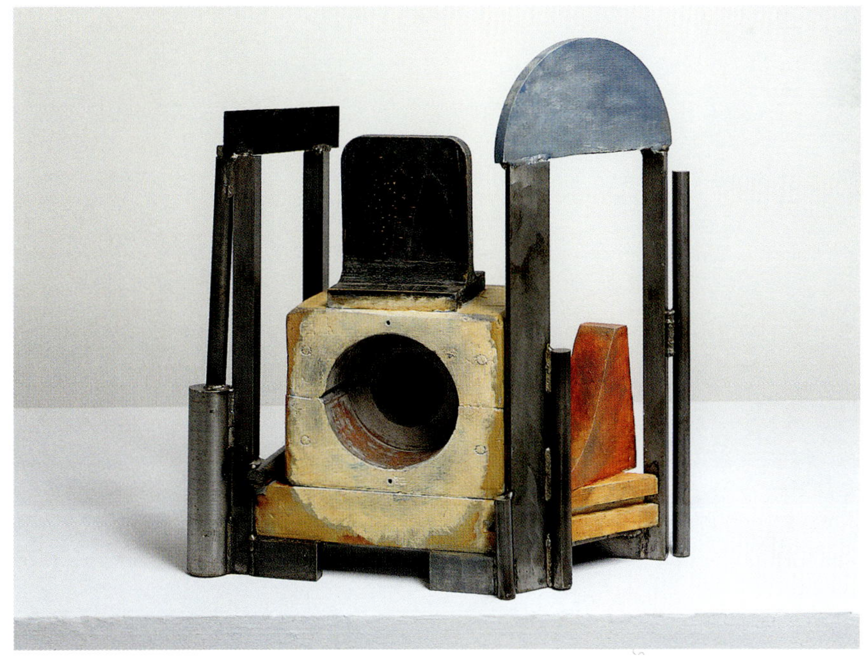

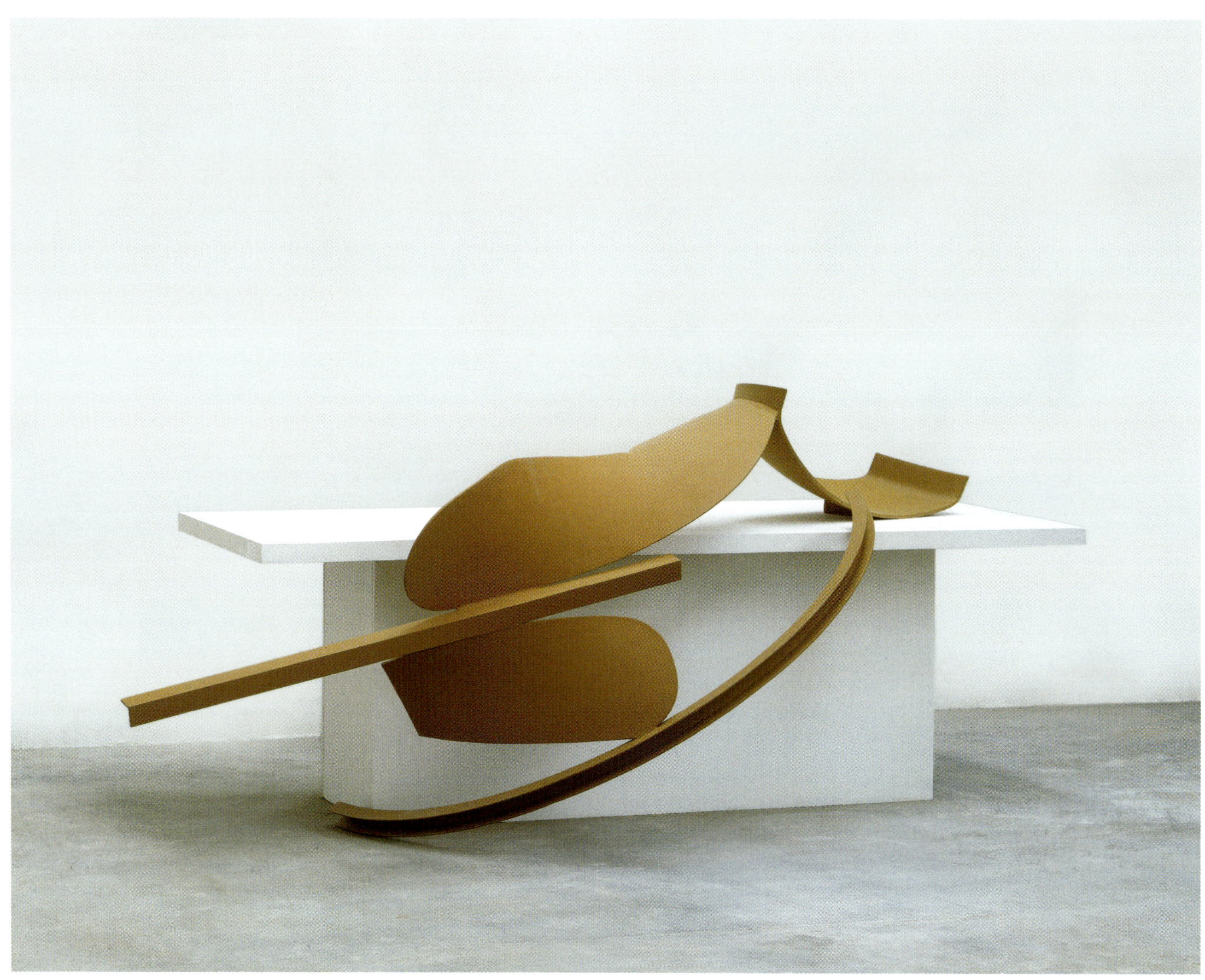

_5_
Lap
1969
Acier peint en marron.
109 x 152,5 x 244 cm.
Collection particulière.

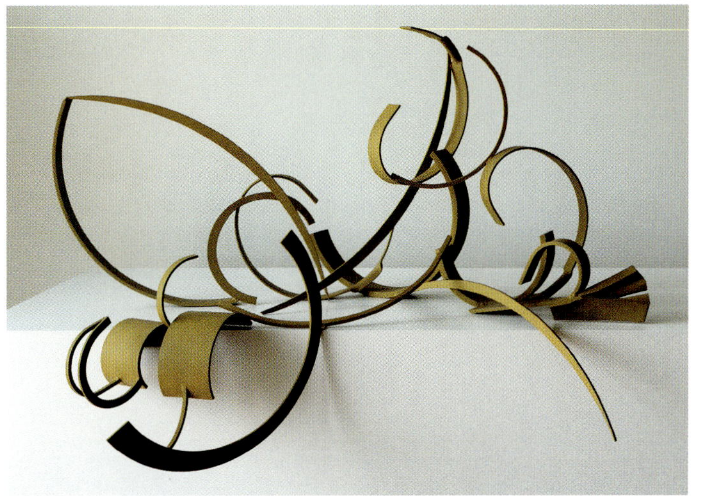

Table Piece LXXXVIII
Déluge
1969
Acier peint en jaune mat.
101,6 x 60 x 96,5 cm.
New York, Museun of
Modern Art.

les moyens, dès la fin des années 1960, d'opérer ce que l'on pourrait appeler une translation ou un transfert des valeurs du pictural au sculptural. *The Deluge* (1969-1970) est une des premières pièces qui présentent une interprétation volumétrique des arabesques de Matisse, il les reprendra à plusieurs reprises, notamment avec *Dark Wood Beach* (1992-1994), inspiré par le *Souvenir de Biskra* de 1907. D'autres, comme *Lap* (1969), annulent la forme de la table comme les avant-plans basculés de Cézanne. Suivront nombre de *Sculptures de table* où Caro puisera dans le creuset de la grande peinture des ouvertures pour une nouvelle syntaxe des formes et des mouvements dans le volume. La dimension architecturale est souvent l'autre facteur actif de cette équation peinture/sculpture. En 1986-1987, à Barcelone, Caro explorera, avec la série des *Barcelona*, ce qu'il appelle le « dessin en sculpture » : les œuvres procèdent d'un assemblage de bribes d'éléments architecturaux typiques des constructions espagnoles – balcons à encorbellement, balustrades, etc. – qu'il va ensuite finaliser en enlevant des éléments. Un processus de soustraction qui fait suite au processus d'addition et évoque le procédé du dessin, de l'esquisse. Le vocabulaire architectural reste néanmoins visible, reconnaissable, et le jeu des vides et des pleins aiguise la perception de la dimension spatiale. « On ne doit pas sentir quelque chose de l'intérieur, dit-il de la série, dehors et dedans sont liés[13] ». Celle-ci n'est jamais absente des grandes *Table Pieces* telles le *Triumphs of Caesar* ou *The Procession of the Magi* (1987), exemplaires à plus d'un titre de la riche interrelation des trois disciplines opérée par Caro. Configurées en angle, elles sont à la fois éminemment sculpturales par les multiples petites figures très définies qui les constituent, et très picturales par leur ouverture à 160° qui permet au regardeur de les voir entièrement de face, comme il le fait d'un tableau. La disposition en angle (qui, visuellement

a broadened triangular field. With his *Table Pieces*, he gave himself the means, as early as the late 1960s, to implement a translation or transfer of the values of pictorial art to sculpture. *The Deluge* (1969-70) is one of the first pieces to present a three-dimensional interpretation of the arabesques of Matisse. He was to return to them on several occasions, notably with *Dark Wood Beach* (1992-4), inspired by Matisse's *Souvenirs de Biskra* of 1907. Others, such as *Lap* (1969), abolish the shape of the table in the same way as the plunging foregrounds of Cézanne's paintings. There followed numerous *Table Sculptures*, in which Caro found inspiration in great paintings of the past for an elaboration of a new volumetric syntax of shapes and movements. The architectural dimension is often the other active factor in this equation between painting and sculpture. In Barcelona in 1986-7, Caro was to explore, in his *Barcelona* series, what he called 'drawing in sculpture'. The series start with rather full assemblages of architectural details characteristic of Spanish buildings – corbelled balconies, balustrades and the like – which are then removed as the series progresses. This process of subtraction follows the process of accretion and evokes the practise of drawing, of sketching. The architectural vocabulary nevertheless remains visible, recognizable, and the play of voids and solids sharpens the perception of the spatial dimension. 'You must not feel a sense of *within* …,' he says of this series, 'outside and inside are interrelated.'[13] The spatial dimension is never absent from large *Table Pieces* such as the *Triumphs of Caesar* or the *Procession of the Magi* (1987), both examples in more than one respect of the rich interrelationship between the three disciplines espoused by Caro.
Positioned in wide angles, they are both eminently sculptural because of the many small, highly defined figures that compose them, and very pictorial by virtue of their 160-degree angle of view, which allows

[13] Anthony Caro, *The Barcelona and the Catalan series*, Sala de Exposiciones del Banco Bilbao Vizcaya, Barcelona 1989. Caro ajoute qu'il avait « Picasso, Gaudi, Gonzalez et Miro à l'esprit » et que ses « sculptures introduisent quelque chose du dessin de cette partie de l'Espagne ».

[13] Anthony Caro, *The Barcelona and the Catalan Series*, Sala de Exposiciones del Banco Bilbao Vizcaya, Barcelona 1989. Caro added that he had 'Picasso, Gaudi, Gonzalez and Miro in mind', and that his sculptures 'introduce something of the drawing of that part of Spain'.

24
Table Piece : Antibes
1993
Acier, zinc et peint en rouge.
69 x 163 x 89 cm.
Collection particulière.

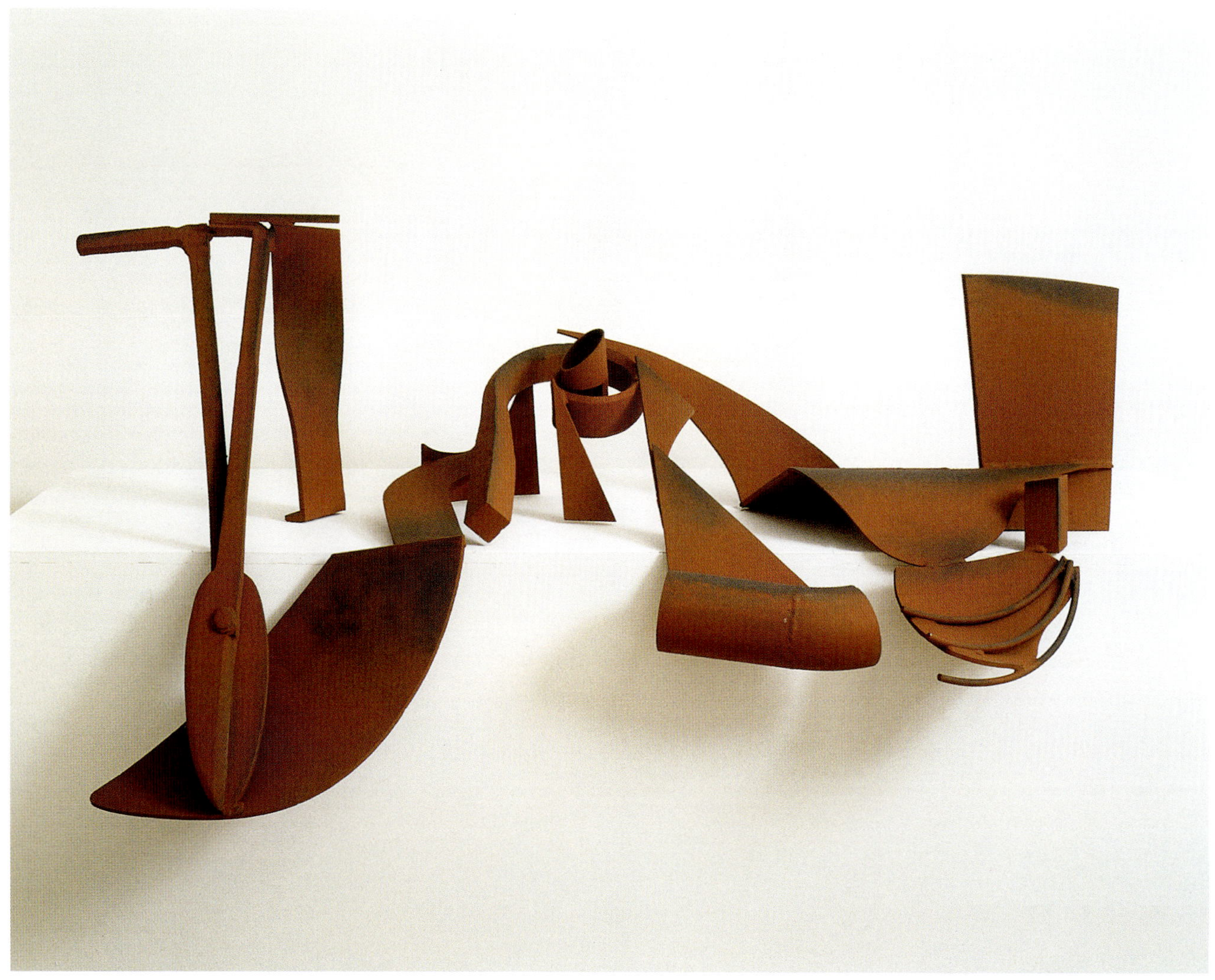

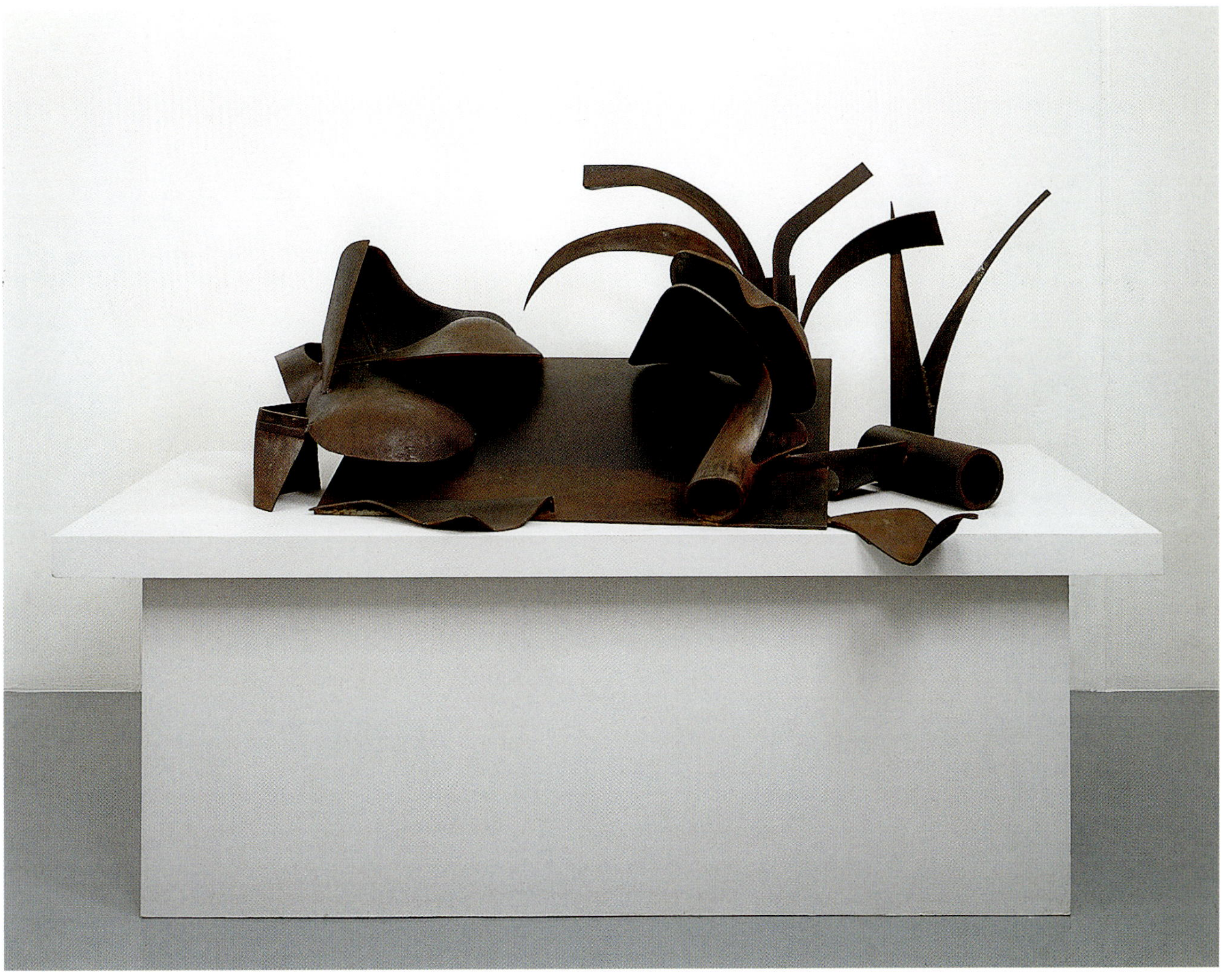

25
Table Piece :
Dark Wood Beach
1992-1994
Acier verni et ciré.
77,5 x 155 x 103 cm.
Collection particulière.

26
Table Piece :
In the Café
1993-1994
Acier rouillé et verni.
109 x 117 x 51 cm.
Londres, Courtesy Annely
Juda Fine Art ;
Paris, galerie Daniel Templon.

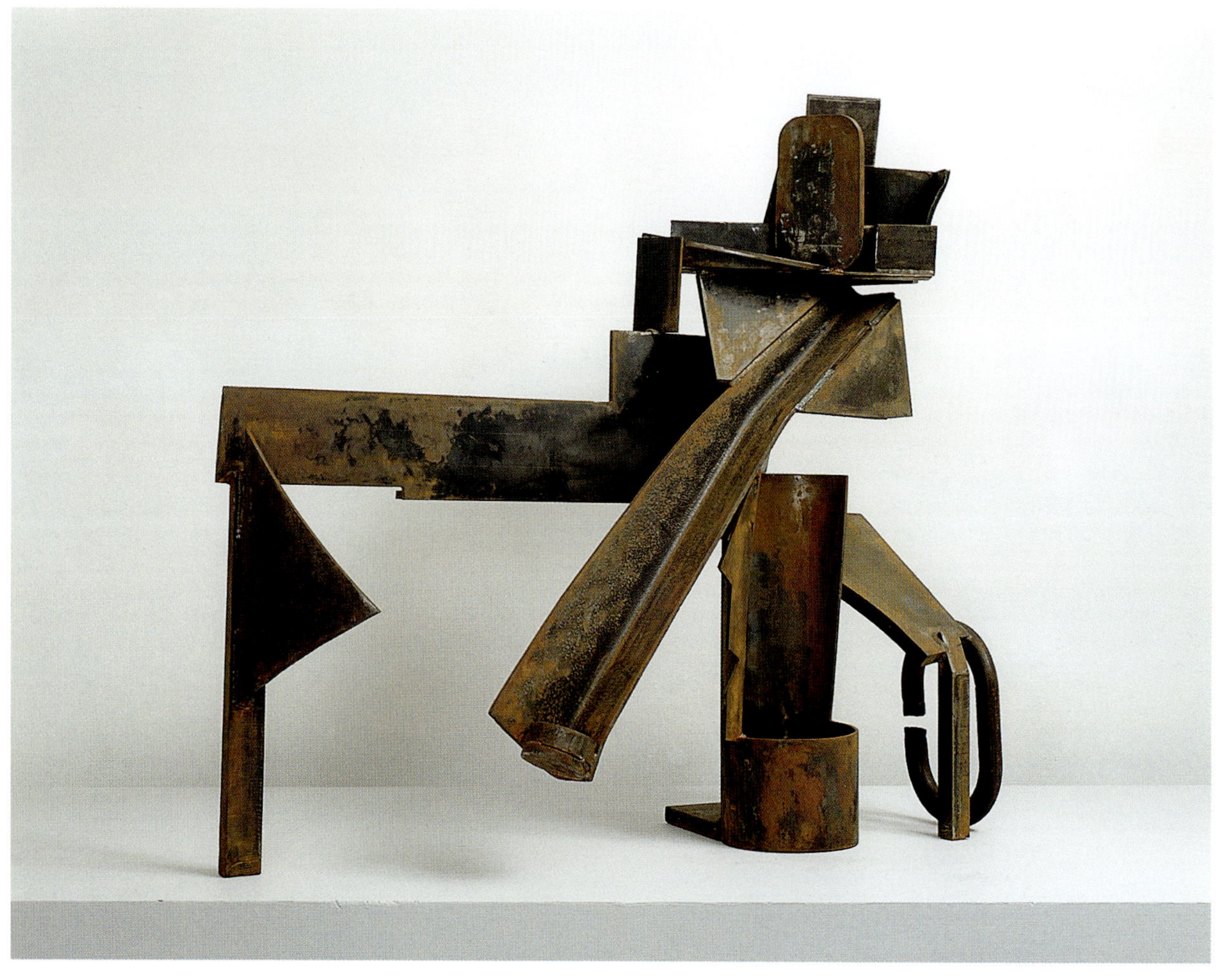

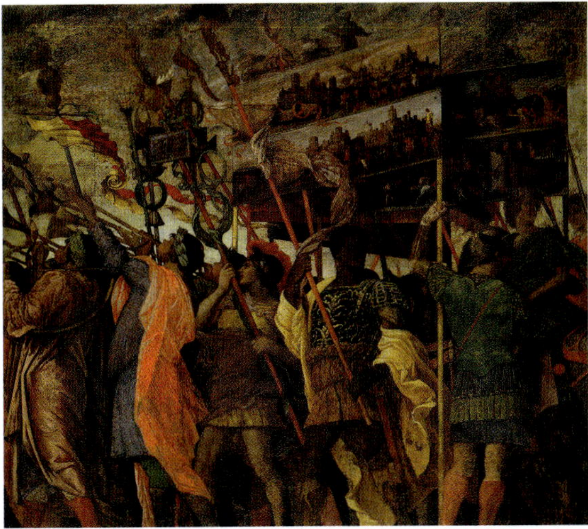

ANDREA MANTEGNA
Les Trompettistes,
première peinture de la série
Les Triomphes de César, 1486-1505,
détrempe sur bois, 268 x 278 cm.
Londres, Hampton Court Palace
(collection royale).

aplati donne une pointe), la sensation d'un mouvement centripète, est également, proche de la configuration du fronton, du lieu de la sculpture « compressée », qui occupe l'artiste depuis Olympie. Le « saut mental » (l'expression est de l'artiste) de la peinture à la sculpture s'est opérée ici à partir du *Triomphe de César* (1486), gigantesque épopée picturale en neuf toiles de Andrea Mantegna, que Caro a longuement regardée à Londres puisqu'elle est dans les collections royales à Hampton Court. Il a pu voir à quel point Mantegna était fasciné par la civilisation antique, son architecture, ses bas-reliefs. Si la *Table Piece* éponyme de Caro reprend la distribution de l'œuvre de Mantegna, la *Procession of the Magi* en est beaucoup plus librement inspirée mais semble en cristalliser encore davantage la sensation. À partir du milieu des années 1990, avec les œuvres inspirées par les fresques de Giotto puis par la *Maestà* du Duccio à Sienne, Caro élargit encore l'horizon de sa sculpture. La série des *Arena Pieces* est exceptionnellement riche. *Beginning* (1995) est un transfert éblouissant en sculpture abstraite de l'*Ognissanti Madonna* de Giotto. La structure qui encadre la vierge et qui est répétée par la forme de l'œuvre est recréée par le sculpteur. Le personnage central de la Vierge est ici un bloc rond de bois poli dont la densité évoque la puissance englobante de la notion de maternité originelle, de vie. Les autres œuvres sont des interprétations libres des fresques de la chapelle des Scrovegni à Padoue. Dans *Descent* et *Kiss*, la structure ronde en creux qui détermine l'ensemble évoque encore la matrice universelle. « La sphère est la matrice et le cercueil des formes, disait Élie Faure, tout en sort et tout y revient[14] ». La figure chez Giotto est par ailleurs toujours encadrée par une architecture qui la définit. Il était aussi architecte et l'habitacle de ses personnages est une dimension centrale dans son œuvre narrative. Les décors architecturaux sont très divers et très

the spectator a front view of the whole composition, as with a painting. The angled arrangement (visually flattened so it tapers into a point), and the sensation of centripetal movement, are also close to the arrangement of the pediment, the site of 'compressed' sculpture, that has more vividly preoccupied the artist since his visit to ancient Olympia. The 'mental leap', in Caro's own expression, from painting to sculpture proceeded in this instance from Mantegna's *Triumph of Caesar* (1486), a huge nine-canvas epic series that Caro had spent many hours looking at in the royal collection at Hampton Court. In these paintings he saw Mantegna's fascination for classical civilization, its architecture and bas reliefs. While Caro's *Table Piece* of the same name picks up on the composition of the Mantegna work, the *Procession of the Magi* is much freer in its inspiration, but seems to crystallize even more the feeling of the piece. From the mid-1990s, with works inspired by the frescoes of Giotto and by Duccio's *Maestà* in Siena, Caro widened the horizons of his sculpture yet further. The series of *Arena Pieces* is especially rich. *Beginning* (1995) is a dazzling transference into abstract sculpture of Giotto's *Ognissanti Madonna*. The structure that frames the Virgin and is echoed in the shape of the work is re-created by the sculptor. The central figure of the Virgin is here a round block of polished wood, the shape and density of which evokes the all-embracing power of the original mother figure, of life itself. The other works are free interpretations of frescoes in the Scrovegni Chapel, Padua. In the *Descent* and *Kiss*, the hollow round structure that defines the whole also evokes the universal womb. 'The sphere is the matrix and coffin of shapes,' as Elie Faure used to say, 'everything comes from it and everything comes back to it.'[14] In Giotto's work, the human figure is always framed by a defining architecture, moreover. He was also an architect, and the abode of his figures assumes a central place in his

[14] Élie Faure, *Histoire de l'Art,* 1909.

[14] Elie Faure, *Histoire de l'Art,* 1909.

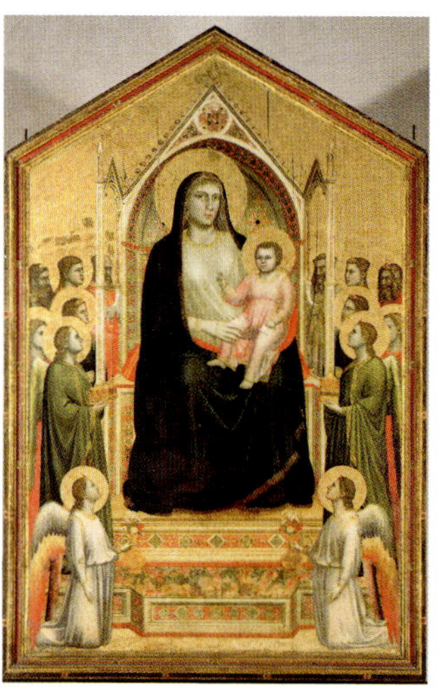

GIOTTO DI BONDONE
Madonne d'Ognisssanti,
1300-1303
Tempera sur bois, 325 x 204 cm.
Florence, galerie des Offices.

Arena Piece :
Begining
1995
Bois et acier peint.
72 x 54 x 38 cm.
Collection particulière.

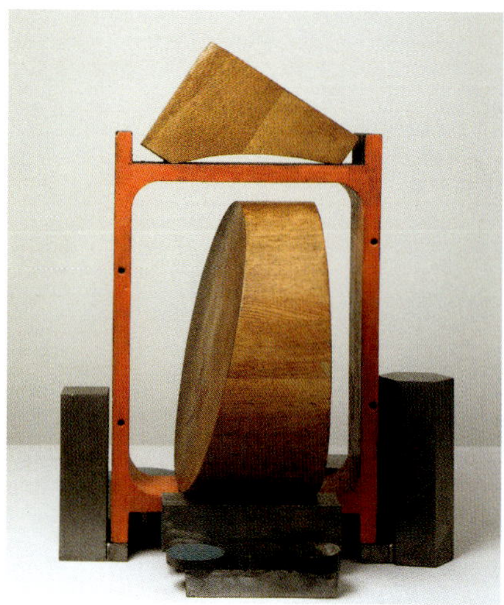

présents dans chaque tableau. Caro y puise allègrement une dialectique structurelle des espaces qu'il reconstitue en volume. Il aime chez Giotto, Duccio et Donatello, lui aussi architecte, la fluidité suggérée des passages d'un espace à l'autre (Chez Donatello, c'est une fluidité réelle lorsqu'il creuse les colonnes qui séparent les scénettes et fait passer ses figures *derrière* elles). Avec la partie de l'Annonciation de la *Maestà* de Duccio (1311), Caro va entreprendre, en 1999-2000, une déclinaison conjuguée des formes et des matériaux. Ce seront les *Duccio Variations* qu'il voit comme des variations musicales sur un thème, celui des éléments architecturaux dans l'œuvre du maître siennois. Il y en aura sept, en bois, acier, cuivre, fonte, fibre de verre, laiton, plexiglas. Chaque interprétation, conjuguée à son matériau, évoque une des multiples sensations provoquées par l'œuvre d'origine et dialogue avec elle. *Variations n° 1*, plus proche dans sa structure de la structure du tableau, étant la matrice des autres. *Variation n° 5* est davantage comme un dessin dans l'espace tandis que *Variation n° 6*, avec ses éléments de fonte visiblement boulonnés, dégage une sensation de solidité brute. Caro s'est livré, dès 1981, à une autre forme de variation sur le matériau, celui du papier, support du dessin par excellence. L'artiste ne traite pas le papier comme une surface à inscrire mais bien comme il le ferait d'une feuille de tôle maniable à la main : pliant, froissant, roulant, découpant, recourbant puis ajustant et agençant les formes ainsi obtenues selon une construction aussi définie que celle des sculptures. Il fixe ensuite l'ensemble à l'aide d'épingles, de punaises et de colle. C'est à l'invitation du graphiste Ken Tyler à New York qu'il réalisa ses premières *Paper Sculptures*. Il retournera chez Tyler en 1999 pour la série des *Paper Books*, réalisés cette fois-ci avec un papier qu'il aura entièrement fabriqué lui-même et dont il emportera d'épaisses feuilles pour les combiner à d'autres matériaux. Entre-temps, en 1990, il a

narrative paintings. His architectural settings are highly varied and very present in every painting. Caro takes delight in their structural dialectic of space, which he renders in volume. In Giotto, Duccio and Donatello – another architect – he loves the suggested fluidity of the passages from one space to another (in Donatello's work, indeed, this fluidity was real, as he cut out the columns separating his small scenes and passed figures *behind* them). With the Annunciation section of Duccio's *Maestà* (1311), Caro was to undertake, in 1999–2000, a conjugated declension of shapes and materials. These would be the *Duccio Variations*, which he viewed as musical variations on the theme of the architectural elements in Duccio's work; seven in all, in wood, steel, copper, cast iron, fibreglass, brass and Plexiglas. Each interpretation in a different material evokes one of the many feelings evoked by the original work, and sets up a dialogue with it. *Variations no. 1*, closer in structure to that of the painting, is the matrix for the others. *Variation no. 5* is more like a drawing in space, while *Variation no. 6*, with its visible bolts on its cast-iron components, gives off a feeling of raw solidity. From 1981, Caro embarked on another form of variations on a material, this time paper, the support for drawings *par excellence*. He does not treat the paper as a surface to be inscribed, but rather as a malleable steel sheet: folding, crumpling, rolling, cutting, curling, then adjusting and arranging the forms he obtains according to a construction that is as defined as that of his sculptures. He then fixes the ensemble with pins, drawing pins and glue. At the invitation of the New York graphic artist Ken Tyler, he made his first *Paper Sculptures*. He returned to Tyler in 1999 for his *Paper Books* series, this time created with paper he had himself made, later bringing back the thick sheets to combine them with other materials. Meanwhile, in 1990, he found in the studio of Mr Ohé in Obama, Japan, the traditional Japanese *washi* paper,

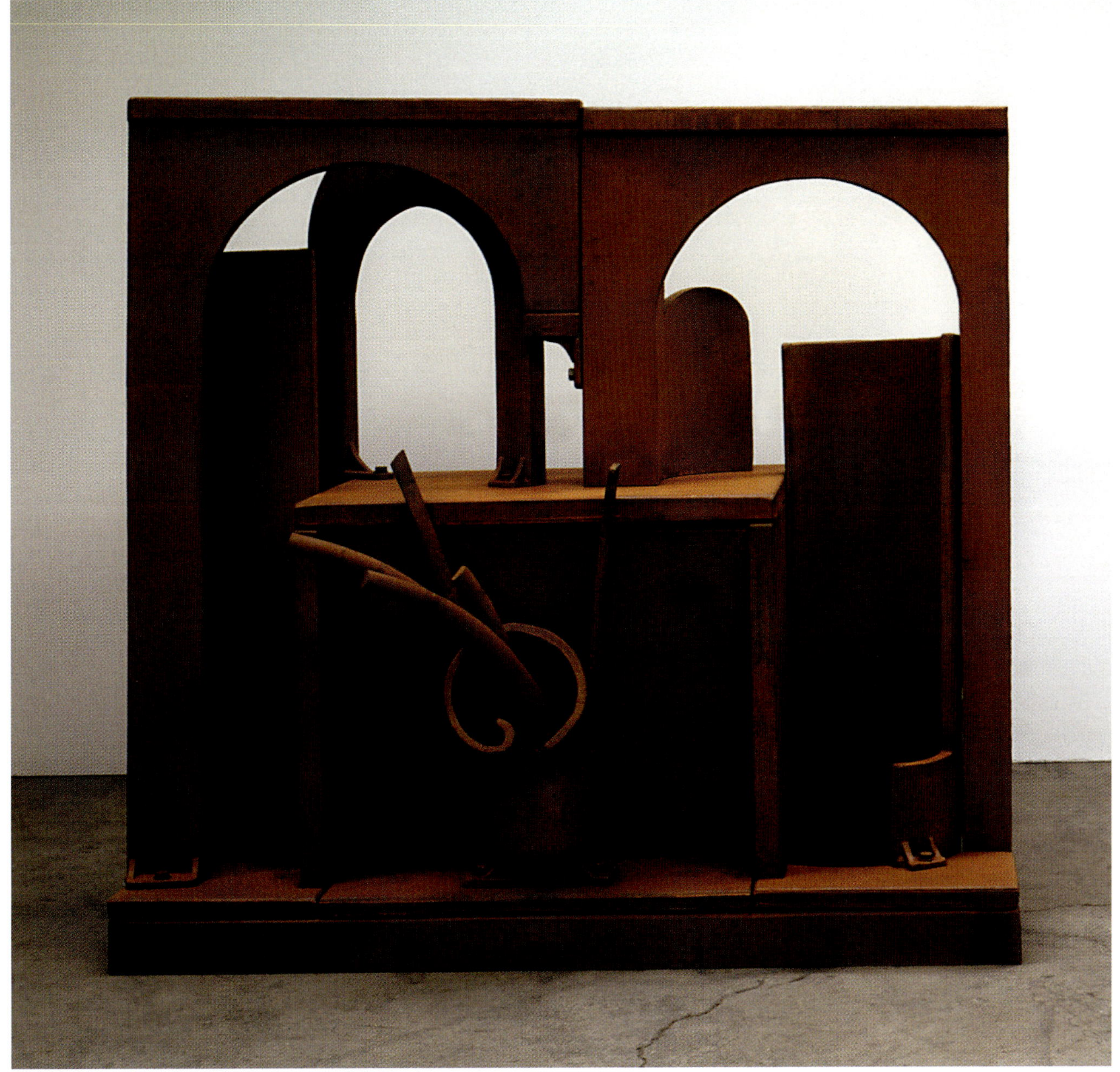

36
Duccio Variations n° 6
1999-2000
Métal et fonte.
165 x 173 x 99 cm.
Künzelsau (Allemagne),
collection Würth.

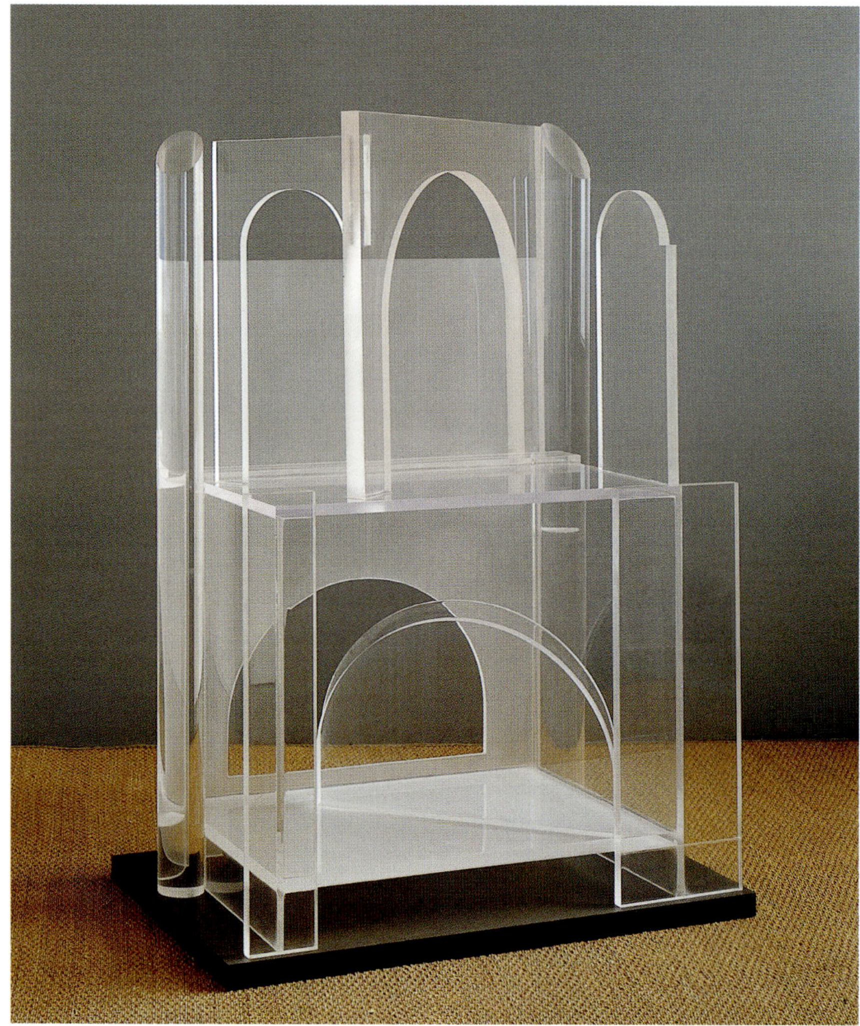

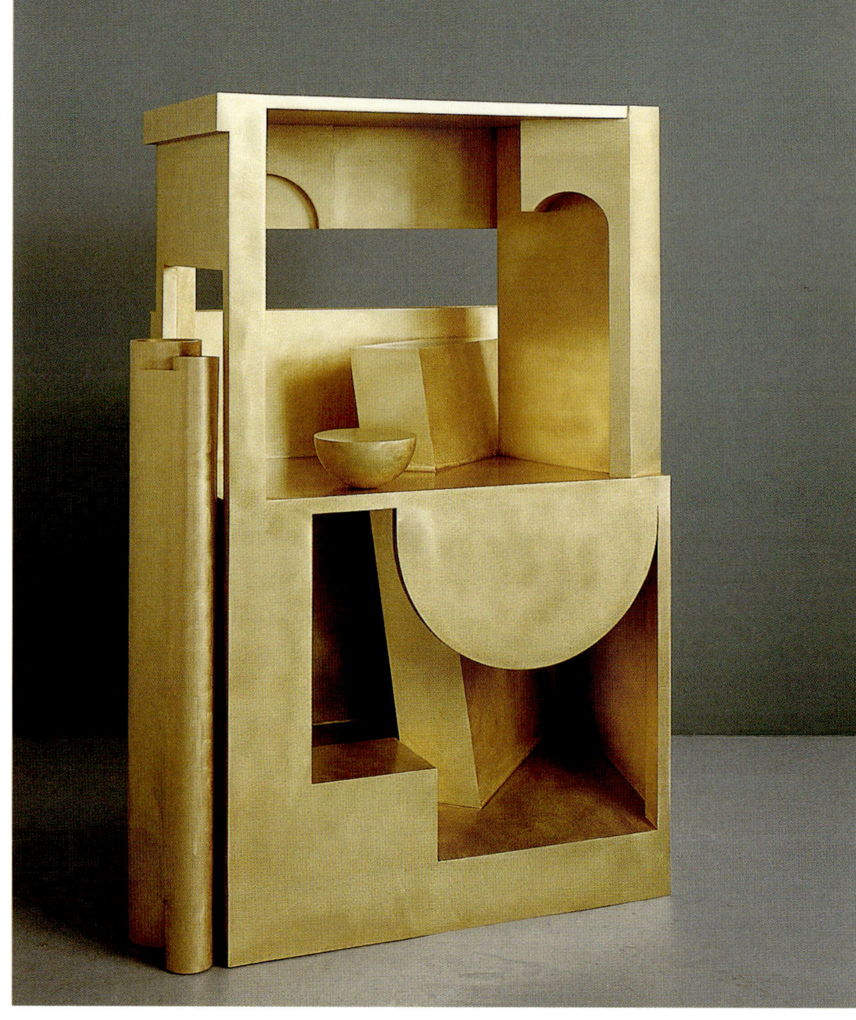

35
Duccio Variations n° 5
2000
Plexiglas.
168 x 122 x 66 cm.
Londres, Courtesy Annely Juda
Fine Art;
Paris, galerie Daniel Templon.

34
Duccio Variations n° 2
1999-2000
Cuivre.
164 x 119 x 64 cm.
Künzelsau (Allemagne),
collection Würth.

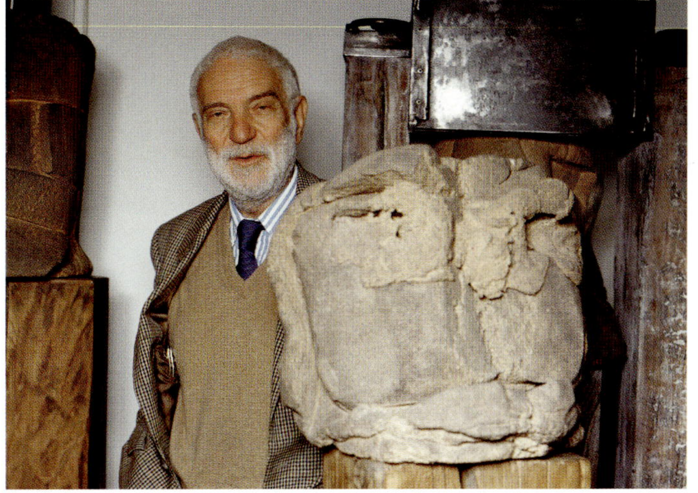

Anthony Caro dans son atelier, parmi les sculptures de la série *The Trojan War*
c. 1995

découvert à l'atelier de M. Ohe à Obama, au Japon, le papier traditionnel *washi*, très résistant et très souple, qui se coule sur la forme de son support et ne se déchire que lorsqu'il est mouillé. Caro prendra ainsi nombre de moulages de divers objets et meubles de l'atelier, emportant les formes en Angleterre pour les intégrer ensuite dans une série de dessins en volume enserrés dans des cadres choisis à cet effet. La légèreté du matériau lui permettant une exploitation différente des dialectiques spatiales qui l'intéresse au premier chef, à la fois plus spontanée et plus théorique. Les *Paper Sculptures* donnent une impression de maîtrise, doublée de la richesse qui se dégage de la diversité des surfaces : poreuses, peintes, inscrites, lisses, trouées, ondulées…

Anthony Caro continue aujourd'hui d'arpenter le champ déjà élargi de sa sculpture. Il a produit ces dix dernières années, ces grandes épopées narratives, figuratives, que sont *The Last Judgement*, *The Barbarians* ou *The Trojans*. Surpris, certains y ont vu un dédit sur l'engagement antérieur de sa sculpture abstraite. C'est, à mon sens, notre œil qui est forcément à la traîne d'une œuvre aussi foisonnante et fertile. Une œuvre ouverte mais maîtrisée, construite, toujours, sur le même grand axe : l'homme et son lieu.

very strong and supple, that moulds itself to its support and tears only when wet. Caro made numerous moulds of a variety of objects and pieces of furniture in the studio, also bringing the shapes back to England in order to incorporate them into a series of three-dimensional drawings set in tight frames chosen to this effect. The lightness of the material enables him to exploit in a different way the spatial dialectics that so interest him, a way that is at once more spontaneous and more theoretical. The *Paper Sculptures* create an impression of tranquil mastery, enhanced by the rich variety of surfaces, porous, painted, inscribed, smooth, holed, corrugated and more.

Anthony Caro continues today to widen the already broad field of his sculpture. In the last decade he has produced the large, figurative narrative epics of *The Last Judgement*, *The Barbarians* and *The Trojan War*. Some critics have been taken aback, seeing in this a denial of his earlier commitment to abstract sculpture. In my view it is rather that our way of seeing inevitably struggles to keep abreast of a body of work that is so crowded with incident and fertile in ideas. A body of work that remains open but controlled, and constructed always on one overriding axis: man and his place in the world.

42
Paper Sculpture n° 98
1981
Crayon, craie, acrylique,
papier fait main,
tubes en carton.
76,2 x 38,1 x 40,6 cm.
Londres, Courtesy Annely
Juda Fine Art;
Paris, galerie Daniel Templon.

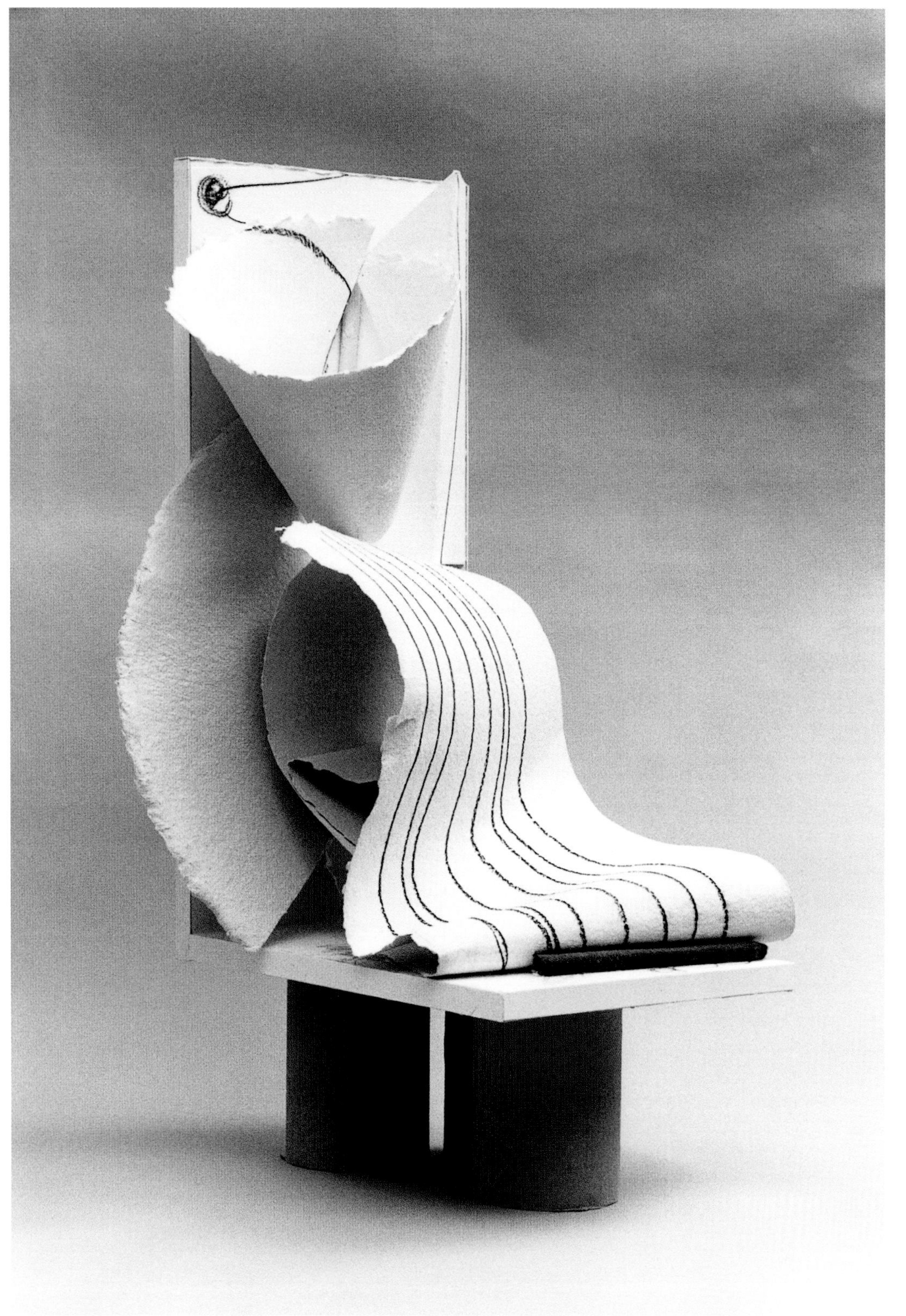

DE LA FEUILLE À LA BOÎTE, L'ITINÉRAIRE DES *PAPER SCULPTURES*
FROM SHEET TO BOX
THE DEVELOPMENT OF *PAPER SCULPTURES*

Jean-Étienne Grislain

Qu'est ce qui vaut davantage, un kilo de pierre ou un kilo d'or ?
La question n'a l'air ridicule que pour le commerçant.
L'artiste répondra : « pour moi, tous les matériaux sont également précieux. »

Adolf Loos, *Paroles dans le vide*[1].

What weighs more, a pound of stone or a pound of gold?
Only the shopkeeper will think the question ridiculous.
The artist will reply: "In my view, all materials are equally precious."

Adolf Loos, *Paroles dans le vide* [1].

En 1981, les *Paper Sculptures* vont être pour Anthony Caro l'occasion d'appréhender un nouveau matériau, le papier. Cette rencontre va se faire dans un premier temps en référence à sa pratique du métal. Avec le papier, le processus est identique : mise en forme, découpe – les deux modes d'action allant souvent de pair – puis montage et assemblage. Mais le papier, c'est aussi un support, celui du dessin ; depuis ses années de formation[2], le dessin fait partie pour Anthony Caro d'un domaine réflexif autonome par rapport au projet sculpté proprement dit, ils définissent chacun leur propre espace. L'intervention dans les *Paper Sculptures* d'éléments graphiques et de la couleur est une manière d'introduire directement dans la sculpture une relation avec le dessin et la peinture, une manière d'affirmer la sculpture comme un espace plastique global, capable d'être un lieu de confrontation entre les disciplines, d'élargir le champ de la sculpture, sans pour autant faire appel à un quelconque dialogue des arts.
Anthony Caro s'est intéressé au papier car il permet un mode de mise en forme en prise directe avec un matériau à priori ductile, aisé à mettre en œuvre, plus encore que la terre. L'usage du papier permet à la main de l'artiste d'intervenir dans l'élaboration formelle, comme pour le dessin ou la peinture, avec un outillage réduit et sans les moyens de manutention imposés par la sculpture en métal quand elle affronte une certaine échelle.

In 1981, *Paper Sculptures* provided Anthony Caro with the chance to get to grips with a new material: paper. This encounter initially took place within the context of his work with metal. Paper involves an identical process: shaping and cutting –two activities which often go together– followed by assembly and installation. Yet paper is also a medium for drawing; since his student years[2], Anthony Caro has viewed drawing as part of a field of reflection completely independent from the actual sculptural project; each activity defines its own space. Using graphic components and colour in the *Paper Sculptures* is a way of directly introducing a link with drawing and painting into the sculpture, a way of affirming sculpture as a global plastic space capable of providing an arena for interdisciplinary comparison, of extending the scope of sculpture, without necessarily resorting to a dialogue between the arts.

Anthony Caro became interested in paper because it allows a direct, hands-on approach to structuring a material which is, in principle, even more ductile and easier to manipulate than clay. Using paper enables the artist to influence the formal composition manually, as in drawing or painting, with only minimal use of tools or handling equipment, as is necessary with metal sculpture when it reaches a certain scale.

[1] Adolf Loos, *Paroles dans le vide*. Éditions Champ Libre, Paris 1979, p. 67.
[2] Anthony Caro, *Sculptures et dessins figuratifs*, catalogue d'exposition, Angers, Musée des Beaux-Arts, 1996.

[1] Adolf Loos, *Paroles dans le vide*. Éditions Champ Libre, Paris 1979, p. 67 (free translation from the French).
[2] Anthony Caro, *Sculptures et dessins figuratifs*, exhibition catalogue, Angers, Musée des Beaux-Arts, 1996.

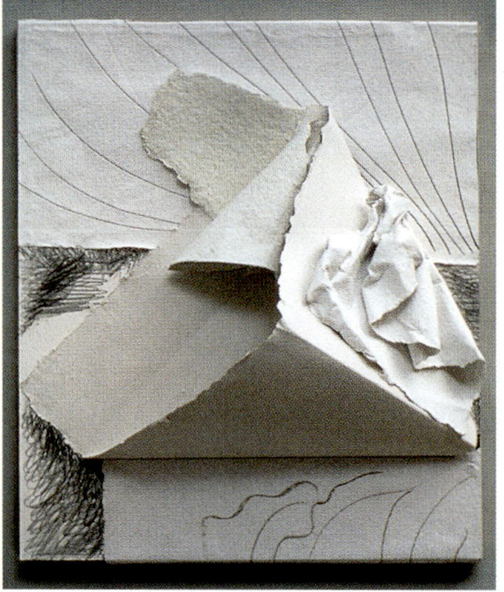

38
Paper Sculpture n° 33
1981
Papier crayon, acrylique,
papier fait main, bois.
52,7 x 61 x 19,1 cm.
Londres, Courtesy Annely
Juda Fine Art ;
Paris, galerie Daniel Templon.

Que se soit en 1981 aux Etats-Unis, en 1990 au Japon, en 1993 et en 1999, à nouveau aux Etats-Unis, les *Paper Sculptures* de Anthony Caro ont toujours été liées à des circonstances de production particulières, effectuées en dehors de son cadre habituel de travail, dans des conditions de collaboration avec des techniciens spécialistes. Elles s'organisent en séries, produites en général sur un temps assez court, même si l'accomplissement définitif s'effectue après plusieurs phases, comme ce fut le cas entre 1990 et 1992 de la série *Obama*, initiée au Japon et terminée ensuite dans son atelier du Dorset.

L'EXPÉRIENCE DU MATÉRIAU, LES *PAPER SCULPTURES* DE 1981

Les premières expériences de *Paper Sculptures* furent menées en 1981 dans l'atelier de Ken Tyler, éditeur installé à Bedford dans l'état de New York. Au lieu de produire des estampes, Anthony Caro avait alors choisi d'utiliser le papier fabriqué à la main comme matériau de base à des expériences dans lesquelles il est mêlé à du carton. La plupart de ces 123 pièces sont des compositions en relief, qui relèvent plus du tableau ou du bas-relief que de la sculpture proprement dite, au sens d'objet dans l'espace « free- standing »
En 1985 Dieter Blume, rédacteur et maître d'œuvre du catalogue raisonné de Anthony Caro, soulignait d'emblée ce caractère spécifique de cette première série des *Paper Sculptures* :
« Il semble (…) qu'avec ses *Paper Sculptures* Anthony Caro se limite à deux coordonnées : le relief partage son espace avec le dessin, il n'y a aucun point de vue latéral et à fortiori pas de vue arrière possible.

Anthony Caro's *Paper Sculptures* —whether they were realised in the United States in 1981, in Japan in 1990, or again in the United States in 1993 and 1999— have always been linked to specific production circumstances and executed outside his usual work environment in collaboration with specialist technicians. They are arranged in series and were usually produced in a fairly short space of time, even if they were only eventually completed after several phases, as was the case between 1990 and 1992 with the Obama series, which was begun in Japan, then finished in Anthony Caro's Dorset studio.

EXPERIMENTING WITH THE MATERIAL, THE *PAPER SCULPTURES* OF 1981

Anthony Caro's initial experiments with the *Paper Sculptures* were carried out in 1981 in the studio of Ken Tyler, a publisher living in Bedford, New York State. Instead of producing prints, Caro had decided to use handmade paper as the base material for experiments in which he combined it with card. Most of these 123 pieces are raised compositions, more akin to paintings or bas-reliefs than actual sculptures, in the sense of a "free-standing" object.

In 1985, Dieter Blume, the editor in charge of putting together Anthony Caro's catalogue raisonné, immediately emphasised the distinctive nature of the first series of *Paper Sculptures*:
"It seems consistent and fitting the material that with his Paper Sculptures Caro limits himself to two coordinates : the releif shares its area with the drawing, there is hardly a side view and no back views

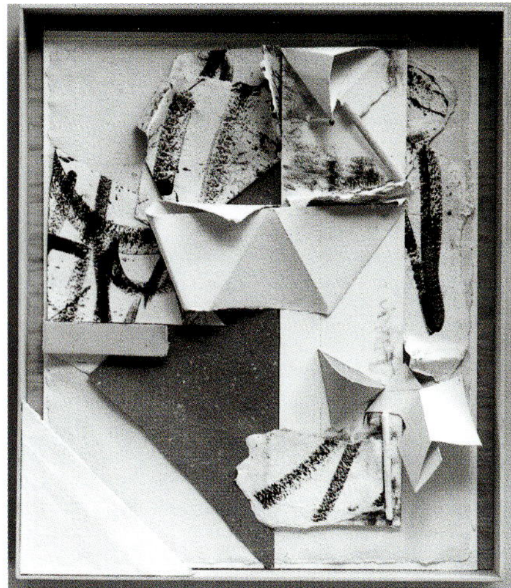

39
Paper Sculpture n° 48:
Bandit
1981
Crayon, craie, acrylique,
papier fait main, bois.
83,2 x 68,6 x 12,7 cm.
Londres, Courtesy Annely
Juda Fine Art ;
Paris, galerie Daniel Templon.

Elle est fixée au mur et son modelé ne suggère aucun questionnement concernant la gravité. Une frontalité absolue ainsi qu'un contour parfaitement délinéé est le résultat de ces contraintes. Bien que la structure interne soit pleine de mouvement et de vivacité, elle est isolée en raison de sa surface postérieure, et ne peut être perçue par l'œil que d'un point de vue unique. Ces pièces ne sont en aucune manière des sculptures en réduction, ce sont des collages en relief totalement autonomes[3]. »

Selon l'opinion de Ian Barker[4], cette première série faite dans l'atelier de Ken Tyler n'exploite pas vraiment les qualités du papier et reste très proche dans ses effets de la manière dont Anthony Caro avait abordé le travail avec la terre. En 1975, dans la série intitulée *Can Co*[5] il avait travaillé à partir de plaques repliées qui forment des ondulations, que l'on retrouve dans les premiers travaux en papier.
Dans un entretien, Anthony Caro analyse cette série dans une perspective un peu différente :
« Dans les sculptures de papier, je me rapproche de notions graphiques, de notions picturales en m'écartant de la sculpture[6] ».
Daniel Henri Kahnweiler écrivait dans la préface à l'ouvrage réunissant les photos de Brassaï consacrées aux sculptures de Picasso : « Le bas-relief est toujours de la peinture[7] » la perspicacité de cette remarque peut nous servir à comprendre cette première série d'expériences d'Anthony Caro.
Dans *Paper Sculpture n° 48 – Bandit*, le souvenir de Schwitters semble la réminiscence la plus évidente, l'utilisation picturale du fragment, les morceaux de papier déchirés agencés comme les touches du pinceau exploitent à la fois un registre graphique – les morceaux portent les traces de ce qui peut être un dessin déchiré – et un assemblage

whatsoever. It is fixed to the wall and with its modellings does not react to the problem of gravity. An absolute frontality together with a clearly defined ouline results from these limitations. So the structure is full of motion and liveliness, it is isolated because of its back surface, and it can be grasped optically from one point of view. These pieces are, however, in no way reduced sculptures ; they are completely autonomous collage reliefs[3]."

In Ian Barker's opinion[4], this first series made in Ken Tyler's studio does not really exploit the paper's properties to the full and the effects it creates bear close similarities to the way in which Anthony Caro began working with clay. In 1975, in the series entitled *Can Co*[5], he had worked with sheets folded to form soft shapes, which can be seen again in his first paper works.
In an interview, Anthony Caro analyses this series from a slightly different perspective:
"In the paper sculptures, I get closer to the graphic idea to painting ideas and away from so sculptutal [6]."
In the preface to the book of photos by Brassaï devoted to Picasso's sculptures, Daniel Henri Kahnweiler wrote:"The bas-relief is still painting[7]", and this perceptive remark is helpful in understanding Anthony Caro's experimental first series.
In *Paper Sculpture No.48 – Bandit*, the most obvious influence seems to be a nod to Schwitters with the pictorial use of the fragment; scraps of torn paper arranged like brushstrokes exploit both a graphic style –the scraps bear traces of what might be a torn drawing– and a bas-relief assemblage. The juxtaposition of crumpled, peeling fragments create an interplay of light and shadow, hemmed in by the edges of a box.

[3] Dieter Blume, P.235 Tome V.
[4] Ian Barker, *Anthony Caro, quest for a new sculpture*, Swiridoff Verlag 2004.
[5] *Ibid* p.220.
[6] *op. cit.*, page 251.
[7] Daniel Henri Kahnweiler, *Les sculptures de Picasso*, Paris, Photographies de Brassaï, Éditions du Chêne, Paris 1948.

[3] Dieter Blume, P.235 Volume V.
[4] Ian Barker, *Anthony Caro, Quest for a New Sculpture*, Swiridoff Verlag 2004.
[5] *Ibid* p.220.
[6] *op. cit.*, page 251.
[7] Daniel Henri Kahnweiler, *Les sculptures de Picasso*, Paris, Brassaï's Photographs, Éditions du Chêne, Paris 1948. (free translation from the French).

43
***Paper Sculpture n° 108 :
Corner***
1981
Acrylique, épingle
et papier fait main.
62,2 x 58,4 x 29,2 cm.
Londres, Courtesy Annely
Juda Fine Art;
Paris, galerie Daniel Templon.

45
Paper Sculpture n° 128
1981
Craie, acrylique,
papier fait main, bois.
62,9 x 77,5 x 10,2 cm.
Collection privée

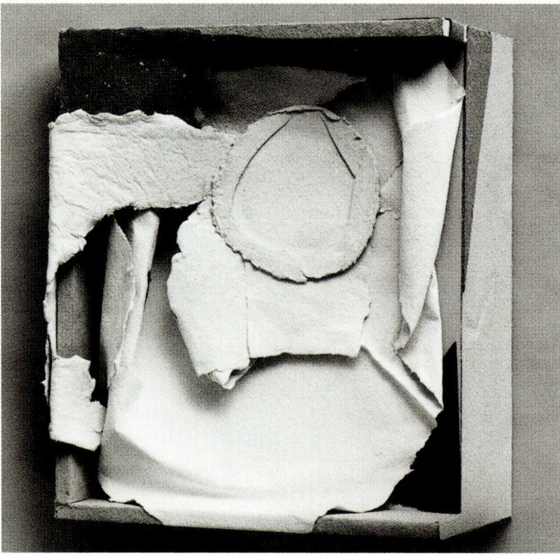

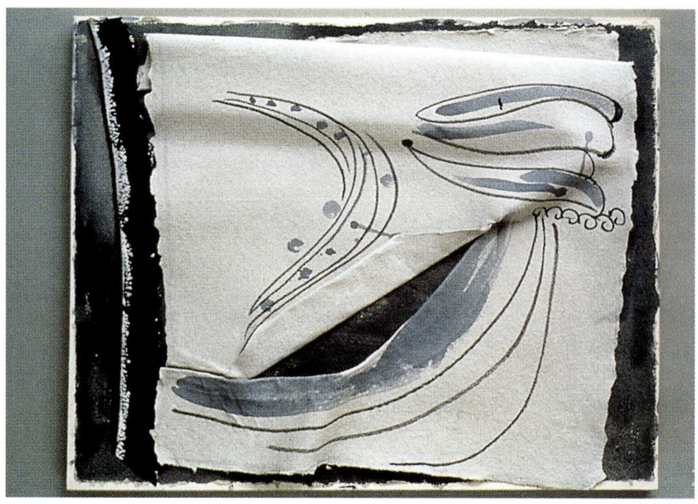

qui se pose en bas-relief. La juxtaposition des fragments ménage à travers froissements et décollements des effets d'ombre et de lumière, enserrés par les rebords d'une boite.

Dans la même série de 1981, les *Paper Sculpture* n° 33 et la n° 107 *Brushed Black*, affirment aussi de manière très évidente leur caractère pictural, ne serait-ce déjà dans le titre, *Brushed Black,* qui évoque explicitement la peinture. Le dynamisme des formes est produit par le chiffonnage, les déchirures et la fragmentation du papier. Quelques rehauts graphiques et la présence de peinture noire dénotent cependant une volonté de sobriété quant aux moyens plastiques mobilisés. On reste dans une esthétique du noir et blanc, peut-être dans le souvenir des fascinantes photos de Brassai qui *invente* littéralement des sculptures de Picasso par la transmutation qu'effectue le regard photographique à partir de recherches d'atelier faites de fragments de papier déchirés et chiffonnés pour former masques et figures.

Tout ceci n'enlève rien au contraire à l'intelligence plastique de Anthony Caro, mais marque bien la dimension réflexive de telles pièces, facilitées par leur caractère intimiste, elles ont d'ailleurs pour certaines, et ce sera aussi le cas pour la série japonaise de 1990, été terminées dans l'atelier de Caro situé dans le Dorset, qui constitue un espace intime et plus solitaire, à l'écart de l'atelier de Londres dévolu au travail à plus grande échelle avec les assistants.

On peut aussi évoquer bien sur le souvenir du cubisme ou du constructivisme – guitares de Picasso, sculptures de Laurens, reliefs de Vladimir Tatlin et têtes de Naum Gabo de 1917 – pour certaines pièces construites dans un angle comme la *Paper Sculpture n° 108 – Corner* de 1981, deux exceptions de cette série à la règle de la frontalité avec la *Paper Sculpture n° 98* de 1981 et *Floor Paper Sculpture n° 51.* Anthony Caro n'utilise jamais la feuille de papier pour donner l'illusion

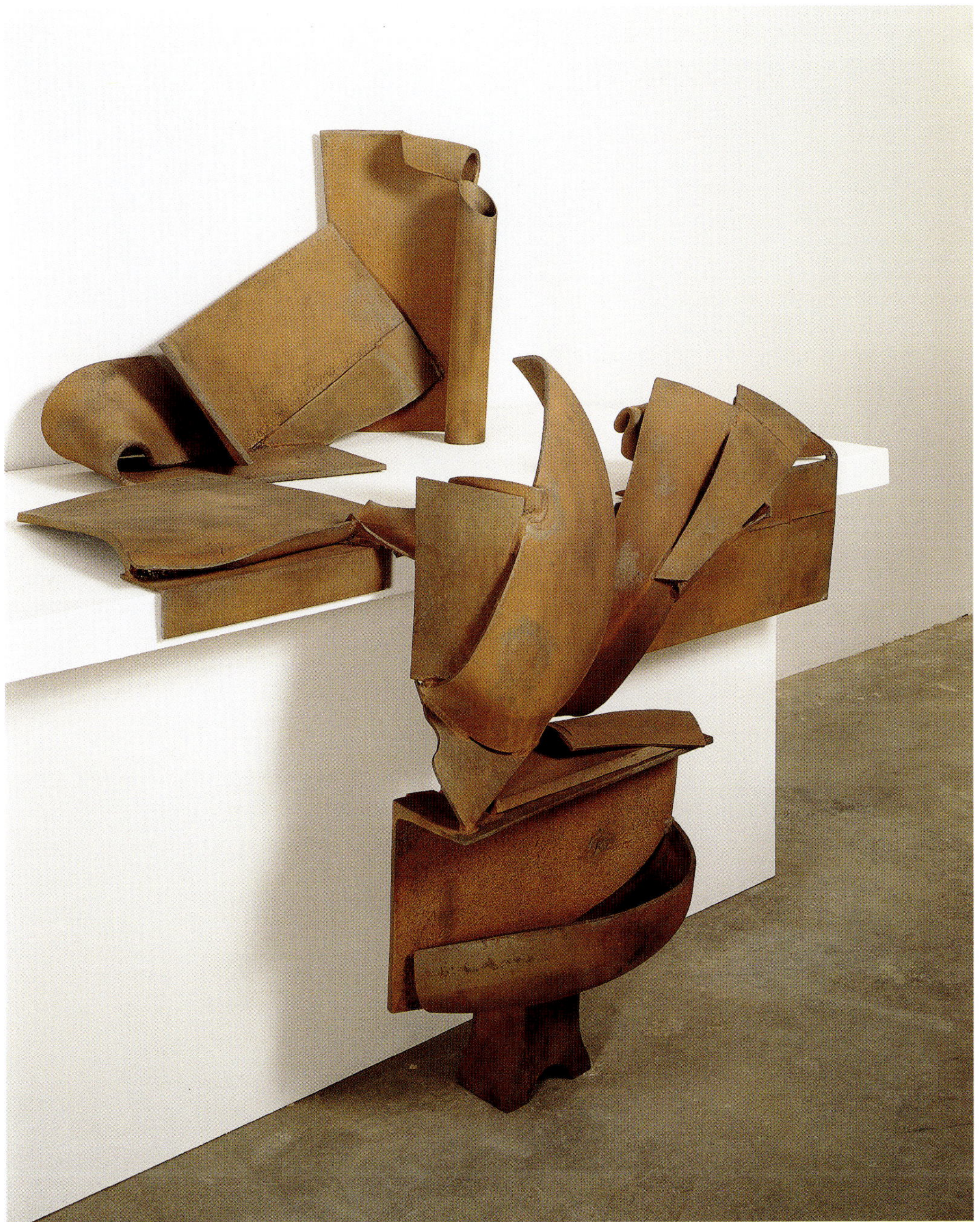

19
Table Piece :
Mouchoir
1990
Acier rouillé et ciré.
139,5 x 139,5 x 111,5 cm.
Londres, Royal Academy
of Arts.

40
Floor Paper Sculpture n° 51
1981
Acrylique, papier fait main,
tube carton.
48,3 x 53,3 x 49,5 cm.
Londres, Courtesy Annely
Juda Fine Art;
Paris, galerie Daniel Templon.

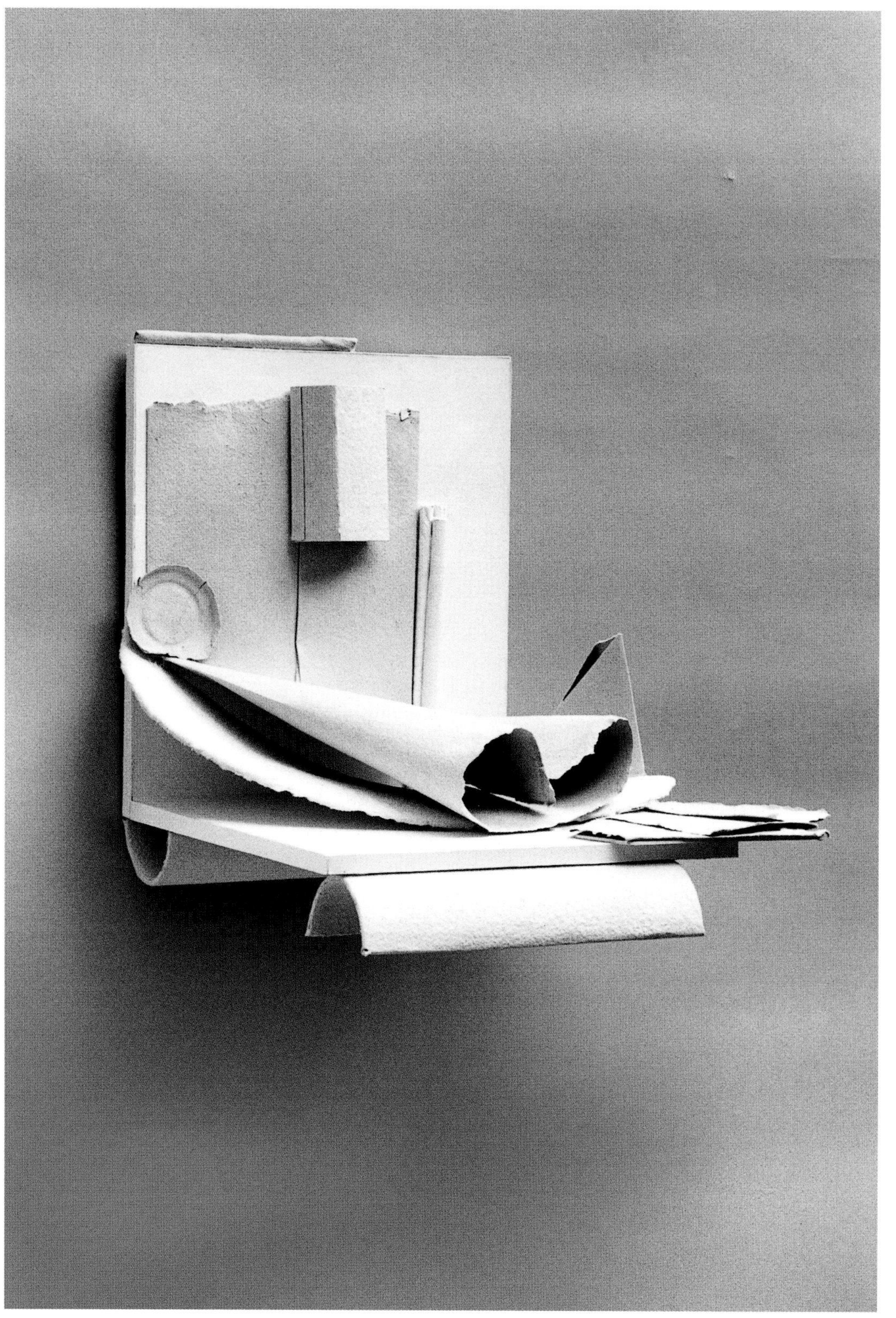

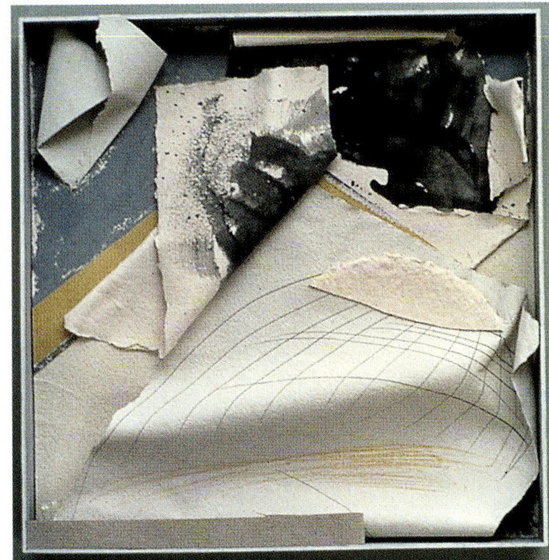

Paper Sculpture n° 107 :
Brushed Black
Crayon, craie, acrylique,
papier fait main, bois.
1981
78,1 x 76,2 x 11,4 cm.
Collection privée.

d'une masse pesante, si un effet de volume peut parfois advenir sous certains angles, un autre angle va permettre immédiatement de déconstruire l'illusion passagère de la présence d'un bloc.

Si la structure de *Paper Sculpture 98* et de *Floor Paper Sculpture n° 51.* semblent bien procéder du cube, il ne fait aucun doute pour l'observateur que cette forme est une feuille pliée en angle droit, constituée du même papier que la forme aux bords effrangés qui s'en détache en volute pour rejoindre un cône dans *Paper Sculpture 98*, ou que les deux cornets disposés à la base de *Floor Paper Sculpture n° 51*. La morphologie des éléments de papier déchirés ne sont pas sans rappeler le dessin en pétales des plaques d'acier la série *Veduggio* de 1972, comme un commentaire rétrospectif de cet ensemble monumental : les feuilles de papier rappellent la légèreté paradoxale des grandes feuilles d'acier découpées en pétales.

La feuille en volute de *Paper Sculpture 98* est striée par une série de traits vigoureux tracés d'un fusain décidé et incisif, annotation graphique qui peut se lire comme le rappel d'une feuille d'acanthe ou comme l'évocation d'un fragment sculpté arraché à la corniche d'un temple antique imaginé. Archéologie mentale qui renverrait à la fois aux planches de fragments de Piranèse et au carnet de notes d'un voyageur en Grèce, comme le fut Anthony Caro en 1985 quand il découvrit les sculptures du temple d'Olympie.

in any doubt that this form is a sheet of paper folded at right angles, made of the same paper as the shape with frayed edges which coils from it to join a cone in *Paper Sculpture No.98*, or as the two cones placed at the base of *Floor Paper Sculpture No.51*. The morphology of the torn paper components is reminiscent of the petalled design of the steel sheets used in the *Veduggio* series of 1972, functioning almost as a retrospective commentary on that monumental ensemble: the sheets of paper recall the paradoxical lightness of the large steel sheets cut into petals.

The coil of paper in *Paper Sculpture No.98* is streaked with a series of energetic lines that are decisively and incisively drawn in charcoal, a graphic note that can be interpreted as a reference to an acanthus leaf or the evocation of a sculpted fragment from the cornice of some imagined ancient temple. An intellectual archaeology, which gives a nod to both Piranesi's plates of architectural fragments and the notebook of someone travelling through Greece, as Anthony Caro did in 1985, when he discovered the sculptures in the temple of Olympus.

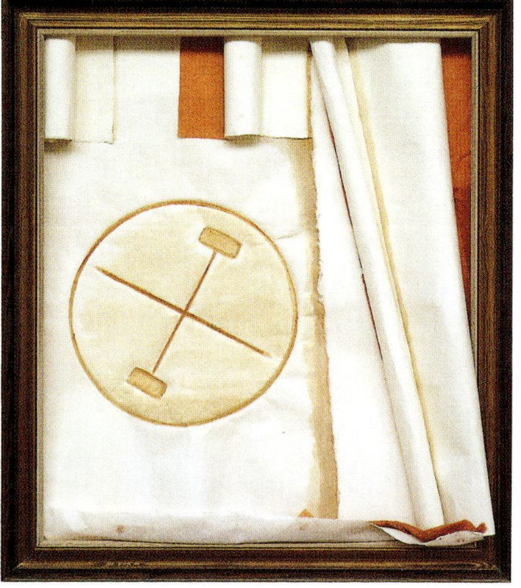

53
Obama Brand
1990-1992
Papier *washi*, cadre.
111,5 x 96,5 x 12,5 cm.
Collection privée.

QUESTIONNER LES LIMITES, LA SÉRIE *OBAMA* DE 1990

Quand il se rend au Japon fin octobre 1990, à l'occasion d'une exposition à Osaka, dans la galerie Kasahara, qui avait accueilli une première présentation de son œuvre au Japon en 1979, Anthony Caro va profiter de cette formidable opportunité pour entreprendre un travail avec le papier qui serait une sorte de prolongement de sa première expérience menée dans l'atelier de Ken Tyler.

Tous ces aspects inhérents à la ductilité à la fois physique et conceptuelle du papier marquent la série de travaux qui porte le nom du village japonais d'Obama, lieu où se situe l'atelier où Anthony Caro a travaillé en 1990 à cette série d'œuvres.

Le processus d'élaboration de cette série a suivi plusieurs étapes, comme le rapporte de manière très détaillée Ian Barker dans sa présentation du précieux catalogue édité au Japon[8].

Une première phase s'est effectuée sur place dans l'atelier du maître papetier M. Ohé, rencontré grâce à l'entremise du photographe Shigeo Anzai. Là, Anthony Caro a d'abord pris la mesure des singularités du matériau. Le papier *washi* est fabriqué à partir de fibres de feuilles de mûrier, son usage traditionnel s'appliquait dans les armures et les boucliers, leur conférant légèreté et résistance. Pratiquement indéchirable, il nécessite d'être humidifié pour être découpé ou mis en forme, Anthony Caro, qui avait déjà eu une expérience similaire chez Tyler, va systématiser la démarche en déclinant les différents registres des capacités formelles propres au papier : plis, ondulations, enroulement, aptitude à recevoir et garder des empreintes, et enfin support du dessin et de la couleur.

TESTING BOUNDARIES, THE *OBAMA* SERIES OF 1990

When he travelled to Osaka in Japan at the end of October 1990 for an exhibition at the Kasahara gallery, which had mounted his first show in Japan in 1979, it provided Anthony Caro with a wonderful opportunity of working on a project with paper that would be a kind of continuation of his first foray into the field in Ken Tyler's studio.

This series, named after the Japanese village of Obama, which was the location of the studio where Anthony Caro worked on these pieces in 1990, is characterised by every inherent aspect of the paper's physical and conceptual ductility.

It was developed in several stages, as described in Ian Barker's highly detailed introduction to the invaluable catalogue published in Japan[8].

The first stage was carried out locally in the studio of master paper maker, Mr Ohé, whom he had met through the photographer, Shigeo Anzai. There, Anthony Caro first got to grips with the material's singular properties. *Washi* paper is made from mulberry leaf fibres and was traditionally used for armour and shields, conferring lightness and strength. Practically tear-resistant, it has to be dampened to be cut or shaped. Anthony Caro, who had already had a similar experience in Tyler's studio, systemised his approach by identifying the paper's different characteristic formal properties: folding, corrugation, rolling, the ability to receive and retain marks, and, last but not least, as a medium for drawing and colouring.

Working with paper entails the use of processes that require a particular timeframe. Like clay, which has to dry and then be fired to assume its final shape, dampened paper is made flexible so that it can meet the

[8] Ian Barker, Anthony Caro, *Paper works « Obama » series*. Fuji Television Gallery, Tokyo 1992.

[8] Ian Barker, Anthony Caro, *Paper works "Obama" series*. Fuji Television Gallery, Tokyo 1992.

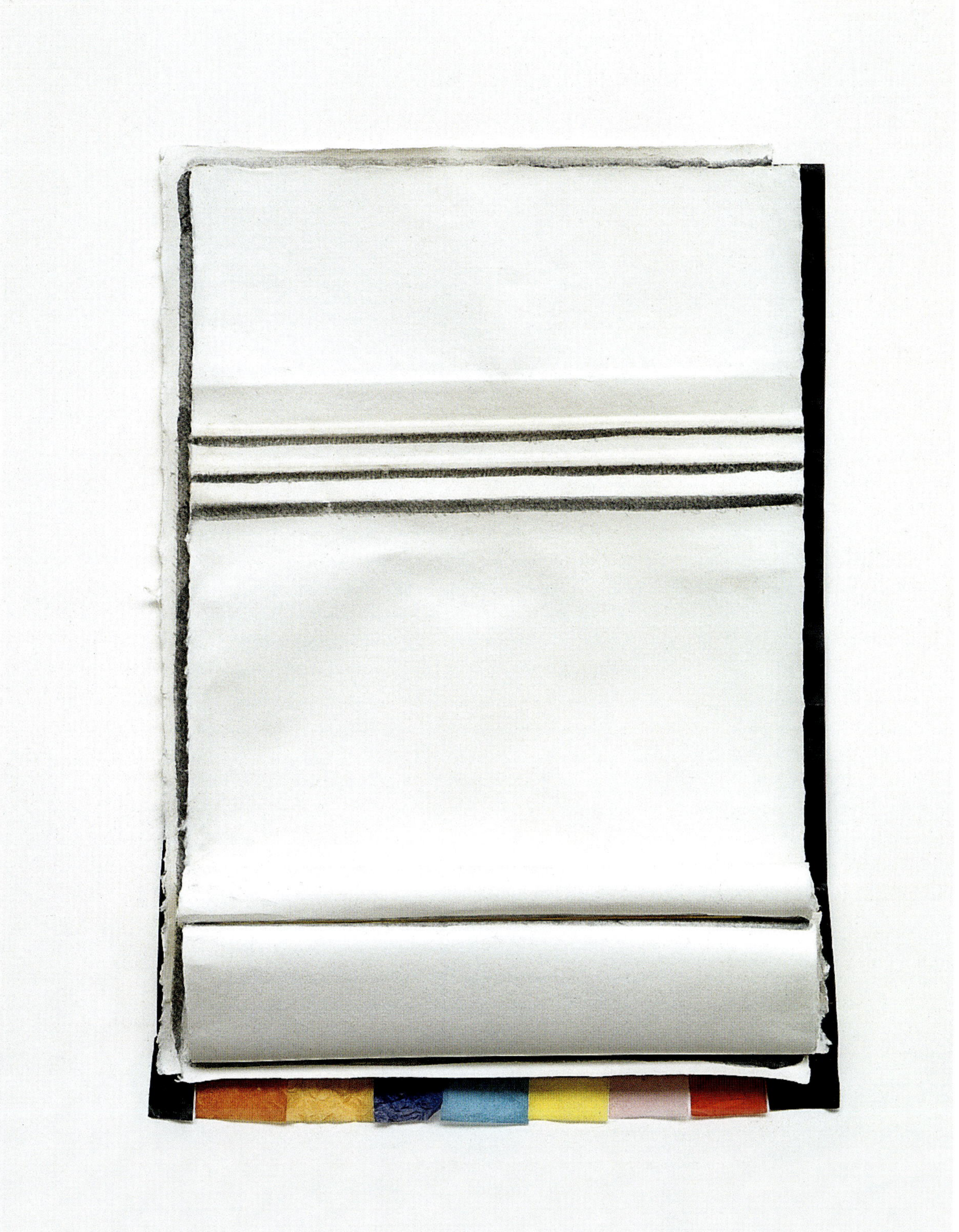

_55_

Obama Sunrise
1990-1992
Papier *washi*, papier tissu,
craie grasse, gouache.
104 x 71 x 10 cm.
Londres, Courtesy Annely
Juda Fine Art ;
Paris, galerie Daniel Templon.

59
Obama Ohé
1990-1992
Papier *washi*, papier tissu,
cadre.
89 x 99 x 17,5 cm.
Collection privée.

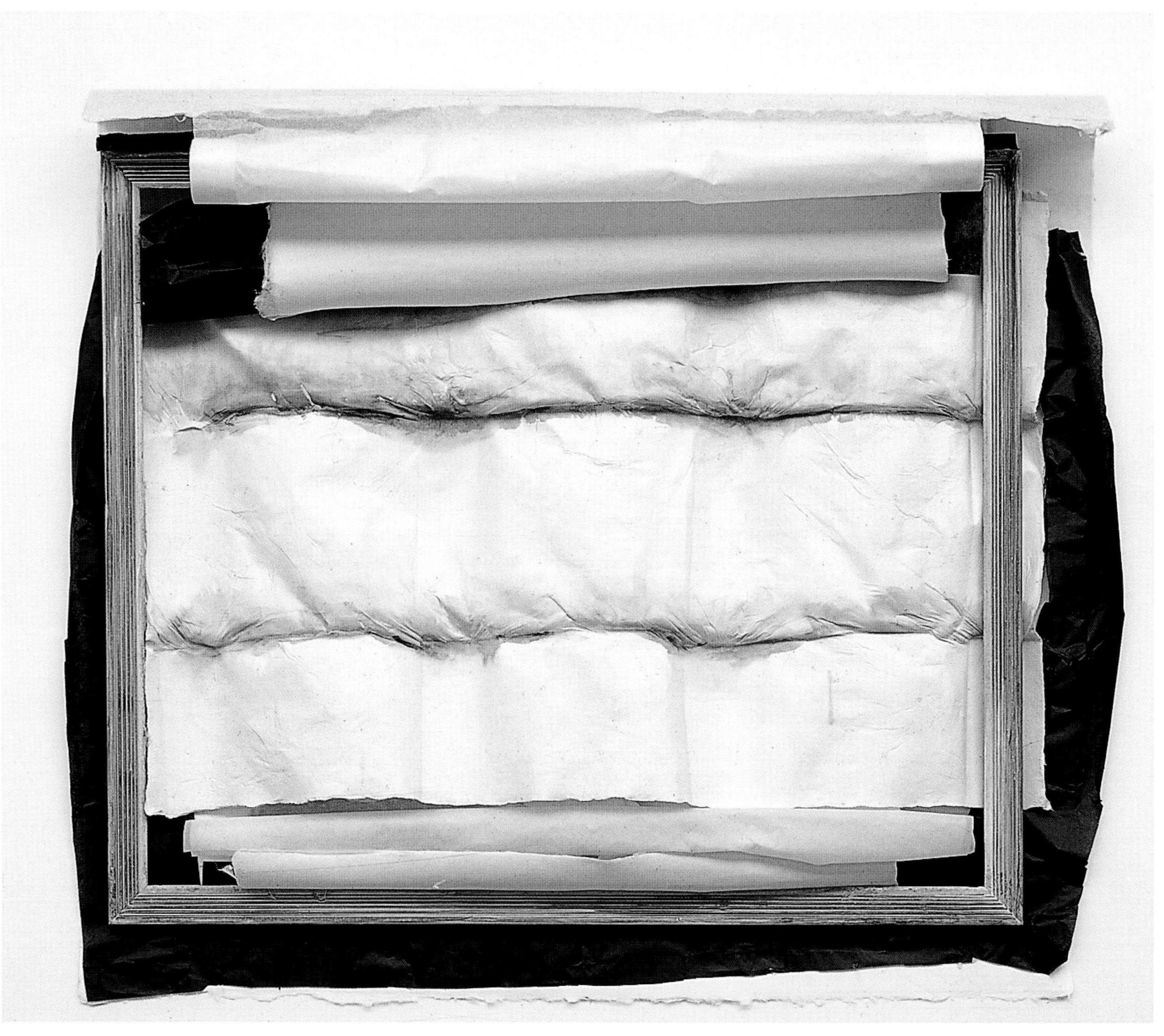

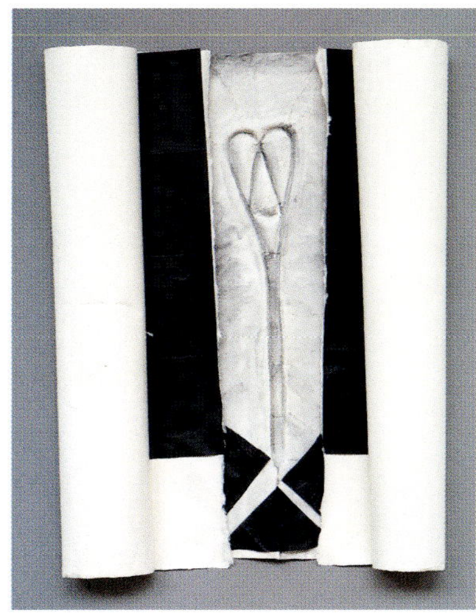

58
Obama Lawyer
1990-1992
Papier *washi*, papier tissu, gouache.
97,5 x 70 x 10 cm.
Londres, Courtesy Annely Juda Fine Art ;
Paris, galerie Daniel Templon.

Le travail avec le papier impose des procédés qui nécessitent une temporalité particulière. Tout comme la terre, qui doit sécher et ensuite être cuite pour prendre son état définitif, le papier humidifié est assoupli pour pouvoir se conformer aux injonctions de l'artiste. Un temps de repos pour le séchage fixe définitivement les formes qui lui sont imposées, il garde en mémoire les impulsions. Anthony Caro peut aussi lui demander de se comporter comme un sédiment, d'opérer un véritable processus de fossilisation. La pâte humide du papier assoupli peut conserver l'empreinte des objets. Les feuilles déposées sur l'auvent de l'atelier par M. Ohé vont suivre l'ondulation des tuiles (*Obama Ohé*) ou encore s'imprimer en creux, dans l'épaisseur des fibres, de la silhouette d'un battoir à tapis en osier qui se trouvait là (*Obama Lawyer*), ou relever la trace de la forme circulaire d'un récipient (*Obama Brand*).

La réflexion sur la relation de la sculpture avec la peinture trouve évidemment un écho dans ces recherches. Au-delà des effets purement plastiques et de leur indéniable séduction formelle, on peut y voir à la fois une interrogation sur la possibilité de faire de la sculpture avec les moyens du dessin – la feuille de papier, le fusain, l'encre, et parfois même la peinture – mais aussi la traversée d'une question elle aussi récurrente dans l'œuvre de Anthony Caro : le plaisir de la couleur.

Aux couleurs vives qui faisaient vibrer les formes dégingandées des sculptures des années 1960 ont succédé dans les années 1970 et 1980 les teintes sourdes plus proches des matériaux « naturels » : rouille de l'acier, chaleur ou rugosité du bois naturel ou noirci, brillances de l'inox ou matité grise de la galvanisation, jaunes dorés du laiton, patine du bronze, gammes argileuses des masse de terre cuite… Cette polychromie qui sonne dans le médium – grave, que l'on pourrait comparer à la tessiture du baryton, se transpose nécessairement

artist's requirements. Time set aside for drying ensures that the forms imposed on the paper become permanent, thereby preserving the artist's impulse. Anthony Caro may also require paper to act as a sediment, implementing a genuine process of fossilisation. The damp, malleable paper paste can preserve the impression of various objects. The sheets placed on the studio's porch roof by Mr Ohé adopted the corrugations formed by the tiles (*Obama Ohé*) or recorded the concave impression of a wicker carpet beater in the dense fibres (*Obama Lawyer*), or bore the traces of the circular shape of a container (*Obama Brand*).

These works also obviously raise the question of the relationship of sculpture to painting. Quite apart from the purely plastic effects deployed and their undeniable formal appeal, it is possible not only to detect an exploration of the feasibility of making a sculpture with drawing implements –sheet of paper, charcoal, ink, sometimes even paint– but also the existence of a theme which also crops up in Anthony Caro's work again and again: the enjoyment of colour.

The bright colours that enlivened the elongated forms of the sculptures of the 1960's were succeeded in the 1970s and 1980s by subdued hues more in keeping with "natural" materials: rusted steel, the warmth or roughness of natural or darkened wood, the shininess of stainless steel, the matt grey appearance of galvanisation, the golden yellows of brass, the patina of bronze, the clayey ranges of blocks of earthenware, etc. This polychromy, which plays out in the middle–low register and might be compared to the pitch of the baritone, is inevitably transposed up to the more strongly contrasting, more virtuosic and more melodious register of the tenor when paper is the medium and the material. Bright keys dominate, the interplay of light and shadow is more obvious, the slightest accident, the slightest crease

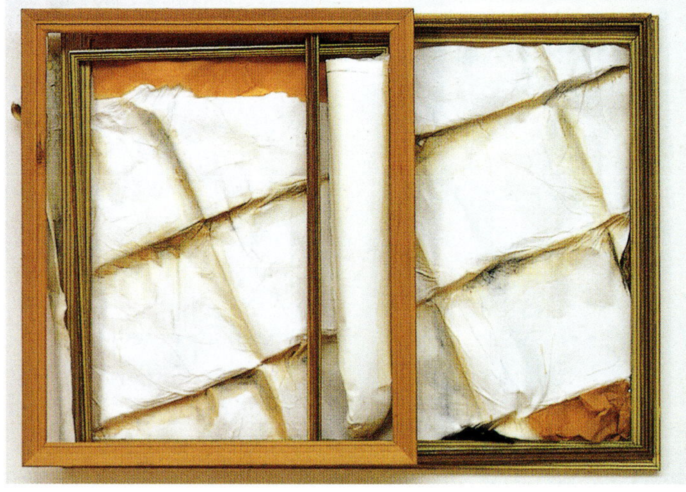

Obama Window
1990 -1991
Papier *washi*, papier tissu,
cadre.
69 x 94 x 14 cm.
Londres, Courtesy Annely
Juda Fine Art ;
Paris, galerie Daniel Templon.

sur le registre plus contrasté, plus virtuose et plus chantant du ténor quand c'est le papier qui devient support et matière. Les tonalités claires dominent, les effets d'ombre et lumière sont plus évidents, le moindre accident, le moindre pli, chaque ondulation se révèle. Dans sa pureté, le blanc du papier incite au jeu, accueillant, convivial il se soumet aimablement à la moindre injonction.

Le papier est tentateur aussi : la couleur, peinte ou ajoutée à la teinte du matériau, convoque assez souvent chez Anthony Caro une dimension ludique ou ironique, suggérée par le libellé des titres des pièces, comme cet *Obama Lawyer* (traduction : *L'homme de loi*, *Le juriste d'Obama* : la règle transgressée ?),déjà évoqué, dans lequel les bandes bleues encadrant le motif du battoir à tapis, elles même bordées de part et d'autre par une feuille marquée d'un enroulement cylindrique, pourraient bien esquisser à la fois le plastron du juge et le buste d'un personnage revêtu d'un kimono… La partie inférieure de *Obama Sunrise* décline un nuancier de sept couleurs, comme une promesse d'arc-en-ciel.

Après la phase de travail effectuée au Japon, les feuilles ondulées, pliées, enroulées ainsi que les empreintes furent ramenées en Europe et Anthony Caro les a ensuite arrangées dans leur état définitif, mises en scènes, soulignées de bandes de papier plus ou moins en relief, d'annotations graphiques ou peintes. L'ensemble est enfin monté sur un support plan et encadré dans un ou plusieurs cadres, parfois « trouvés » dans la réserve de son encadreur, comme partie intégrante de l'objet

Le cadre met en valeur et accentue les effets d'ombre et de lumière, projetant en avant les effets de surface, leur conférant à la fois éloquence et stabilité. Ainsi, dans *Obama Brand* un motif circulaire

and fold can be spotted. The whiteness of the paper in its purity is an incentive to playfulness; welcoming and convivial, it obligingly obeys the slightest instruction.

Paper is also tempting: in Anthony Caro's work, colour, either painted on or added to the dye of the material, often ushers in a playful or ironic dimension, as suggested by the titles of the pieces, like the afore-mentioned *Obama Lawyer* (breaking the law?), in which the blue lines framing the motif of the carpet beater, themselves bordered on either side by a sheet accentuated by a cylindrical coil, could hint at a judge's shirtfront and the bust of someone wearing a kimono… The lower part of *Obama Sunrise* displays a colour chart with seven colours, like the promise of a rainbow.

After the work carried out in Japan, the corrugated, folded and rolled sheets and impressions were taken back to Europe and Anthony Caro then arranged and presented them in their final positions, offset by strips of paper in relief and by graphic or painted annotations. The ensemble was finally mounted on a flat base framed by one or several frames that had occasionally been "found" in his picture framer's stock and became integral to fhe work and part of the object.

The frame emphasises and showcases the interplay of shadow and light, foregrounding the surface effects, and heightening their eloquence and stability. Thus, in *Obama Brand*, a circular motif derived from the raised impression of a container or utensil –a brand or label as indicated by the title– appears on the left-hand side of a surface that is partially covered by a pleated effect.

The ensemble is surrounded by a "picture framer's" frame which interplays with the series of folds modulating the surface of the folded sheet on the right, which drops down from the top and spreads behind the

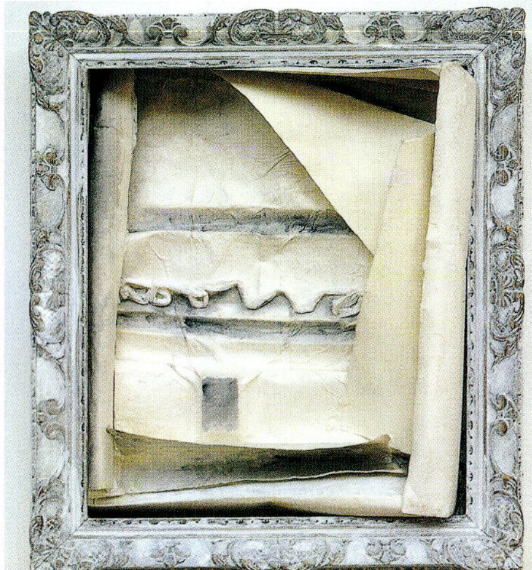

49
Obama Curtain
1990-1991
Papier *washi*, papier tissu,
cadre.
67,5 x 58,5 x 21,5 cm.
Londres, Courtesy Annely
Juda Fine Art ;
Paris, galerie Daniel Templon.

procédant du relevé de l'empreinte d'un récipient ou d'un ustensile, marque, label comme l'indique son titre, s'inscrit dans la partie gauche d'un plan que vient recouvrir en partie un effet de plissé.

L'ensemble est cerné par un cadre « d'encadreur » avec lequel jouent la série de plis qui modulent la surface de la feuille plissée située à droite, qui partant du haut se développe derrière le cadre pour ressortir en avant dans la partie inférieure, comme pour accentuer la profondeur, structurer les éléments épars, compenser la fragilité du papier.

Mais le cadre peut aussi être suggéré comme dans *Obama Sunrise*, calme série d'ondulations horizontales qui échappe à la fragilité grâce à l'effet de serti que procure les bandes colorées situées en arrière plan, le tout évoquant peut être le soubassement de certaines architectures traditionnelles du Japon.

On pourrait voir un paradoxe dans la présence insistante de cadres « à l'occidentale » dans des pièces de cette série « japonaise ». Si l'évocation des *Shoji*, cloisons coulissantes de l'architecture traditionnelle japonaise peuvent être évoquées, on pourrait aussi formuler l'hypothèse que ces cadres permettent d'échapper au risque de la folkorisation, ou d'une forme de pratique qui relèverait d'un « japonisme contemporain », en introduisant un double rappel en forme de pied de nez à la nature morte cubiste et à une version du *ready-made* qui regarderait du côté de Man Ray ou de Magritte, comme on peut le voir de manière assez littérale dans *Obama Window* ou *Obama Curtain*.

Les cadres sont des contraintes qui « bouclent » les compositions, tout comme les boîtes ou encore les multiples effets de caisses, armoires, casiers que l'on trouve dans des séries de sculptures telles que les *Cubic Pieces* (1992), *Arena* (1995) ou *Ducio* (1999-2000) par exemple.

frame to reappear in front in the lower section, as if to accentuate a feeling of depth, organise the disparate elements, and counterbalance the paper's fragility.

However, the frame can also be suggested, as in *Obama Sunrise*, a tranquil series of horizontal waves defying fragility, due to the effect of an inset created by the coloured strips in the background, the overall impression perhaps reminiscent of the base of certain traditional Japanese buildings.

The intrusive presence of "Western-style" frames in some of the pieces in this "Japanese" series could be regarded as somewhat paradoxical. While it is possible to see them as a reference to *Shojis*, sliding partitions used in Japanese traditional architecture, one might also make the assumption that these frames enable the artist to avoid the danger of folklorisation, or a type of practice that might come under the heading of a "modern Japonism", by introducing a dual reference in the form of a snub to both Cubist still lives and a version of the *ready-made*, which might have been propounded by Man Ray or Magritte. This can be seen fairly literally in *Obama Curtain*.

Frames are constraints which "close off" compositions, like boxes or the numerous effects created by the cases, cupboards, and cabinets that are found, for example, in various series of sculptures like the *Cubic Pieces* (1992), *Arena* (1995) or *Ducio* (1999-2000). The perpetual constraints provided by the frame or the box can also be understood as a response to architectural constraint, as Ann Hindry notes in her contribution to this catalog, both in terms of physical constraint as in terms of morphology.

In Anthony Caro's view, every sculpture creates its own space, hence

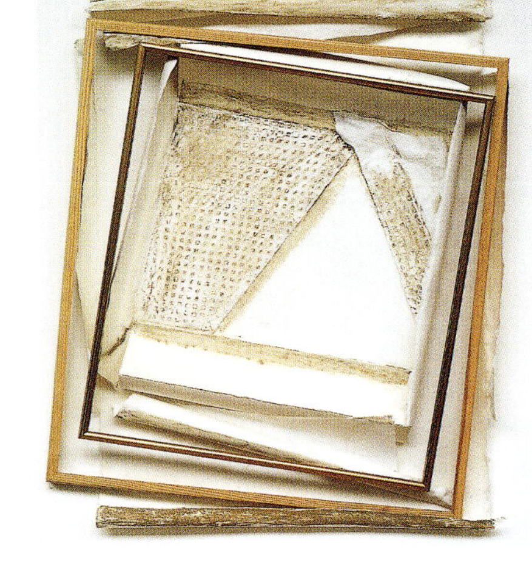

56
Obama Stack
1990-1992
Papier *washi*, crayon, cadres
91,5 x 76 x 11,5 cm.
Londres, Courtesy Annely
Juda Fine Art ;
Paris, galerie Daniel Templon.

9 Dans un entretien avec Ann Hindry, publié en 1977 dans *Art Press*, (n° 6, avril 1977) Caro affirmait sa méfiance vis-à-vis des espaces extérieurs. :
« La sculpture d'extérieur a presque toujours besoin d'être entourée d'une façon ou d'une autre, elle a besoin d'un espace délimité sinon elle est écrasée par l'échelle, urbaine ou naturelle. »

9 In an interview with Ann Hindry, published in 1977 in *Art Press*, (no. 6, April 1977) Caro declared his distrust of external spaces: "External sculpture almost always has to be surrounded in one way or another, it needs a clearly delineated space to avoid being dwarfed by the scale of its urban or natural setting." (free translation from the French).

Ces constantes contraintes du cadre ou de la boîte sont à comprendre aussi comme un écho à l'attention à la contrainte architecturale, comme le souligne Ann Hindry dans sa contribution au présent ouvrage, aussi bien en terme de contrainte physique que de morphologie. Chaque sculpture pour Anthony Caro induit son propre espace, d'ou l'attention très poussée à la nature des lieux où ses pièces sont présentées, qui justifie l'utilisation de maquettes des sculptures et des lieux de présentation. Ceci induit par exemple, quand certaines pièces sont présentées en extérieur, que leur « aire de proximité » soit matérialisée par un traitement du sol, comme en 1997 au Midelheim d'Anvers où l'artiste avait fait tracer des aires circulaires de gravier de couleur claire pour poser ses pièces pour échapper à la banalisation, à l'effet de « statue » posée dans l'herbe anonyme d'un parc de sculptures[9]. De même, ce que l'on pourrait nommer d'un terme générique les *Paper pieces* engendrent leur propres espaces de présentation, soit dans une confiance relative au mur, en revendiquant leur verticalité, à travers l'insistance sur le cadrage, et encore par la présence des boites ou de tout autres systèmes de contrainte des formes.

the exhaustive care and attention given to the nature of the sites where his pieces are shown, vindicating the use of maquettes and specific display areas. This means, for example, that the "proximity area" around certain pieces, when they are shown outside, should come in for special treatment, as in Midelheim d'Antwerpen, in 1997, where the artist ordered the laying of some circular areas of pale gravel where his pieces could stand to avoid the banal effect of "statues" lost in the grass of a sculpture park[9]. Similarly, what might generically be called the *Paper Pieces* generate their own display spaces, either by means of their confident possession of the wall, flaunting their verticality, or through their emphasis on framing, or again by the existence of boxes or any other system for constraining forms.

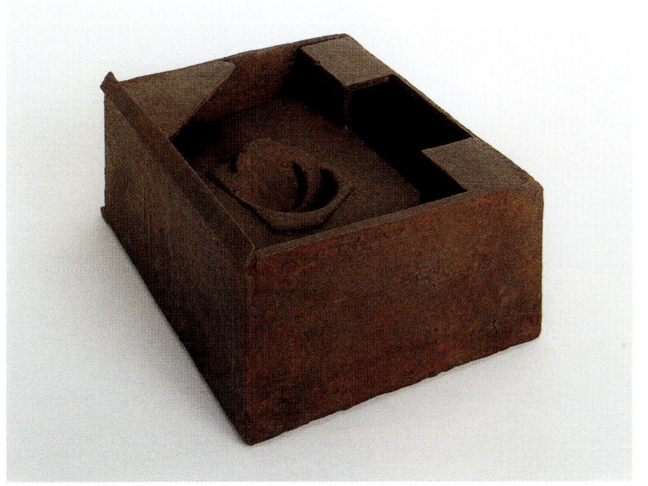

21
Cubic piece Imprint
1992-1993
Bronze.
11,5 x 21,5 x 29 cm.
Londres, Courtesy Annely
Juda Fine Art ;
Paris, galerie Daniel Templon.

LE CUBE, LA BOÎTE, LE LIVRE, LES ANNÉES 1990

Une sculpture en bronze de 1990, contemporaine de la série *Obama*, peut à coup sûr être convoquée en forme de commentaire de ce qui viens d'être avancé.

Le titre d'abord, *Painter's Project* : quel est le projet du peintre et sa relation à la troisième dimension ? L'œuvre : sur un socle carré une sorte de caisse entrouverte retient un cadre posé en diagonale, débordant de la base, comme prêt à glisser vers le sol comme souvent les éléments des *Table Pieces*. Sortir du cadre ? Proposer le cadre comme essence du tableau ? Que reste-t-il de la peinture si on prend le point de vue du sculpteur ?

Anthony Caro propose ici une nature morte – genre pictural – dans un nouveau commentaire de la peinture par le sculpteur – ainsi qu'opèrent souvent les *Table Pieces* à partir d'œuvres des « maîtres » (Matisse, Cézanne, Picasso) mais ici réduite à un programme minimum, essentiel : la boîte, le cadre, qui peuvent à la fois se comprendre somme de purs objets qui constitueraient une nature morte, et comme l'évocation des fondements du système géométrique perspectif.

En s'arrêtant sur cette œuvre, on saisit mieux ainsi l'évolution dans laquelle Anthony Caro s'est engagé avec le matériau papier depuis la fin des années 1990.

Les sculptures en papier des années 1990 vont décliner au niveau formel le thème de la boîte, qui est exploité parallèlement dans une série de sculptures intitulées the *Cubic Pieces*[10] de taille assez petites et parfois miniatures : *Surveyor's Report* 1992/3 (15 x 33 x 48 cm), *Imprint* 1992 (11,5 x 21,5 x 29 cm). Autant ces boîtes sont pesantes à la vue, saturées de formes comme figées dans la matière sombre, opaque,

CUBE, BOX, BOOK, THE 1990s

A bronze sculpture of 1990, contemporaneous with the *Obama* series, can be cited in support of the theory that has just been put forward. First of all, the title, *Painter's Project* : what is the painter's project and how does it relate to the third dimension ?

The work: on a square pedestal, a sort of half-open crate holds a diagonally placed frame, spilling out from the base, as if about to slide towards the floor, just as the components of the *Table Pieces* often do. Are we being asked to step outside the box? Is there the suggestion that the frame is the essence of the painting? What remains of the art of painting if we adopt the sculptor's point of view?

Anthony Caro is presenting a still life here –pictorial in genre– as a new commentary on painting – in the same way as the *Table Pieces* often do by using works by the "masters" (Matisse, Cézanne, Picasso) as their point of departure – but here the agenda is reduced to the bare minimum: the box, the frame, which can be interpreted as a survey of the theoretical objects that comprise a still life, and as a reference to the foundations of the geometric system of perspective.

An examination of this work gives us a better understanding of the changing nature of Anthony Caro's work with paper since the end of the 1990s.

The paper sculptures of the 1990s provided a formal exploration of the theme of the box, which was examined concurrently in a series of fairly small, sometimes miniature sculptures entitled the *Cubic Pieces*[10]: *Surveyor's Report* 1992/3 (15 x 33 x 48 cm), *Imprint* 1992/3 (11.5 x 21.5 x 29cm.). Although these boxes look heavy, overloaded with forms as if fixed in the dark, opaque material of the bronze, the *Paper Sculptures*,

[10] Catalogue raisonné t. X, p.141-145

[10] Catalogue raisonné t. X, p.141-145

20
Painter's Project
1990-1991
Bronze et cuivre, coulé,
soudé, patiné et ciré.
45,5 x 89 x 94 cm.
Londres, Courtesy Annely
Juda Fine Art ;
Paris, galerie Daniel Templon.

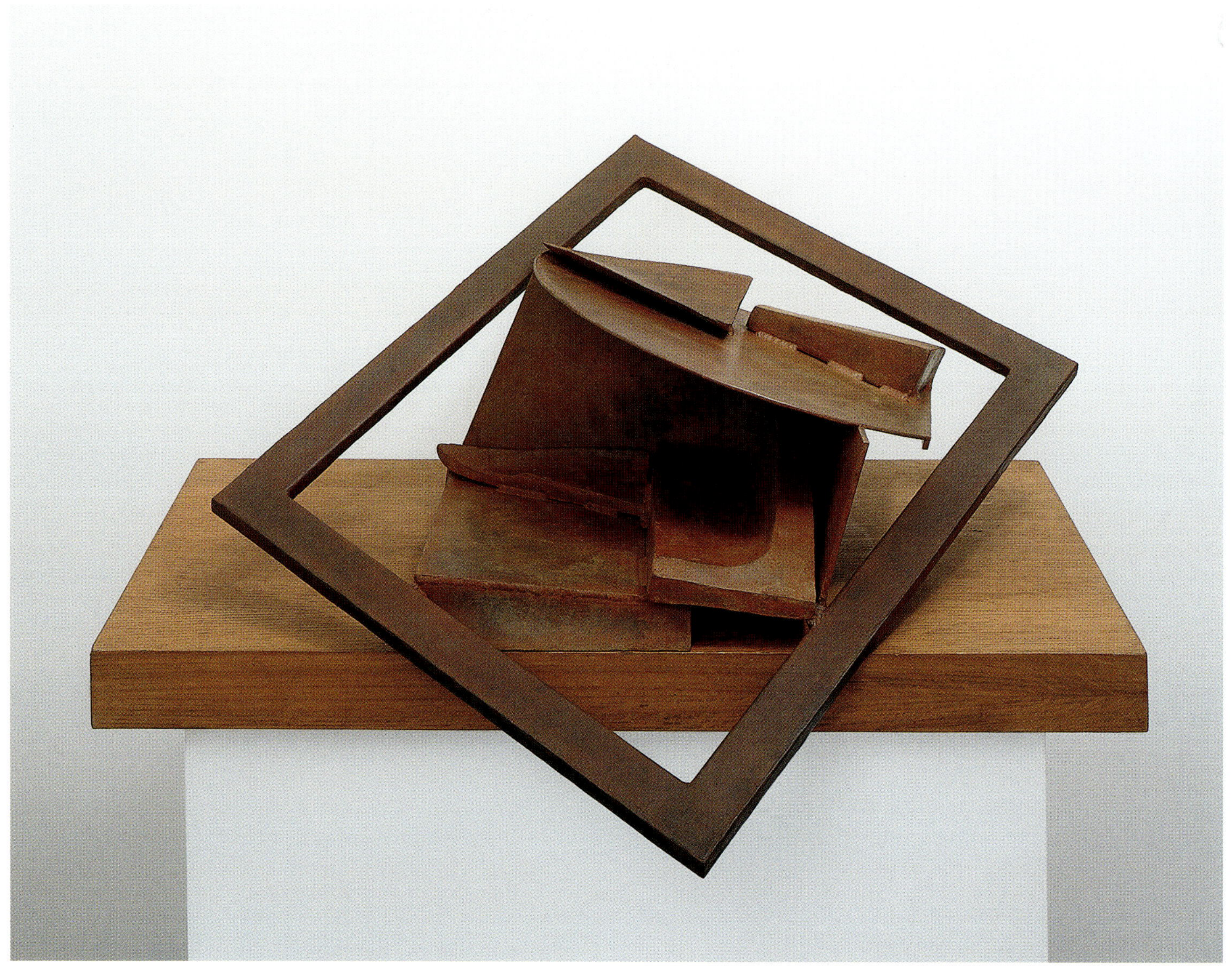

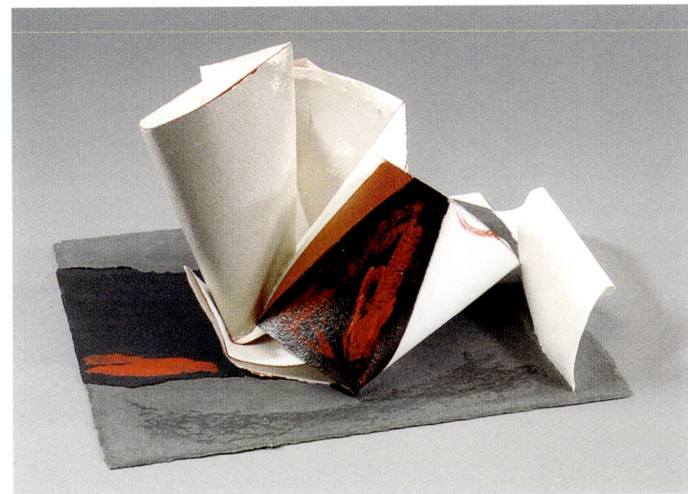

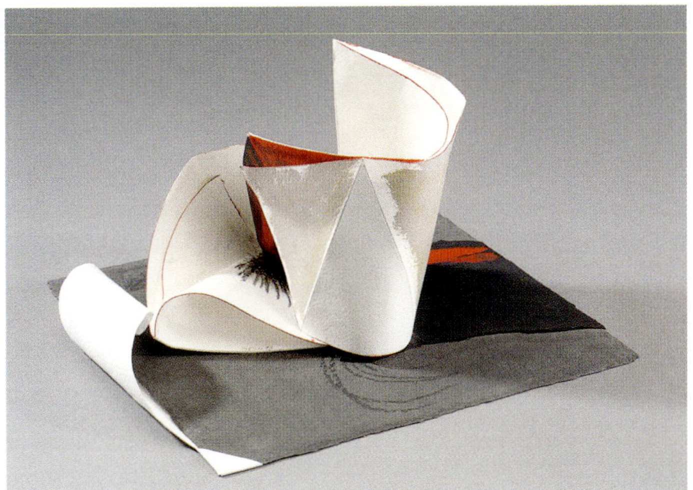

62
Paper Sculpture n° 5 :
Black Bird
1993
Papier, technique mixte
27 x 44 x 38,5 cm.
Londres, Courtesy Annely
Juda Fine Art ;
Paris, galerie Daniel Templon.

du bronze, autant les *Paper Sculpures* qui leur sont contemporaines sont fragiles, légères. En insistant sur la radicale différence de nature des matériaux, Anthony Caro livre une réflexion sur la densité, qu'il semble vouloir exprimer de manière directe, immédiate, au niveau de la pure sensation visuelle.

Légèreté, fragilité vont de pair avec un certain caractère ludique déjà évoqué, exprimé dans les titres de certaines pièces, souvent à double sens et qui jouent explicitement sur la dérision. Ainsi *Niper* ; tenaille, pince mais aussi mioche ; *Hat Box*, boîte à chapeau et *Steamer* dont les formes et le vocabulaire plastique flirtent avec le plaisir du presque rien en même temps qu'avec l'amusement jamais fini du jeu de mot. Du chapeau sortent des écailles ou des pétales de papier – le chapeau du sculpteur-magicien ? – un tube de carton noir juxtaposé à un plus mince de carton blanc suffit à évoquer la sirène du paquebot qui appareille.

Et pour finir, *Red Carpet* (1993) : tapis rouge pour l'artiste ! une boîte entrouverte surmontée d'une sorte de volute évoque la maquette d'une sorte de char ou de palanquin qui glisserait sur un tapis d'un rouge éclatant, comme défilant à la parade d'un cortège imaginaire et triomphal.
La boîte peut dès lors aussi se décliner sous l'espèce du livre, sous forme de piles de feuilles, enserrées dans une épaisse couverture, livres sans âge, indéchiffrables comme des vestiges de la bibliothèque d'un monde disparu comme dans la série des *Large Books* et *Small Books* de 1996-1997[11], et retrouver le matériau papier dans une série plus récente de travaux datant de 1999-2002 qui exploitent la typologie du livre sous la forme de feuilles de papier pliées, disposées en carnets

made at the same time, are delicate and light. By emphasising the drastic difference between the nature of the two materials, Anthony Caro is engaging in a meditation on density, which he appears to want to express directly, with great immediacy, on a purely visual level.

Lightness and fragility go hand in hand with the aforementioned playful nature of these works, expressed in the titles of certain pieces, which often have dual meanings and which are openly ironic. *Nipper* is a case in point; referring to pincers, but also a little child; *Hat Box* and *Steamer*, whose forms and plastic vocabulary flirt with the pleasure taken in the inconsequential at the same time as the endless amusement afforded by wordplay. Paper scales or petals emerge from the hat –the hat of a sculptor-magician?– while a tube of black card juxtaposed with a thinner one in white card is enough to conjure up the horn of a ship as it casts off.

Last but not least, *Red Carpet* (1993), the artist's red carpet! A half-open box surmounted by a sort of coil conjures up the mock-up of a sort of float or palanquin gliding along a bright red carpet, as if part of an imaginary, triumphant parade.
The box can also take the form of a book or stacks of sheets, enclosed by a thick cover; books that are ageless, indecipherable, like remnants from the library of a vanished world, as in the *Large Books* and *Small Books* series of 1996-1997[11], and provide the opportunity for using paper as a material again in a more recent series of works dating from 1999-2002, which use the typology of the book in the form of sheets of folded paper, arranged in half-open notebooks, like a book whose leaves have been carried off by the wind... This series of sixteen pieces[12] was finished just before Ken Tyler's studio was closed.

[11] *Cf.* Barker, *op. cit.* page 312, 320-321.

[11] *Cf.* Barker, *op. cit.* page 312, 320-321.

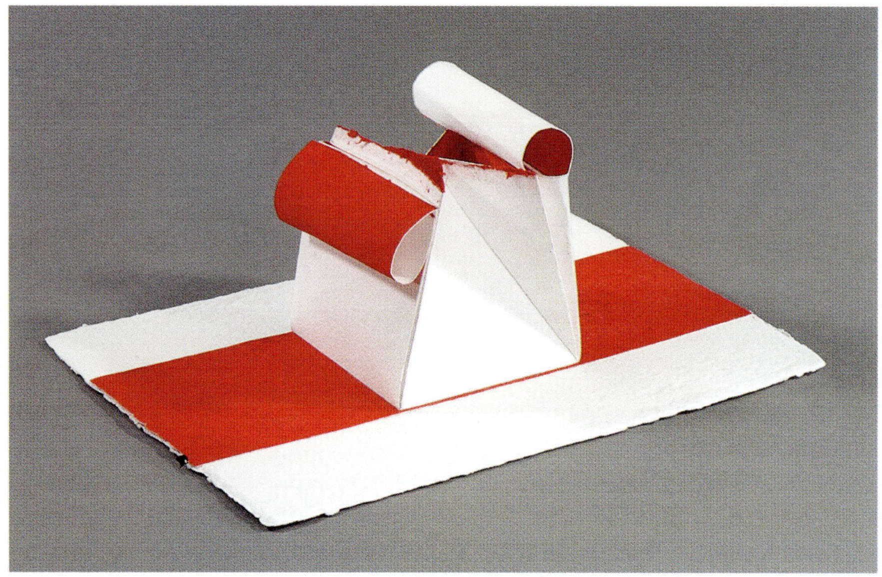

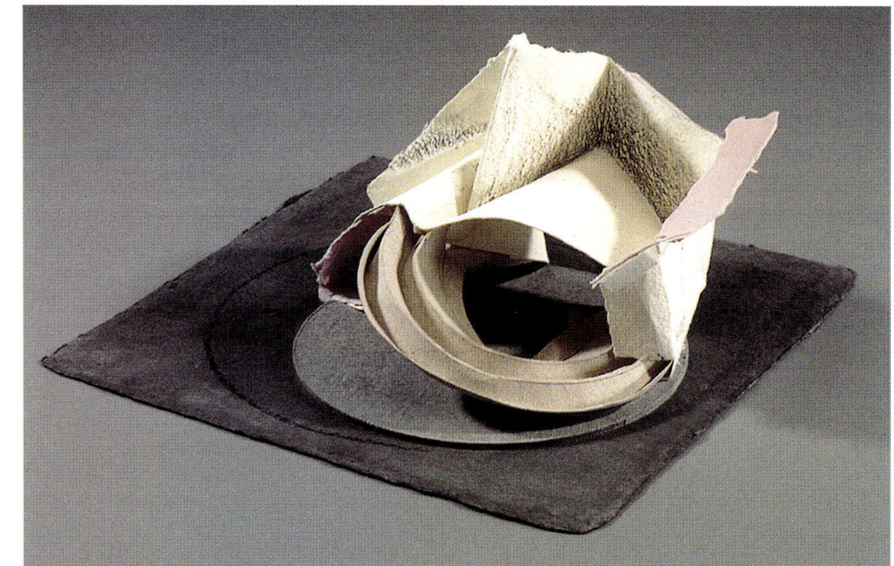

68
Paper Sculpture n° 34 :
Red Carpet
1993
Papier, technique mixte
23 x 56 x 40,5 cm.
Londres, Courtesy Annely
Juda Fine Art ;
Paris, galerie Daniel Templon.

60
Paper Sculpture n° 13 :
Whirl
1993
Crayon, acrylique,
papier fait main et bois.
19,6 x 40,6 x 40 cm.
Londres, Courtesy Annely
Juda Fine Art ;
Paris, galerie Daniel Templon.

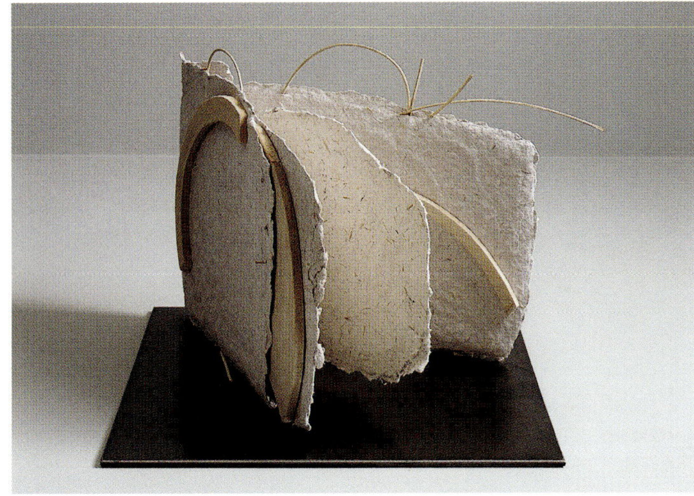

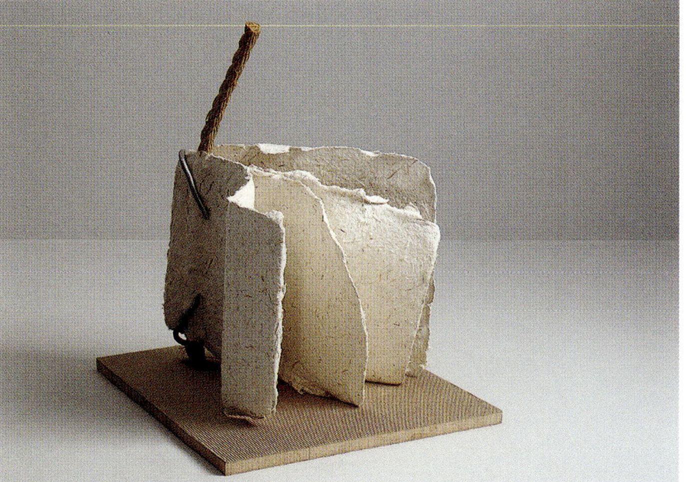

69
Paper Fly
1999-2002
Papier fait main, balsa, acier.
24 x 31,5 x 33 cm.
Londres, Courtesy Annely
Juda Fine Art ;
Paris, galerie Daniel Templon.

70
Paper Slipper
1999-2002
Papier fait main, corde,
aluminium, carton ondulé.
38 x 29 x 33 cm.
Londres, Courtesy Annely
Juda Fine Art ;
Paris, galerie Daniel Templon.

entrouverts, comme un livre dont les feuilles seraient livrées au vent… Cette série de seize pièces[12] se conclut juste avant la fermeture du studio de Ken Tyler.

Il est donc possible de suivre, dans l'itinéraire d'Anthony Caro dans ces presque trente dernières années, comme un fil conducteur, les différentes étapes de ces travaux, sur et autour du papier. Souvent modestes par leur taille – et c'est là aussi une de leur raison d'être – ils n'en expriment pas moins, et de manière tout aussi dense que dans les travaux monumentaux, la grande capacité qu'à Anthony Caro de résoudre les questions plastiques qu'il s'est imposé sans cesse au fil de sa carrière.

On trouve dans les *Papers Sculptures*, toutes périodes confondues, l'expression des fondements de la démarche d'Anthony Caro et qui consiste à jouer explicitement des difficultés inhérentes à la confrontation d'un matériau avec des formulations plastiques totalement dénuées d'à priori en terme de « style », tout en assumant un jeu avec des allusions figuratives. Pour Caro, l'expérimentation à partir d'un matériau donné n'est ni une démonstration de virtuosité ni une déclinaison d'effets rhétoriques. Elle est littéralement au cœur de la recherche de la forme.

It is therefore possible to follow the different stages of Anthony Caro's works on and with paper, over the past thirty years or so of his career, like a unifying thread. Often modest in size –which is also one of their *raisons d'être*– they are capable of expressing, just as effectively and as densely as the monumental works, Anthony Caro's great ability to resolve the plastic questions he has continually asked throughout his career.

Irrespective of the period, the *Paper Sculptures* show the building blocks of Anthony Caro's approach, which involves explicitly playing with the difficulties inherent in applying plastic formulas completely devoid of "stylistic" preconceptions to a given material, while setting up an interplay of figurative allusions. For Caro, experimenting with a material is neither a demonstration of virtuosity or a display of rhetorical effects. It is central to his exploration of form.

[12] *Cf.* Dieter Blume tome XIV
p.138-140

[12] *Cf.* Dieter Blume tome XIV
p.138-140

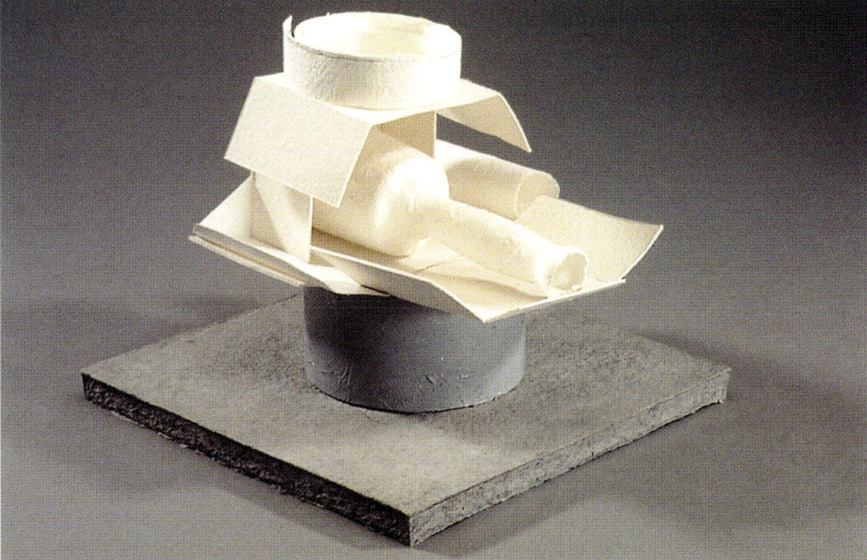

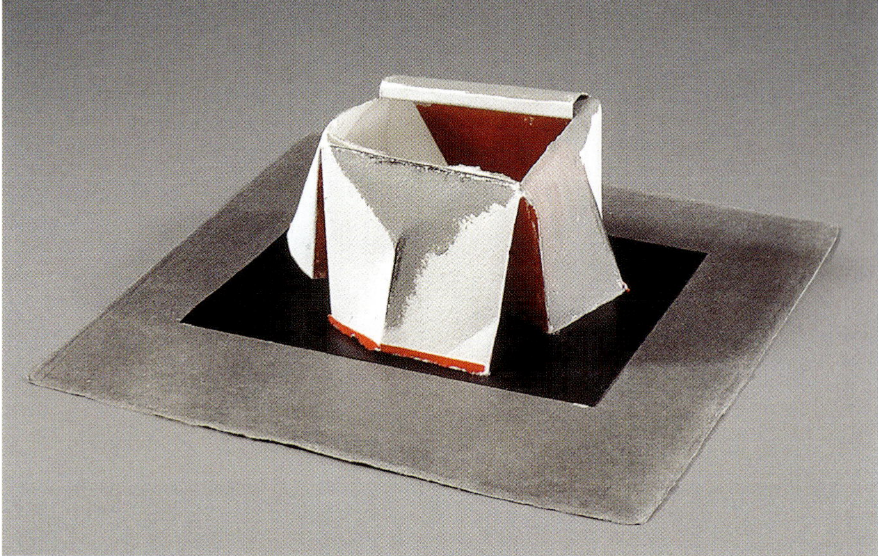

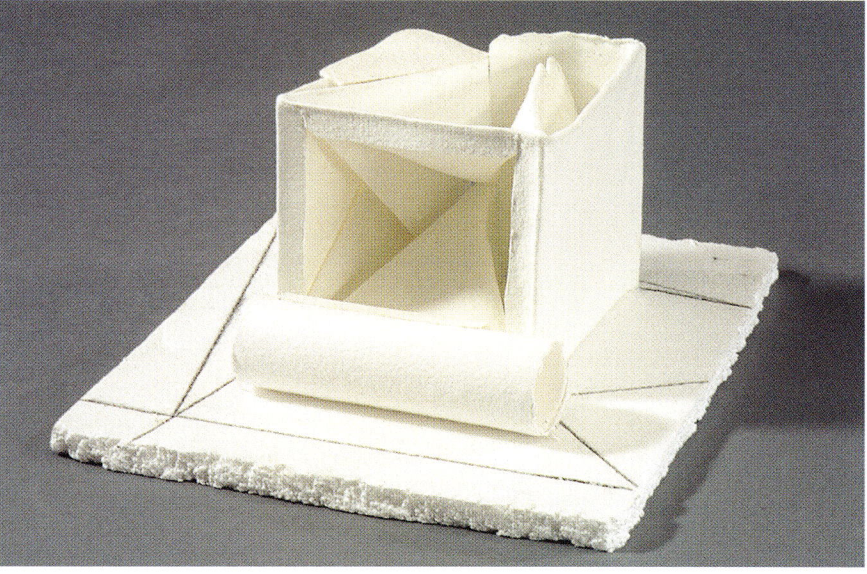

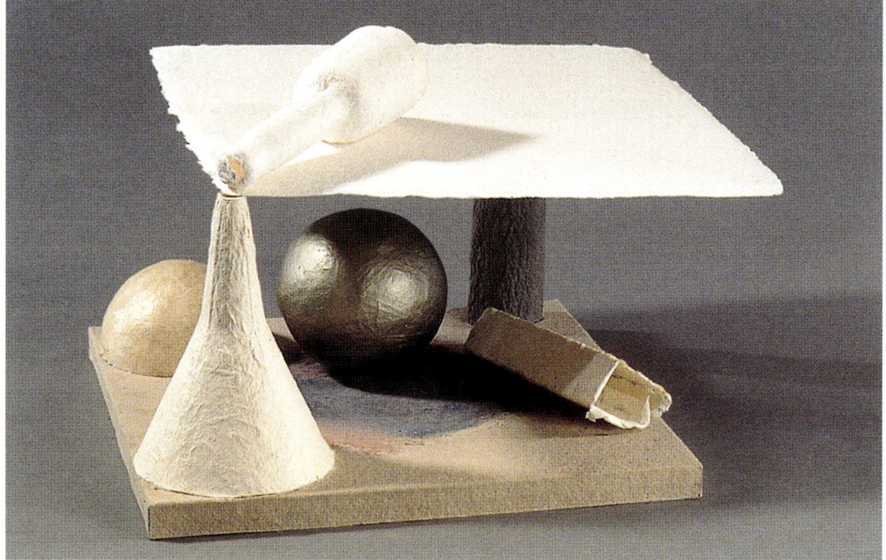

61

Paper Sculpture n° 6 :
Hat Box
1993
Papier, technique mixte.
27,9 x 35,6 x 35,6 cm.
Londres, Courtesy Annely
Juda Fine Art ;
Paris, galerie Daniel Templon.

64

Paper Sculpture n° 26 :
Light
1993
Papier, technique mixte.
17 x 33,5 x 32 cm.
Londres, Courtesy Annely
Juda Fine Art ;
Paris, galerie Daniel Templon.

65

Paper Sculpture n° 27 :
Nipper
1993
Papier, technique mixte.
16 x 47,5 x 47,5 cm.
Londres, Courtesy Annely
Juda Fine Art ;
Paris, galerie Daniel Templon.

66

Paper Sculpture n° 30 :
His House
1993
Papier, technique mixte.
32,5 x 51 x 50 cm.
Londres, Courtesy Annely
Juda Fine Art ;
Paris, galerie Daniel Templon.

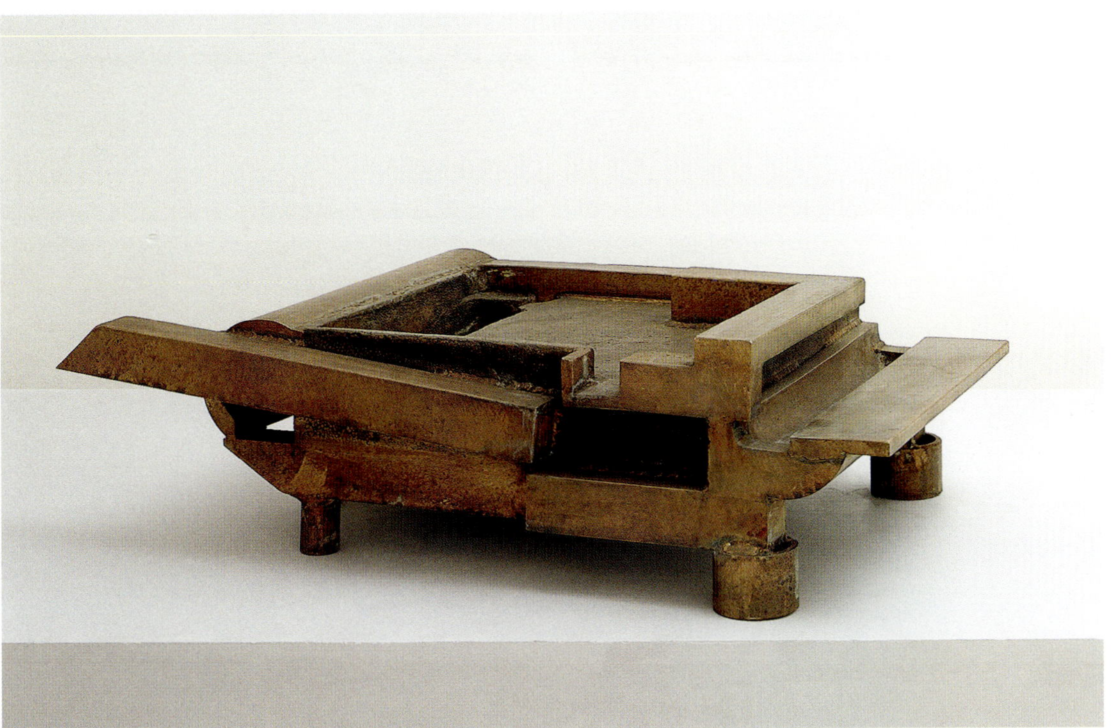

23
Table Bronze :
In Court
1992-1993
Bronze
22,5 x 81,5 x 54,5 cm.
Londres, Courtesy Annely
Juda Fine Art ;
Paris, galerie Daniel Templon.

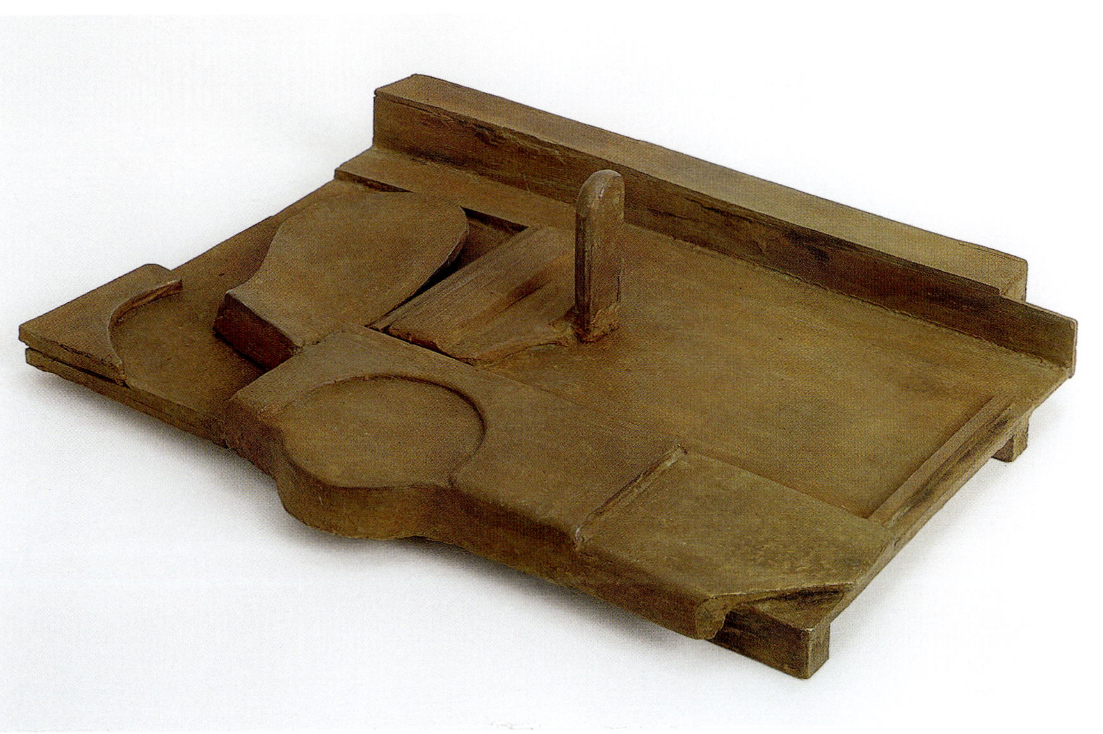

22
Cubic piece :
Surveyor's Report
1992-1993
Bronze
15 x 33 x 48 cm.
Londres, Courtesy Annely
Juda Fine Art ;
Paris, galerie Daniel Templon.

Pierced Block
1995-1997
Acier et bois.
115,5 x 82 x 76 cm.
Londres, Courtesy Annely
Juda Fine Art ;
Paris, galerie Daniel Templon.

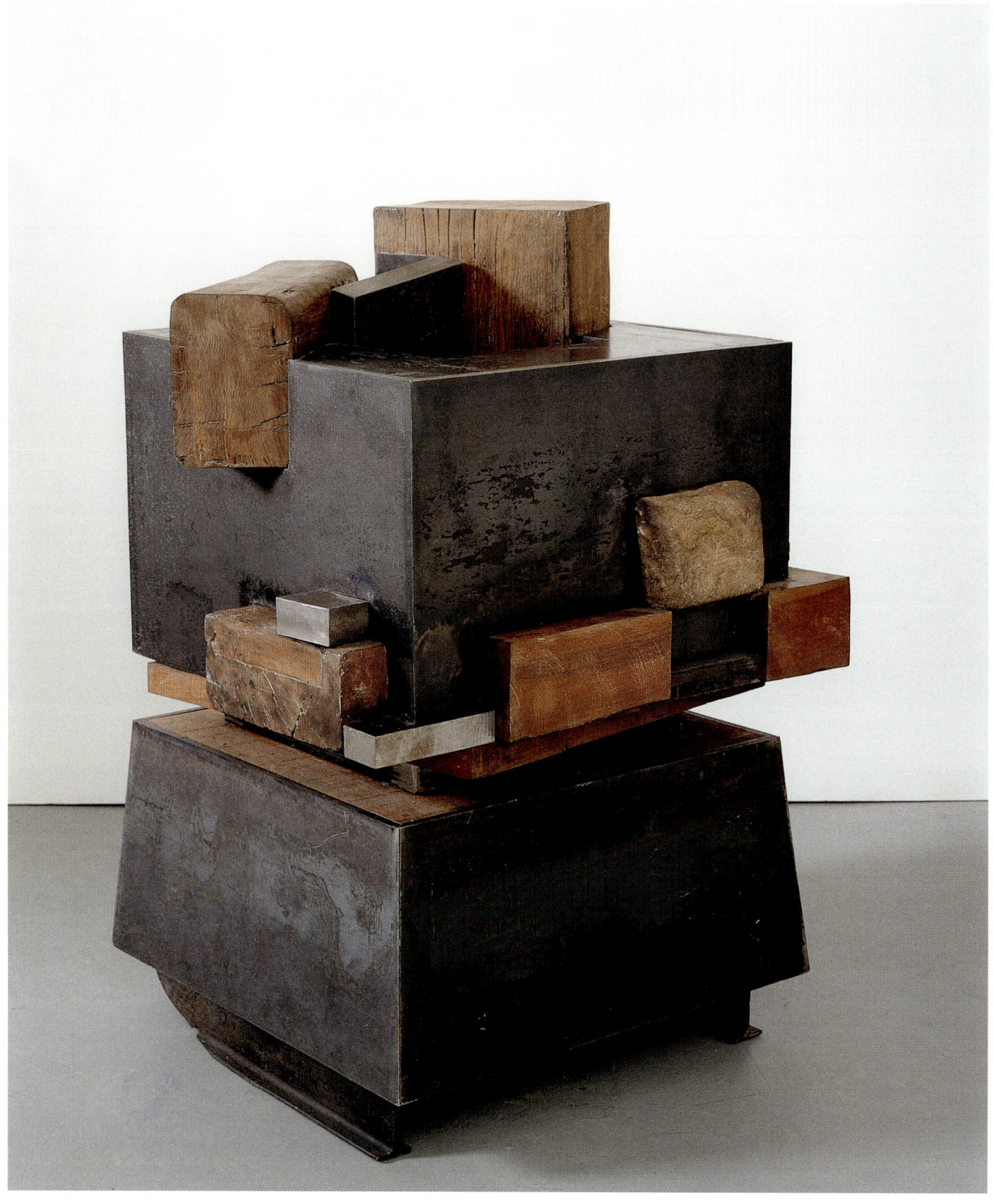

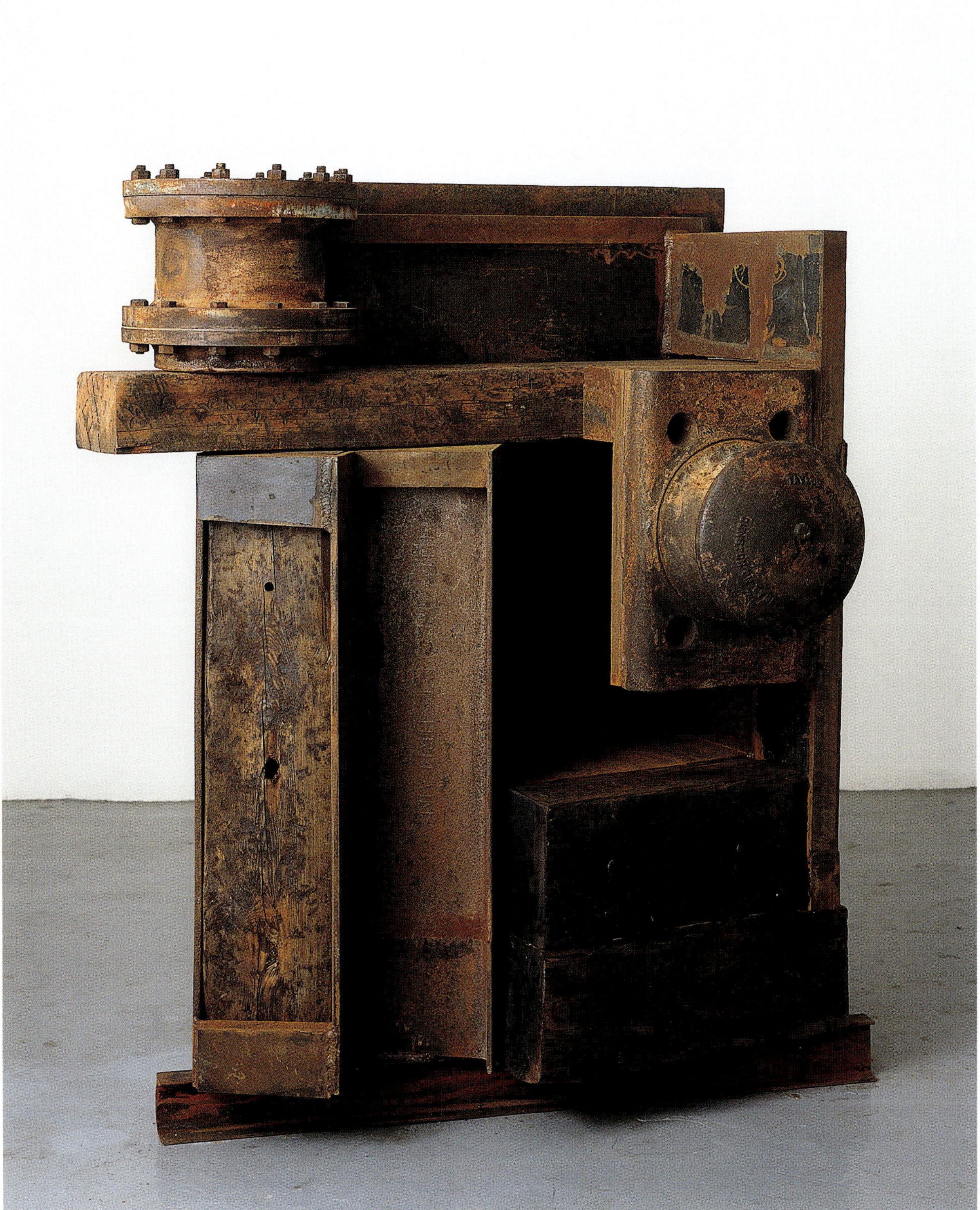

32
Coronation
1996
Acier et bois.
156 x 135 x 135 cm.
Londres, Courtesy Annely
Juda Fine Art;
Paris, galerie Daniel Templon.

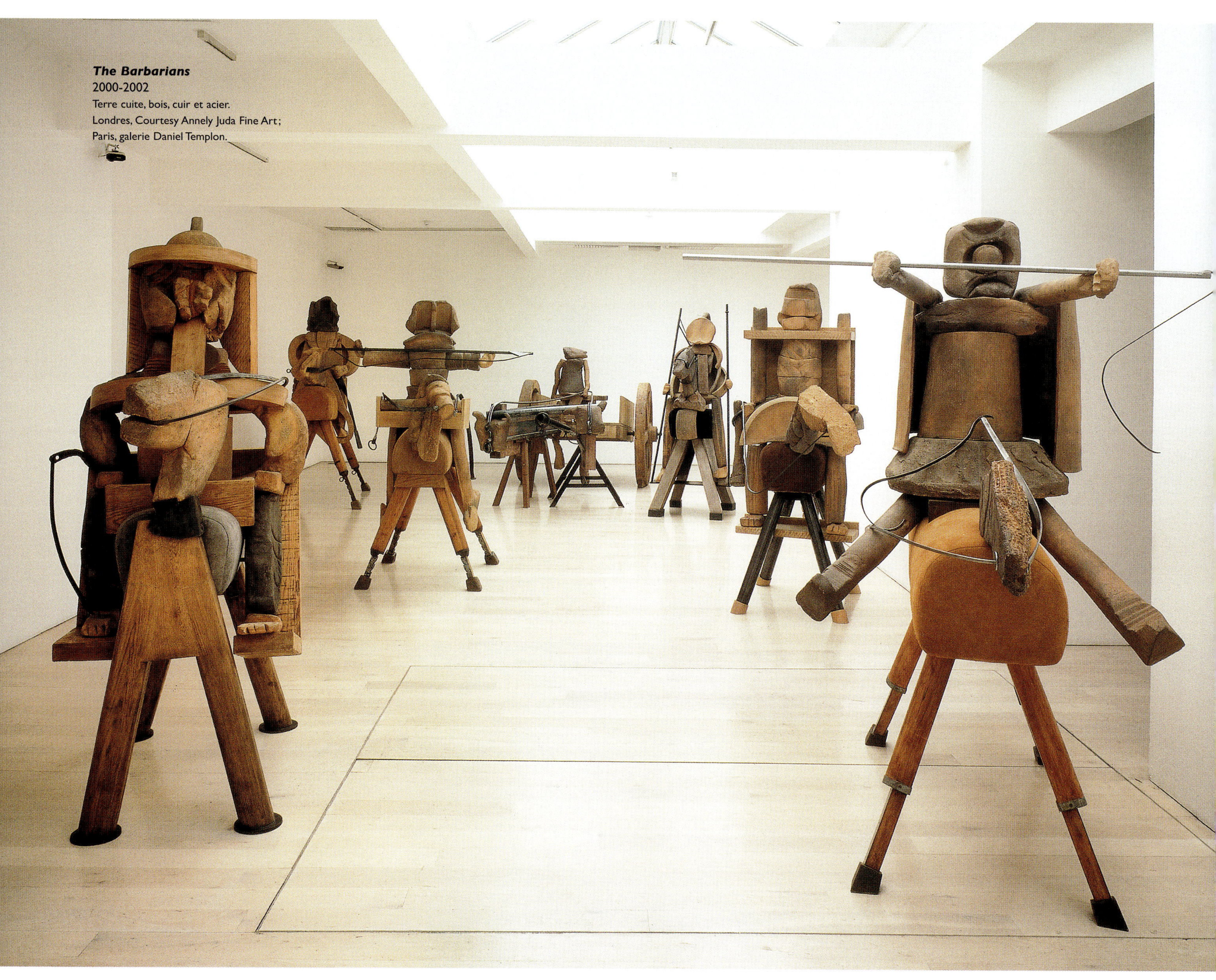

The Barbarians
2000-2002
Terre cuite, bois, cuir et acier.
Londres, Courtesy Annely Juda Fine Art;
Paris, galerie Daniel Templon.

Mythes et histoire, récentes sculptures en terre cuite d'Anthony Caro
Myths and history, Anthony Caro's recent clay works

Barbara Forest

Quand Dibutade, jeune corinthienne qui selon la légende, souligne l'ombre du profil de son amant sur le mur et demande à son père potier de modeler en terre, ce visage qui part au combat, la matière retient l'empreinte de l'homme disparu. Le volume imprime plus qu'il ne reproduit dans un rapport distancié à la réalité mais en conserve toute la force et toute la puissance d'évocation. La facilité et la rapidité d'exécution qu'autorise l'argile fixent simultanément le geste de la main et l'idée en un même élan. Dibutade reçoit la trace de la présence de son bien-aimé en même temps que son absence. La proximité des deux instants, du passé et du présent, affleure dans le masque pétri. En donnant plus de force au profil ébauché, l'immédiateté de la réalisation rend le souvenir plus vivace. Les récents ensembles sculptés d'Anthony Caro, *La Guerre de Troie*, *Le Jugement dernier* ou *Les Barbares*, font écho à cette légende grecque, réactualisent une technique et un mode opératoire rares et virtuoses. C'est en effet sous le regard attentif et bienveillant de Anthony Caro, que le céramiste Hans Spinner, saisit sa terre et crée, en aveugle, la forme attendue.

La rencontre entre Anthony Caro et Hans Spinner a eu lieu en 1993 grâce au sculpteur espagnol Eduardo Chillida. C'est l'art de la céramique et ses possibilités qui les ont réunis. Après avoir abandonné le modelage en 1959-1960 au profit de la sculpture en acier peint, Anthony Caro avait peu pratiqué la céramique. Dans les années 1975 assisté de Jim Walsh, il organise un séminaire à l'université de Syracuse, New York avec Margie Hughto qui, soutenue par Clement Greenberg

When Dibutade the legendary Corinthian maid outlined the shadow of her lover's profile on the wall and asked her father, who was a potter, to make a clay model of the face of a man who was leaving for battle, the material retained the impression of her departed lover. The volume created an impression rather than a reproduction of the man's face in a distanced relationship to reality, without any loss of impact or evocative power. Clay allowed an ease and speed of execution that brought together action and idea in a single impulse. Dibutade received a visible token of her beloved's presence as well as his absence. The proximity of these two times —past and present— emerged in the clay mask. The immediacy of execution strengthened the silhouette of the profile, thereby making the memory more enduring. Anthony Caro's recent ensembles, *The Trojan War*, *The Last Judgement* or *The Barbarians*, provide a response to that Greek legend and modernise an exceptional, virtuoso technique and way of working. It was in fact under Anthony Caro's watchful, kindly eyes that the ceramist Hans Spinner took up his clay and instinctively created the anticipated form.

Anthony Caro and Hans Spinner met in 1993 through the Spanish sculptor, Eduardo Chillida, brought together by the art of ceramics and its possibilities. After abandoning modelling in 1959-1960 in favour of painted steel sculptures, Anthony Caro had done very little work with clay. In the 1975, assisted by Jim Walsh, he attended a clay workshop at Syracuse University, New York, organised by Margie Hughto who, with Clement Greenberg's help, had succeeded

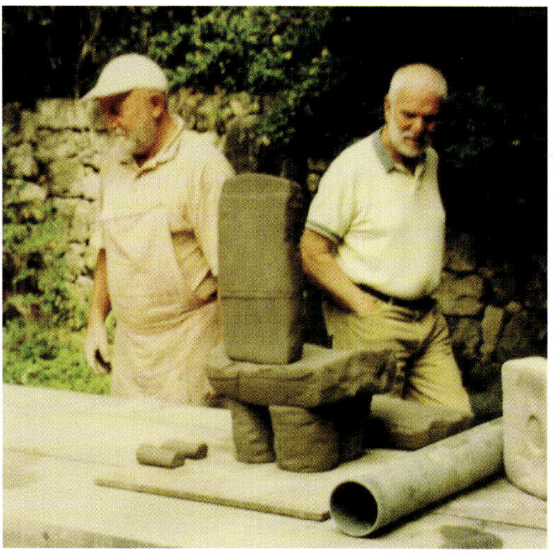
Hans Spinner et Anthony Caro à Grasse dans l'atelier de Hans Spinner

avait réussi à convaincre certains artistes abstraits de s'essayer à la céramique, et en 1989, 1991 et 1992 avec Paul Chaleff. Anthony Caro avait également créé entre 1983 et 1987, *Les Marocains*, une sculpture monumentale inspirée du tableau du même nom d'Henri Matisse.
En 1992, enthousiasmé après des conversations avec Eduardo Chillida et Antoni Tapies, Anthony Caro s'empresse de joindre Hans Spinner avec qui les deux artistes espagnols fabriquent leurs sculptures en France. Anthony Caro se rend à Grasse où il va découvrir la lumière de la Provence mais aussi toutes les qualités artistiques d'une céramique massive, brute et dense, tel que la pratique le céramiste allemand.

Anthony Caro, à l'instar de Edouardo Chillida comprend tout l'intérêt de ce matériau. À quelques années d'intervalle, c'est la même inspiration. Chillida et Hans Spinner avaient sympathisé à la fondation Maeght. L'Espagnol était dans l'atelier de gravure pendant que l'Allemand travaillait l'argile. L'un avait abandonné la céramique après que Artigas n'ait pu répondre à sa demande : réaliser, grâce à cette technique, des œuvres de grand format, sans les évider, pour concevoir une masse plus qu'un volume ; l'autre assurait qu'il avait déjà fabriqué des pièces de 1 000 kilos restées intactes. Tout pouvait alors commencer.

Quand Anthony Caro appelle Hans Spinner, celui-là n'en est donc pas à sa première collaboration. Depuis 1975, année où il est sollicité par Aimé Maeght pour diriger l'atelier de céramique de la fondation à Saint-Paul-de-Vence, Hans Spinner a multiplié les occasions de produire. Ami de Alechinsky et de James Brown, Hans Spinner a reçu Antoni Tàpies, Jean-Charles Blais, Markus Lupertz, Joan Miró, Jean-Paul Riopelle et

in convincing other abstract artists to try their hand at ceramics. Later, in 1989, 1991 and 1992, he worked with the ceramist Paul Chaleff. Between 1983 and 1987, Anthony Caro also created *The Moroccans*, a monumental sculpture inspired by the painting of the same name by Henri Matisse. In 1992, filled with enthusiasm after conversations with Eduardo Chillida and Antoni Tapies, he lost no time in contacting Hans Spinner, with whom both Spanish artists had worked with in France. On Chillida's advice, Anthony Caro travelled to Grasse where he was to discover the Provencal light as well as the artistic qualities of the solid, untreated, dense style of ceramics practised by the German ceramist.

Anthony Caro, like Edouardo Chillida, understood the vast potential of this material. A few years back, the Spanish artist had been just as inspired. Chillida and Hans Spinner had met and hit it off at the Maeght foundation. The Spaniard had been in the engraving studio while the German artist had been working with clay. The former had abandoned ceramics after Artigas had been unable to satisfy his request: to execute some large-scale works using that technique, without hollowing them out, in order to produce a solid mass rather than a volume; the German ceramist declared that he had already made pieces weighing 1,000 kilos that had remained intact. This marked a fresh start.

So when Anthony Caro called Hans Spinner, the latter had already worked in collaboration with other artists before. Since 1975, the year when he had been asked by Aimé Maeght to head up the ceramics workshop at the foundation in Saint-Paul-de-Vence, Hans Spinner's production opportunities had soared. A friend of Alechinsky and James

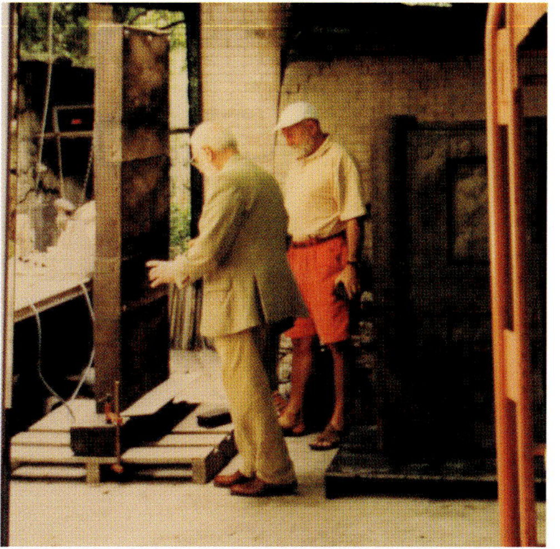

Hans Spinner et Anthony
Caro à Grasse dans l'atelier
de Hans Spinner

Karel Appel. Formé en Allemagne, passant d'atelier en atelier, il s'installe à Vence en 1969 invité par l'acteur Kurt Jürgens à ouvrir un atelier chez lui. Hormis quelques interruptions qui le conduisent en Allemagne et en Espagne, Hans Spinner exécute entre Vence et Grasse de multiples commandes et poursuit une production personnelle, créant des livres, des serpents, des cloches, des masques et des casques en céramique.

En 1993 donc, lorsque Anthony Caro s'adresse à Hans Spinner, le sculpteur anglais est attiré par l'idée de formes monumentales en terre. Car Anthony Caro ne s'intéresse pas à la céramique, ni à son histoire, ni à ses techniques. Il l'aime parce qu'elle lui permet d'appréhender un matériau, l'argile, directement, instantanément et exclusivement en termes de sculpture. Hans Spinner développe une technique de céramique toute particulière et toute personnelle qui peut répondre aux attentes de Anthony Caro, celle d'une céramique « solide ». Pour s'assurer du maintien de la glaise, il ajoute en effet à l'argile, de l'argile cuite et en poudre. L'originalité de ce mélange, appelé terre chamottée, ne vient pas de son utilisation, répandue en Europe depuis les années quarante, mais de sa composition. Hans Spinner charge sa terre crue de 60 % et non pas des traditionnels 50 % de terre cuite broyée pour accroître sa stabilité. Elle permet de cuire des œuvres de grande taille sans craindre les fissures et les éclats.

La confiance réciproque est immédiate et de go, à Grasse, les deux artistes s'attèlent à ce qui deviendra *La Guerre de Troie*. La méthode de travail est peu conventionnelle et témoigne de la compréhension aussi intuitive que conceptuelle du travail de l'autre. Les indications de

Brown, Hans Spinner had worked with several international artists including: Antoni Tàpies, Jean-Charles Blais, Markus Lupertz, Joan Miró, Jean-Paul Riopelle, and Karel Appel. Having trained in Germany, he moved from studio to studio, settling in Vence in 1969, after being invited by the actor Kurt Jürgens to open a studio at his home. Apart from a few interruptions, which took him to Germany and Spain, Hans Spinner executed many commissions between Vence and Grasse, and continued to produce his own work, creating ceramic books, snakes, bells, masks and helmets.

In 1993, therefore, when Anthony Caro contacted Hans Spinner, the English sculptor was attracted by the idea of monumental clay forms. Anthony Caro was not in fact interested in the history or techniques of ceramics; it was the art that appealed to him, because it enabled him to fathom a material –clay– directly, instantly and exclusively in terms of sculpture. Hans Spinner had developed a highly individual, distinctive ceramic technique that could meet Anthony Caro's needs: a "solid" type of ceramic. To ensure that the clay held together, he added baked clay and powdered clay. The originality of this mixture, called grogged clay, did not reside in its use, widespread in Europe since the 1940s, but in its composition. Hans Spinner added 60%, not the traditional 15%, of crushed baked clay to his raw clay, to increase its stability. This allowed him to fire large-scale works without any fear of cracks and splits.

The two artists immediately felt a mutual trust and began creating, in Grasse, what was to become *The Trojan War*. Their way of working was fairly unconventional and attested to their intuitive, conceptual under-

Anthony Caro sont liminaires, réduites à un nom et des dimensions, le sculpteur ne se préoccupant ni de style, ni d'esthétique et laissant au céramiste toute latitude, y compris celle de faire à son habitude. Hans Spinner, plus que surpris, commence par malaxer la terre et la transformer en tête et bustes. Il travaille à mains nues, directement, sans outil ni tour. Les séances sont intensives. Hans Spinner et Anthony Caro ont à peine le temps de photographier ce qui les occupe. Dans cette urgence et cette précipitation, c'est le caractère vivant, organique, originel et spontané de la création qui sera recherché, sans compter la manne dont peut aisément disposer Anthony Caro. Quant à Hans Spinner, c'est pour lui la rapidité qui est gage de réussite, la discontinuité et le travail laborieux nuisant à la qualité. Il tempère cependant ses propos en insistant sur le fait qu'il faut savoir attendre et prendre le temps de la cuisson et du séchage. Dans le four mixte et à chaînette que Hans Spinner a construit lui-même, les effets teintés dus au bois et au gaz, colorent en orangé, beige, gris ou noir la terre. Anthony Caro aime cette céramique brute, sans émail, sur laquelle les cendres et la fumée ont laissé leurs traces après quelques heures de cuissons à 1 300 degrés. Il saura en jouer au moment d'assembler les éléments. Les cinquante pièces fabriquées en trois jours pour *La Guerre de Troie*, ont ainsi été expédiées à Londres sans que Hans Spinner n'en connaisse leur usage véritable et leur réelle signification. Anthony Caro a défini son sujet une fois les éléments arrivés dans son studio de Candem. C'est en effet là qu'il a pu les combiner avec du métal et du bois et c'est une fois que la « tête », maintenant appelée *Homère*, a été placée sur un socle de fortune en guise de piédestal, que la pièce de céramique est devenue un personnage. La structure métallique,

standing of each other's work. Anthony Caro did not concern himself with style or aesthetics and gave the ceramist complete freedom, which included allowing him to work as he always had. Hans Spinner began by kneading the clay. He worked bare-handed, without any tools or potter's wheel. The sessions were intensive. Hans Spinner and Anthony Caro barely had time to photograph what they were working on. What they wanted was the living, organic, original and spontaneous nature of the creative process generated by this sense of urgency and haste, to say nothing of the god-given manna that Anthony Caro was able to use so easily. As far as Hans Spinner was concerned, speed was proof of success, since he felt that quality was marred by lack of continuity and painstaking labour. He tempered these words, however, by insisting that it was necessary to know how to be patient and take enough time to fire and dry the pieces. In the combination catenary kiln built by Hans Spinner himself, the wood and gas gave the clay different colours, imparting orange, beige, grey or black hues. Anthony Caro liked this untreated, unglazed type of ceramic, which bore the traces of ash and smoke after several hours of firing at 1300 degrees. He exploited these effects when assembling the different components.

The fifty pieces made for what became *The Trojan War* in just three days were then sent to London without Hans Spinner knowing their real use or significance. Anthony Caro defined his subject once the components had arrived in his Camden studio. This was where he combined them with metal and wood and where the ceramic "head", now called *Homer*, was placed on a makeshift base functioning as a pedestal and became an

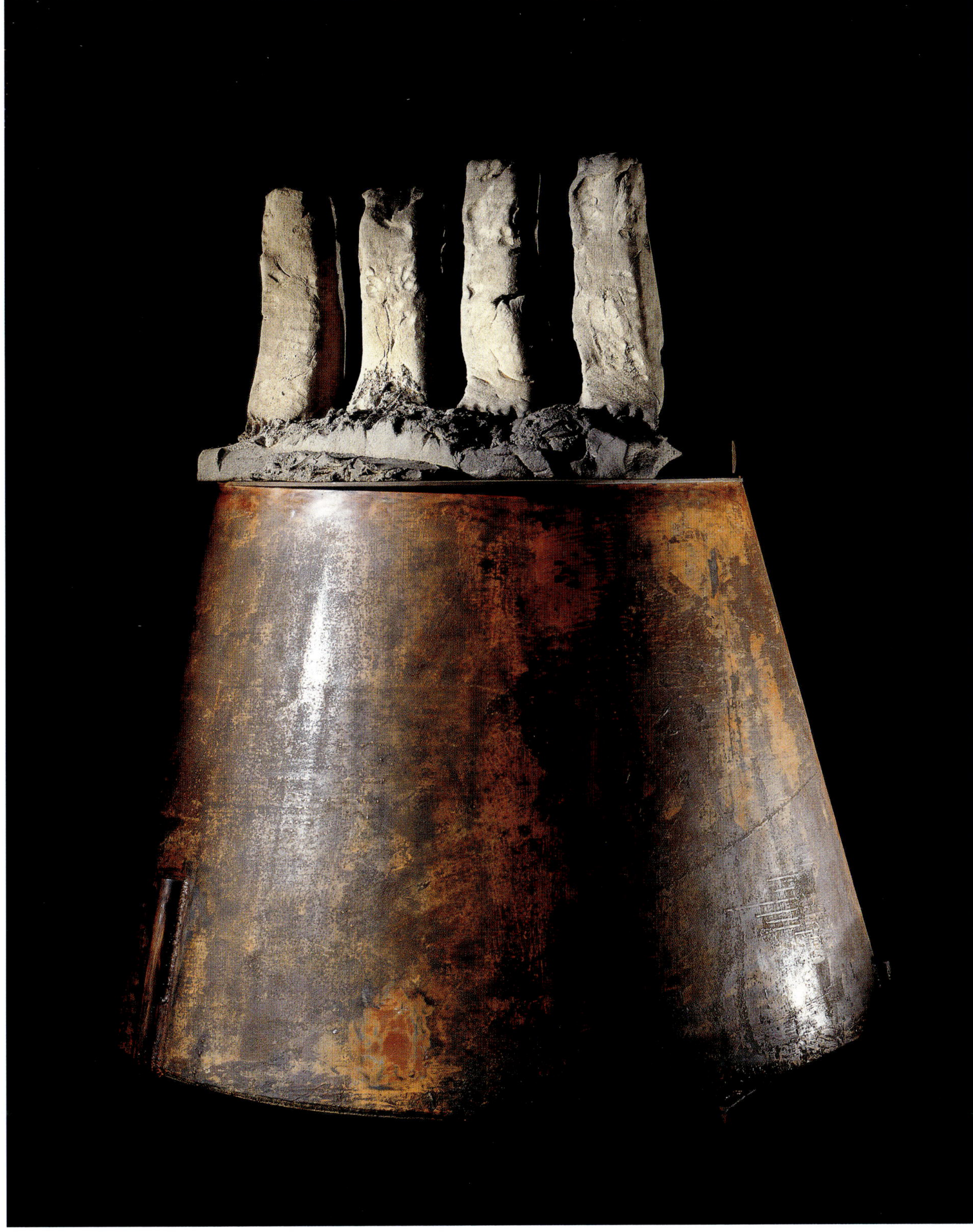

71
***The Trojan War :
The Towers of Ilion***
1993-1994
Grès et acier.
200 x 180 x 104 cm.
Courtesy Annely Juda Fine
Art, London, Paris, galerie
Daniel Templon.

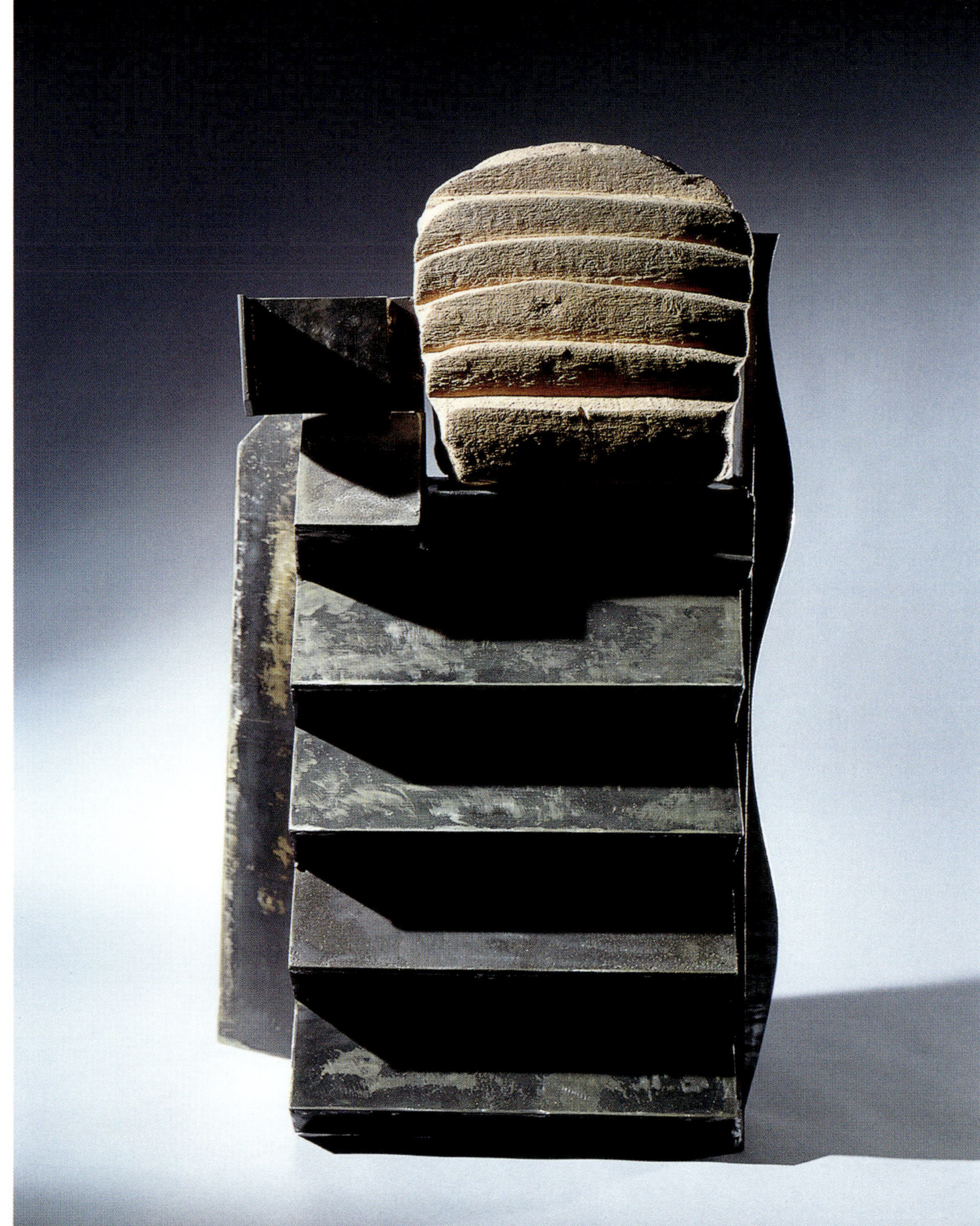

76
The Trojan War :
Scamander
1993-1994
Grès et acier.
116 x 71 x 53 cm.
Londres, Courtesy Annely
Juda Fine Art ;
Paris, galerie Daniel Templon.

en ajoutant une dimension et une échelle, a induit une perception anthropomorphe. La loi du cadre, telle que Anthony Caro l'a vue sublimée sur les sites d'Olympie et de l'Acropole en 1985, semble s'exprimer dans ces œuvres hybrides où se mélangent sculpture et architecture. De même que les groupes de personnages sculptés en haut et bas relief sur les façades des temples grecs, elles se déploient en un ensemble conçu au départ comme une évocation de *Guerre et Paix*. De ces nombreux assemblages, Anthony Caro a créé trente-huit dieux et héros dont la violence et la brutalité primitivistes sont loin de la grâce souvent associée à la sculpture grecque classique. Le poète Homère est accompagné de neuf dieux de l'Olympe, parmi lesquels Zeus, Ares, Aphrodite, Apollon et Poséidon et d'autres dieux comme Scamander (ou Skamandros : nom d'une rivière). Les Achéens personnifiés par une sculpture éponyme et les héros comme Achille et Nestor, opposés aux Troyens parmi lesquels, Hélène, Paris, Hector et Iphition. Le territoire troyen est identifié par les Tours d'Ilion et le Mont Ida. L'une des lettres envoyées par Anthony Caro à Hans Spinner indique que le titre *Le Guerre de Troie* a été choisi bien après que les céramiques aient été réceptionnées par l'artiste à son atelier. Caro demande ensuite que deux œuvres supplémentaires soient créées : deux chars dont Caro donne des esquisses radicalement modifiées par la suite. Ces œuvres, absentes lors de la première présentation de l'ensemble, sont le *Cheval de Troie* et *La Porte de Skaian*.

Les séries suivantes confirment la voie narrative et figurative empruntée par Anthony Caro dans son utilisation de la céramique depuis les années 1990. Familier des créations personnelles de Hans Spinner,

individual. By adding size and scale, the metal structure generated an anthropomorphic perception. The "loi du cadre", dictating that forms must fit the frame and seen in its purest form by Caro in 1985 on the sites of Olympus and the Acropolis, seemed to find expression in these hybrid works combining sculpture and architecture. Like groups of characters carved in high and low relief on the façades of Greek temples, they are arranged in an ensemble designed initially as an evocation of *War and Peace*. With these numerous structures, Anthony Caro created thirty-eight gods and heroes, whose primitivist violence and brutality were far removed from the grace often associated with classical Greek sculpture. The poet Homer is accompanied by nine gods from Olympus including Zeus, Ares, Aphrodite, Apollo, and Poseidon together with other gods such as Scamander (or Skamandros: name of a river). The Achaeans, personified by an eponymous sculpture, and the heroes including Achilles and Nestor, are set against the Trojans amongst whom are Helen, Paris, Hector, and Iphition. The Trojan territory is identified by the Towers of Ilion and Mount Ida. One of Anthony Caro's letters to Hans Spinner reveals that the title, *The Trojan War*, was chosen sometime after the artist had begun working with the ceramic pieces in his studio. Later Caro asked for additional works to be created, including two chariots for which he provided rough sketches but were subsequently radically altered. These pieces, which did not appear in the first showing of the ensemble, included the *Trojan Horse* and *The Skaian Gate*.

The ensuing series consolidated the narrative and figurative direction taken by Anthony Caro in his use of ceramics since the 1990s. Familiar

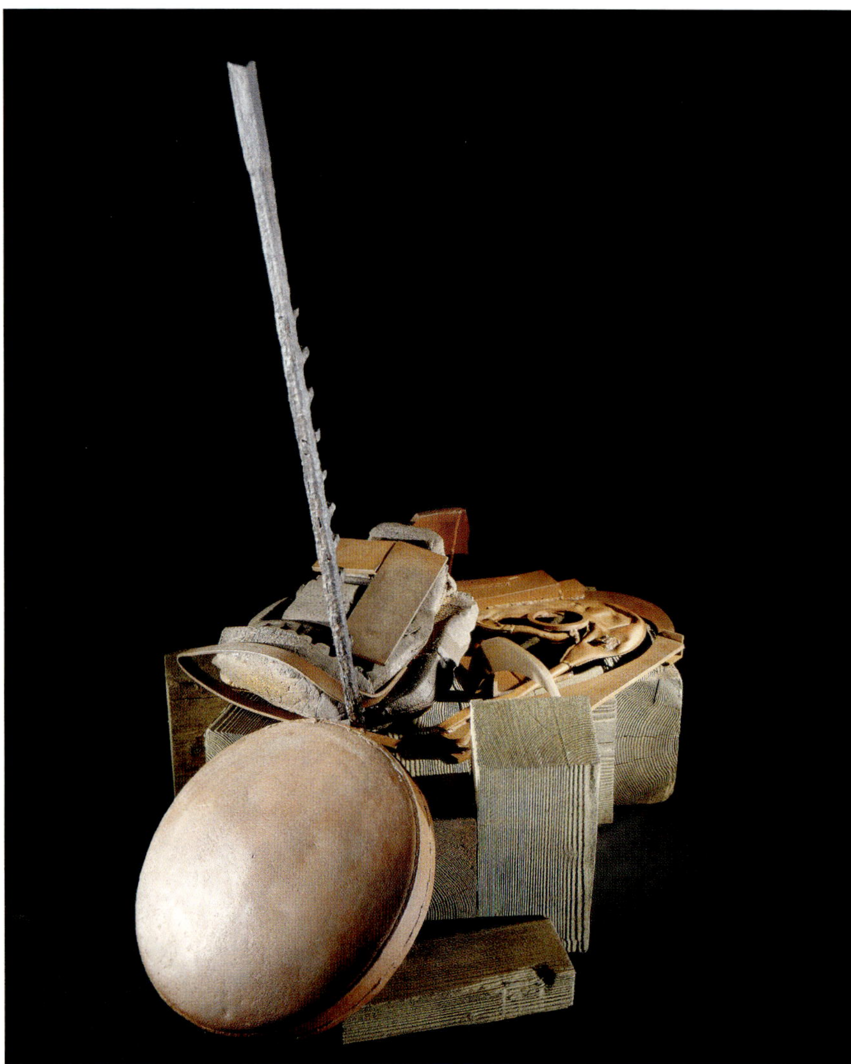

75
The Trojan War :
The Death of Hector
1993-1994
Grès, acier et pin.
168 x 122 x 135 cm.
Londres, Courtesy Annely
Juda Fine Art ;
Paris, galerie Daniel Templon.

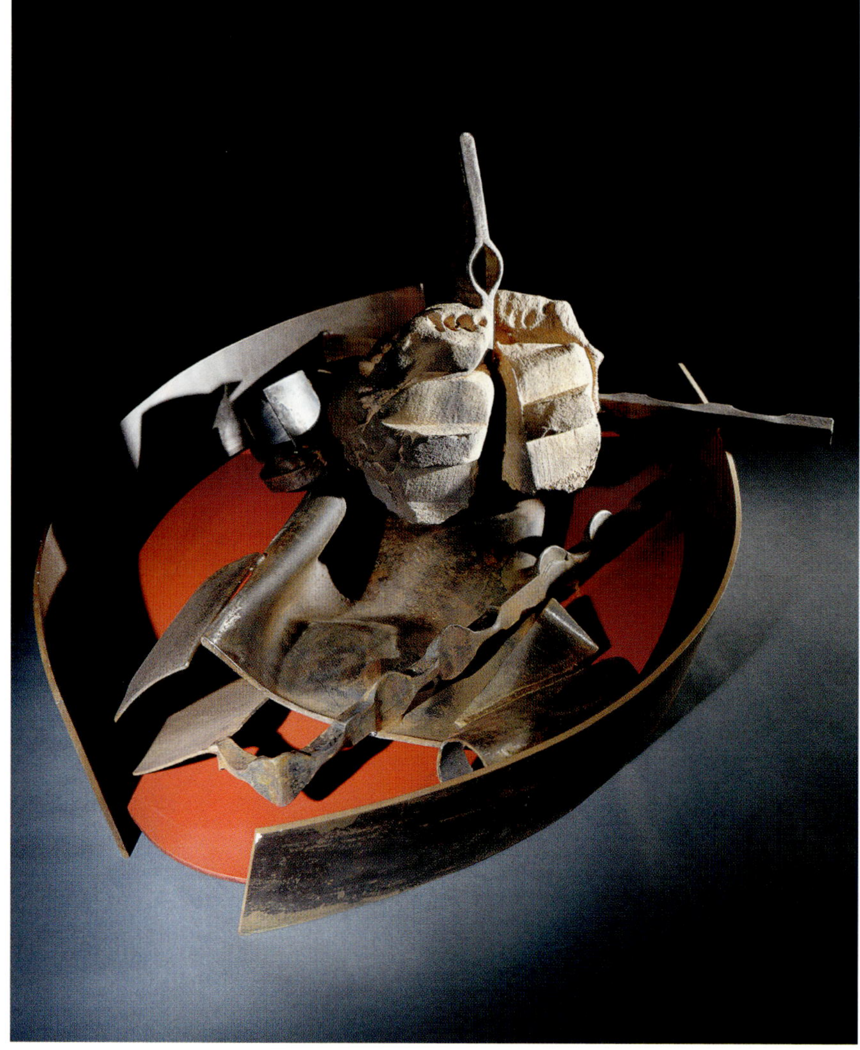

77
The Trojan War :
The Felling of
Iphition
1993-1994
Grès et acier.
63 x 102 x 145 cm.
Londres, Courtesy Annely
Juda Fine Art ;
Paris, galerie Daniel Templon.

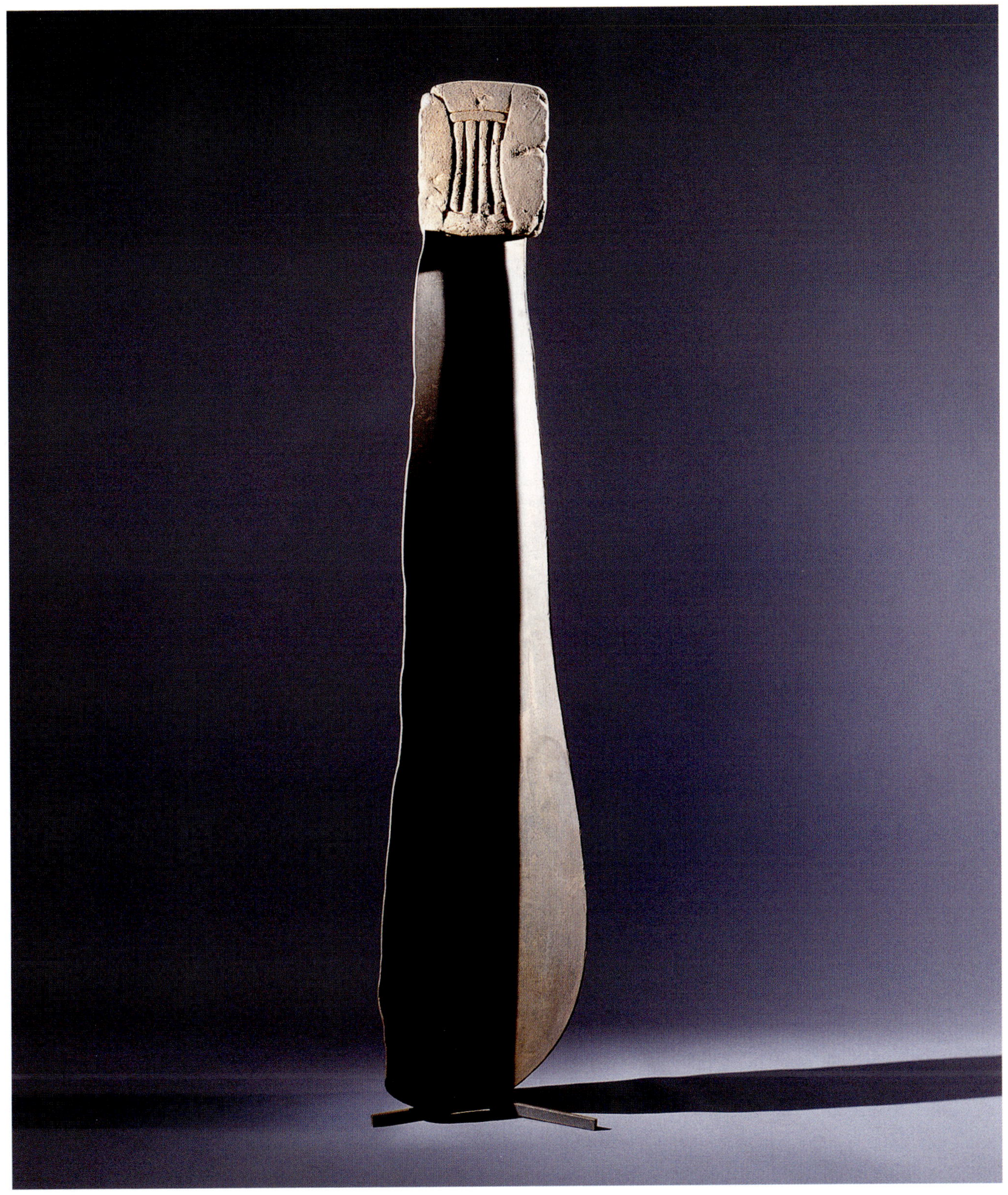

81
The Trojan War :
Aphrodite
1993-1994
Grès et acier.
179 x 38 x 58 cm.
Collection particulière.

78
***The Trojan War :
Ares-War***
1993-1994
Grès et acier, peint.
137 x 57 x 53,5 cm.
Collection particulière.

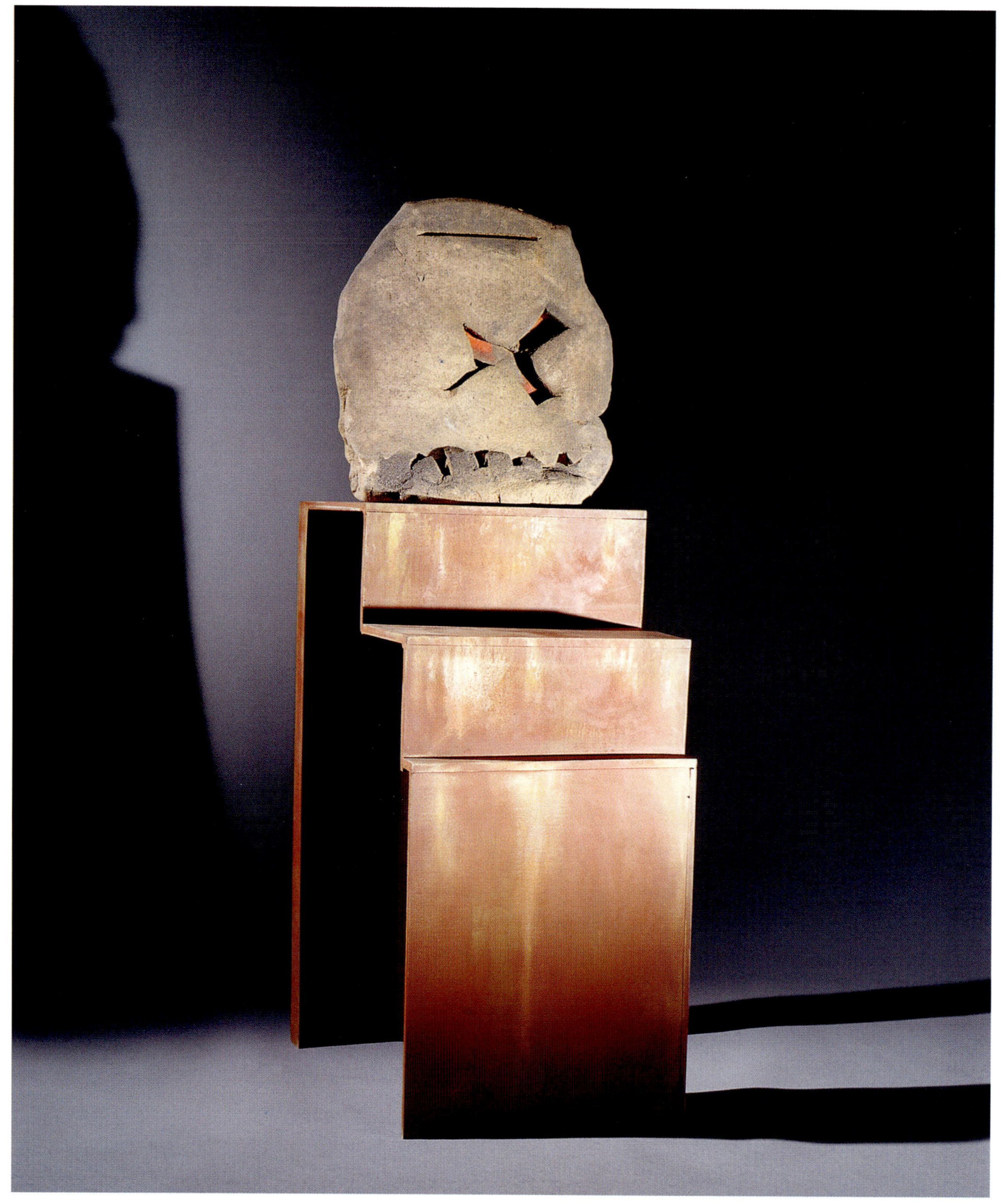

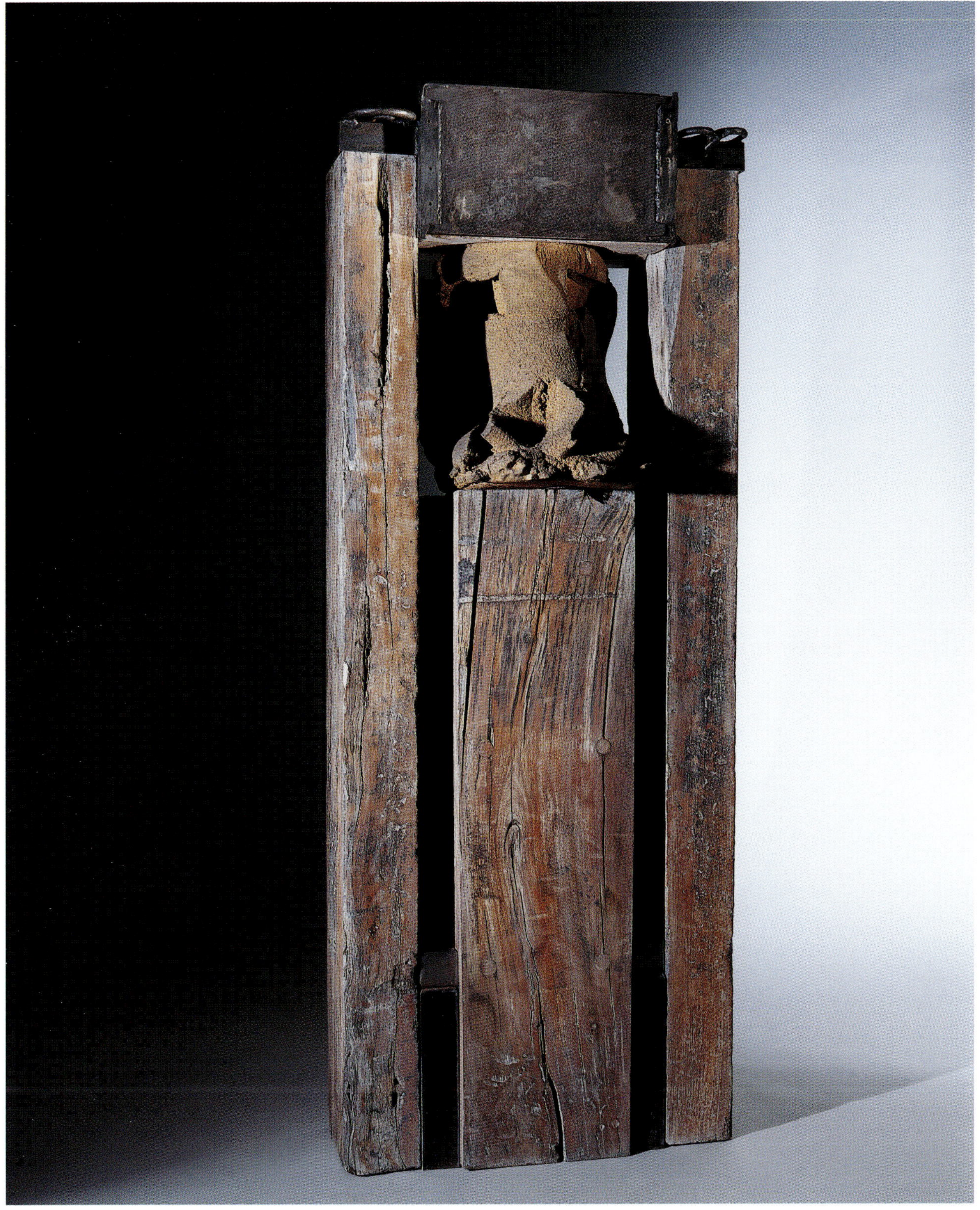

74
The Trojan War :
Nestor
1993-1994
Grès, acier et bois jarrah.
183 x 70 x 43 cm.
Londres, Courtesy Annely
Juda Fine Art;
Paris, galerie Daniel Templon.

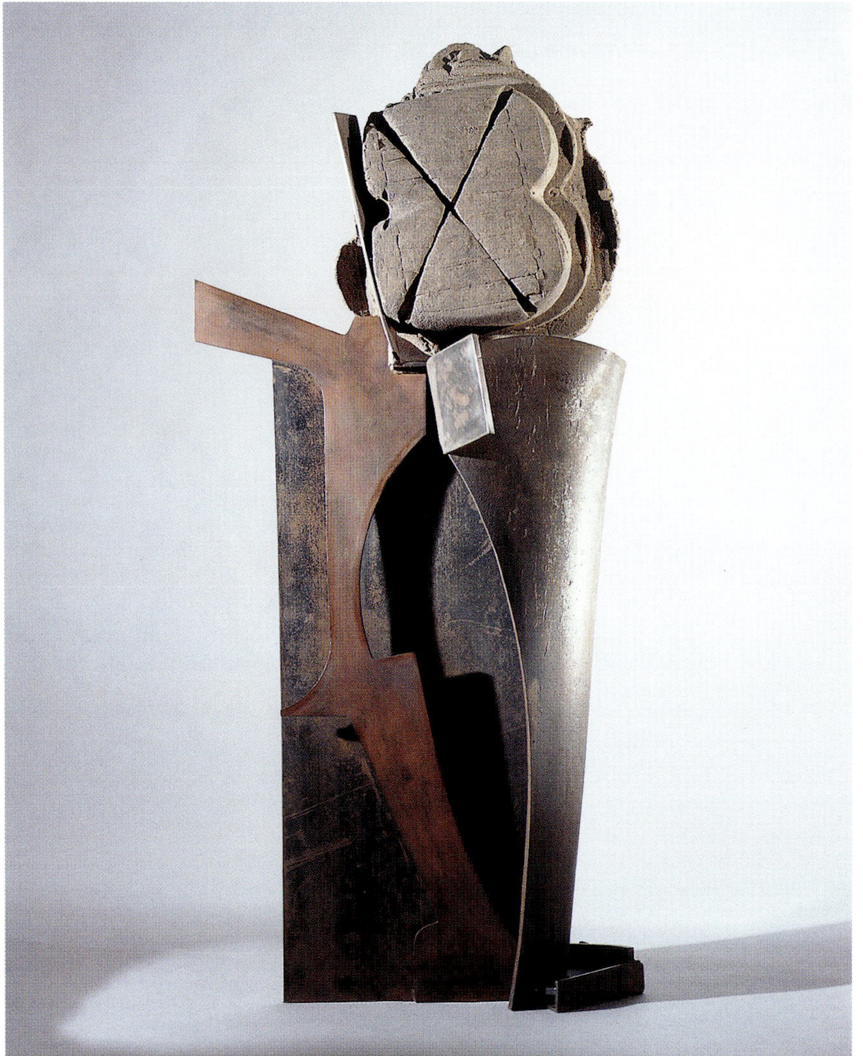

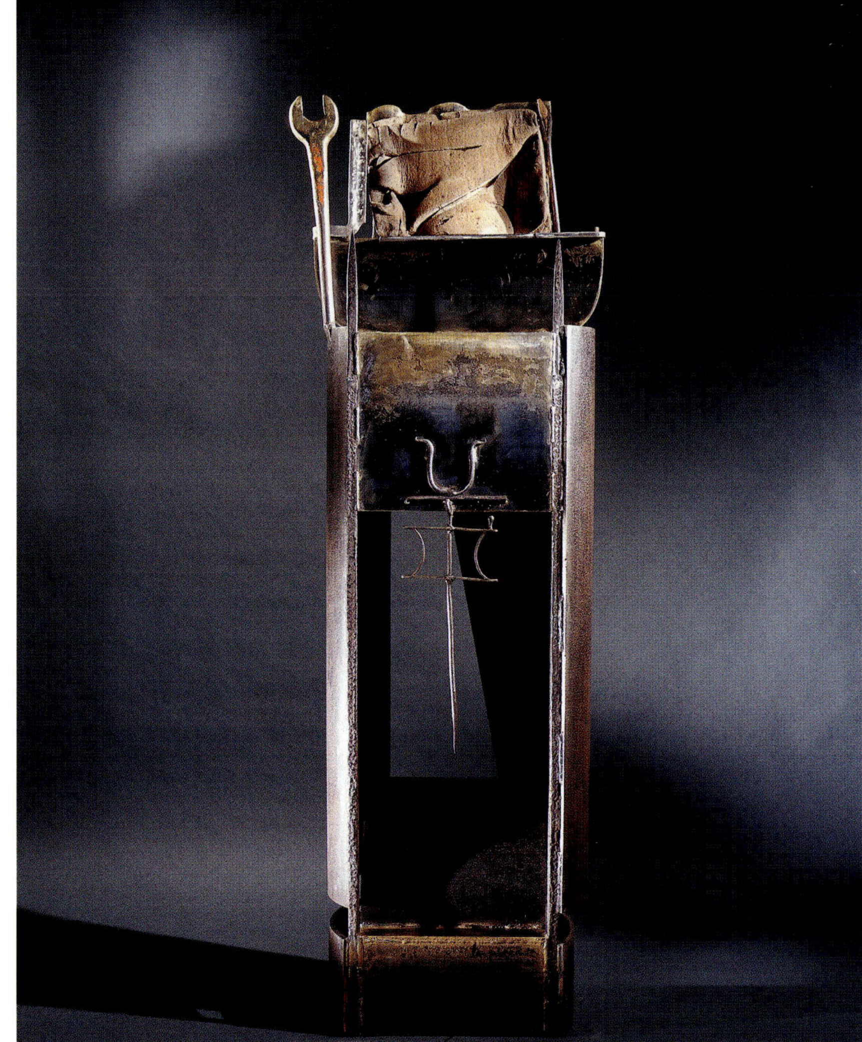

<u>**80**</u>
The Trojan War :
Apollo
1993-1994
Grès et acier.
155 x 81 x 44,5 cm.
Collection particulière.

<u>**82**</u>
The Trojan War :
Zeus
1993-1994
Grès et acier.
201 x 61 x 43 cm.
Collection particulière.

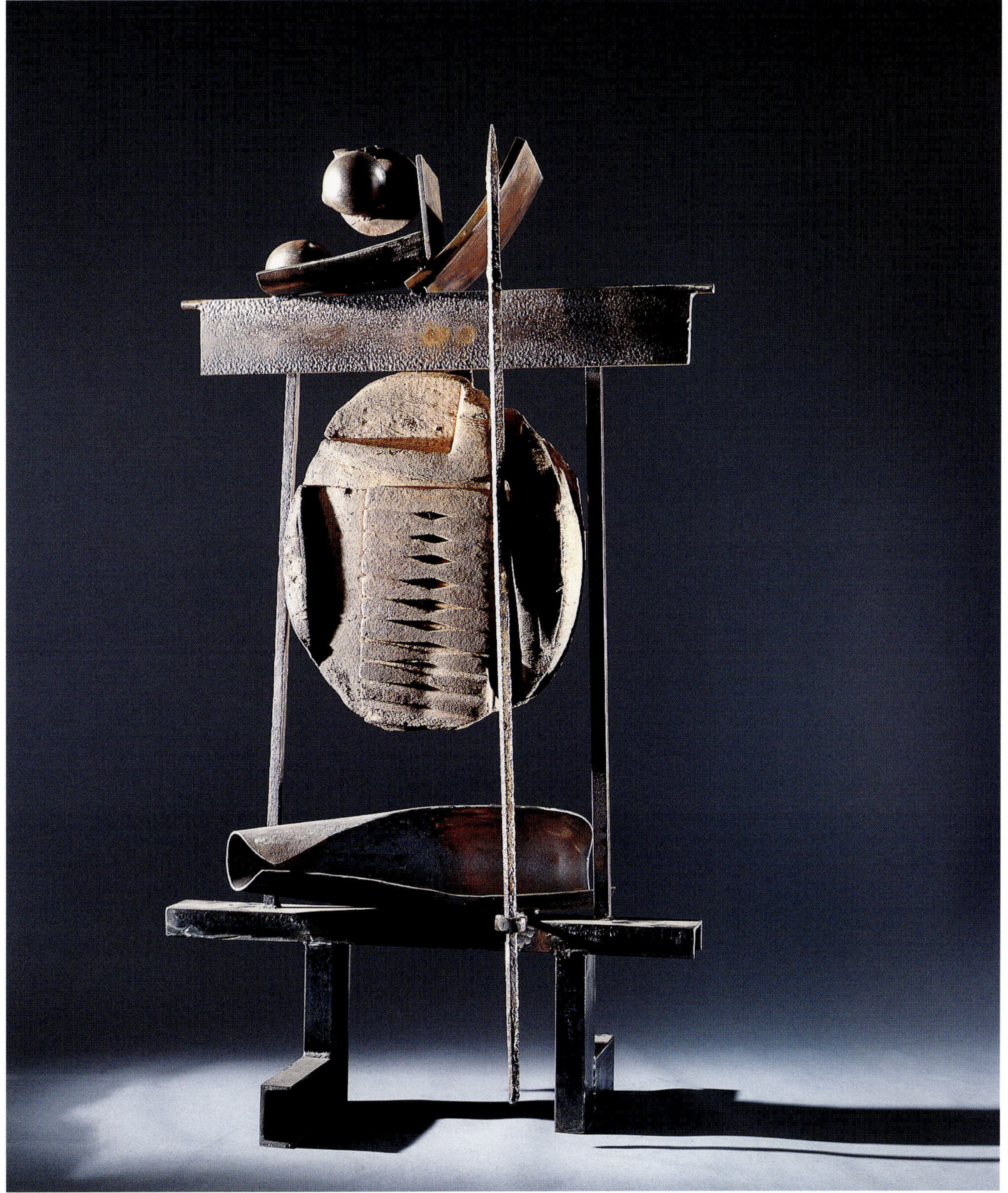

79
The Trojan War :
Achilles
1993-1994
Grès et acier.
168 x 94 x 53,5 cm.
Collection particulière.

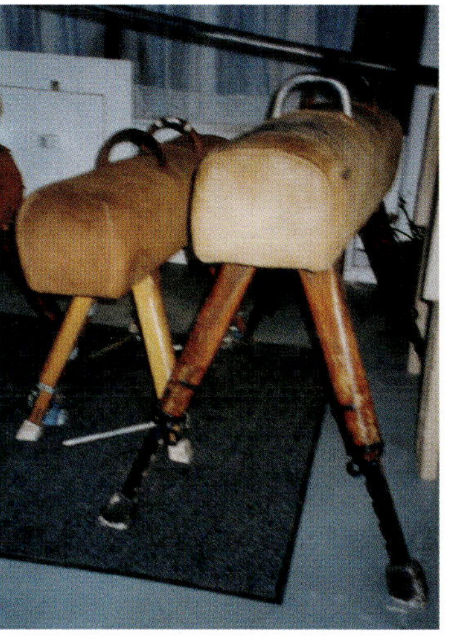

Photographie transmise à Hans Spinner par Anthony Caro : chevaux d'arçon pour *Les Barbares*.

Anthony Caro débute en 1995 avec lui, un ensemble de livres, petits et grands. Puis Hans Spinner enchaîne un ensemble de mains, de pieds, de têtes animales et humaines pour *Le Jugement dernier*. Ces corps en morceaux, voulus et modelés comme tels seront insérés à Camdem dans de grandes boîtes-cadres en bois. Une vieille armoire trouvée abrite ces fragments de corps et imite une église crétoise visitée par Anthony Caro et couverte d'images de saints. Ces refuges intimes et ces espaces de prière commémorant l'esprit du lieu ne seraient-ils pas en partie une réaction aux violences infligées pendant les guerres ethniques au Rwanda ou en ex-Yougoslavie ? Cette installation monumentale fut exposée en 1999 pour la Biennale de Venise. Caro travaille ensuite à une série de chaises évoquant celle de Van Gogh, où l'objet sentimental est le symbole du supplice comme de l'isolement. En 1999, *Les Barbares* succèdent aux personnages du nouveau testament et aux évocations picturales. Ils infligent au pathos une autre déconvenue mais affirment la dimension dramatique d'une scène sculptée. La mise en scène théâtrale n'est plus celle du chemin de croix mais celle de bataille. Là encore la céramique, parce qu'elle est brute et rugueuse et qu'elle a conservé les stigmates du feu, suggère à merveille toute la brutalité de l'épisode. Apercevant par hasard dans la rue trois chevaux d'arçon sur le trottoir, Anthony Caro et sa femme les récupèrent immédiatement. À la veille du passage au nouveau millénaire, la nostalgie ou la prophétie ont sans doute joué un rôle dans la décision de créer une armée de barbares. De l'instabilité et du désordre ne naît il pas l'espoir et le renouveau ? L'artiste se serait-il imposé à lui-même cette prophétie ? En tous les cas, le poème de Constantine P. Cavafy *Waiting for the barbarians* (1904) semble avoir convaincu l'artiste et toute la mythologie

with Hans Spinner's own works, Anthony Caro began an ensemble of large and small books with him in 1995. Following that, Spinner and Caro put together an ensemble of animal paws and human hands, feet, and heads for *The Last Judgement*. The body parts, modelled in line with requirements, were inserted into large wooden boxes-cum-frames in the Camden studio. These fragments of the body were housed in an old wardrobe Anthony Caro had salvaged. The sculptures were made partly as a reaction to the acts of violence perpetrated during the racial wars in Rwanda or the former Yugoslavia. This monumental installation was exhibited at the Venice Biennale of 1999. A series of chairs followed reminiscent of Van Gogh's chair, in which the sentimental object symbolises torture and isolation. In 1999, *The Barbarians* succeeded the New Testament characters and pictorial references. Again they undercut the expectation of pathos but assert the dramatic significance of a sculpted scene. The dramatic *mise-en-scène* is no longer that of the Way of the Cross but that of battle. Here again, the ceramic components, because they are untreated and rough and have retained the marks from the firing, wonderfully evoke the brutality of the episode. Having spotted three vaulting horses on the pavement in the street by chance, Anthony Caro and his wife immediately claimed them. On the eve of the new millennium, nostalgia or prophecy probably played a part in his decision to create an army of barbarians. Don't instability and disorder give birth to hope and renewal? Perhaps the artist imposed this prophecy on himself? In any case, Constantine P. Cavafy's poem *Waiting for the Barbarians* (1904) seems to have convinced the artist, and the walls of his studio were soon covered with the mythology and imagery of the horseman: African and Chinese

Dear Hans

How are you and Norke?

I am off to USA for 2 weeks tomorrow, but I have to come to Grenoble around the first week of December. Can I come to Grasse at that time to finish the two cement (Beton) pieces? I have been working for the past 6 weeks on the ceramic pieces: they have resolved themselves into a group called the Trojan War! The Heroes (Achilles Agamemnon etc) have bases, almost bodies but abstract, made of wood and steel — the Gods have bases or stands of steel — there are weapons, sheilds and plumed headpieces, all from our ceramics. I want the cement pieces or urns to be: the small one a chariot, the ovum turned upside down; the large one to become the Trojan Horse

I am aiming to have an entire exhibition of these in March in London. It would be

Lettre envoyée par Anthony Caro à Hans Spinner

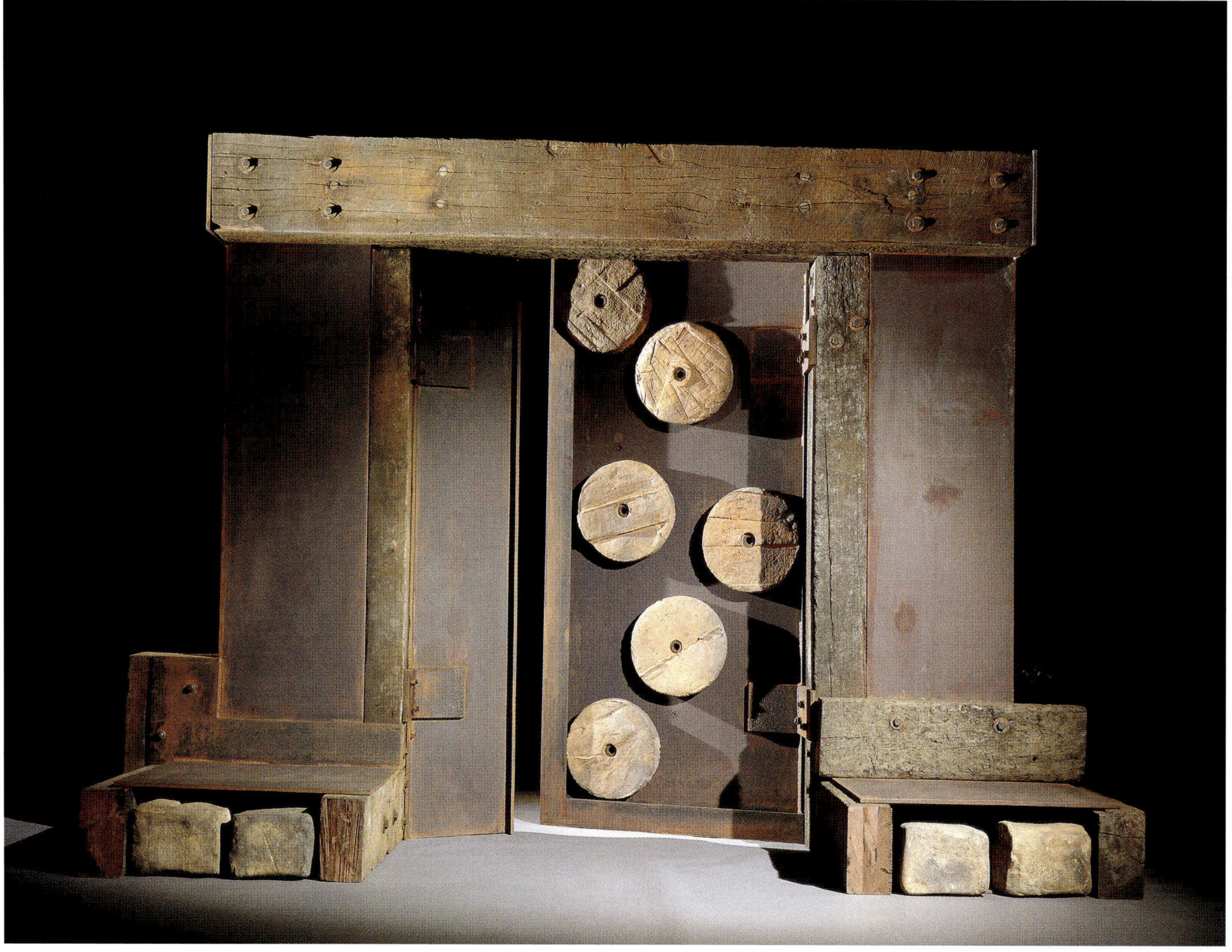

73
The Trojan War :
The Skaian Gate
1993-1994
Grès, acier et bois jarrah.
229 x 305 x 153 cm.
Londres, Courtesy
Annely Juda Fine Art ;
Paris, galerie Daniel
Templon.

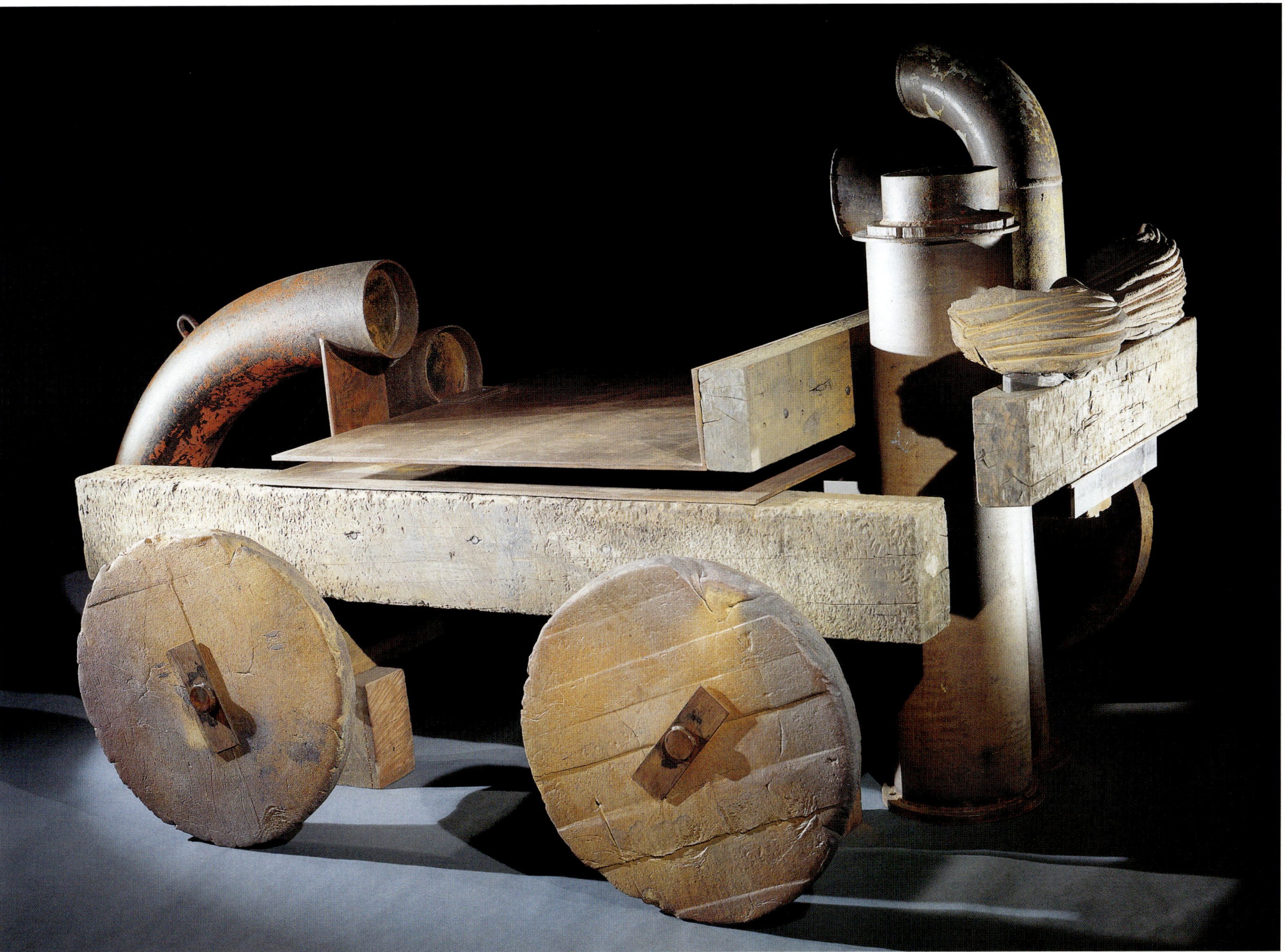

72
The Trojan War :
The Trojan Horse
1993-1994
Grès, acier et bois jarrah.
193 x 351 x 219 cm.
Collection particulière.

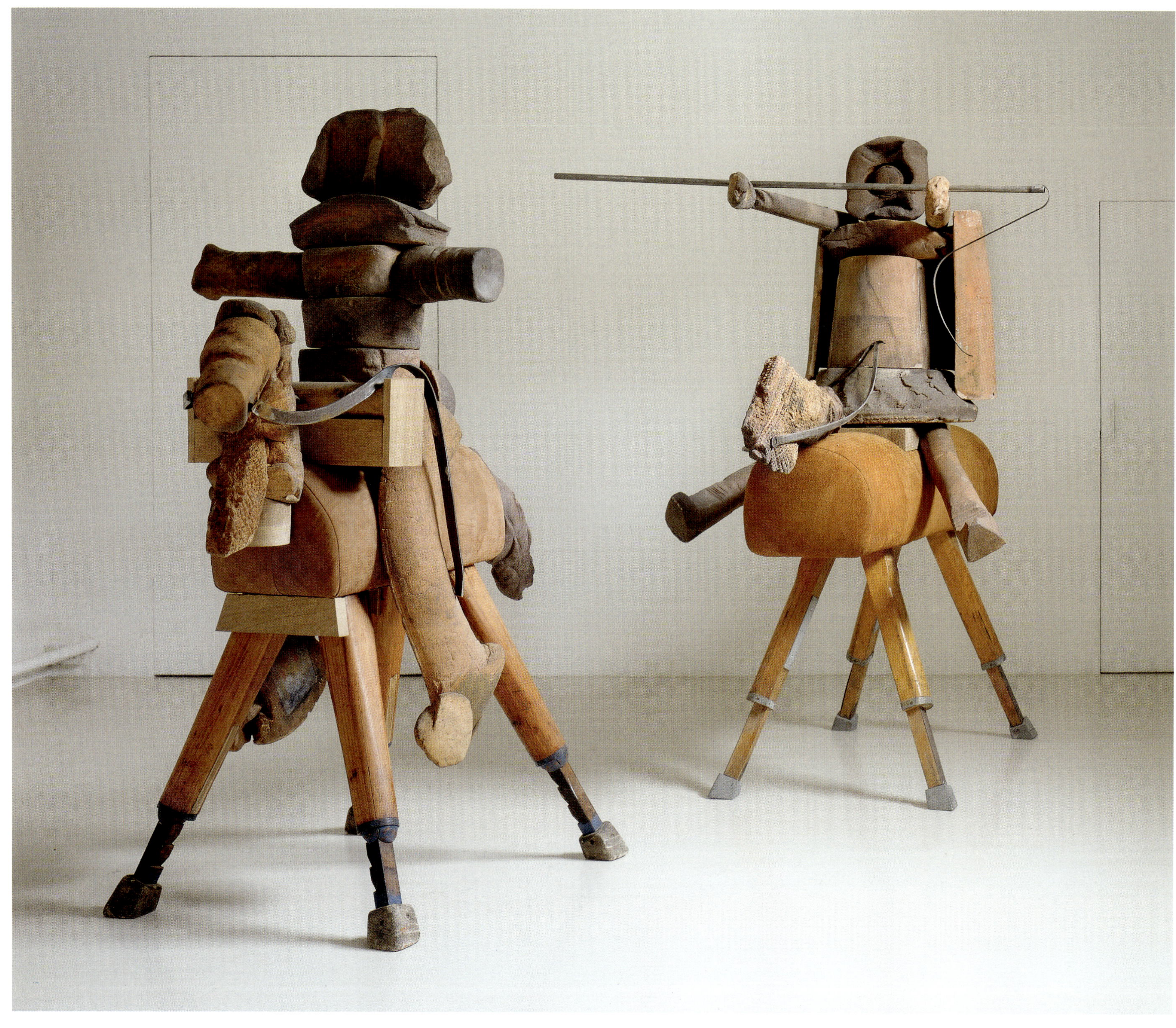

84
The Barbarians :
Golom
2000-2002
Terre cuite, bois, cuir et acier.
193 x 155 x136 cm.
(in progress)
Londres, Courtesy Annely
Juda Fine Art ;
Paris, galerie Daniel Templon.

88
The Barbarians :
Sulde
2000-2002
206 x 262 x 155 cm.
(in progress)
Londres, Courtesy Annely
Juda Fine Art ;
Paris, galerie Daniel Templon.

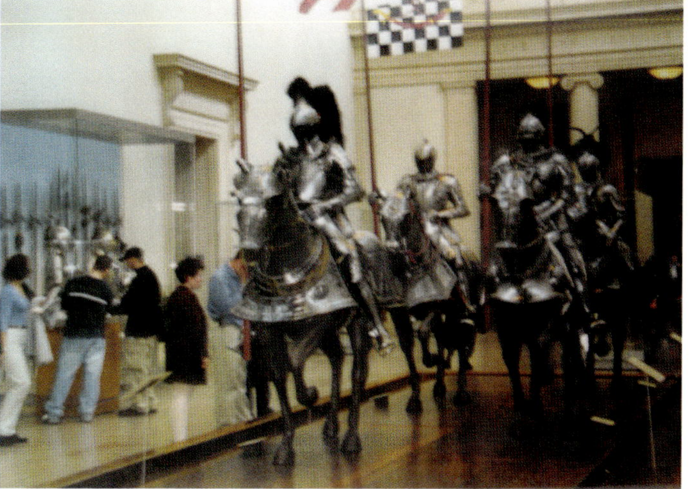

Photographie transmise par Anthony Caro à Hans Spinner : cavaliers en armure

et l'imagerie du cavalier se sont retrouvées sur les murs de l'atelier de l'artiste : sculptures africaines et chinoises, statuaire équestre de la Renaissance, scène de labour, photographies de western… Une lettre de Anthony Caro datée du 30 décembre 1999 adressée à Hans Spinner précise qu'il a envisagé dans un premier temps de recouvrir entièrement les agrès puis de mouler en terre les chevaux pour les fondre en métal avant d'y renoncer au profit de la céramique. Des images sont également transmises à Hans Spinner et notamment de reconstitutions de soldats en armure. Ces échanges épistolaires sont fréquents, Anthony Caro partageant avec Hans Spinner ses découvertes documentaires et ses voyages. Régulièrement il lui envoie des cartes postales, des photocopies ou des illustrations principalement d'architecture et de peinture et l'on reconnaît, par exemple, les villes du Yemen, les bas-reliefs précolombiens ou l'art du Trecento et du Quattrocento italiens. À Grasse, informé de la trouvaille, Hans Spinner imagine des dizaines de pièces classées par séries : des têtes et des queues de cheval et de taureau, des mains, des pieds, des jambes, des bras, des cous, des têtes humaines, des torses mais également des tuiles et des hémisphères. Il en décompte plus d'une centaine qui seront associées aux agrès et aux structures en bois construites pour compléter ces *ready-made*. Anthony Caro a armé ses cavaliers de lances et de flèches et harnaché les chevaux. Grâce à l'assemblage de bois, de métal et de céramique, il a ainsi donné naissance de 1999 à 2002, à sept guerriers mongols : Golom, Sulde, Kharjaar, Jiloo, Saardag, Doroo et Kharsaag. Chaque nom mongol correspond à l'attribut du personnage : Golom pour selle en cuir, Sulde pour esprit ou symbole, Kharjaar pour licou, Jiloo pour rêne, Saardag

sculptures, equestrian statues from the Renaissance, ploughing scenes, photographs from Westerns, etc. A letter from Anthony Caro dated 30 December 1999 addressed to Hans Spinner, states that he had initially considered entirely covering the apparatus, then modelling the horses in clay and subsequently casting them in metal, before giving up this idea in favour of ceramics. Various images were also sent to Hans Spinner, particularly some reconstructions of armour-clad soldiers. These letters frequently winged their way back and forth, as Anthony Caro shared his documentary discoveries and his travels with Hans Spinner. He regularly sent him postcards, photocopies and illustrations, mainly of architecture and painting, including, for example, cities in Yemen, pre-Columbian bas-reliefs or Italian Trecento and Quattrocento art. In Grasse, drawing on these finds, Hans Spinner came up with scores of pieces arranged in series: the heads and tails of horses and bulls, human hands, feet, legs, arms, necks, heads, torsos but also tiles and hemispheres. There were over one hundred of these components which were combined with the apparatuses and wooden structures built to complete these *ready-mades*. Anthony Caro armed his horsemen with lances and arrows and harnessed the horses. Between 1999 and 2002, he combined wood, metal and ceramic to give form to seven Mongol warriors: The Barbarians.

In 2003, Caro began a new series of sixteen sculptures. The references to the real world were increasingly pregnant with meaning. Without being illusionist, the ceramic components are objects, as conjured up by Anthony Caro. Consequently, in *The Kenwood Series*, we find well-stocked tables covered with objects and a large sculpture, *Witness*,

84
The Barbarians :
Golom
2000-2002
Terre cuite, bois, cuir et acier.
193 x 155 x 136 cm.
Londres, Courtesy Annely
Juda Fine Art ;
Paris, galerie Daniel Templon.

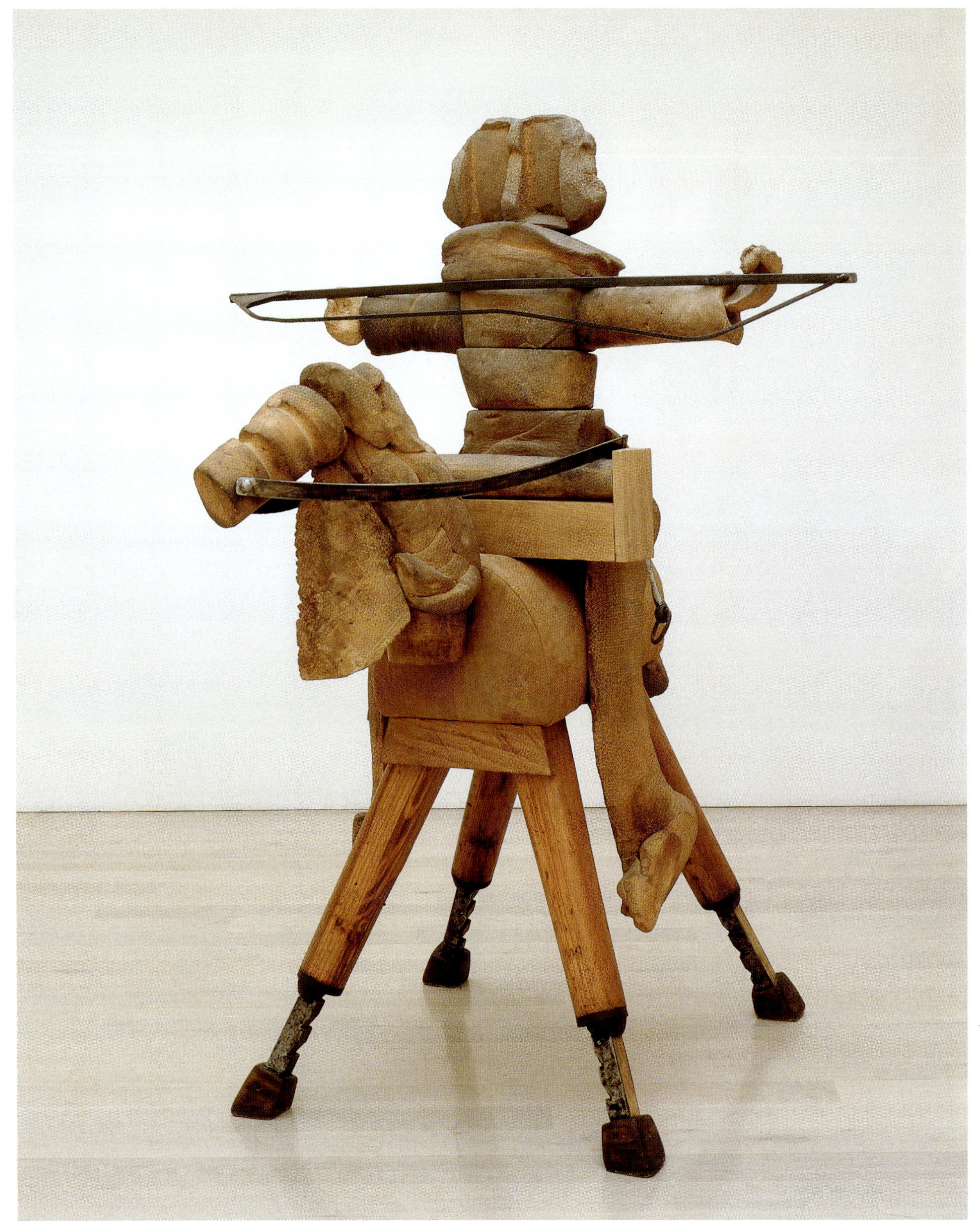

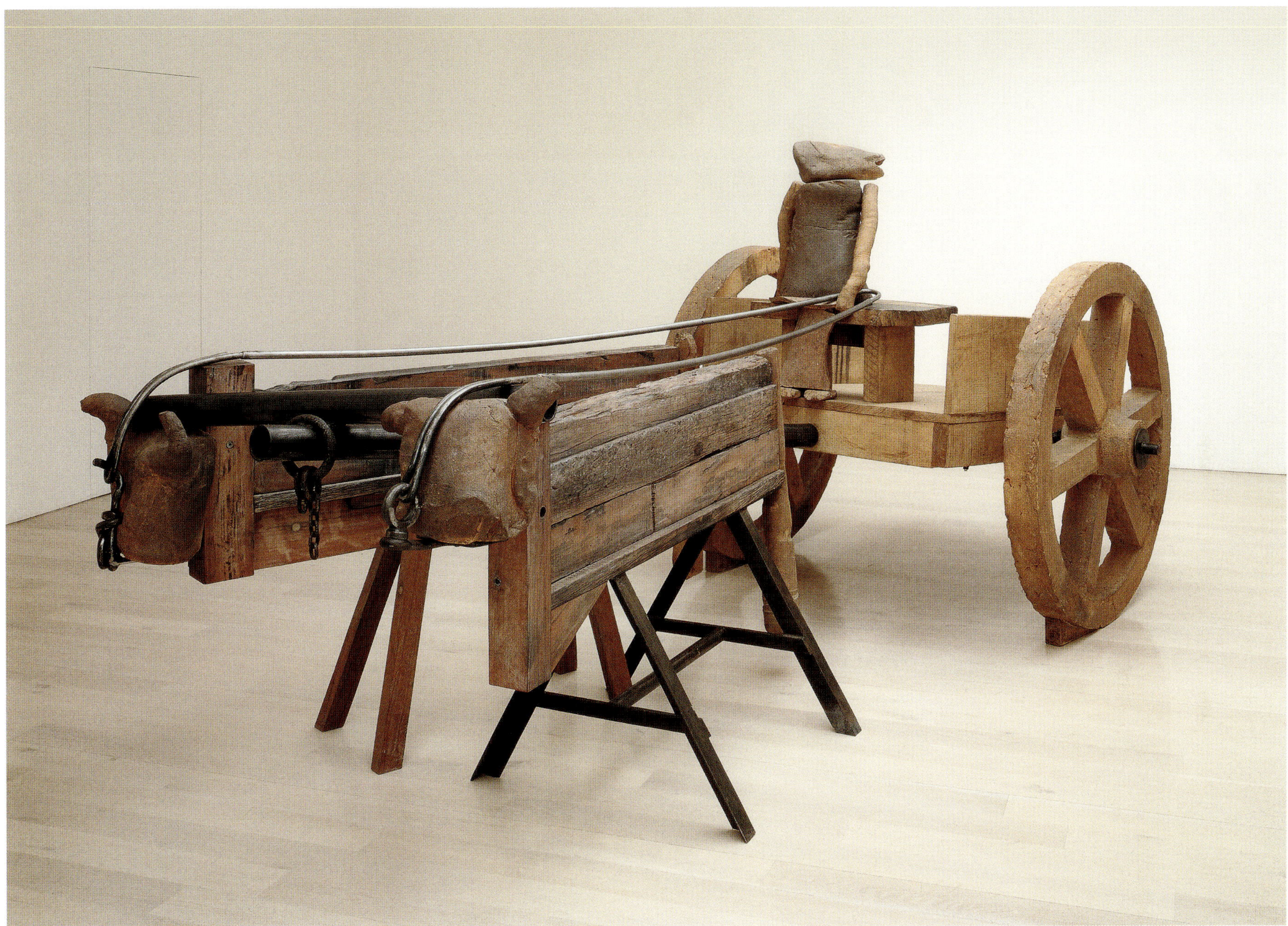

85
The Barbarians :
Kharsag
2000-2002
Terre cuite, bois, cuir et acier.
162,5 x 366 x 193 cm.
Londres, Courtesy Annely
Juda Fine Art ;
Paris, galerie Daniel Templon.

86
The Barbarians :
Saardag
2000-2002
Terre cuite, bois, cuir et acier.
206 x 155 x 81 cm.
Londres, Courtesy Annely
Juda Fine Art ;
Paris, galerie Daniel Templon.

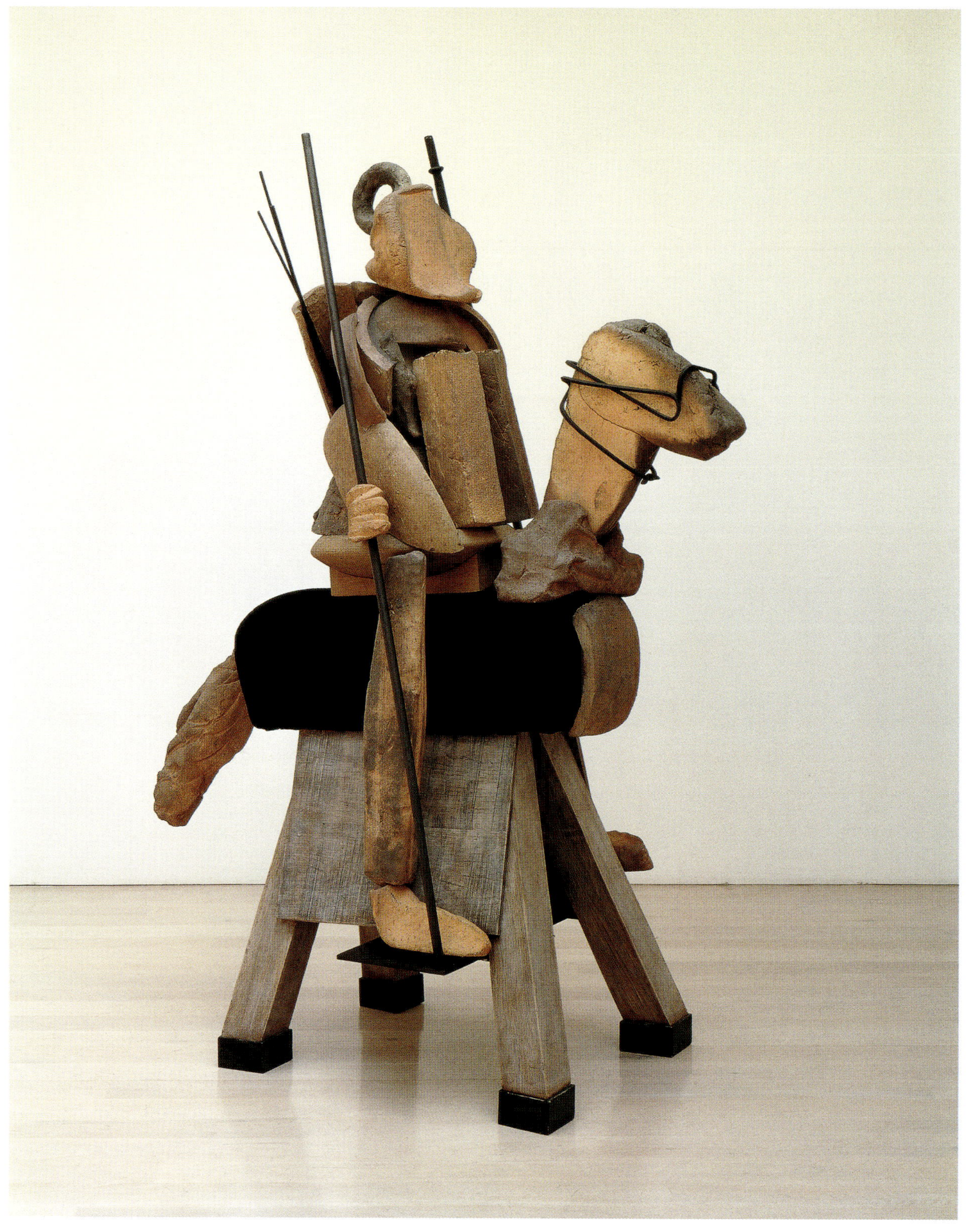

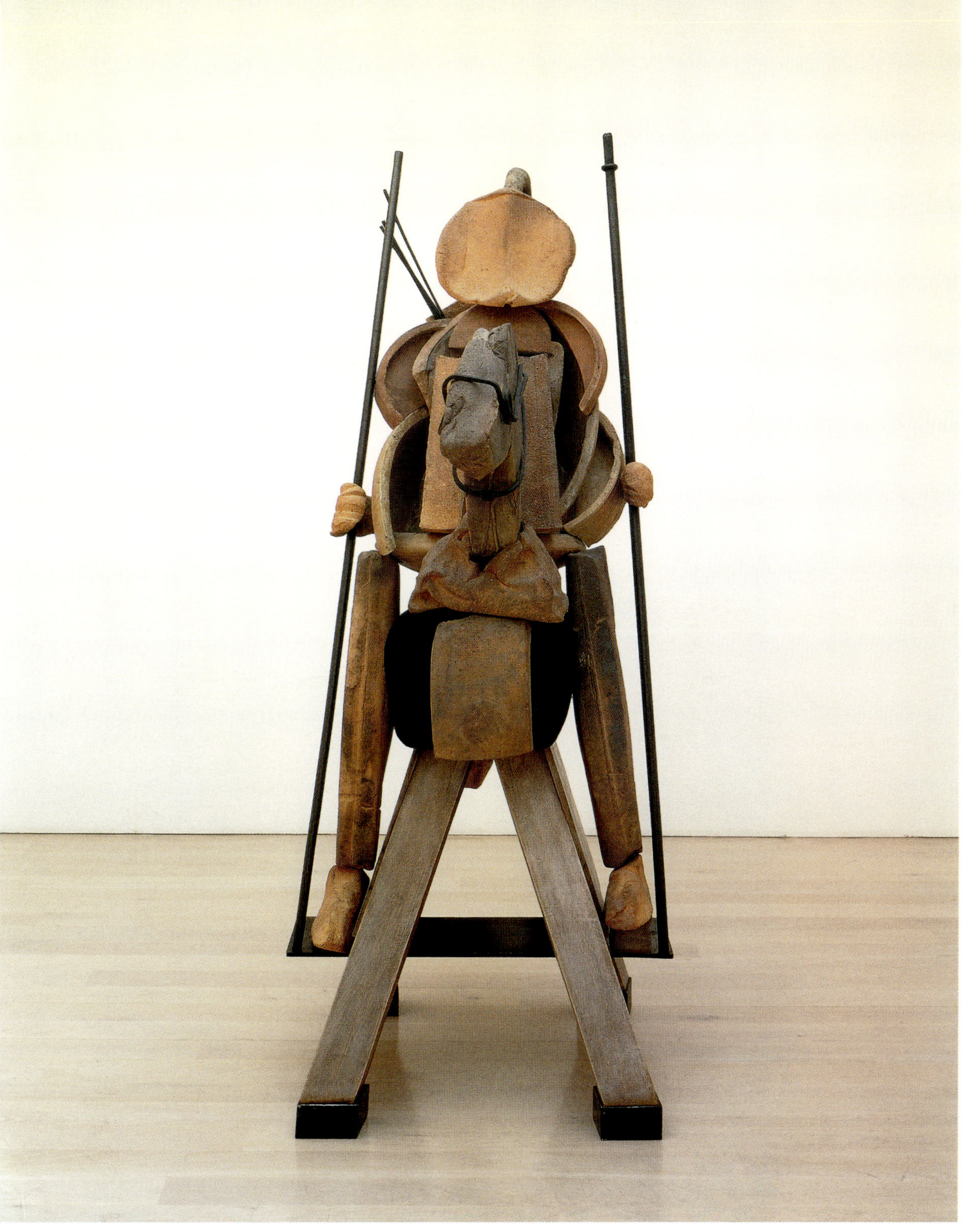

86
The Barbarians :
Saardag
2000-2002
Terre cuite, bois, cuir et acier.
206 x 155 x 81 cm.
Londres, Courtesy Annely
Juda Fine Art ;
Paris, galerie Daniel Templon.

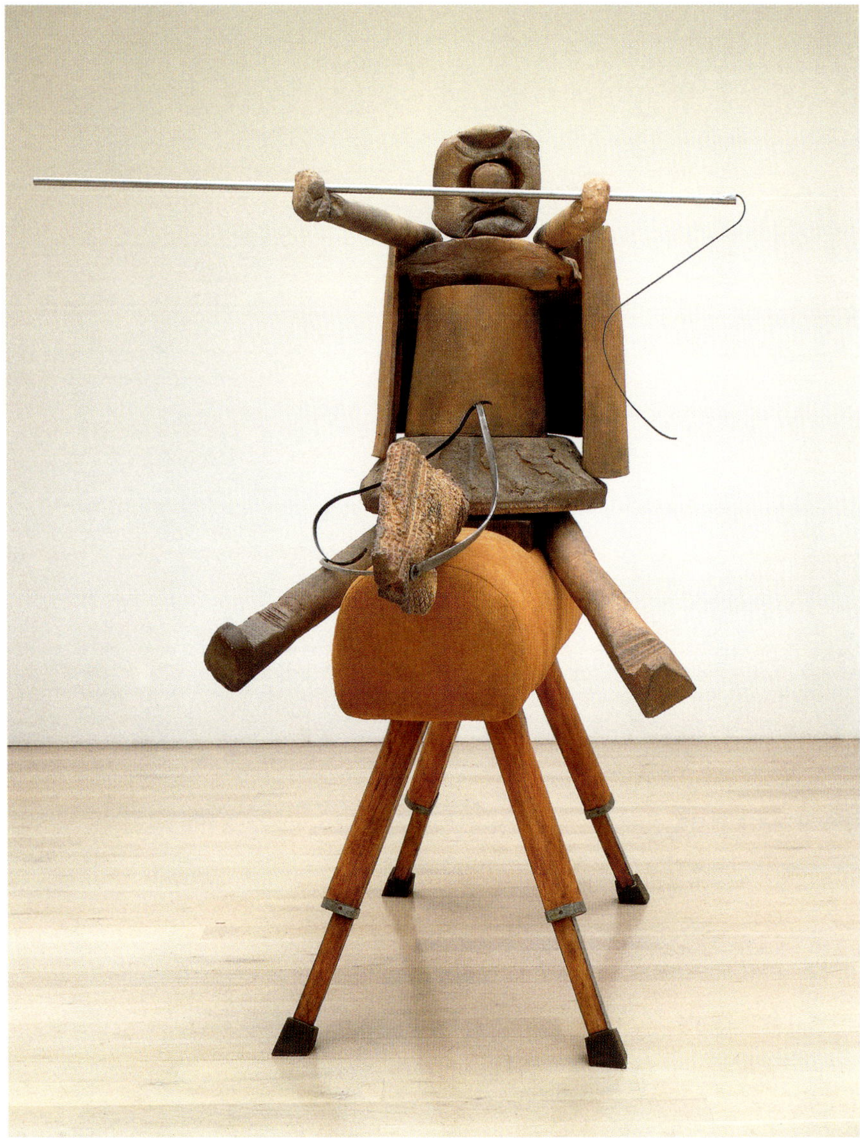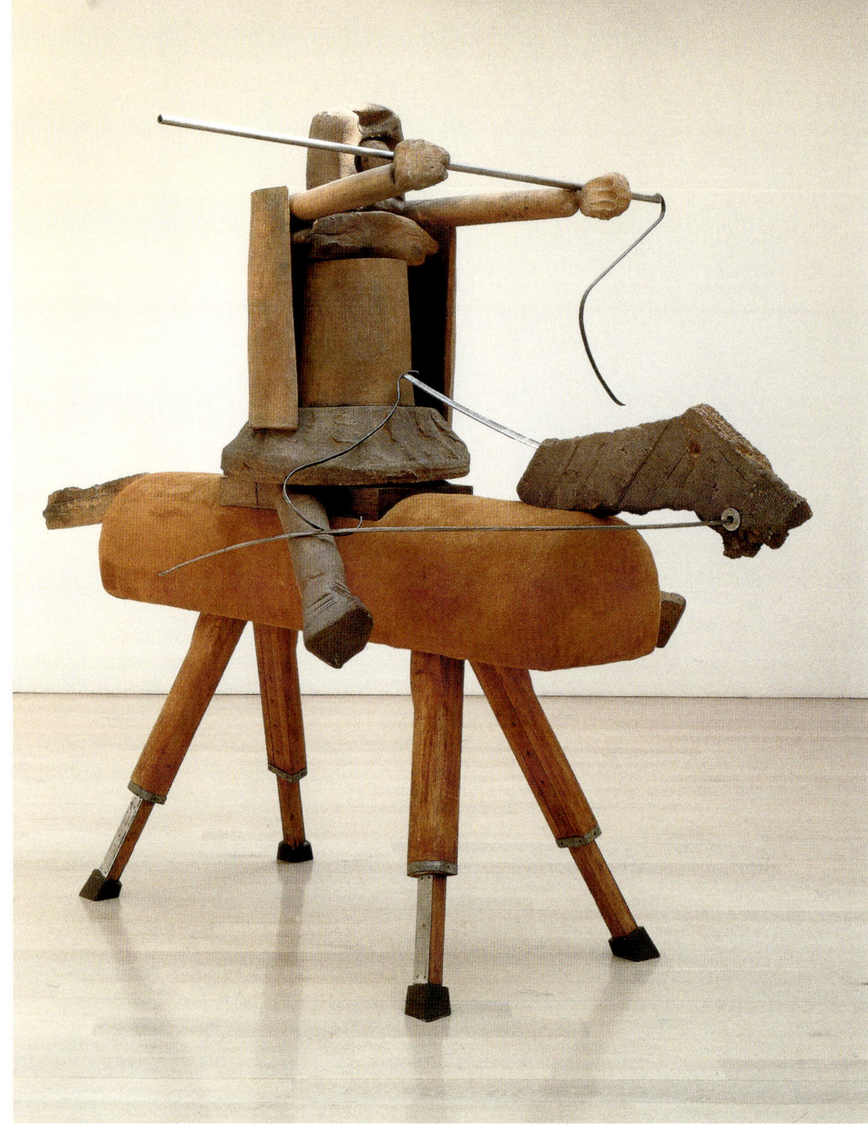

88
The Barbarians :
Sulde
2000-2002
Terre cuite, bois, cuir et acier.
206 x 262 x 155 cm.
Londres, Courtesy Annely
Juda Fine Art ;
Paris, galerie Daniel Templon.

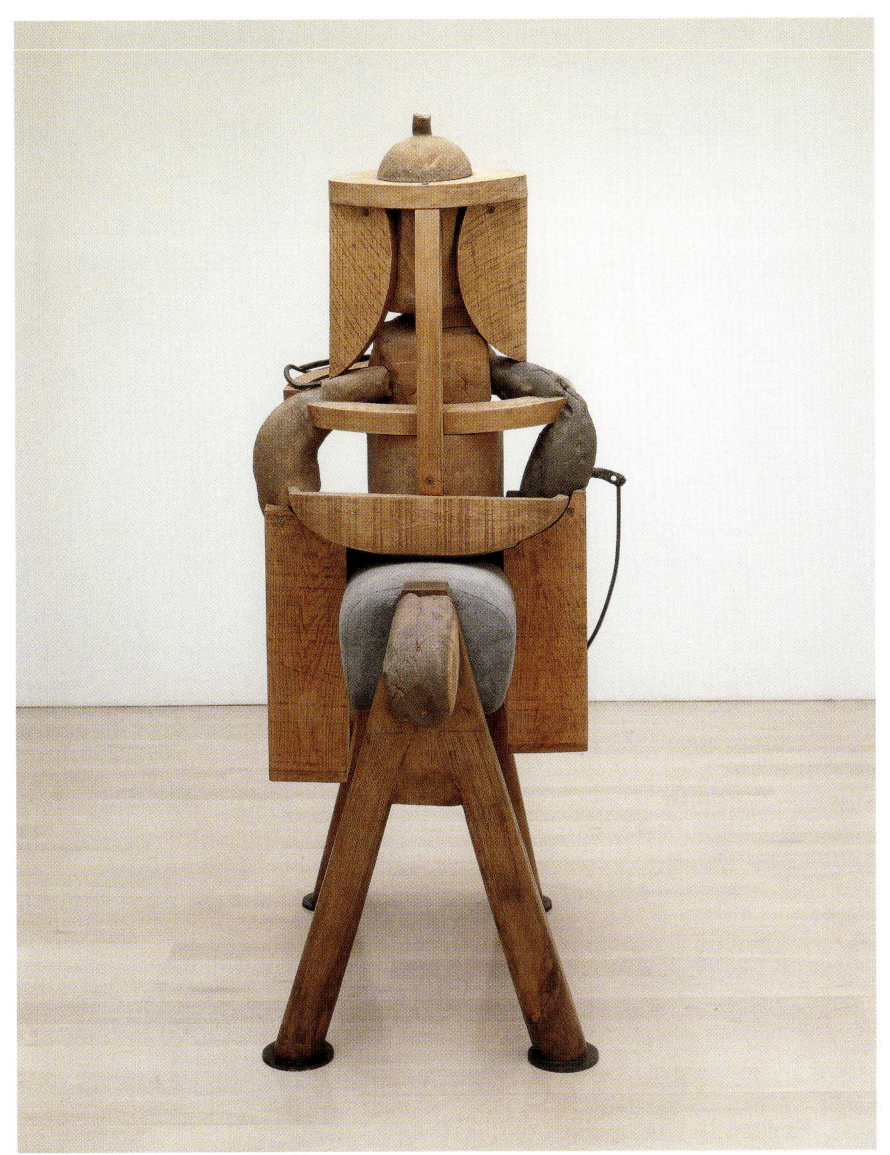

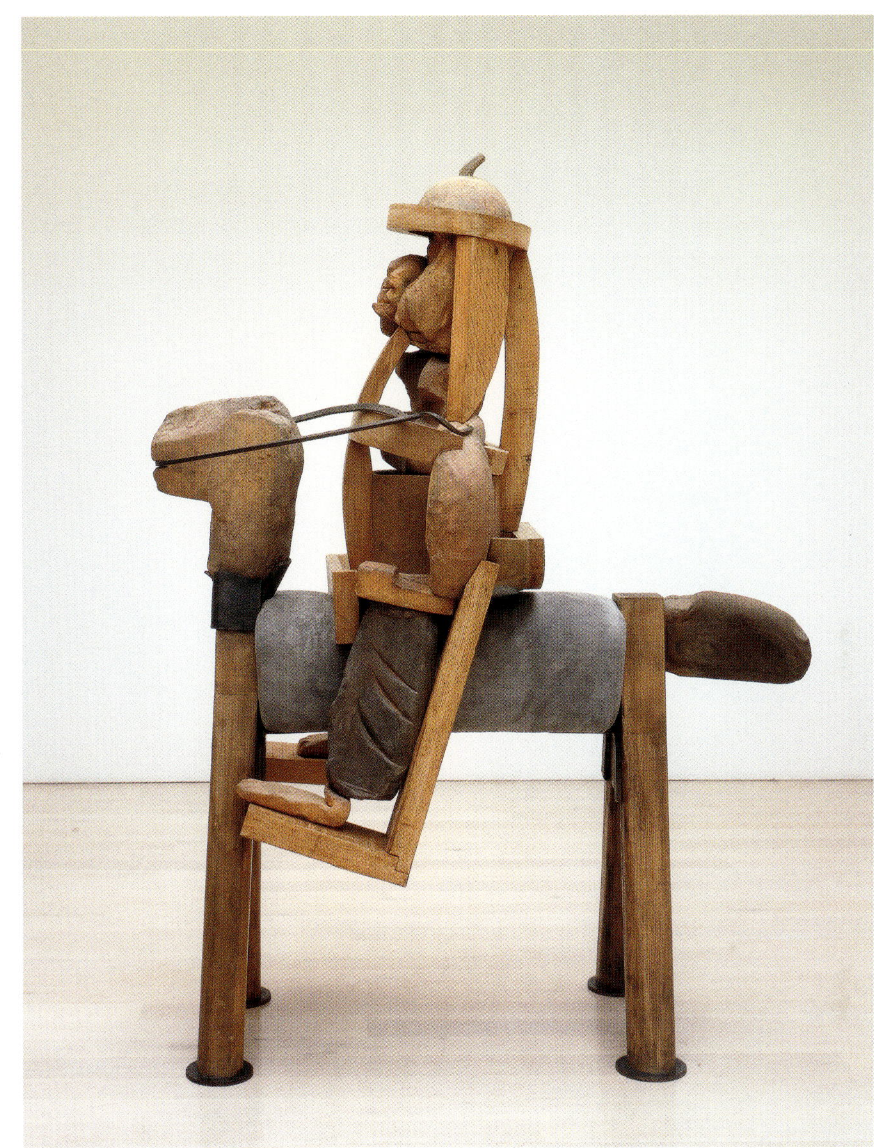

90
The Barbarians :
Kharjaar
2000-2002
Terre cuite, bois, cuir et acier.
209,5 x 157,5 x 89 cm.
Londres, Courtesy Annely
Juda Fine Art ;
Paris, galerie Daniel Templon.

87
The Barbarians :
Jiloo
2000-2002
Terre cuite, bois, cuir et acier.
203,5 x 178 x 91,5 cm.
Londres, Courtesy Annely
Juda Fine Art ;
Paris, galerie Daniel Templon.

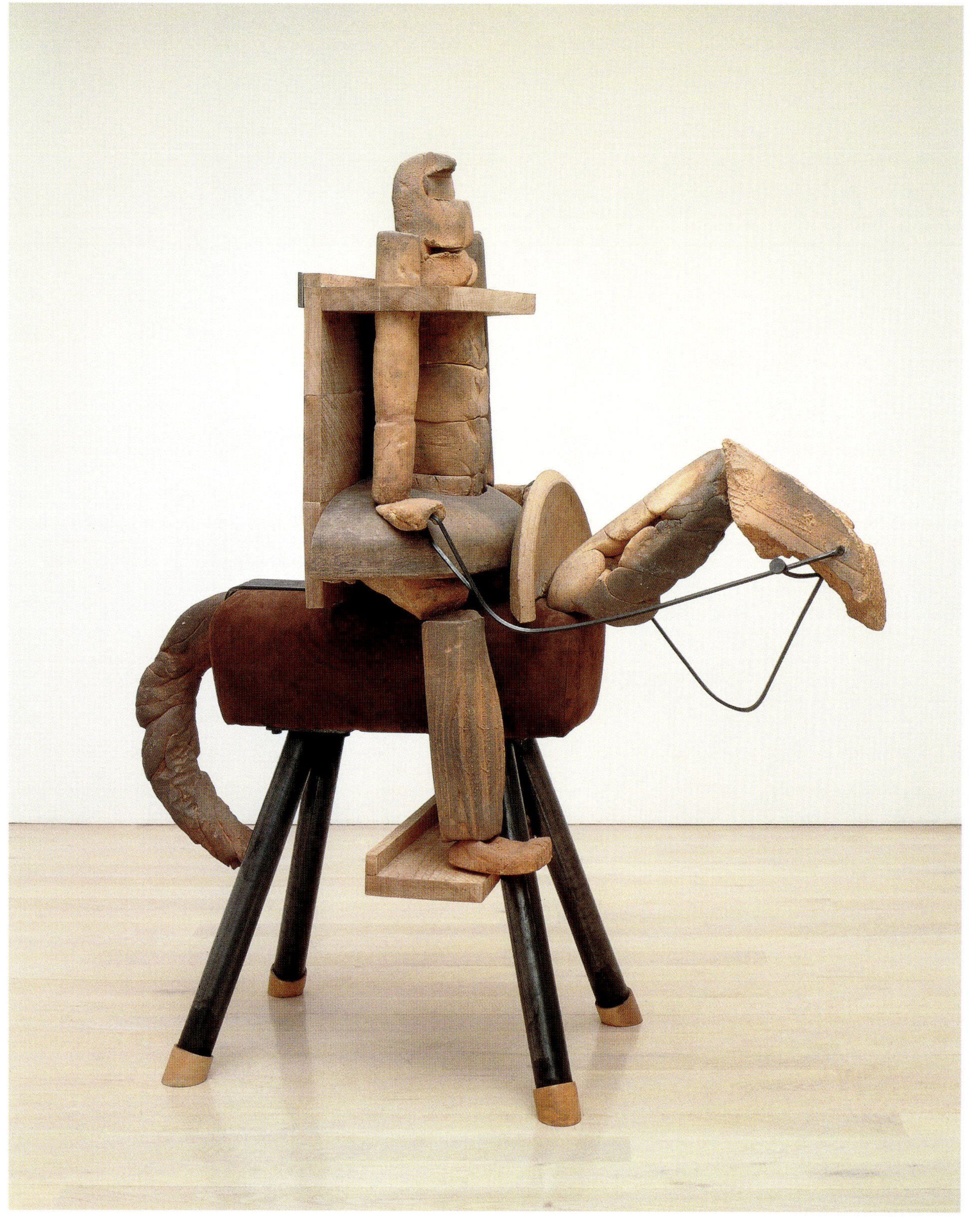

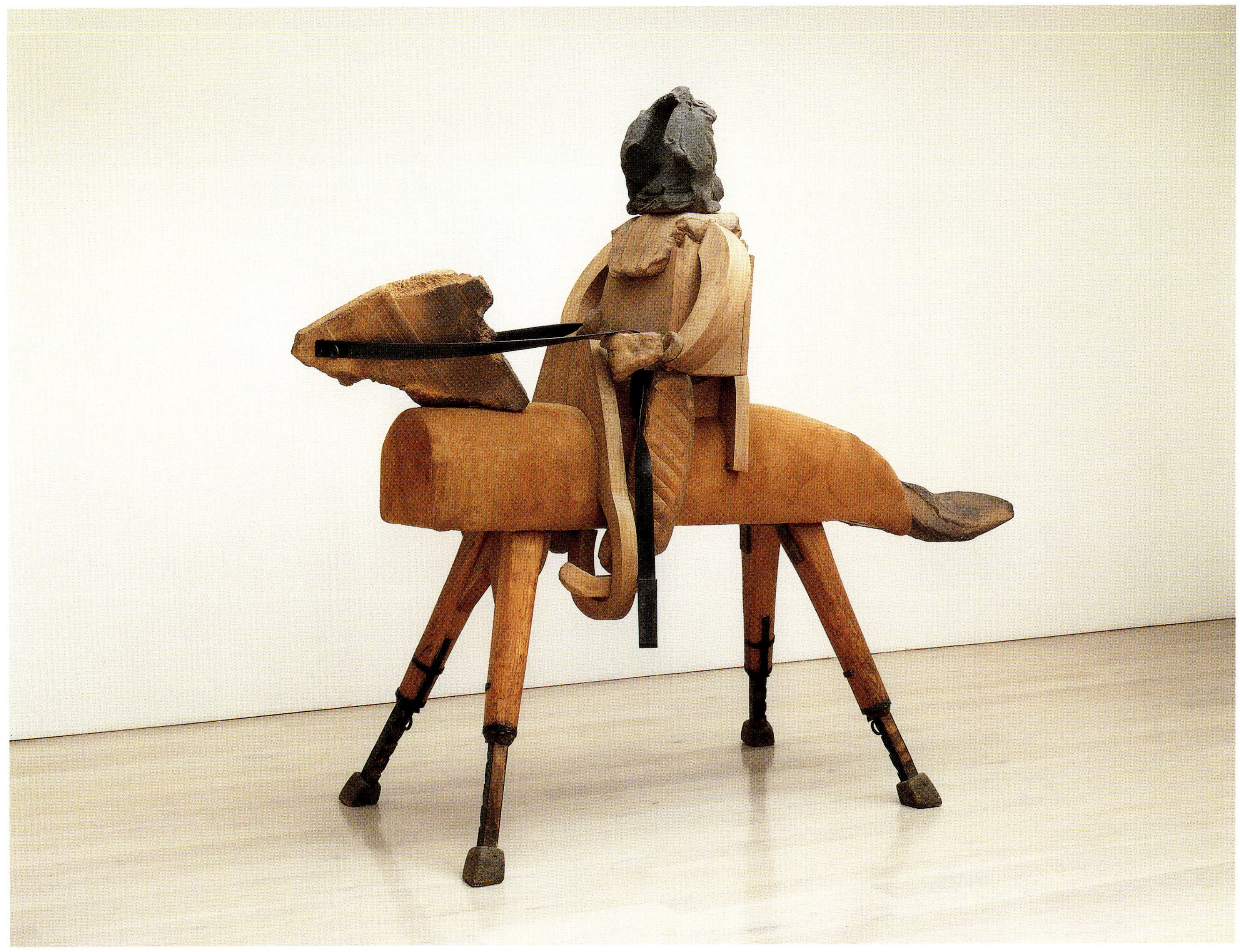

89
The Barbarians :
Doroo
2000-2002
Terre cuite, bois, cuir et acier.
213,5 x 256,5 x 94 cm.
Londres, Courtesy Annely
Juda Fine Art ;
Paris, galerie Daniel Templon.

98
The Kenwood Series :
Witness
2003-2004
Grès et acier.
279,5 x 221 x 147,5 cm.
Courtesy Annely Juda Fine
Art, London ;
Paris, galerie Daniel Templon.

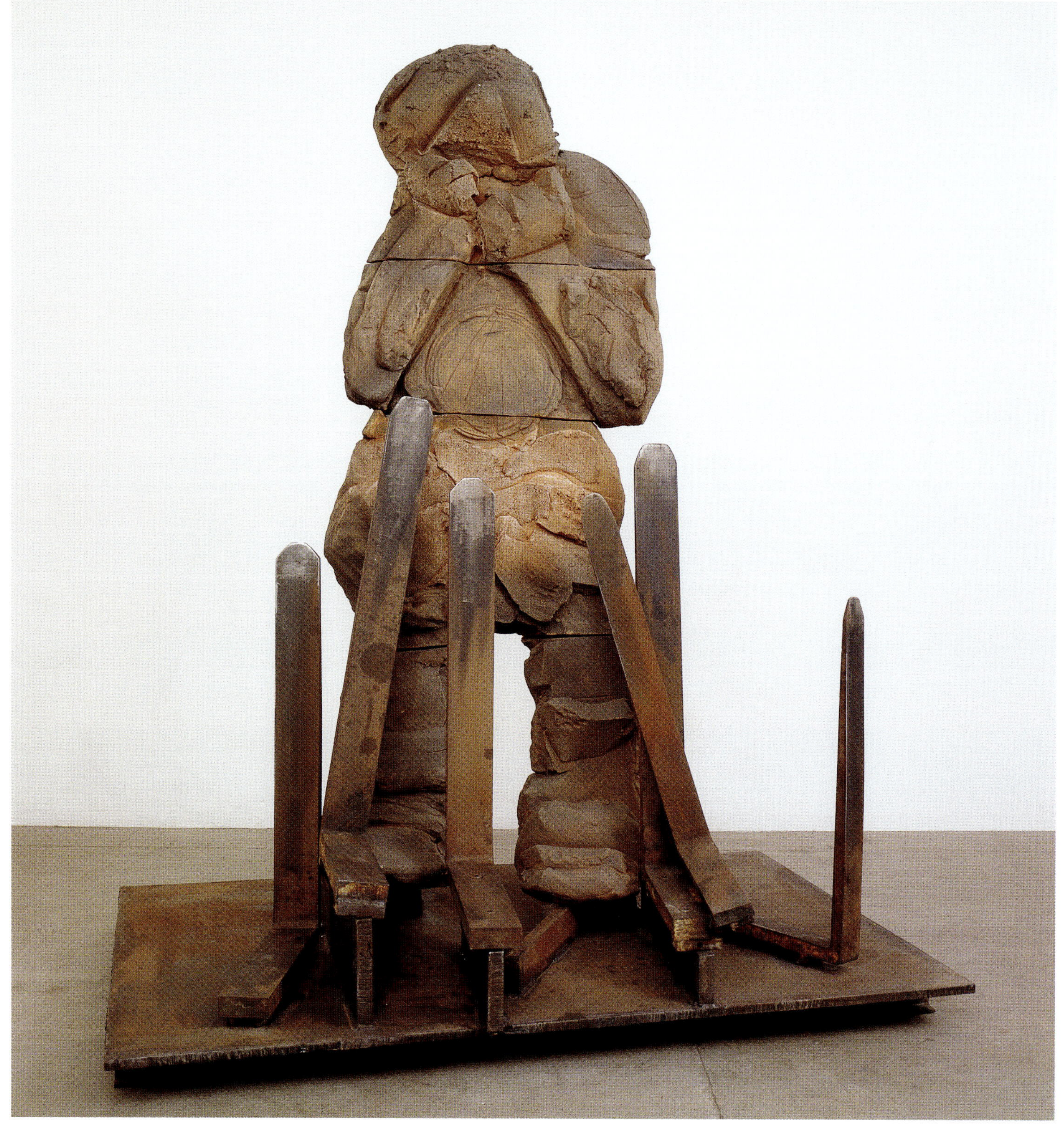

pour carquois à flèches, Doroo pour étriers et Kharsaag, pour char à bœufs en bois.

En 2003, une nouvelle série de seize sculptures est amorcée. La référence au réel est de plus en plus prégnante. Sans être illusionnistes, les céramiques sont des choses, comme le conjure Anthony Caro. On trouve ainsi dans *The Keenwood Series* des tables garnies et jonchées d'objets et une grande sculpture, *Witness*, qui fait référence à *L'homme au mouton* de Picasso, au tableau de Antonio del Pollaiuolo, *Le martyr de Saint-Sébastien* ainsi qu'aux dernières œuvres de Goya. Frontal, sa face est celle de la souffrance. Son corps plat et découpé pour les besoins de sa fabrication, n'en suggère pas moins son agonie. Devant lui, des natures mortes cézaniennes, nouvelles émanations des *Table Pieces*, s'offrent avec munificence en autant de tables de jeu, tables de travail, échoppes, tables de cuisine… Comme les fois précédentes, le travail d'assemblage réunit les éléments de céramique au bois et à l'acier. Cette technique particulière permet, entre autres, de ne pas créer de formes trop spécifiques et de ne pas se soumettre trop servilement à des références artistiques et esthétiques.

Avec un rythme de travail toujours aussi intense, toutes les pièces et ensembles en céramique destinés à l'église de Bourbourg dans le Nord, dans le cadre de la commande publique du réaménagement du chœur, proviennent de l'atelier de Hans Spinner. Il les a ainsi nommées : *corps, Adam et Eve, relief, mains, arbre, singe, jambes, tortue, crocodile, grenouille, doubles têtes, têtes, insectes, lapin, crabe, pingouin, cornes, serpent, canard, hibou, poissons, escargot, homard, mouton, poulpes.*

which gives a nod to Picasso's *Man with Sheep* and Antonio del Pollaiuolo's painting, *The Martyrdom of Saint Sebastian*, as well as Goya's last works. Seen head-on, his face is the epitome of suffering. His flat, jagged body, which reflects the manufacturing process, is also indicative of his agony. In front of him, Cezanne-like still lives, abundant new expressions of the *Table Pieces*, are presented like so many gaming tables, work tables, market stalls, kitchen tables, etc. As before, the ceramic components have been combined with wood and steel on assembly. Among other things, this characteristic technique makes it possible to avoid creating overly specific forms and submitting too slavishly to artistic and aesthetic references.

Produced at an equally intense pace, all the ceramic pieces and ensembles for the church in Bourbourg in northern France, which form part of a commission to restore the choir, came from Hans Spinner's studio. The elements were identified as: *Body, Adam and Eve, relief, hands, tree, monkey, legs, tortoise, crocodile, frog, double heads, heads, insects, rabbit, crab, penguin, horns, snake, duck, owl, fish, snail, lobster, sheep, octopus.* The brilliant dexterity of Hans Spinner was ideal for the circumstances and the theme: a portrayal of the Old Testament and the Garden of Eden where Adam and Eve lived together in a natural setting inhabited by animals. Working together with Caro they produced figures with an original abundance and freedom. Everything materialised as if by magic in the heat of the action: octopuses, frogs, snails, etc. And if the component was unspecified, it could be used in other groups, later on. In any case, Anthony Caro kept a close watch for the image then the meaning to appear, since they can occur simultaneously or separately;

La fulgurance du geste de Hans Spinner qui peut sculpter une tête en moins d'une minute est tout à fait appropriée aux circonstances et au thème : une évocation de l'Ancien Testament et du paradis terrestre où se côtoient Adam et Eve dans une nature peuplée d'animaux. En transmettant peu d'informations, limitées au format et aux noms, il a été possible de faire surgir les figures des mains du céramiste avec cette espèce de plénitude et d'abandon originels. Tout a donc existé comme par enchantement, dans le feu de l'action : les poulpes, les grenouilles, les escargots… Et si l'élément reste indéterminé, il pourra servir à d'autres groupes, plus tard. Dans tous les cas, Anthony Caro reste vigilant à l'apparition de l'image puis du sens, qui peuvent advenir simultanément mais qui peuvent également se révéler indépendamment ; le sens n'étant attribué qu'au moment où Caro assemble céramiques, bois et métal dans l'espace circonscrit de l'atelier. En octobre 2008, cet ensemble de sculptures sera inauguré dans l'église Saint-Jean-Baptiste de la petite ville de Bourbourg détruite en partie pendant la Seconde Guerre mondiale. Dans cet espace reconfiguré par l'artiste, aussi tellurique que spirituel, les greffes successives, de Grasse à Londres et de Camdem à Bourbourg auront sans aucun doute pris dans ce lieu hautement symbolique où sera à nouveau pratiqué le sacrement du baptême.

Texte rédigé à la suite d'un entretien avec Hans Spinner,
dans son atelier à Grasse, janvier 2008.

Caro only attributes meaning when he assembles the ceramic pieces with the wood and metal in his cramped studio. In October 2008, this ensemble of sculptures will be unveiled at the church of Saint-Jean-Baptiste in the small town of Bourbourg, partly destroyed during World War Two. In this space which has been restructured by the artist, and which is as earthly as it is spiritual, the successive grafts, transported from Grasse to London and from Camden to Bourbourg, are bound to take in this highly symbolic place where the sacrament of baptism is to be practised once more.

Text written following an interview with Hans Spinner,
at his studio in Grasse, January 2008.

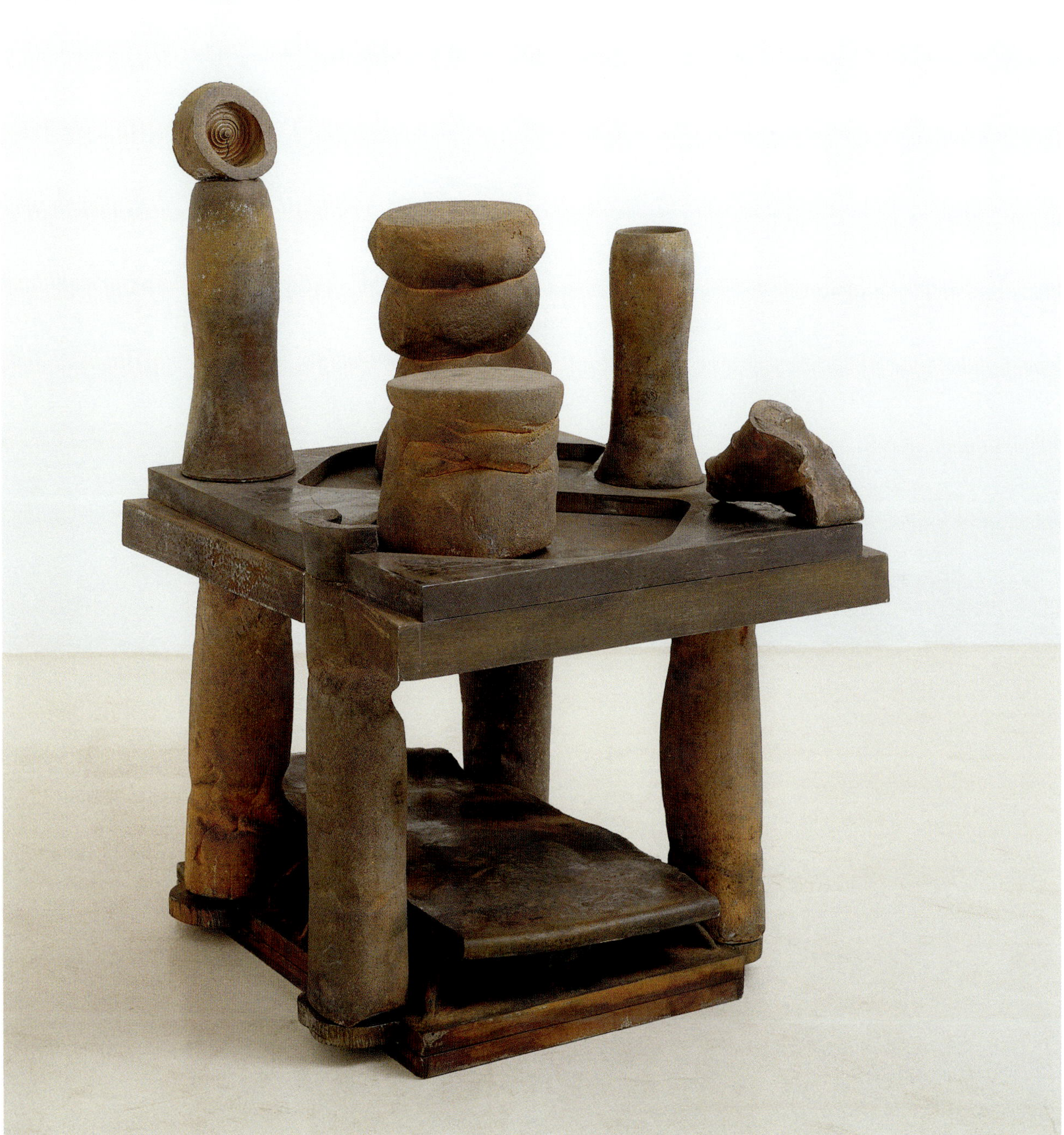

95
***The Kenwood Series :
Summit Games***
2003-2004
Grès et acier
110,5 x 71 x 65 cm.
Courtesy Annely Juda Fine
Art, London ;
Paris, galerie Daniel Templon.

97
The Kenwood Series :
Provisions
2003-2004
Grès et acier.
157,5 x 63,5 x 45,5 cm.
Courtesy Annely Juda Fine
Art, London ;
Paris, galerie Daniel Templon.

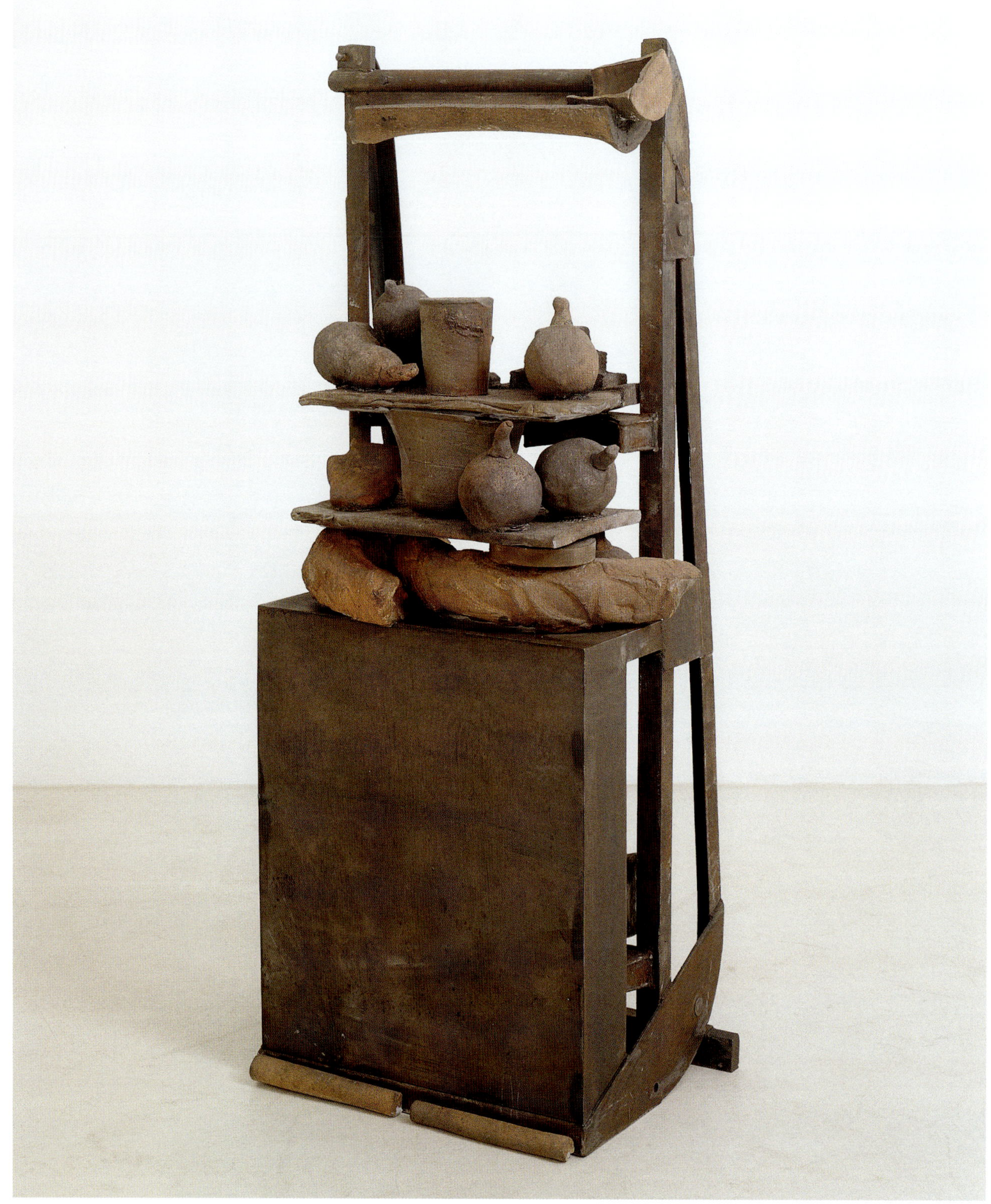

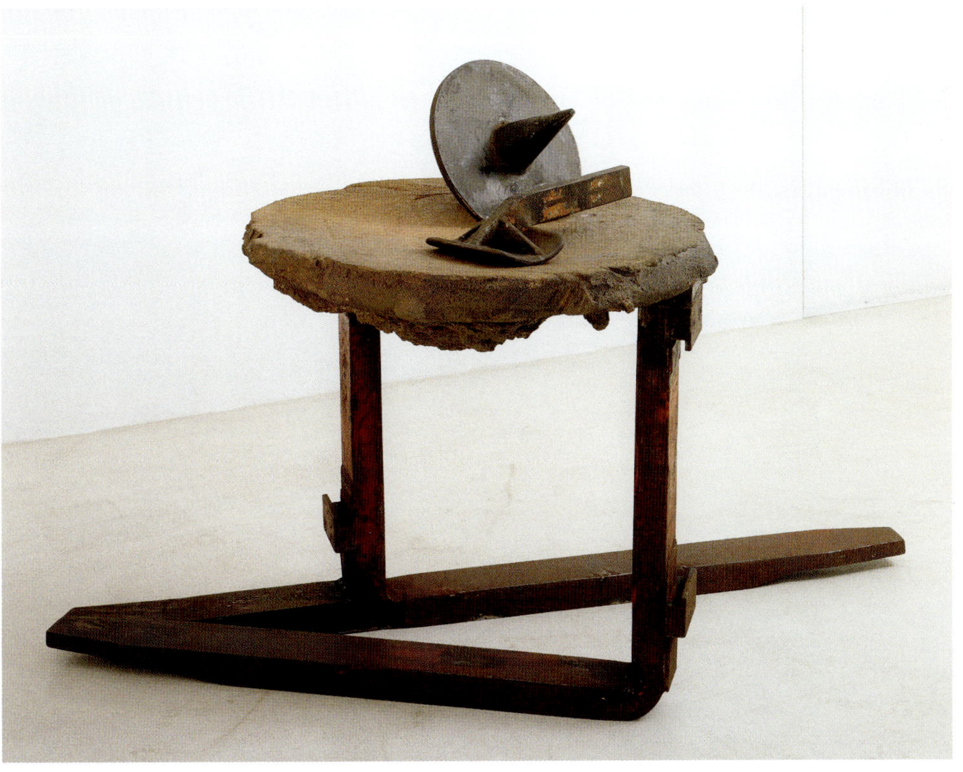

91
The Kenwood Series :
Aftermath
2003-2004
Grès et acier.
100,5 x 14,5 x 68,5 cm.
Collection particulière.

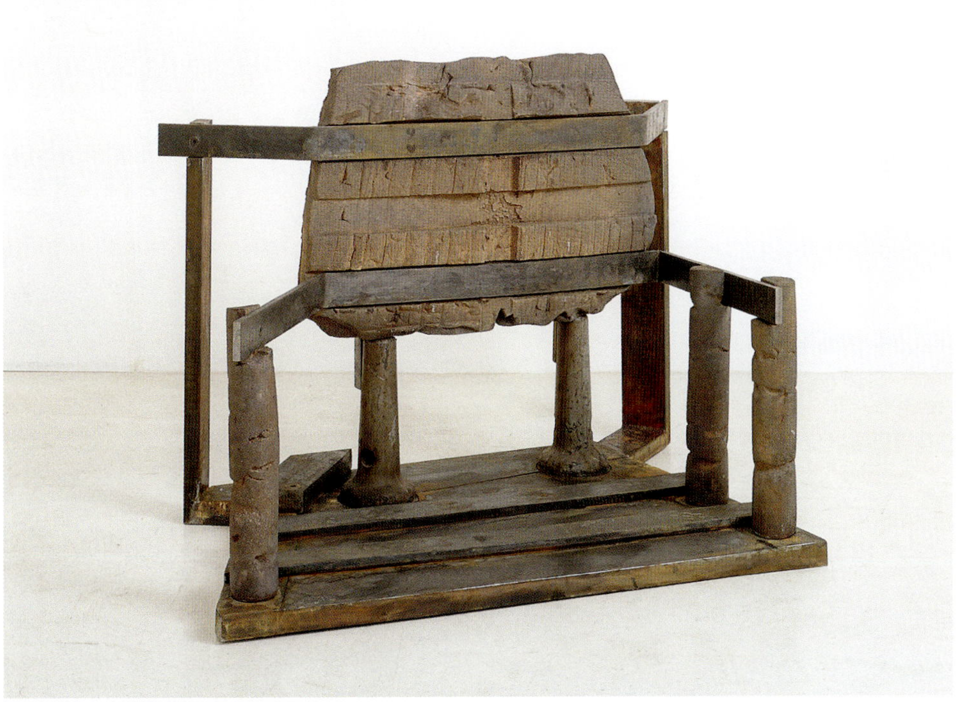

96
The Kenwood Series :
Messages
2003-2004
Grès et acier.
108 x 143,5 x 108 cm.
Courtesy Annely Juda Fine
Art, London ;
Paris, galerie Daniel Templon.

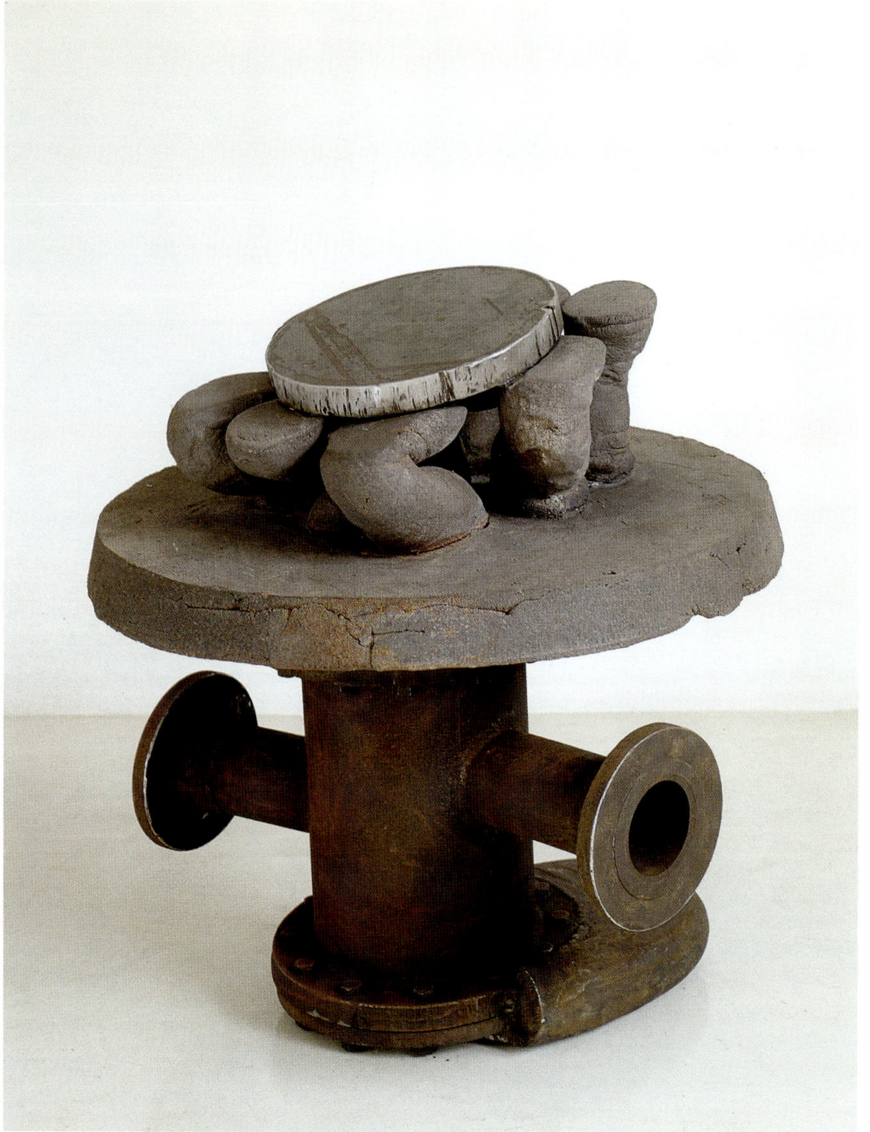

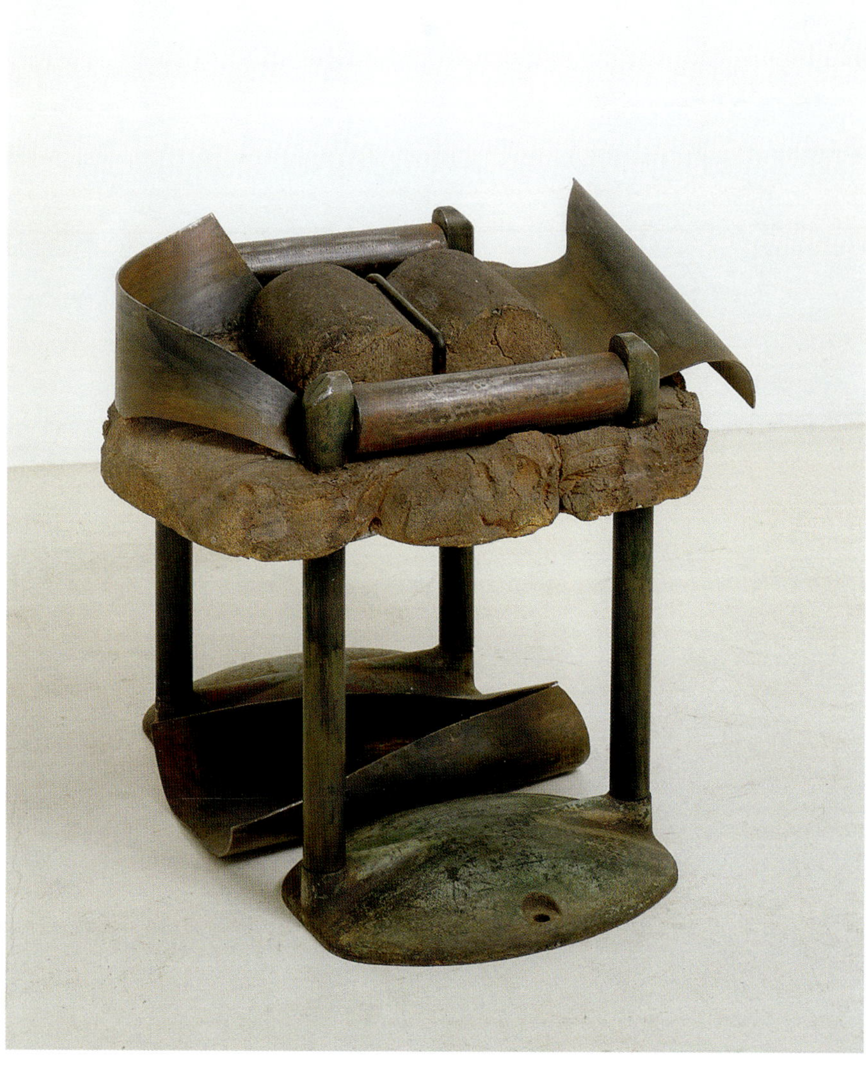

92
The Kenwood Series :
Bankers' Table
2003-2004
Grès et acier.
86,5 x 81 x 84 cm.
Courtesy Annely Juda Fine
Art, London ;
Paris, galerie Daniel Templon.

94
The Kenwood Series :
Lawmaker's Table
2003-2004
Grès, fonte
et acier inoxydable.
75 x 76 x 84 cm.
Courtesy Annely Juda Fine
Art, London ;
Paris, galerie Daniel Templon.

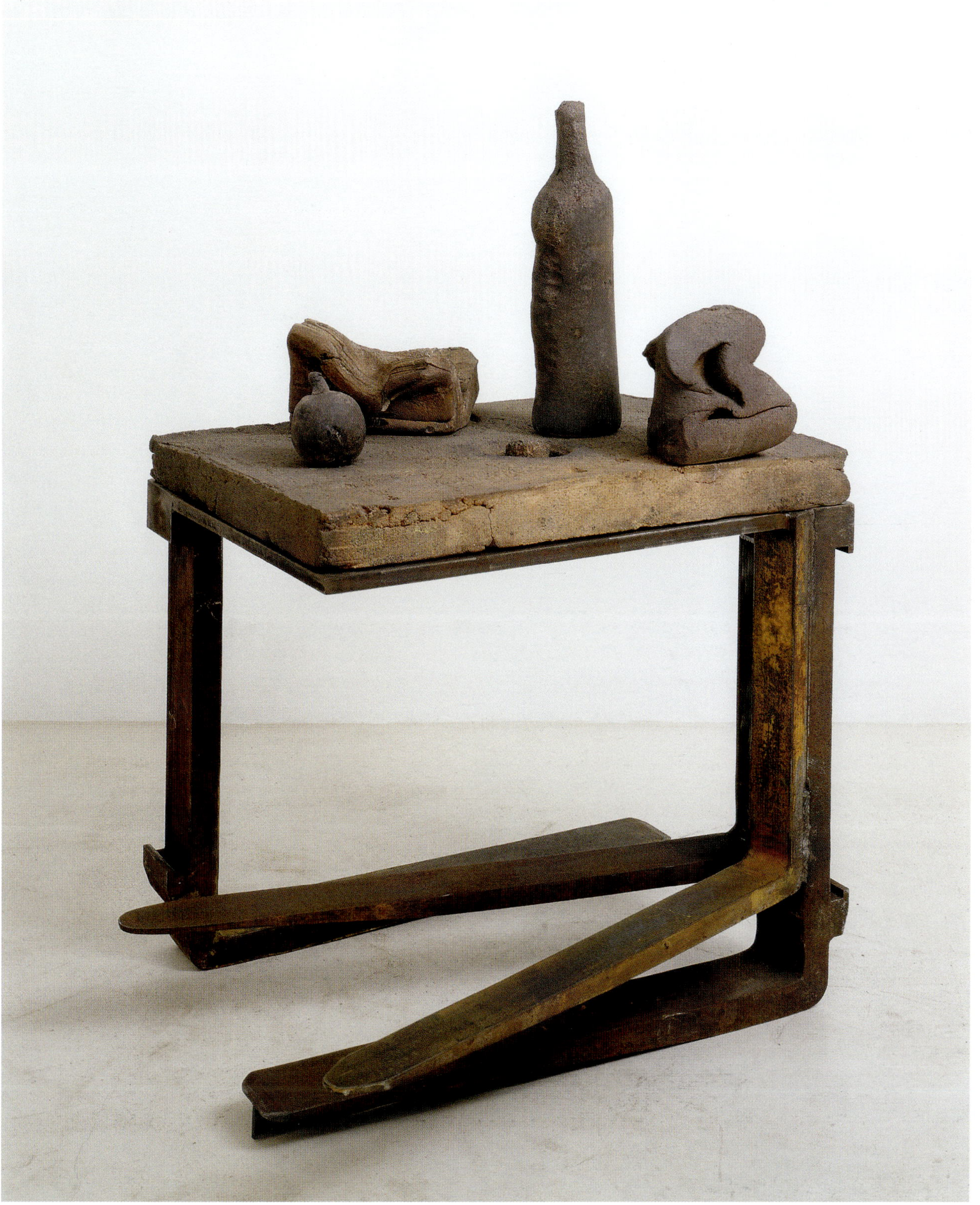

93
The Kenwood Series :
Artist's Table
2003-2004
Grès et acier
150 x 122 x 103 cm.
Courtesy Annely Juda Fine
Art, London ;
Paris, galerie Daniel Templon.

CHŒUR DE LUMIÈRE
CHAPEL OF LIGHT

Olivier Kaeppelin

L'œuvre d'Anthony Caro pour le chœur de l'église Saint-Jean-Baptiste
Une commande publique en site classé

Anthony Caro's work at the Saint-Jean-Baptiste Church
A listed building project tender.

Le nom de Bourbourg apparaît pour la première fois dans les chroniques de Froissart au XIVe siècle, l'auteur y relate les vicissitudes que rencontre l'église Saint-Jean-Baptiste au cours de la Guerre de Cent Ans. Reconstruit sur le plan du sanctuaire du XIe siècle par les moines de l'abbaye Saint-Bertin, l'édifice est situé en plein cœur du bourg. De la période gothique ne subsistent que le portail occidental et le chœur, lequel est remarqué au XVIIe siècle comme le plus grand des Flandres : il est classé Monument historique en 1920.

En mai 1940, l'église subit un bombardement qui détruit la couverture dans un incendie. L'année suivante la voûte du chœur s'écroule et le pavement est démonté pour les besoins de l'occupant. À partir de 1955 la nef et le transept sont restaurés mais l'ensemble oriental est soustrait à la vue par une cloison de briques. Retranché du corps de l'église, le chœur reste fermé au culte durant près de cinquante ans. Ce sinistre marque encore de nos jours l'esprit des paroissiens comme celui de la population.

En 1997, à l'occasion de l'engagement de l'étude de restauration, la Conservation des Monuments Historiques décide d'associer un artiste. À la demande de Monseigneur Defois, évêque du diocèse de Lille, un projet de baptistère est intégré au programme.

UNE ŒUVRE POUR LE LIEU

Fin 1999, l'artiste Anthony Caro est invité à visiter le chœur ruiné de l'église Saint-Jean-Baptiste de Bourbourg afin d'y étudier une proposition de commande de grande ampleur. Le sculpteur britannique dont les

The name Bourbourg first appeared in Froissart's fourteenth century chronicles where the author recounts the trials and tribulations that the Saint-Jean-Baptiste church faced during the Hundred Year War. The building rebuilt on the draft of the 11th century sanctuary by the Saint-Bertin monks is situated in the heart of the town. The western portal and the choir are all that remain from the gothic period. The latter is noted in the 17th century as the biggest in Flanders: registered as a listed French monument in 1920.

In May 1940 a bombardment set fire to and destroyed the roof. The following year the chapel archway collapsed and the ornamental tiling was dismantled for use by the occupying forces. In 1955 restoration work started on the nave and the transept, but the larger part of the eastern nave remained hidden from view by a brick partition. Cut-off from the body of the church, the choir remained closed for worship over almost fifty years. This blaze is remembered by both the parishioners and the local residents.
In 1977, when the time came to consider restoration, the Conservation of National Monuments decided to commission an artist. According to the wishes of Bishop Defois of Lille, a baptistery project was integrated into the programme.

A WORK OF ART FOR THE LOCATION:

At the end of 1999, Anthony Caro was invited to visit the ruined chapel at the Saint-Jean-Baptiste church in Bourbourg in order to put together a proposition for this enormous project. The British artist, whose plastic arts research since the sixties has contributed to the renewal of monu-

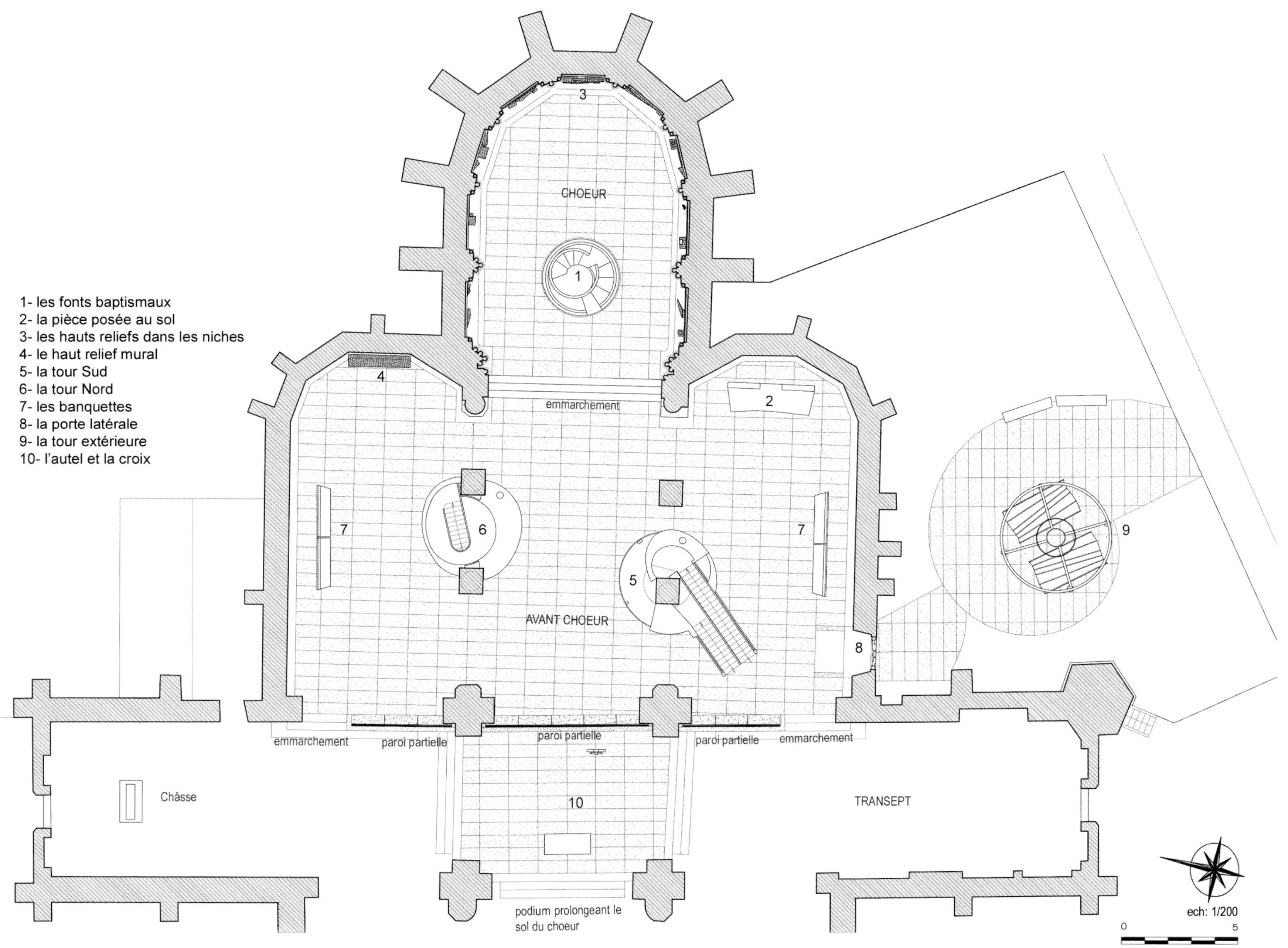
1- les fonts baptismaux
2- la pièce posée au sol
3- les hauts reliefs dans les niches
4- le haut relief mural
5- la tour Sud
6- la tour Nord
7- les banquettes
8- la porte latérale
9- la tour extérieure
10- l'autel et la croix
CHOEUR
3
1
4
emmarchement
2
7
6
7
9
5
AVANT CHOEUR
8
Châsse
emmarchement
paroi partielle
paroi partielle
paroi partielle
emmarchement
10
TRANSEPT
podium prolongeant le
sol du choeur
ech: 1/200
0
5

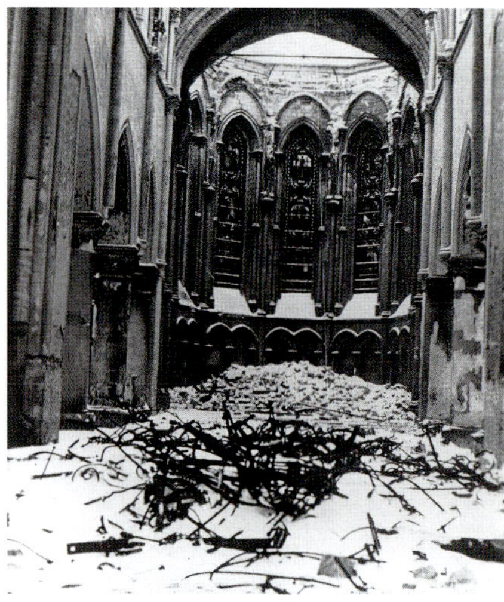

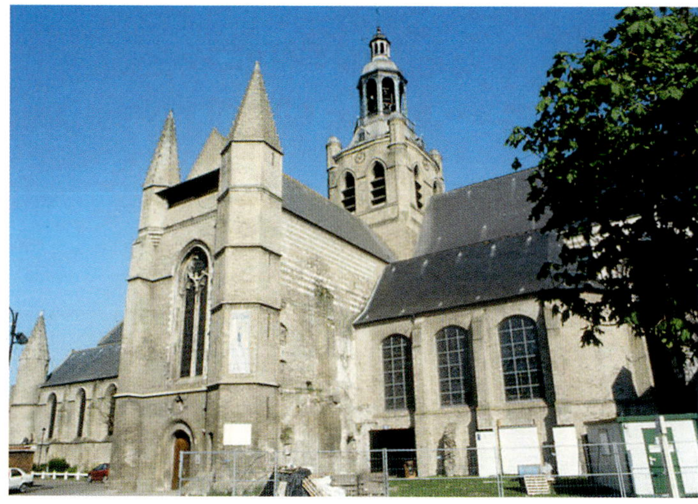

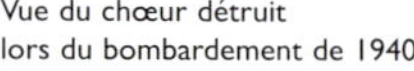
Vue du chœur détruit
lors du bombardement de 1940.

Vue du bas-côté latéral Sud.

recherches plastiques ont dès les années 1960 contribué au renouveau de la sculpture monumentale, est au sommet de sa reconnaissance. Il vient d'achever *Le Jugement Dernier*, ensemble magistral conçu entre 1995 et 1999. Cette ample récit sculpté est formé de 25 pièces : chacune joue avec la taille, le modelage et l'assemblage qui réunissent la terre cuite, le bois, la pierre et le métal. *Le Jugement Dernier* confirme le recours à la figure, mais, pour la première fois, l'artiste introduit l'Histoire immédiate. C'est la réponse manifeste du sculpteur aux horreurs des guerres ethniques de la Bosnie au Rwanda. Les sources puisées aux Écritures Saintes sont enrichies de passages empruntés à la mythologie et augmentées des drames de notre actualité. Chaque sculpture est contenue dans un parallélépipède de bois : une porte massive introduit le visiteur dans l'espace où sont alignées les 25 « stations ». L'ensemble forme une suite dramaturgique impressionnante par son unité.

Lors de sa première visite à Bourbourg où il est invité pour réfléchir à la présence d'une œuvre, l'artiste est saisi par l'édifice : dès qu'il franchit le seuil qui sépare la croisée du chœur, il est littéralement emporté par l'esprit du lieu. Le chœur offre une qualité spatiale qui tient à la proportion des volumes et aux jeux de la lumière sur la matière. L'artiste touché par la réalité physique de cette masse minérale dont chaque pierre porte l'empreinte du conflit, accepte de répondre favorablement. Rappelons par ailleurs qu'en 1944, Anthony Caro alors sous-lieutenant dans la Royal Navy, connaît l'écrasement de Londres sous les bombardements. Le critique Marcelin Pleynet relie cette donnée biographique à la démarche de l'artiste et note que le caractère de cette sculpture exprime « une pensée singulièrement européenne du sol ». Les multiples relations établies entre le sol et la sculpture confèrent à chaque œuvre un développement spatial spécifique. À partir

mental sculpture, is regarded as one of the world's greatest living sculptors. He had just completed 'The Last Judgement,' a magnificent collection conceived between 1995 and 1999. This vast sculptural story is made up of 25 components: each one play with the scale, sculpture and design process which bring together terracotta, wood, stone and metal. The Last Judgement confirms recourse to the figurative, but for the first time the artist introduces immediate history. It is the sculptor's indisputable response to the horrors of racial wars from Bosnia to Rwanda. Sources drawn from the Scriptures are enriched with excerpts from mythology and added to by current crises. Each sculpture is contained in parallel-piped wood: a massive door leads the visitor into the area where the 25 'stances' are aligned. The whole forms a dramatic work of art, impressive in its unity.

On his first visit in Bourbourg the artist was entranced by the building as soon as he stepped over the threshold which separates the transept crossing from the choir, he was literally swept away by the spirit of the place. The chapel has a distinctive spatial quality thanks to the proportion of its volumes and the play of light on the building. The artist, moved by the physical reality of this mineral mass where each stone tells a tale of conflict, accepted the challenge.
Furthermore, let's not forget that in 1944, Anthony Caro, second lieutenant in the Royal Navy, lived through the bombing of London. The critic, Marcelin Pleynet, links this biographical element with the artist's approach and seizes the sculpture's character expresses 'a particularly European way of thinking about the ground.' The many relationships established between ground and sculpture give each work a specific spatial development. From the 80s, the growing interest shown towards experimenting with space, intensifies the proximity between sculpture and

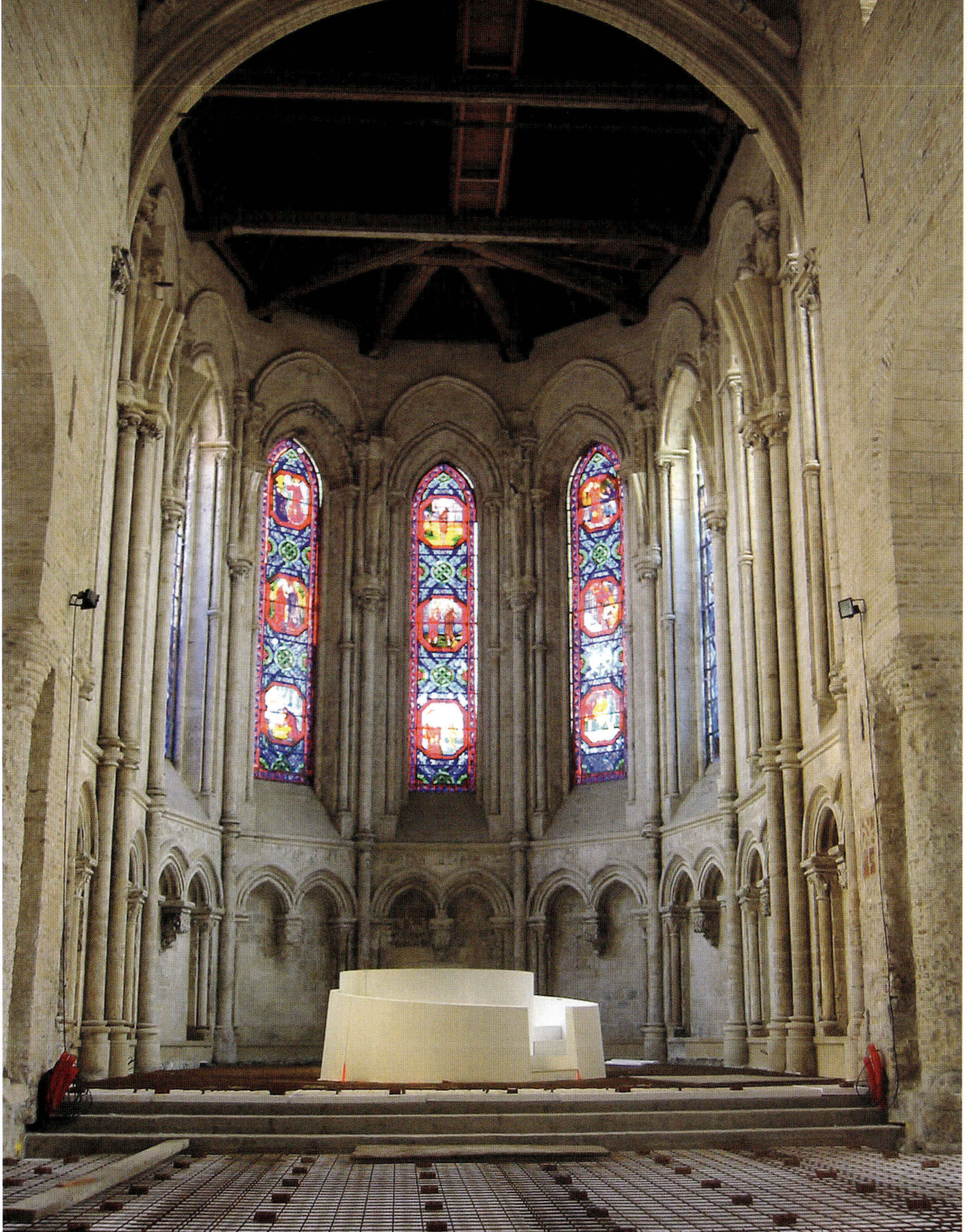

La maquette grandeur réelle des fonts dans le chœur en chantier.

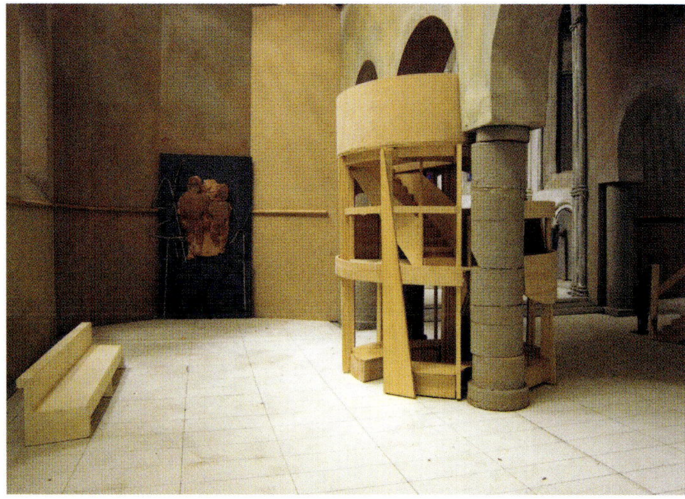

État du projet juin 2007.
Maquette du chœur au 1/10ᵉ.

Anthony Caro dans l'atelier de
construction de la tour Sud,
janvier 2008.

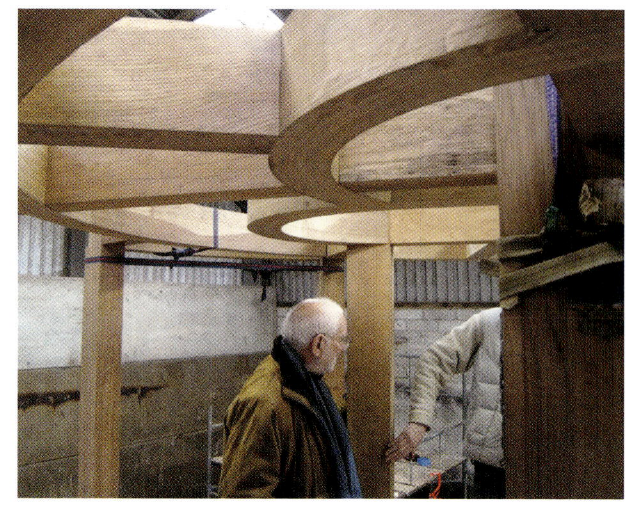

des années 1980, l'intérêt croissant porté à l'expérience de l'espace intensifie la relation de la sculpture à l'architecture : l'usage du terme « sculpi-tecture » témoigne de ce rapprochement.
La sculpture du *Jugement Dernier* par exemple, relève d'un principe qui génère son lieu propre. Elle forme un ensemble autonome non destiné à un espace particulier.

À Bourbourg, le chœur possède déjà sa propre identité, son vide s'offre comme un réceptacle au sculpteur qui tel un arpenteur, commence par appréhender le sol en terre battue. L'intensité de cette rencontre inaugure d'une manière décisive la relation développée au fil de presque dix années d'étude. La force indicible de ce premier contact détermine l'ambition du projet, son parti pris.
Dès son retour à l'atelier, l'artiste, qui réfléchit à partir d'une maquette du chœur réalisée au 1/10ᵉ, déclare : « Le chœur de l'église sera un baptistère et une chapelle de l'espérance, orienté à l'Est, il capturera le soleil du matin »…

L'œuvre de Bourbourg est pensée pour le lieu, elle est une réponse à son architecture, qui, revisitée, se donne à voir sous un jour nouveau. L'implantation est réglée par la géométrie du nouveau pavement et la volumétrie des espaces détermine la stature de chaque composition.

L'introduction de la fonction de baptistère offre à l'artiste l'occasion d'opérer la conversion du lieu désaffecté et vacant en un espace inspiré dont il réanime le vide. Le parcours sculpté est focalisé sur les fonts baptismaux qui distribuent chacun des moments du parcours.

architecture: the use of the term 'sculpi-tecture' indicates this close correlation. As an example, the Last Judgement sculpture stems from a protocol which generates its own place. It forms an autonomous body not intended for a specific space.

At Bourbourg, the chapel already had its own identity; its emptiness offered itself to the sculptor like a receptacle and like a surveyor, Anthony Caro started by apprehending the hard-packed ground. The intensity of this encounter was decisive in the relationship forged over almost ten years of study. The extraordinary force of this first contact determined the way forward for the project.
Back in his studio, whilst contemplating a model of the choir on a scale of 1:10, the artist stated:
"The church choir will be a baptistery and a chapel of hope, and facing east, the sun will fall on it in the morning." (Free translation from the French).

The Bourbourg work is specific to the place, and is a response to the architecture; revisited, it is seen in a new light. Its implementation is regulated by the new ornamental tiling and the volume of the space determines the stature of each composition.

The re-introduction of the baptismal font offers the artist the chance to transform this disused and empty space into an inspired place infused with meaning. The sculpted itinerary concentrates on the baptismal fonts which pave out each step.

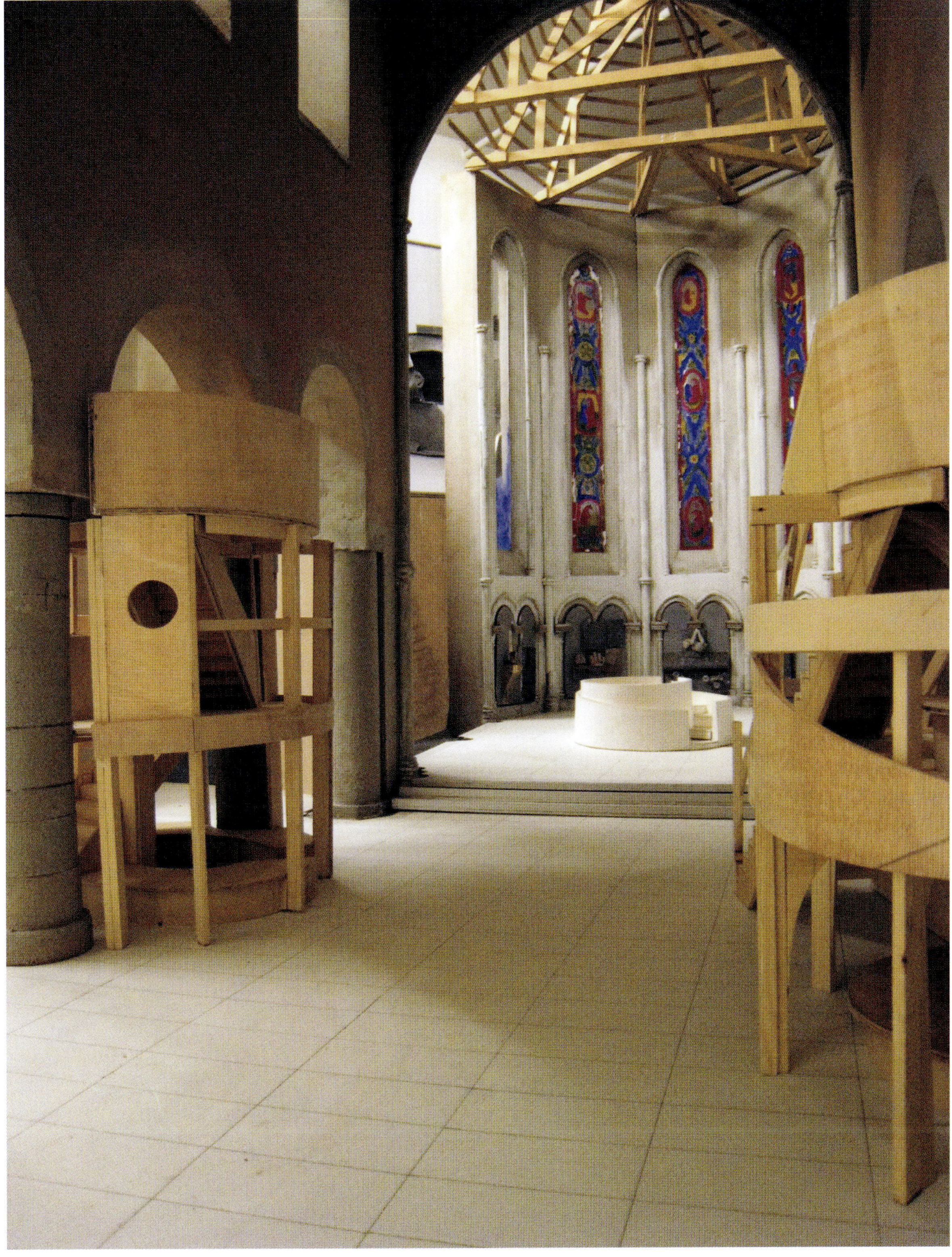

État du projet fin 2007.
Bas-côté Nord - Tour Sud.

La proposition est implantée sur deux niveaux, deux champs sur lesquels l'œuvre monumentale se pose, telle une partition. Le parcours est composé d'une quinzaine de sculptures, il est réglé sur la figure du cercle, récurrente dans toute l'œuvre, et qui invite le visiteur à s'engager dans une déambulation scandée par ses variations répétées.

Le chœur surplombe de quelques marches l'avant chœur, il accueille en son centre la cuve baptismale. Celle-ci est circulaire, de la même texture de béton que la nappe minérale dont elle émerge. Son volume est composé d'une double spirale qui se soulève et s'entrouvre sur un jeu de pas qui en offre l'accès. À la périphérie des fonts se tiennent les neuf niches qui habitent la paroi verticale de l'abside.
Chaque niche héberge un haut-relief, sculpture faite de terre cuite et de feuilles d'acier. Les thèmes de l'eau et de la création du monde sont la source d'inspiration de ce récit ondoyant animé d'un mouvement continu de plis, failles et chevauchements. Cette séquence de terre et d'acier mêlés exprime les mouvements de matière et de vie d'un paysage initial.

L'œuvre dans l'avant chœur est composée selon le rythme en trois temps de l'espace : un volume dans l'axe de la nef, flanqué de deux bas-côtés latéraux. Deux sculptures tours bordent la partie centrale et en soulignent la verticalité. Elles sont en chêne français et mesurent près de cinq mètres de haut. Inscrites autour des piles Sud et Nord qu'elles étreignent sur toute leur hauteur, ces géantes élancent et développent leur structure, déploient l'arrondi de leur volumétrie. La tour Sud, fuselée, aérienne, filtre la lumière. La tour Nord, plus dense, lui répond : la masse ventrue de ses flancs opaques absorbe une clarté sans soleil. Ces deux figures évoquent les chaires à prêcher : leur silhouette fait écho aux tours médiévales, et évoque l'habitation archaïque…

The proposition is introduced on two levels; the monumental composition works on both like a partition. The passage is made up of around fifteen sculptures, based on the shape of a circle, a dominant theme reappearing throughout the work, which encourages the visitor to wander through the recurring variations.

The choir overhangs the fore-choir by several steps, accommodating the font in the middle. It's circular; the concrete is of the same texture as the mineral expanse from which it emerges. Its volume is made up of a double spiral which half-opens misleadingly onto steps to which there is no access. Around the fonts there are nine niches which house the vertical inner apse wall.
Each niche contains a high relief, an assembled terracotta and steel sheet sculpture. Themes of water and of the Creation are the source of inspiration for this shimmering animated account made up of a continual movement of folds, rifts and overlapping. This alternating sequence of clay and steel expresses the movement of matter and life in the Beginning.

The work in front of the choir is composed of three defined parts: the volume in the nave's arch, flanked by two lateral aisles; and two tower sculptures which border the main area and emphasise the verticality. They are made of French oak and are almost five metres high. Hugging the south and north pillars that they embrace with their height, these giants reach to the sky and develop their structure using the roundness of their volume. The slender, sylphlike south pillar filters the light. The denser north tower provides a haughty counterbalance; the rounded mass of its opaque sides absorbs a sunless light. These two figures evoke the pulpits: their silhouette calling to mind medieval towers, the echo of an ancient past…

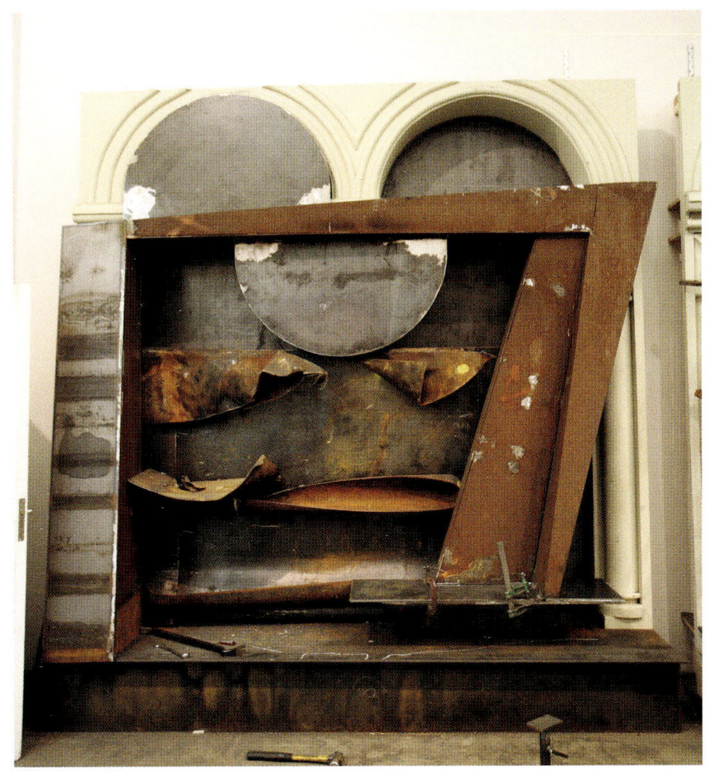
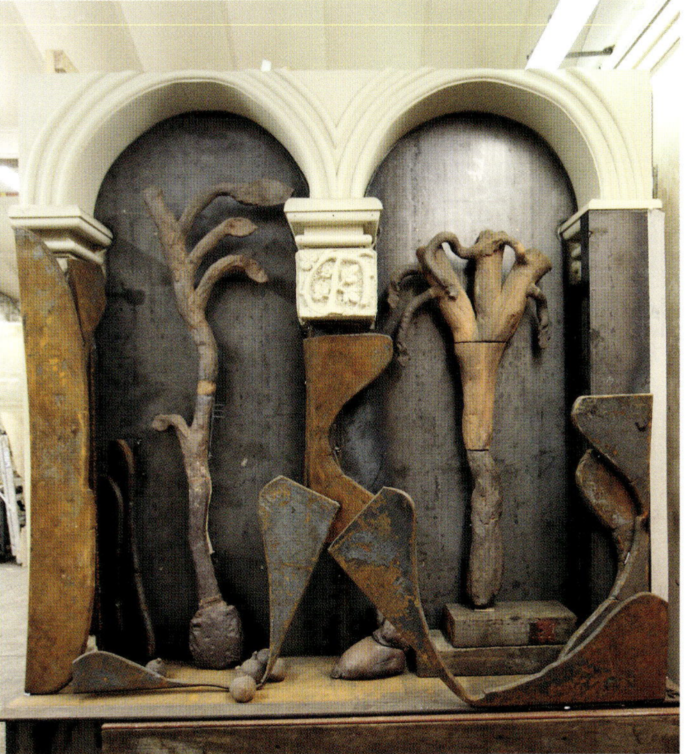
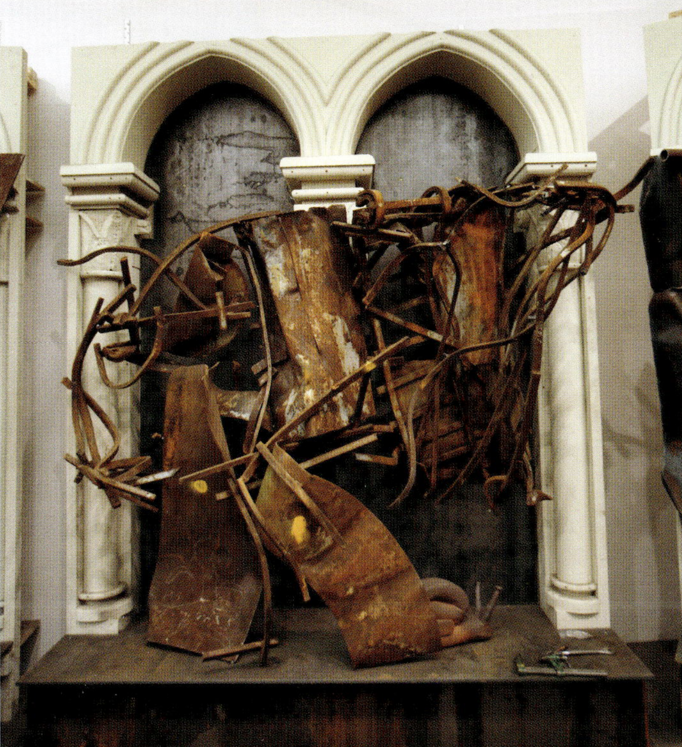
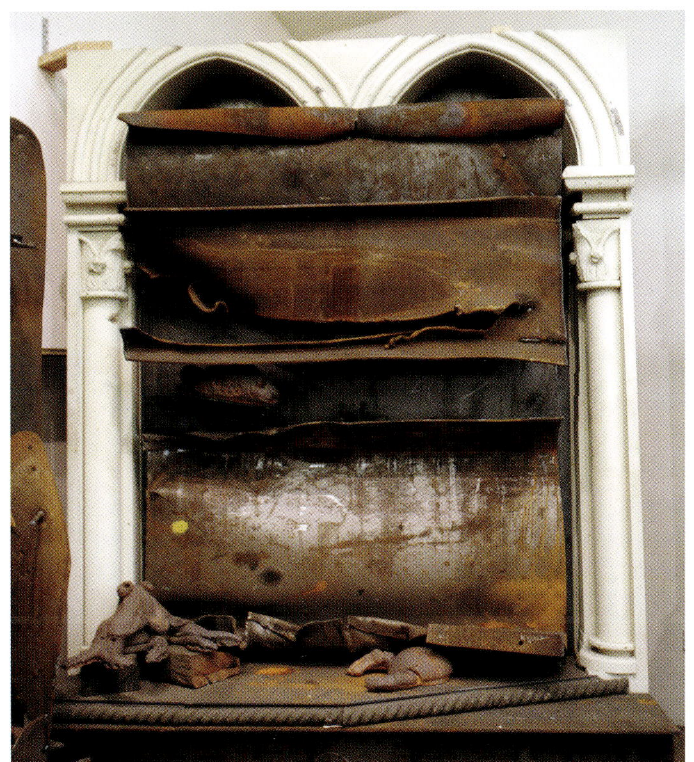

Les sculptures des niches du
chœur en chantier dans l'atelier
de Londres
de gauche à droite, de haut en bas :

By the river
Fruits
Insects
The Seashore

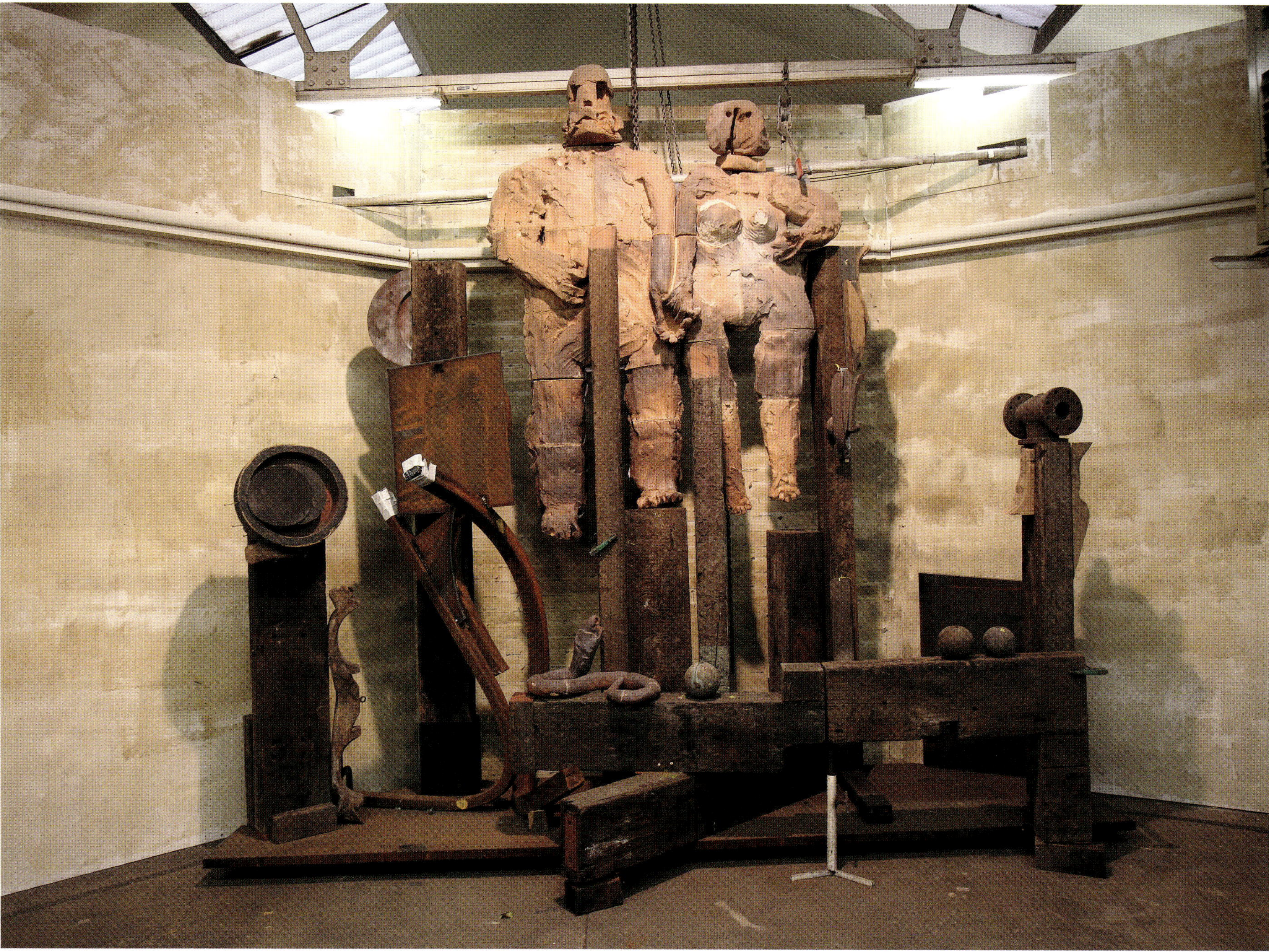

Paradise Garden en chantier dans
l'atelier à Londres, novembre 2007

Ces masses remarquables sont aussi à la mesure de l'arbre qui a livré le bois de leur puissante structure rayonnante, elles invitent à l'élévation. Ce mouvement ascensionnel n'est pas abstrait, il est concret. En s'élevant dans ces tours, on pratique l'espace de l'église d'une manière inédite : l'architecture reste, l'espace change.

De part et d'autre des tours, dans chaque bas côté, l'absidiole abrite une œuvre. Au Sud, une sculpture est présente, composée de fragments de corps et de morceaux de figurines de couleur bistre, foisonnement de terre cuite et de grès. Au Nord, un haut-relief se détache de la paroi. Deux figures à mi-hauteur du mur sont réunies côte à côte, comme scellées dans un même devenir : c'est un couple debout dont les corps sont contraints par un joug en bois. Raidis par la peine, ces personnages semblent avancer : ils surplombent un serpent qui se dresse.
Les deux sculptures inscrites dans les absidioles balisent le voyage intérieur. L'une, au Sud, introduit au cheminement, l'autre, au Nord, suspend le parcours sans le clore.

À la jonction du chœur et de la croisée de transept, l'artiste déploie un dispositif écran en verre translucide qui filtre et cadre l'estrade de l'officiant. Un programme de mobilier liturgique constitué de l'autel, de la croix, de candélabres, de lutrins et du tabernacle, complète l'espace du sanctuaire.

Enfin, à l'extérieur, une grande sculpture en forme de porche circulaire marque le bas-côté Sud de l'église. Cette pièce en acier est la manifestation contemporaine qui relie l'espace public et l'espace sacré. Gardienne, la sculpture signe l'entrée latérale du baptistère qu'elle pré-

These amazing masses owe their size to the tree which supplied the wood for their powerful, radiant structure, and they draw the gaze upwards. This ascending movement is not abstract, it is concrete. By following the line of these towers, the church space is used in a novel way: the architecture remains, the space changes.

On either side of the towers, in each aisle, the apsidal contains a work. In the south, a sculpture awaits: it is composed of fragments and pieces of figurines of a blackish-brown colour, a profusion of terracotta and stoneware. In the north, a high relief stands out from the partition. Two figures halfway up the wall are reunited side by side, as if bonded for life: a couple is standing constricted by a wooden yoke. Stiffened by pain, these characters seem to advance: they hang over a snake that is getting ready to strike. The two sculptures in the apse mark out the inner journey. One in the south introduces the way; the other, in the north, defers the journey…yet not indefinitely.

At the junction of the choir and the crossing of the transept, the artist uses a glass translucent screen mechanism which frames the officiant's podium. The altar, cross, candelabra, lectern and tabernacle complete the liturgical whole, perfecting the sanctuary space.

Finally, outside, a large sculpture in the shape of a circular porch marks the southern aisle of the church. This steel piece is a contemporary expression which links the public and sacred space. The sculpture guards the side entry to the baptistery that it precedes and prepares the visitor for the discovery of the choir. This passage, with measured equilibrium, is the link between the cyclical movement of pilgrims and the daily coming and going of the city.

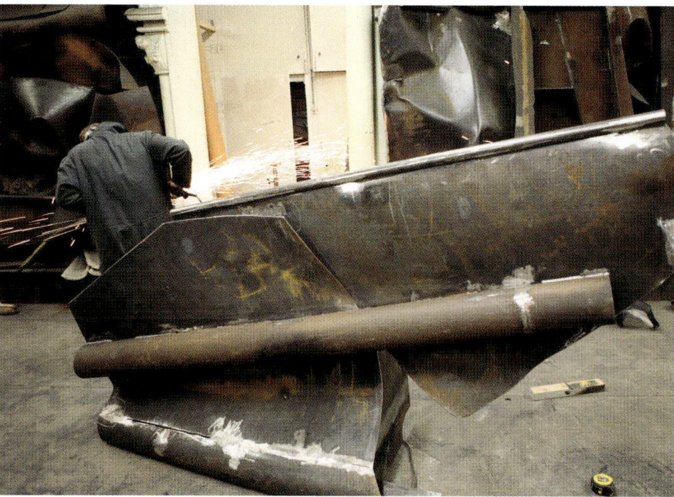
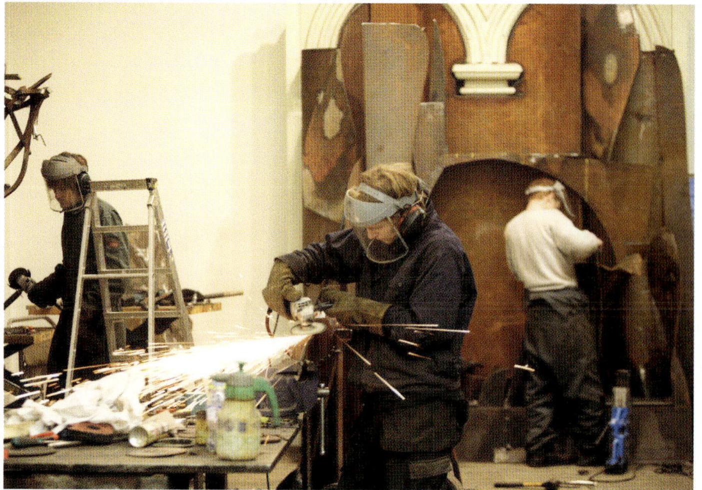

Les sculptures du chœur en chantier dans l'atelier à Londres, septembre 2007 - janvier 2008.

cède, et prépare le visiteur à la découverte du chœur. Cette figure, à l'équilibre mesuré, est le trait d'union entre le mouvement cyclique des pèlerins et le va-et-vient quotidien de la cité.

À Bourbourg, l'œuvre d'Anthony Caro accorde sa dramaturgie aux enjeux cultuels et plastiques du chœur. Elle possède une beauté paradoxale, à la fois épurée et expressive, contemporaine et intemporelle. L'artiste insuffle à sa composition une énergie vitale qui transcende le destin tragique du lieu. Il puise dans l'Histoire et imprime à l'ensemble le mouvement inspiré de cette terre reconquise. En quelques séquences, l'auteur délivre l'expérience sensible du site et change l'étendue matérielle en un espace spirituel. Le parcours sculpté pour le chœur de l'église Saint-Jean-Baptiste réintroduit dans ce lieu retranché depuis près de cinquante ans un horizon propice à l'espoir, c'est dire composé de formes, de valeurs sensibles qui permettent d'avoir foi en la vie et de choisir sa présence plutôt que son abandon.

At Bourbourg, Sir Anthony Caro's work brings together his dramatic art with the religious rituals and plastic constraints of the choir. It has a paradoxical beauty, simultaneously refined and expressive, contemporary and timeless. The artist breathes life into his composition which transcends the tragic destiny of the place. He draws from historical sources and restructures the whole. In several sequences, the artist offers up a sensitive experience of the site and changes the material area into a spiritual space. The sculpted itinerary for the Saint-Jean-Baptiste church choir offers a positive future after nearly fifty years of abandonment.

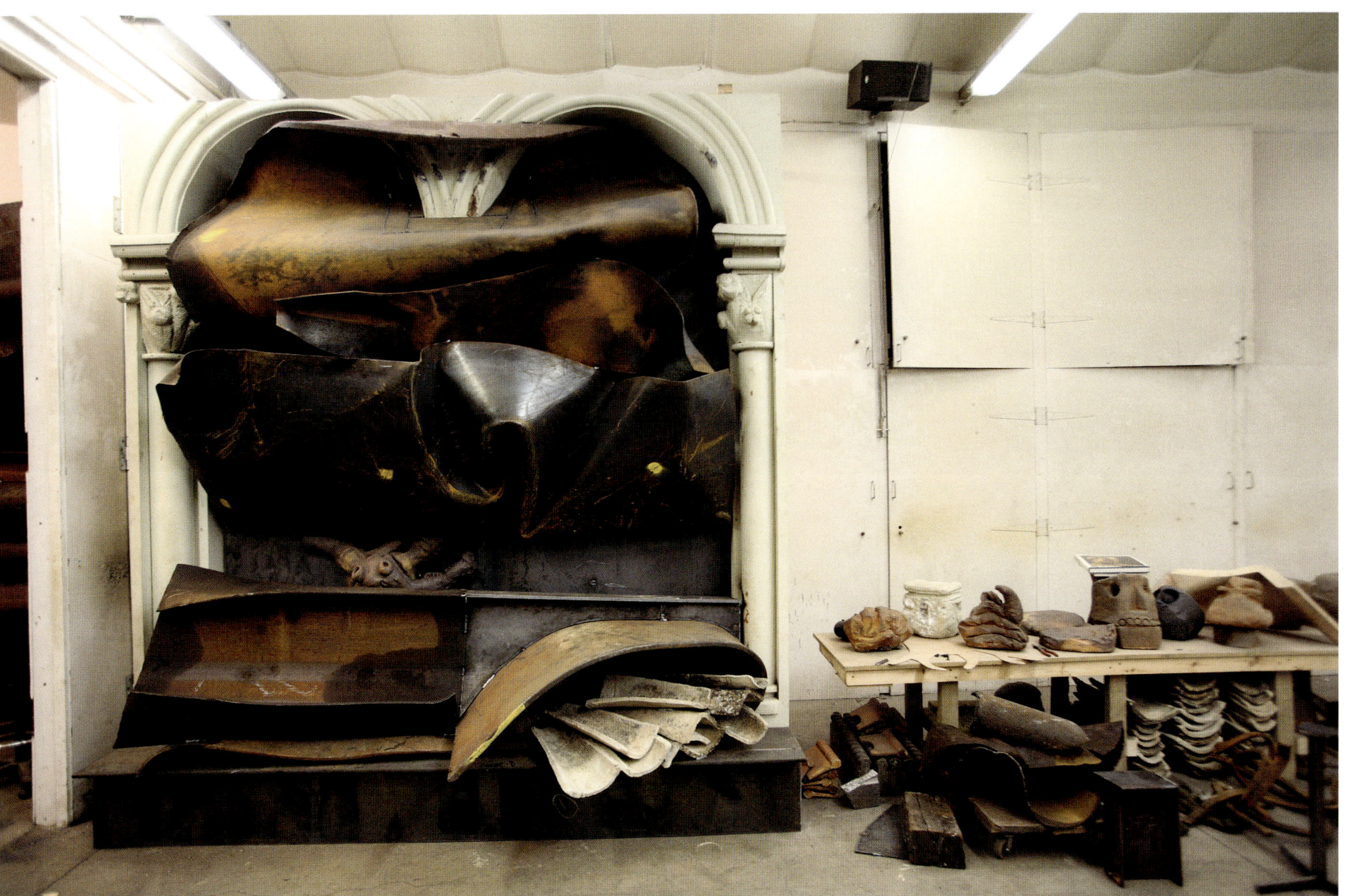

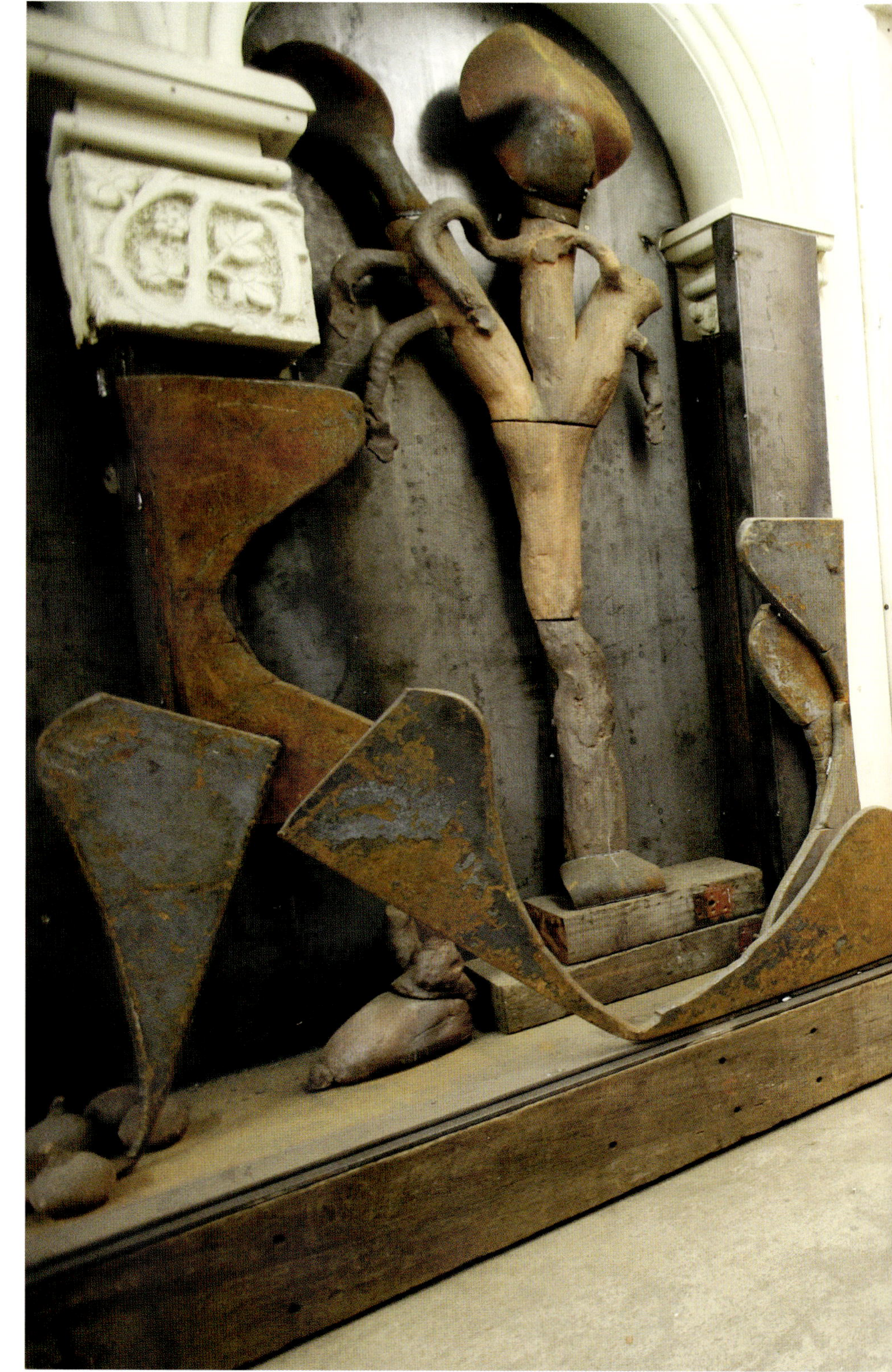

Les sculptures du chœur en chantier dans l'atelier à Londres, novembre 2007.

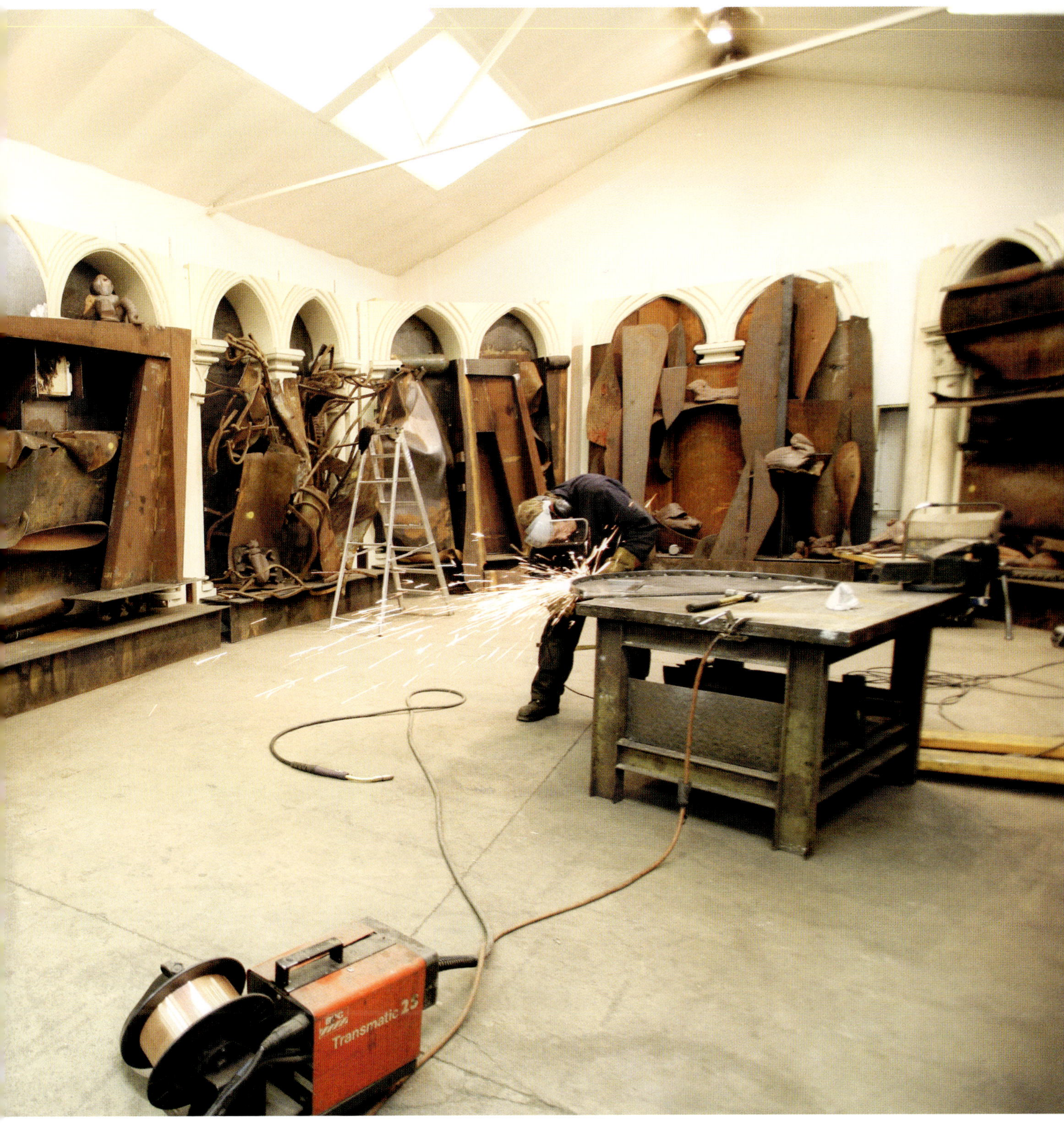

1924

Naît le 8 mars à New Malden (Surrey). Son père Alfred Caro travaille dans la finance.

1937-1942

Poursuit ses études secondaires dans un établissement privé réputé, la Charterhouse School à Godalming.

1942-1944

Prépare un diplôme d'ingérieur au Christ's College de Cambridge. Pendant les vacances, s'inscrit à la Farnham School of Art et fréquente l'atelier du sculpteur Charles Wheeler, membre de la Royal Academy.

1944-1946

Effectue son service militaire dans l'aéronavale.

1946-1947

Étudie la sculpture auprès de Geoffrey Deeley à la Regent Street Polytechnic.

1947-1952

Suit les cours de la Royal Academy à Londres, où il a pour professeurs F. E. Mc William, Alfred Frank Hardiman. Travaille d'après des plâtres d'œuvres grecques, étrusques, romanes et gothiques.

1948

Remporte les médailles d'argent dans les catégories modelage et taille directe, et la médaille de bronze dans la catégorie composition, aux examens de la Royal Academy.

1949

Épouse l'artiste peintre Sheila Girling. Le couple aura deux enfants, Timothy en 1951 et Paul en 1958.

1951-1953

S'établit à Much Hadham, pour travailler à mi-temps dans l'atelier de Henry Moore. Continue à dessiner d'après le modèle vivant à la Royal Academy.

1953-1981

Enseigne deux jours par semaine à la St. Martin's School of Art de Londres. Il compte parmi ses élèves David Annesley, Michael Bolus, Richard Deacon, David Evison, Barry Flanagan, Hamish Fulton, les futurs Gilbert & George, Brower Hatcher, Peter Hide, Phillip King, Richard Long, Tim Scott, William Tucker et Isaac Witkin.
Aide Frank Martin à réorganiser le département de sculpture de l'école et à diversifier le cursus. Les cours de sculpture et de dessin seront fusionnés afin de favoriser la compréhension du modèle plutôt que la copie.

1954

Emménage à Hampstead, dans le Grand Londres. Réalise des personnages en terre ou en plâtre, parfois coulés en bronze, comme *Man Holding His Foot*.
Passe l'été à Porlock, où il exécute des moulages de rochers qu'il incorpore dans des sculptures de personnages, avec de vrais galets et cailloux.

1955

Deux de ses œuvres figurent à l'exposition « New Painters and Painters-Sculptors » à l'Institute of Contemporary Art de Londres.

1956

Première exposition personnelle à l'étranger, à la Galleria del Naviglio de Milan : vingt têtes et personnages « expressionnistes » en terre ou en plâtre, dont *Woman Waking Up* (1955).

1957

Première exposition personnelle à Londres, chez Gimpel Fils.

1958

Expose *Man Taking Off His Shirt* (1956) à la Biennale de Venise.

1959

Expose plusieurs sculptures, dont *Woman With Flowers* (1958) et *Woman On Her Back* (1951) à la 1ʳᵉ Biennale de Paris, dite « Biennale des Jeunes », où il remporte le prix de sculpture. Avec l'argent de ce prix, se rend à Carnac pour voir les mégalithes.
La Tate achète *Woman Waking Up* (1955).
Se rend pour la première fois aux États-Unis grâce à une bourse de la fondation Ford. Fait la connaissance de David Smith, Kenneth Noland, Robert Motherwell, Helen Frankenthaler, Richard Diebenkorn et Edward Kienholz, entre autres. Rencontre le critique Clement Greenberg, dont les visites et conversations au fil de nombreuses années auront une profonde influence sur sa démarche artistique.

1960

De retour à Londres, réalise sa première œuvre abstraite en acier, *Twenty Four Hours* (achevé en 1961 ; Londres, Tate Gallery).
La transformation radicale de son art l'oblige à reconsidérer ses méthodes d'enseignement. Frank Martin fait installer un atelier de soudure à la St. Martin's School. L'atmosphère expérimentale de l'école et les échanges avec les élèves fournissent des stimulations permanentes.

1961

Réalise sa première œuvre en acier polychrome, *Sculpture Seven*. *The Horse* (1961) est la seule sculpture à figurer à l'exposition de peintures organisée par Lawrence Alloway à la Marlborough New London Gallery.

1963

Une exposition personnelle à la Whitechapel, organisée par son directeur Bryan Robertson, réunit quinze œuvres abstraites en acier, dont *Capital* (1960), *Midday* (1960), *Twenty Four Hours* (1961), *Sculpture Seven* (1961), *Early One Morning* (1962), *Month of May* (1963) et *Pompadour* (1963).
Participe à une exposition collective chez Kasmin, à Londres. Cette galerie lui consacrera des expositions personnelles en 1965, 1967, 1971 et 1972, puis, après être devenue la Knoedler Gallery, en 1978, 1982, 1983, 1984, 1986, 1989 et 1991.

1963-1965

Donne des cours aux États-Unis, au Bennington College, où Jules Olitski, Paul Feeley et Peter Stroud enseignent également.
Renoue ses liens avec Kenneth Noland et David Smith qui habitent dans la région. Noland lui conseille de réaliser des séries de sculptures sur un même thème.
La brigade de sapeurs-pompiers du Bennington College met à sa disposition un grand garage reconverti en atelier provisoire, où il réalise plusieurs œuvres, dont *Titan* (1964) et *Bennington* (1964).

1964

Première exposition personnelle à New York, chez André Emmerich, réunissant cinq sculptures, dont *Prospect* (1964). Cette galerie lui consacrera d'autres expositions personnelles en 1968, 1970, 1972, 1973, 1974, 1977, 1978, 1979, 1982 (deux fois), 1984, 1986, 1988, 1989, 1991 et 1994, et à Zurich en 1974, 1978 et 1985.
Présente *Hopscotch [Marelle]* (1962) et *Month of May* (1963) à la Documenta III de Cassel.

1965

Son œuvre *Early One Morning* (1962) figure à l'exposition *British Sculpture in the Sixties* organisée à la Tate par la Contemporary Art Society, avant d'entrer dans les collections permanentes du musée grâce à un don de cette association.
Expose *Twenty Four Hours* (1960), *Sculpture Seven* (1961) et *Prospect* (1964) à la Washington Gallery of Modern Art.
À partir de cette date, et durant les vingt années suivantes, se rend aux États-Unis trois ou quatre fois par an pour des séjours d'un mois environ.

1966

Fait partie des *Five Young British Artists* sélectionnés pour le pavillon britannique à la Biennale de Venise, avec les peintres Richard Smith, Harold Cohen, Bernard Cohen et Robyn Denny.
Participe à l'exposition *Primary Structures: Younger American and British Sculptors* organisée au Jewish Museum de New York par Kynaston McShine.
À la suite d'une conversation avec Michael Fried, commence à réaliser des œuvres de petit format munies d'un manche ou d'une anse, et conçues pour retomber sur le bord de la table : les *Table Pieces* [« Sculptures de table »].
Incorpore des grillages dans des œuvres de grand format comme *Red Splash* et *The Window*.

1924
Born 8 March, New Malden, Surrey, son of Alfred and Mary Caro, both families from Norwich, father a stockbroker.

1937-42
Attends Charterhouse School, Godalming, Surrey.

1942-44
Studies engineering at Christ's College, Cambridge During vacations attends Farnham School of Art and works in studio of sculptor Charles Wheeler RA.

1944-46
Serves in Fleet Air Arm of Royal Navy.

1946-47
Attends Regent Street Polytechnic, studies sculpture with Geoffrey Deeley.

1947-52
Receives strict academic training at Royal Academy Schools, London, taught by different sculptor Royal Academicians (F.E. McWilliam, Alfred Frank Hardiman, Siegfried Charoux and Maurice Lambert).
Studies and copies Greek, Etruscan, Romanesque and Gothic sculpture.

1948
Awarded two silver medals (clay figure modelling, carving) and one bronze medal (composition) from Royal Academy Schools.

1949
Marries the painter Sheila Girling (two sons Timothy 1951, Paul 1958).

1951-53
Moves to Much Hadham, Hertfordshire with wife and family to work as part-time assistant to Henry Moore. Continues to draw from the model at Royal Academy Schools.

1953-81
Teaches two days weekly at St Martin's School of Art, London; students include David Annesley, Michael Bolus, Richard Deacon, David Evison, Barry Flanagan, Hamish Fulton, Gilbert & George, Brower Hatcher, Peter Hide, Phillip King, Richard Long, Tim Scott, William Tucker and Isaac Witkin.
Joins Frank Martin, Head of Sculpture Department, in reorganising the department and developing the curriculum Integrates sculpture and drawing into a single class with a view to understanding rather than copying the subject.

1954
Family moves to Hampstead.
Makes figurative sculpture in clay and plaster, sometimes cast in bronze, such as *Man Holding His Foot* (1954).
During summer vacations at Porlock, Somerset, makes moulds of rocks and cliff outcroppings, which are incorporated along with pebbles and stones into figurative sculptures.

1955
Two figurative sculptures included in group exhibition 'New Painters and Painter-Sculptors', Institute of Contemporary Art, London.

1956
First one-man exhibition at Galleria del Naviglio, Milan; twenty sculptures shown, expressionist figures and heads modelled in clay or plaster, including *Woman Waking Up* (1955).

1957
First one-man exhibition in London: Gimpel Fils Gallery.

1958
Man Taking Off His Shirt (1955/56) exhibited at the Venice Biennale.

1959
First Paris Biennale for young artists; sculptures exhibited include *Woman with Flowers* (1958) and *Woman On Her Back* (1951). Awarded prize for sculpture, which enables him to visit Carnac, Brittany where he studies the primitive menhirs and dolmens.
Tate Gallery purchases *Woman Waking Up* (1955).
Visits USA for the first time on Ford Foundation English Speaking Union grant. Meets Clement Greenberg in New York; subsequent conversations and studio visits over many years are a great influence on his approach and his attitude to art.
Also meets sculptor David Smith and painter Kenneth Noland, as well as Robert Motherwell, Helen Frankenthaler, Richard Diebenkorn, Ed Keinholz and other New York and West Coast painters.

1960
In London makes first abstract sculptures in steel, starting with *Twenty Four Hours* (1961), *Capital* (1960) now in the Tate Gallery collection Radical change in his ideas forces him to rethink his teaching methods. Frank Martin sets up a welding shop at St Martin's; experimental atmosphere in school and working relationship with students provide forum for stimulating exchanges.

1961
Makes first polychrome sculpture, *Sculpture Seven* (1961) Exhibits the only sculpture, *The Horse* (1961), in 'New London Situation', an exhibition of 'situation paintings' selected by Lawrence Alloway and held at Marlborough New London Gallery.

1963
Large one-man exhibition of fifteen abstract steel sculptures at Whitechapel Art Gallery, London, organised by its director, Bryan Robertson. Sculptures exhibited include *Twenty Four Hours* (1961), *Midday* (1960), *Sculpture Seven* (1961), *Early One Morning* (1962), *Month of May* (1963) and *Pompadour* (1963)
Included in group show at Kasmin Limited, London. Kasmin continues to show Caro's work regularly: solo exhibitions 1965, 1967, 1971, 1972 and (under the name of Knoedler Gallery) 1978, 1982, 1983, 1984, 1986, 1989, 1991.

1963-65
Teaches at Bennington College, Bennington, Vermont: other members of faculty include painters Jules Olitski, Paul Feeley and Peter Stroud.
Renews contact with Noland and Smith who live nearby Noland suggests Caro works in series, which he has done many times since.
Large garage belonging to the Bennington College Fire Department made available for Caro's use as a temporary studio and he produces a number of works, including *Titan* (1964) and *Bennington* (1964).

1964
First one-man exhibition in New York at André Emmerich Gallery; five sculptures shown include *Prospect* (1964). Emmerich continues to exhibit Caro's work regularly: solo exhibitions 1968, 1970, 1972, 1973, 1974, 1977, 1978, 1979, 1982 (twice), 1984, 1986, 1988, 1989, 1991, 1994 and at Galerie André Emmerich, Zürich, in 1974, 1978, 1985 Exhibits *Month of May* (1963) and *Hopscotch* (1962) at Documenta III, Kassel, Germany.

1965
Exhibits *Early One Morning* (1962) in group show entitled *British Sculpture in the Sixties* at the Tate Gallery, London, organised by the Contemporary Art Society; CAS presents *Early One Morning* to the Tate Gallery collection.
Exhibition at Washington Gallery of Modern Art, Washington DC, includes *Twenty Four Hours* (1960), *Sculpture Seven* (1961) and *Prospect* (1964).
For the next two decades visits USA 3-4 times a year, usually working there for about a month each time.

1966
Exhibits at Venice Biennale in the British Pavilion with painters Richard Smith, Harold Cohen, Bernard Cohen and Robyn Denny in exhibition entitled *Five Young British Artists* Exhibits in 'Primary Structures: Younger American and British Sculptors' at the Jewish Museum, New York, organised by Kynaston McShine.
Following conversation with Michael Fried begins to make small sculptures, using handles and coming over the edge of the table; calls these *Table Pieces*.
In larger works such as *Red Splash* (1966) and *The Window* (1966/67) incorporates grills and mesh screens.

1967

Rétrospective au Rijksmuseum Kröller-Müller d'Otterlo.
Récupère les débris de métal provenant du fonds d'atelier de David Smith.
Expose deux œuvres récentes, *Prairie* et *Deep Blue Body* chez Kasmin à Londres.

1968

Dans le prolongement des *Tables Pieces*, crée des œuvres de grand format, comme *Trefoil*, où il incorpore une plaque d'acier placée à la même hauteur qu'un plateau de table.
Titan (1964) figure à l'exposition *Noland, Louis and Caro* au Metropolitan Museum of Art de New York.

1969

Rétrospective organisée par Joanna Drew à la Hayward Gallery de Londres, réunissant cinquante œuvres de 1954 à 1968. Michael a écrit un texte pour le catalogue.
Représente la Grande-Bretagne à la Xᵉ Biennale de São Paulo, avec John Hoyland.
Convertit en atelier une ancienne fabrique de pianos à Londres, dans le quartier de Camden Town.
Patrick Cunningham devient son assistant dans ce nouvel atelier.
Achète des pièces détachées de matériel agricole, y compris des pales d'hélice et des socs de charrue, qu'il utilise dans des œuvres comme *Orangerie* et *Sun Feast*.

1970

À partir de cette date, effectue régulièrement de courts séjours dans le Vermont, à Shafstbury, pour travailler à l'atelier de Kenneth Noland, où il a pour assistant James Wolfe (et plus tard Willard Boepple).
Réalise des sculptures en acier rouillé simplement verni ou ciré, comme *The Bull*.
Participe avec *Pile Stack* (1969) à l'exposition d'art anglais contemporain au National Museum of Art de Tokyo.
Expose *Orangerie* (1969) et *Sun Feast* (1969) chez André Emmerich, à New York. Lewis Cabot achète *Sun Feast* et devient un de ses principaux collectionneurs privés.

1971

Siège au jury du prix de dessin Perth Prize, à la Western Australia Art Gallery de Perth.
Voyage autour du monde avec sa femme et ses deux fils, en faisant des escales au Mexique, en Nouvelle-Zélande, en Australie et en Inde, où il donne des conférences dans des écoles d'art et des universités.

1972

Réalise une série de sept sculptures en acier rouillé, les *Straight*, utilisant comme module une poutre profilée en « double T ».
Travaille à l'usine Ripamonte de Veduggio con Colzano avec son assistant James Wolfe. Réalise quatorze sculptures en acier laminé extra-doux.

1973

Se procure de l'acier laminé extra-doux aux aciéries de Consett, dans le comté de Durham, et réalise les sculptures *Durham Purse* et *Durham Steel Flat*.
Le Museum of Modern Art de New York achète *Midday* (1960).

1974

Travaille à l'usine de la York Steel Company à Toronto avec ses assistants James Wolfe, Willard Boepple et André Fauteux. Il y retournera souvent au cours des deux années suivantes pour exécuter trente-sept sculptures en utilisant des appareils de manutention tels que les chariots élévateurs. C'est la série des *Flats* [*Aciers plats*], comprenant notamment, pour l'année 1974, *Lake Ontario Flats, Pin Up Flats, Scorched Flats, Shuttle* et *Surprise Flats*.

1975

Rétrospective au Museum of Modern Art de New York, présentée ensuite au Walker Art Center de Minneapolis, au Museum of Fine Arts de Houston et au Museum of Fine Arts de Boston.
Participe à un atelier de céramique animé par Margie Hughto à l'université de Syracuse, dans l'État de New York.

1976

Nommé citoyen d'honneur de la ville de New York par le maire Abraham Beame.

1977

Le British Council organise une exposition itinérante de ses *Table Pieces,* présentée en Israël, en Australie, en Nouvelle-Zélande et en Allemagne.
Artiste en résidence au « camp d'art » du lac Emma, dépendant de l'université de la Saskatchewan, exécute pendant ce séjour canadien les quinze sculptures de la série *Emma*, dont *Emma Dipper* (Londres, Tate Gallery collection), *Emma Dance* (achevée en 1978) et *Emma Scribble* (achevée en 1979).

1978

Réalise ses premières « calligraphies » en acier, où il incorpore souvent des objets utilitaires.
Commence à modeler des éléments en argile qu'il coule en bronze avant de les souder directement sur du métal.
Exécute une commande pour la nouvelle aile de la National Gallery of Art de Washington, construite par I. M. Pei.

1980

Réalise une série de paravents en bronze.
Le sculpteur Rodger Mack, qui enseigne à l'université de Syracuse, l'invite à travailler le bronze dans une ancienne usine de la Can Company reconvertie en atelier par l'université. Réalise les séries *Can Co* et *Water Street.*
Crée ses premières œuvres en bois et plomb.

1981

Le célèbre graveur Ken Tyler l'accueille à son atelier de Bedford Village et l'aide à réaliser un ensemble de sculptures murales en papier à la cuve.
Expose à la Städtische Galerie de Francfort douze grandes sculptures en acier qui sont présentées ensuite au Saarland Museum de Sarrebruck.

1982

Prononce le discours annuel à la mémoire de William Townsend à l'University College de Londres.
Organise avec Robert Loder le premier Triangle Artists Workshop à Pine Plains, pour trente peintres et sculpteurs venus des États-Unis, d'Angleterre et du Canada. Des artistes de nombreux pays y participeront au fil des ans. Lui-même y retourne tous les ans jusqu'en 1991, où Willard Boepple, Jon Isherwood et Karen Wilkin prennent la relève.
Peint à l'acrylique dans l'atelier de Helen Frankenthaler à New York.

1984

Pour ses soixante ans, l'Arts Council organise une rétrospective à la Serpentine Gallery de Londres, présentée ensuite à la Whitworth Gallery de l'université de Manchester, à la Leeds City Art Gallery, au musée Ordrupgaard de Charlottenlund-Copenhague, au Kunstmuseum de Düsseldorf et à la Fondation Joan Miró de Barcelone.
Achève sa première sculpture de dimensions architecturales, que le spectateur appréhende de l'extérieur et de l'intérieur : la *Child's Tower Room* en chêne du Japon. Cette œuvre figure ensuite avec trois autres de la même série dans une exposition itinérante organisée par l'Arts Council, inaugurée au magasin Liberty's de Londres.

1985

Fait construire une maison de campagne à Ancram, dans l'État de New York, qui lui servira d'atelier aux États-Unis. Jon Isherwood y sera son assistant.
Invité d'honneur au séminaire de sculpture de la Jan van Eyck Academie de Maastricht.
Prononce le discours annuel à la mémoire de Delia Heron à l'école des beaux-arts de Falmouth.
Se rend en Grèce pour la première fois.

1986

Achève deux sculptures inspirées de frontons grecs, *Scamander* et *Rape of the Sabines*.

1987

Dirige l'atelier « Acier 87 » à Berlin.
Crée un grand bronze, *Chicago Fugue*, pour le siège de l'entreprise immobilière John Buck Company, dans South Lasalle Street, à Chicago.

1967
Retrospective exhibition at Rijksmuseum Kröller-Müller, Otterlo, Holland.
Acquires stock of raw materials from estate of the late David Smith.
Exhibits *Prairie* (1967) and *Deep Body Blue* (1967) at Kasmin Ltd, London.

1968
Development of table sculptures; incorporates steel table-height surfaces into large scale sculptures including *Trefoil* (1968).
Exhibits *Titan* (1964) in *Noland, Louis and Caro*, Metropolitan Museum of Art, New York.

1969
Retrospective exhibition at Hayward Gallery, London, consisting of fifty works from 1954-1968, organised by Joanna Drew, with a catalogue essay by Michael Fried.
Exhibits, with John Hoyland, in British Section of Tenth São Paulo Biennale.
Moves studio to former piano factory in Camden Town, London
Patrick Cunningham becomes Caro's studio assistant in London.
Purchases parts of agricultural machinery, including plough shares and propeller blades, which are used in sculptures incorporating different levels, including *Orangerie* (1969) and *Sun Feast* (1969).

1970
Works each year for short periods at Kenneth Noland's studio at Shaftsbury, Vermont, assisted by James Wolfe and later Willard Boepple.
Makes unpainted steel sculptures where the rusted steel is varnished or waxed, such as *The Bull* (1970).
Exhibits *Pink Stack* (1969) in the exhibition 'Contemporary British Art' at the National Museum of Modern Art, Tokyo
Exhibits Orangerie and *Sun Feast* at André Emmerich Gallery, New York; *Sun Feast* bought by Lewis Cabot, who becomes an important collector of Caro works.

1971
Invited to judge Perth Prize at 1971 Drawing International at Western Australia Art Gallery, Perth.
Travels around the world with his family visiting Mexico, New Zealand, Australia and India, lecturing at art schools and universities.

1972
Makes series of seven rusted steel sculptures, the *Straight* series, based on the H-beam.
Works at Ripamonte factory in Veduggio, Brianza, with James Wolfe as assistant; makes fourteen sculptures using soft edge rolled steel.

1973
Obtains soft edge rolled steel from Consett, County Durham, England; makes *Durham Purse* and *Durham Steel Flat* (1973/74)
Museum of Modern Art, New York, acquires *Midday* (1960).

1974
Works at York Steel Company factory in Toronto; makes large sculptures using heavy steel handling equipment such as mobile cranes, assisted by sculptors James Wolfe, Willard Boepple and André Fauteux. Returning many times over the next two years completes 37 sculptures, later known as the *Flats* series, including *Lake Ontario Flats* (1974), *Pin Up Flat* (1974), *Scorched Flats* (1974) *Schuttle* and *Surprise Flats* (1974).

1975
Retrospective exhibition at Museum of Modern Art, New York (which later travels to Walker Art Center, Minneapolis, Museum of Fine Arts, Houston and Museum of Fine Arts, Boston)
Works in ceramic clay at workshop organised by Margie Hughto at Syracuse University, New York.

1976
Presented with key to the City of New York by Mayor Abraham Beame.

1977
Retrospective exhibition of *Table Pieces* organised by The British Council tours to Israel, Australia, New Zealand and Germany.
Artist in residence at Emma Lake summer workshop, University of Saskatchewan, Saskatoon, using tubular steel in a linear mode. Sculptures made there, later known as the *Emma* series, include *Emma Dipper* (1977, now in the Tate Gallery collection, Londres) and *Emma Dance* (1977/78).

1978
Makes first 'writing pieces': small calligraphic sculptures in steel, often including tools or other utensils.
Experience of working with clay leads to the use of clay parts cast in bronze welded directly to plate bronze and brass.
Executes commission for architect I M Pei's new East Wing building of the National Gallery of Art, Washington, DC.

1980
Makes a series of bronze screens.
Invited by Rodger Mack to work in bronze at Can Company factory, converted into sculpture department of Syracuse University; makes *Can Co* series and *Water Street* series
Begins series of lead and wood sculptures.

1981
Makes series of sculptures in handmade paper, mostly wall reliefs, with Ken Tyler at Tyler Graphics, New York
Exhibits 12 large steel sculptures at Städtische Galerie, Frankfurt, later travelling to Saarland Museum, Saarbrücken, Germany.

1982
Delivers William Townsend Memorial Lecture on sculpture at University College, London.
Together with Robert Loder organises the first Triangle Workshop for thirty sculptors and painters from USA, England and Canada at Pine Plains, New York; over the years artists from many countries attend. Participates annually thereafter until 1991, when leadership is handed over to Willard Boepple, Jon Isherwood and Karen Wilkin.
Paints in acrylic at Helen Frankenthaler's studio in New York.

1984
60th Birthday solo exhibition at Serpentine Gallery, London, organised by The Arts Council; later tours to Whitworth Art Gallery, University of Manchester, Leeds City Art Gallery, Ordrupgaardsamlingen, Ordrupgaard, Kunstmuseum, Düsseldorf, and Fundacio Joan Miró, Barcelona.
Completes first sculpture with an architectural dimension where the spectator is invited to enter the work and experience its inner space: *Child's Tower Room* (1983/84) in Japanese oak; shown in the Arts Council touring exhibition 'Four Rooms', which opens at Liberty's, London.

1985
Builds a barn at Ancram, New York state, to be used as US studio
Jon Isherwood becomes Caro's US studio assistant Guest leader at sculptors' workshop at Jan van Eyck Academie, Maastricht.
Delivers Delia Heron Lecture, Falmouth School of Art Visits Greece for the first time.

1986
Completes *Scamander* (1985/86) and *Rape of the Sabines* (1985/86), in a series of sculptures inspired by Greek pediments.

1987
Leads 'Stahl 87' workshop in Berlin.
Creates large bronze sculpture, *Chicago Fugue* (1986/87), for John Buck Company, South Lasalle Street, Chicago
At Triangle Workshop at Pine Plains, New York works with Frank Gehry on architectural/sculptural 'village'.
Participates in special Triangle workshop in Barcelona and starts *Barcelona* series, which he later returns to Spain to finish.

Au Triangle Artists Workshop de Pine Plains, travaille avec Frank Gehry à un projet de « village » entre sculpture et architecture.
Participe à un Triangle Workshop organisé à Barcelone et commence la série de sculptures *Barcelona*, qu'il reviendra achever sur place.
Prononce le 4e discours annuel de la Contemporary Art Society, sur le thème de « la méthode de l'artiste », à la Tate Gallery collection.
Réalise à Londres sa sculpture la plus monumentale à ce jour, *After Olympia*.

1988

Le Metropolitan Museum of Art de New York présente *After Olympia* sur son toit-terrasse pendant tout l'été.
Xanadu clôt la série des œuvres inspirées de frontons grecs antiques.
Commence à Londres une série de trente-trois *Tables Pieces* en utilisant le reste de l'acier quil s'était procuré à Barcelone : c'est la série des *Catalan Series*.

1989

Expose une partie des sculptures des deux séries *Barcelona* et *Sculptures catalanes* à la salle d'exposition du Banco Bilbao Vizcaya, à Barcelone.
Rétrospective au Walker Hill Art Center de Séoul. Voyage en Corée et en Inde.
Participe à des ateliers de sculpture en acier et de sculpture en bronze aux universités d'Edmonton et de Red Deer, dans l'Alberta.
Commence une série de quatorze « sculptures de table » qui s'appuient souvent sur le sol et même le mur : les *Cascades*.
Première exposition personnelle chez Annely Juda Fine Art, à Londres, intitulée « Aspects of Anthony Caro ». Cette galerie lui consacrera d'autres expositions personnelles en 1991, 1994, 1998 et 2001.

1990

Achève *Nigh Movements*, une œuvre en quatre parties distinctes (Londres, Tate Gallery collection).
Se rend au Japon et commence à l'atelier de Nagatani, à Obama, un ensemble de sculptures en papier qu'il achève à son retour à Londres.
Première exposition dans un musée français au musée des Beaux-Arts de Calais.

1991

Achève deux sculptures en relation avec l'architecture : *Sea Music* pour le port de Poole et *Tower of Discovery*.
Présente quatre grandes sculptures récentes à la Tate : *After Olympia*, *Tower of Discovery*, *Xanadu* et *Night Movements*.
Expose un choix de *Cascades* de 1989-1990 chez Annely Juda Fine Art à Londres, et chez André Emmerich à New York.

1992

Rétrospective sur le site antique des marchés de Trajan à Rome, organisée par Giovanni Caradente et le British Council.
Tower of Discovery (1991) est présentée à l'Exposition universelle de Séville.
La Fuji Television Gallery de Tokyo expose les sculptures en papier créées à Obama.
Reçoit la commande du *Chant des montagnes* pour le parc Albert Michallon au musée de Grenoble.
Le British Council organise une exposition itinérante des *Cascades* dans différentes villes de Hongrie, Roumanie, Turquie, Chypre, Grèce, Allemagne, Pays-Bas, Slovénie et Slovaquie.
Réalise des éléments en céramique à l'atelier de Hans Spinner près de Grasse, et les associe ensuite au bois et à l'acier dans la série de sculptures de *The Trojan War*, achevée à son atelier de Londres.

1994

L'école des beaux-arts de Hartford, dans le Connecticut, accueille une exposition *Caro, Noland, Olitski* accompagnée d'un colloque et d'un atelier.

1994-1995

Plusieurs expositions marquent son soixante-dixième anniversaire, dont un panorama de cinquante ans de sculpture chez Annely Juda Fine Art à Londres, présenté ensuite chez Hans Meyer à Düsseldorf et (avec quelques modifications) chez Kukje à Séoul.
Expositions personnelles chez André Emmerich à New York, Richard Gray à Chicago et C. Grimaldis à Baltimore.
Présentation itinérante de *Tables Pieces* à la Kettle's Yard Gallery de Cambridge, puis à Manchester et à Sheffield.
The Trojan War (1994) au domaine de Kenwood à Londres et au parc de sculptures du Yorkshire à Wakefield.
À la demande de la fondation Moore, conçoit un important environnement à mi-chemin entre sculpture et architecture pour l'atelier Henry Moore de Dean Clough à Halifax : *Halifax Steps – Ziggurats and Spirals*.

1995

Grande rétrospective, réunissant cent treize œuvres, au nouveau Museum of Contemporary Art de Tokyo. Le commissaire Yasuyoshi Saito a confié la scénographie à Tadao Ando.

1996

Réalise la sculpture *Goodwood Steps*, présentée dans le parc du château de Goodwood jusqu'en 1998, puis à la Navy Pier de Chicago.
Participe avec Eduardo Chillida, Robert Jacobsen et Bernhard Luginbühl à l'exposition *Plätze und Platzzeichen* au Museum Würth de Künzelsau-Gaisbach.
Expose ses sculptures et dessins figuratifs des années 40 et 90 au musée des Beaux-Arts d'Angers.

1996-1997

The Trojan War (1994) est présentée à Salonique et à Athènes.
Avec l'architecte Norman Foster et l'ingénieur Chris Wise, remporte le concours pour le Millenium Bridge, la passerelle suspendue destinée à relier la cathédrale Saint-Paul, sur la rive Nord de la Tamise, à la Tate Modern, sur la rive Sud.

1998

Exposition personnelle sur le thème « sculpter d'après la peinture » à la National Gallery de Londres. C'est une première pour un sculpteur contemporain.
Présente ses œuvres récentes chez Annely Juda Fine Art à Londres, mais aussi à Amsterdam, Séoul et New York.
The Trojan War à la Marlborough Gallery de New York.
Fait une incursion dans le théâtre en dessinant les décors pour le *Samson Agonistes* de John Milton, mis en scène par Barrie Rutter au théâtre de Dean Clough à Halifax (sa femme Sheila Girling crée les costumes).

1999

Participe à la Biennale de Venise avec *The Last Judgement*, une sculpture commencée en 1995, composée de vingt-cinq éléments distincts en terre cuite, bois et acier, évoquant les atrocités du XXe siècle.
Expose la série des *Arena Pieces* à la Marlborough Gallery de Boca Raton, en Floride.
Invité par la National Gallery de Londres à travailler d'après une œuvre de la collection permanente, choisit *The Annunciation* (1311) de Duccio, qui lui inspire les *Duccio Variations*.
Retourne à l'atelier du graveur Ken Tyler, à New York, pour réaliser la série des *Paper Books*.

2000

Décoré de l'Ordre du mérite du Royaume-Uni, strictement limité à vingt-quatre membres titulaires. Aucun sculpteur n'avait reçu cette distinction depuis Henry Moore en 1963.
Expose à la Venice Design de Venise un ensemble d'œuvres de la série *Concerto*, où sont incorporés des fragments d'instruments de musique et, pour la première fois, des éléments coulés en laiton.
Trois œuvres d'une suite de sept, *Duccio Variations*, réalisées dans des matériaux allant du bois et acier au fer et plexiglas, figurent à l'exposition *Encounters*, à la National Gallery de Londres.
Le Museo de bellas artes de Bilbao présente *The Last Judgement* à son exposition inaugurale.
Huit de ses œuvres s'ajoutent à celles que possède déjà le Portland Art Museum, grâce à l'acquisiton de la collection Clement Greenberg.

Delivers the Contemporary Art Society's Fourth Annual Lecture, 'The Artist's Method', at Tate Gallery, London
Makes *After Olympia* (1986/87) in London, his largest sculpture to date.

1988

After Olympia (1986/87) is installed on roof garden of Metropolitan Museum of Art, New York, for duration of the summer.
Concludes investigation of pediment-inspired works with *Xanadu* (1986/88).
Starts series of 33 table sculptures made from steel elements brought back from the Barcelona workshop to London studio; calls these the *Catalan series*.

1989

Exhibits selection from the *Barcelona* and *Catalan* series at the Sala de Exposiciones del Banco Bilbao Vizcaya, Barcelona
Retrospective exhibition at Walker Hill Art Center, Seoul; visits Korea and India.
Attends steel sculpture workshop, University of Alberta, Edmonton, and bronze workshop at Red Deer College, Alberta
Begins working on the *Cascades* series of 14 *Table Pieces*, which often involve the floor and even the wall.
First solo show at Annely Juda Fine Art, London, entitled *Aspects of Anthony Caro*; subsequent solo exhibitions in 1991, 1994, 1998 and 2001.

1990

Completes work on *Night Movements* (1987/90), a single work in four separate units, now in the Tate Gallery collection, London. Visits Japan and at Nagatani's workshop, Obama, starts series of paper sculptures, later completed in England.
First exhibition in a french museum, in Calais musée des beaux arts.

1991

Completes two sculptures involving a dialogue with architecture: *Sea Music* (1991) for the quayside in Poole, Dorset, and *Tower of Discovery* (1991).
Exhibition of four recent large sculptures in the Duveen Galleries of the Tate Gallery, London: *After Olympia*, *Tower of Discovery*, *Xanadu* and *Night Movements*
Exhibits selections of the *Cascades* table pieces (1989/90) at Annely Juda Fine Art, London and André Emmerich Gallery, New York.

1992

Retrospective exhibition in the ancient Trajan Markets, Rome, organised by Giovanni Caradente and The British Council.
Tower of Discovery (1991) shown at the World Expo Fair, Seville
Obama paper works shown at Fuji Television Gallery, Tokyo
Makes *Chant des montagnes* (1993/94) for Musée de Grenoble, France.
The British Council tours the *Cascades* series (1989/90) to museums in Hungary, Romania, Turkey, Cyprus, Greece, Germany, Holland, Slovenia and Slovakia
Makes a series of ceramic sculptural elements at the workshop of Hans Spinner near Grasse, France; these are later combined with wood and steel in the London studio to form *The Trojan War*.

1994

Caro Noland Olitski workshop, symposium and exhibition at Hartford Art School, Connecticut.

1994-95

Several exhibitions organised to celebrate the artist's 70th birthday, including 'Sculpture Through Five Decades' at Annely Juda Fine Art, London, later shown at Galerie Hans Mayer, Düsseldorf and (in a modified version) Kukje Gallery, Seoul
One-man exhibitions at André Emmerich Gallery, New York, Richard Gray Gallery, Chicago, and C. Grimaldis Gallery, Baltimore.
Exhibition of table sculptures organised by Kettle's Yard Gallery, Cambridge; later tours to Manchester and Sheffield.
The Trojan War (1993/94) at the Iveagh Bequest, Kenwood, London and Yorkshire Sculpture Park, Wakefield Major sculpture installation commissioned by the Henry Moore Sculpture Trust for the Henry Moore Studio at Dean Clough, Halifax: *Halifax Steps - Ziggurats and Spirals* (1994) further explore the dialogue between sculpture and architecture.

1995

Caro's largest retrospective exhibition of 113 works opens the new Museum of Contemporary Art, Tokyo; curated by Yasuyoshi Saito with architectural settings specially designed by Tadao Ando.

1996

Goodwood Steps (1996) displayed at the Hat Hill Sculpture Foundation, Goodwood, until 1998, then at Chicago Navy Pier, Chicago.
Shown along with Chillida, Jacobsen, Luginbühl in 'Plätze und Platzzeichen' at Museum Würth, Künzelsau, Germany.
Exhibition in Angers musée des beaux-arts, *Figurative sculptures and drawings of the 40' and 90'*.

1996-97

The Trojan War (1993/94) is shown in Greece at Thessaloniki and at the National Gallery, Athens.
With the architect Norman Foster and the engineer Chris Wise wins the competition for a new footbridge spanning the Thames from St Paul's to Tate Modern at Bankside, London.

1998

'Caro-Sculpture from Painting' exhibited at the National Gallery, London; the first occasion a contemporary sculptor has been invited to hold a one-man show there Exhibition of new works at Annely Juda Fine Art, followed by exhibitions in Amsterdam, Seoul and New York.
The Trojan War exhibited at the Marlborough Gallery, New York
Works in theatre for the first time, designing the sets and props for Northern Broadsides' dramatic interpretation of Milton's *Samson Agonistes* at the Viaduct Theatre, Dean Clough, Halifax (director Barrie Rutter, costumes Sheila Girling).

1999

The Last Judgement (1995/99) shown at 48th Venice Biennale; a 25-part sculpture in terracotta, wood and steel, made in response to the atrocities of the 20th century.
New Marlborough Gallery in Boca Raton, Florida, shows *Arena Pieces*.
Begins work on *Duccio Variations* series after accepting an invitation from the National Gallery to make work in response to its collection, having chosen Duccio's *The Annunciation* (1311).
Returns to Ken Tyler's paper workshop in New York and makes the *Paper Book* series.

2000

Receives the Order of Merit, restricted to 24 living members, as the first sculptor to be awarded this special distinction since Henry Moore in 1963.
Exhibition at Venice Design Gallery of works from the *Concerto* series (1999-2000) inspired by music and incorporating parts of musical instruments as well as a new material, cast brass.
Three works from the series of seven *Duccio Variations* (1999-2000) made in different materials from steel and wood to iron and Perspex included in the *Encounters* exhibition at the National Gallery, London.
The *Last Judgement* inaugurates the new wing of Museo des Bellas Artes, Bilbao.
Portland Art Museum, Oregon, which already had two Caro works in its collection, obtained another eight with the acquisition of the Clement Greenberg collection.

2001

Expose *The Last Judgement* à l'église Saint-Jean de Schwäbisch Hall, en marge de l'inauguration de la Kunsthalle Würth.
Exposition didactique « A Sculptor's Development: Anthony Caro » présentée à Lewes, puis à Street et, l'année suivante, au château-musée de Dieppe.
Exposition à la Marlborough Gallery de New York réunissant des œuvres des séries *Variations Duccio*, *Gold Blocks* de 1997-1999 et *Concerto*.
Expose à la Marlborough Gallery de Santiago et à la galerie Hans Mayer de Düsseldorf.
Inaugure le parc de sculptures de Longside avec un ensemble de grandes sculptures architecturales, les *Sculptitectures*.

2002

Figure parmi les artistes sélectionnés pour le panorama de l'art anglais du XXᵉ siècle *Blast to Freeze* présenté au Kunstmuseum de Wolfsburg, puis aux Abattoirs de Toulouse.
Expose dans plusieurs galeries européennes : Metta à Madrid, Lawrence Rubin à Milan, Altair à Palma de Majorque et Besson à Londres.
La fondation Caixa Catalunya présente un choix de ses œuvres de 1964 à 1988 et *The Last Judgement* à la maison Mila, dite la Pedrera, construite par Gaudí à Barcelone.
Expose *The Barbarians* (1999-2002), un groupe de cavaliers en céramique, bois et acier, chez Mitchell-Innes & Nash à New York.

2003

Expose *The Barbarians* chez Annely Juda Fine Art, à Londres, ainsi que plusieurs œuvres de la série des *Paper Books* et *Europa and the Bull* (2000-2002), un autre personnage en céramique et acier.
Présente des études de figures à la Hubert Gallery de New York et des œuvres sur papier chez Joan Prats à Barcelone.
Des rapprochements d'œuvres, autour de la série *Emma* de 1977, sont présentés au parc de sculptures Frederik Meijer, à Grand Rapids, puis au Meadows Museum de Dallas.

2004

Son quatre-vingtième anniversaire est salué par l'installation de la *Sculpture Two* (1962) devant la Tate Britain, Londres, de nombreux articles dans la presse, des émissions de télévision et des livres, ainsi que d'autres expositions à travers le monde, en particulier chez Artemis Greenberg van Doren et chez Garth Clark à New York, C. Grimaldis à Baltimore, Josine Bokhoven à Amsterdam, puis (début 2005) Mitchell-Innes & Nash à New York et Daniel Templon à Paris.
Le nouveau pavillon Sudhaus de la Kunsthalle Würth, à Schwäbisch Hall, lui consacre son exposition inaugurale.
Expose seize œuvres récentes, dont sa première sculpture monumentale en céramique, au domaine de Kenwood sous le titre *The Way It Is*.
The Barbarians au Museum of Art de Séoul.

À l'atelier, réalise des sculptures abstraites en acier galvanisé où il incorpore des objets récupérés.

2005

Grande rétrospective à la Tate Britain, couvrant toutes les périodes de sa carrière depuis les années 1950 jusqu'à la grande commande architecturale pour la Tate, *Millbank Steps* (2004). Une version réduite de cette rétrospective est présentée ensuite à l'Istituto valenciano de arte moderno (IVAM), à Valence.
Expose à la galerie Metta, à Madrid.
Le Portland Art Museum propose un coup de projecteur sur ses œuvres provenant de la collection Clement Greenberg.
Mini-rétrospective en deux parties, chez Marc Selwyn et chez Daniel Weinberg, à Los Angeles.
Exposition-dossier *Manet-Caro, correspondances* au musée d'Orsay, Paris.
Le choix d'œuvres récentes exposé à Kenwood en 2004 est présenté sous le titre *A Life in Sculpture* dans trois villes américaines : Claremont (Scripps College), puis Phoenix (Bentley Projects) et enfin New York (galerie Garth Clark).

2006

Crée une ligne de bijoux pour Joyerias Grassy à Madrid.
L'IVAM, à Valence, présente *The Barbarians* à l'occasion de la remise du prix Julio Gonzáles décerné par la Generalita de Valencia.
Expose la série des *Weekdays* à la galerie Altair de Palma de Majorque.

2007

Le New Art Centre de Roche Court, près de Salisbury, accueille douze sculptures de la série des *Flats* de 1974 ainsi que des œuvres de Sheila Girling.
Plusieurs de ses portraits sculptés sont réunis à la National Portrait Gallery de Londres.
Expose chez Weinberger à Copenhague.
Présente ses œuvres récentes en acier galvanisé chez Annely Juda Fine Art à Londres et chez Mitchell-Innes & Nash à New York.

2001

The *Last Judgement* is exhibited at the Johannes Kirche, Schwäbisch Hall, Germany to coincide with the opening of the new Kunsthalle Würth.
An educational exhibition *A Sculptor's Development – Anthony Caro*, is shown in Lewes, Sussex, touring to Street, Somerset and Château-Musée de Dieppe, France (2002) Duccio Variations, Gold Blocks and Concerto pieces exhibited at Marlborough Gallery, New York.
Exhibitions at Marlborough Gallery, Santiago and Galerie Hans Mayer, Düsseldorf.
Caro at Longside: Sculpture and Sculptitecture, exhibition of large architectural inspired works opens new gallery space at Longside, Yorkshire Sculpture Park.

2002

Included in *Blast to Freeze: British Art of the 20th Century* at Kunstmuseum Wolfsburg and travelling to Les Abattoirs, Toulouse.
Exhibitions at Galeria Metta, Madrid, Galleria Lawrence Rubin, Milan, Galeria Altair, Palma de Mallorca and Galerie Besson, London.
Anthony Caro: Drawing in Space – Sculptures from 1964 to 1988 and *The Last Judgement* shown at Gaudi's La Pedrera in Barcelona, organised by Fundacio Caixa Catalunya.
The Barbarians (1999-2002), a group of mythical horsemen assembled from stoneware, wood and steel, is first shown at Mitchell-Innes & Nash, New York.

2003

The Barbarians shown with works from the *Paper Books* series and *Europa and the Bull* (2000-2002), another figurative stoneware and steel construction at Annely Juda Fine Art, London.
Exhibitions at Hubert Gallery, New York (figure studies) and Galerie Joan Prats, Barcelona (works on paper).
A selection of Emma sculptures and related later work is shown at Frederik Meijer Sculpture Park, Grand Rapids, Michigan, touring to Meadows Museum, Dallas.

2004

80th birthday marked with display of *Sculpture Two* (1962) outside Tate Britain and exhibitions all over the world, including Artemis Greenberg van Doren (Nov/Dec 2003) and Garth Clark Gallery in New York, C Grimaldis Gallery in Baltimore, Galerie Josine Bokhoven in Amsterdam and (early 2005) Mitchell-Innes & Nash in New York and Galerie Daniel Templon in Paris, as well as several new books, television programmes and extensive newspaper coverage.
Caro in Focus inaugurates the new Sudhaus galleries at Kunsthalle Würth, Schwäbisch Hall.

The Way It Is presents 16 new works, including Caro's first monumental sculpture in stoneware, at Kenwood House, London.
The Barbarians travel to the Museum of Art, Seoul
At the studio, works on galvanised, abstract sculptures which incorporate real objects.

2005

Major retrospective at Tate Britain, London, covering all principal phases of Caro's career from the 1950s to the present, including a huge new architectural commission for the Tate's South Duveen gallery, *Millbank Steps* (2004). Tours in reduced form to IVAM, Valencia.
Exhibition at Galeria Metta, Madrid, focus display of works from the Greenberg Collection at Portland Art Museum, Oregon, joint mini-retrospective at Marc Selwyn Fine Art and Daniel Weinberg Gallery, Los Angeles and a *Manet-Caro Correspondences* show at Musée d'Orsay, Paris.
The Kenwood series tours in the US under the title *A Life in Sculpture* to Scripps College, California, Bentley Projects, Texas and (spring 2006) Garth Clark Gallery, New York.

2006

Creates a jewellery series for Joyerias Grassy, Madrid
The Barbarians travel at IVAM, Valencia, to mark the awarding of the International Julio Gonzàles Award of the Generalitat Valenciana.
The *Weekday Series* shown at Galeria Altair, Palma.

2007

Joint exhibition with Sheila Girling at the New Art Centre, Wiltshire includes 12 sculptures from the *Flats* series made at York Steel Company, Toronto in 1974.
Exhibition at Galleri Weinberger in Copenhagen and showing of sculptured portraits at the National Portrait Gallery, London
New galvanised work shown at Annely Juda Fine Art, London and Mitchell-Innes & Nash, New York.

SCULPTURES

Œuvres exposées au musée
des Beaux-Arts d'Angers,
au LAAC (Lieu d'Art et d'Action
Contemporaine) de Dunkerque
et au musée du Dessin et de
l'Estampe originale de Gravelines

1 Capital
1960
Acier peint orange
245 x 241,5 x 132 cm.
Collection privée
Angers, Dunkerque

2 Sculpture Seven
1961
Acier peint en vert, bleu et marron
178 x 537 x 105,5 cm.
Collection privée
Angers, Dunkerque

3 Lock
1962
Acier peint en bleu
88 x 536 x 305 cm.
Collection privée
Angers, Dunkerque

4 Month of May
1963
Acier et aluminium peint en magenta,
orange et vert
279,5 x 305 x 358,5 cm.
Collection privée
Angers, Dunkerque

5 Lap
1969
Acier peint en marron
109 x 152,5 x 244 cm.
Collection privée
Angers, Dunkerque

6 Vespers
1972-1974
Acier peint
305 x 343 x 122 cm.
Londres, Courtesy Annely Juda
Fine Art ; Paris, galerie Daniel Templon.
Angers, Dunkerque

7 Shuttle
1974
Acier, rouillé et verni
195,5 x 241,5 x 254 cm.
Calais, musée des Beaux-Arts
et de la Dentelle.
Angers, Dunkerque

8 Fathom
1976
Acier rouillé et verni
206 x 775 x 167,5 cm.
Collection privée
Angers, Dunkerque

9 Emma Dance
1977-1978
Acier, rouillé, noirci et peint en rouge
240 x 249 x 282 cm.
Londres, Courtesy Annely Juda Fine
Art ; Paris, galerie Daniel Templon.
Angers, Dunkerque

10 Emma Scribble
1977-1979
Acier rouillé et peint
en rouge et vert
198 x 231 x 137 cm.
Saint-Etienne, musée d'art moderne.
Angers, Dunkerque

11 Child's Tower Room
1983-1984
Chêne japonais vernis
381 x 274,5 x 274,5 cm.
Collection privée
Angers, Dunkerque

**12 Table Piece Y-93:
The Procession of the Magi**
1987
Acier ciré
147,5 x 360 x 172,5 cm
Künzelsau (Allemagne),
collection Würth.
Angers, Gravelines

13 Barcelona Crown
1987
Acier, rouillé et verni
68,5 x 213,5 x 124,5 cm.
Londres, Courtesy Annely Juda Fine
Art ; Paris, galerie Daniel Templon.
Angers, Dunkerque

14 Barcelona Congress
1987
Acier, rouillé et verni
104 x 266,5 x 137 cm.
Londres, Courtesy Annely Juda Fine
Art ; Paris, galerie Daniel Templon.
Angers, Dunkerque

15 Barcelona Window
1987
Acier, peint en noir
200,5 x 222 x 127 cm.
Londres, Courtesy Annely Juda Fine
Art ; Paris, galerie Daniel Templon.
Angers, Dunkerque

16 Cathedral
1988-1991
Acier inoxydable, peint en partie
467 x 503 x 295 cm.
Londres, Courtesy Annely Juda Fine
Art ; Paris, galerie Daniel Templon.
Angers, Gravelines

**17 Descent from the Cross III
After Rembrandt**
1989-1990
221 x 119,5 x 111,5 cm
Bronze, cuivre
Vitry-sur-Seine, MAC/VAL,
Musée d'art contemporain
du Val-de-Marne
Gravelines

18 Table Piece: Flower Dust
1989-1990
Acier
75,5 x 231 x 132 cm.
Londres, Courtesy Annely Juda Fine
Art ; Paris, galerie Daniel Templon.
Gravelines

19 Table Piece: Mouchoir
1990
Acier rouillé et ciré
139,5 x 139,5 x 111,5 cm.
Londres, Royal Academy of Arts
Gravelines

20 Painter's Project
1990-1991
Cuivre, coulé et soudé, patiné et ciré
45,5 x 89 x 94 cm.
Londres, Courtesy Annely Juda Fine
Art ; Paris, galerie Daniel Templon.
Gravelines

21 Cubic piece Imprint
1992-1993
Bronze
11,5 x 21,5 x 29 cm.
Londres, Courtesy Annely Juda Fine
Art ; Paris, galerie Daniel Templon.
Gravelines

**22 Cubic piece:
Surveyor's Report**
1992-1993
Bronze
15 x 33 x 48 cm.
Londres, Courtesy Annely Juda Fine
Art ; Paris, galerie Daniel Templon.
Gravelines

23 Table Bronze: In Court
1992-1993
Bronze
22,5 x 81,5 x 54,5 cm.
Londres, Courtesy Annely Juda Fine
Art ; Paris, galerie Daniel Templon.
Gravelines

24 Table Piece: Antibes
1993
Acier, zinc et peint en rouge
69 x 163 x 89 cm.
Collection privée.
Gravelines

**25 Table Piece: Dark Wood
Beach**
1992-1994
Acier verni et ciré
77,5 x 155 x 103 cm.
Collection privée
Gravelines

26 Table Piece: In the Café
1993-1994
Acier rouillé et verni
109 x 117 x 51 cm.
Londres, Courtesy Annely Juda Fine
Art ; Paris, galerie Daniel Templon.
Gravelines

27 **Arena Piece: Descant**
1995
Bois et acier peint
58,5 x 89,5 x 48 cm.
Londres, Courtesy Annely Juda Fine
Art ; Paris, galerie Daniel Templon.
Gravelines

28 **Arena Piece: Kiss**
1995
Bois et acier peint
58,5 x 55 x 20 cm.
Londres, Courtesy Annely Juda Fine
Art ; Paris, galerie Daniel Templon.
Gravelines

29 **Arena Piece: Procession**
1995-1996
Bois et acier peint
48,5 x 93 x 56 cm.
Londres, Courtesy Annely Juda Fine
Art ; Paris, galerie Daniel Templon.
Gravelines

30 **Arena Piece: Conclusion**
1995-1996
Bois et acier peint
62 x 95 x 42 cm
Londres, Courtesy Annely Juda Fine
Art ; Paris, galerie Daniel Templon.
Gravelines

31 **Pierced Block**
1995-1997
Acier et bois
115,5 x 82 x 76 cm.
Londres, Courtesy Annely Juda Fine
Art ; Paris, galerie Daniel Templon.
Gravelines.

32 **Coronation**
1996
Acier et bois
156 x 135 x 135 cm.
Londres, Courtesy Annely Juda Fine
Art ; Paris, galerie Daniel Templon.
Gravelines

33 **Duccio Variations n° 1**
1999-2000
Acier, bois
164 x 143 x 68 cm
Londres, Courtesy Annely Juda Fine
Art ; Paris, galerie Daniel Templon.
Gravelines

34 **Duccio Variations n° 2**
1999-2000
Cuivre
164 x 119 x 64 cm.
Künzelsau (Allemagne),
collection Würth.
Angers, Gravelines

35 **Duccio Variations n° 5**
2000
Plexiglas
168 x 122 x 66 cm.
Londres, Courtesy Annely Juda Fine
Art ; Paris, galerie Daniel Templon.
Gravelines

36 **Duccio Variations n° 6**
1999-2000
Métal et fonte
165 x 173 x 99 cm.
Künzelsau (Allemagne),
collection Würth.
Angers, Gravelines

37 **Slow Passage**
2006
Acier, fonte, galvanisé et peint
239 x 449,5 x 160 cm.
Londres, Courtesy Annely Juda Fine
Art ; Paris, galerie Daniel Templon.
Angers, Dunkerque

PAPER SCULPTURES

Œuvres exposées au musée
du Dessin et de l'Estampe
Originale de Gravelines

38 **Paper Sculpture n° 33**
1981
Papier crayon, acrylique,
papier fait main, bois
52,7 x 61 x 19,1 cm.
Londres, Courtesy Annely Juda Fine
Art ; Paris, galerie Daniel Templon.

39 **Paper Sculpture n° 48:
Bandit**
1981
Crayon, craie, acrylique,
papier fait main, bois
83,2 x 68,6 x 12,7 cm.
Londres, Courtesy Annely Juda Fine
Art ; Paris, galerie Daniel Templon.

40 **Floor Paper Sculpture n° 51**
1981
Acrylique, papier fait main,
tube carton
48,3 x 53,3 x 49,5 cm
Londres, Courtesy Annely Juda Fine
Art ; Paris, galerie Daniel Templon.

41 **Paper Sculpture n° 96**
1981
Craie, colle, acrylique, papier fait main
102,9 x 75,6 x 6,4 cm.
Londres, Courtesy Annely Juda Fine
Art ; Paris, galerie Daniel Templon.

42 **Paper Sculpture n° 98**
1981
Crayon, craie, acrylique, papier fait
main, tubes en carton
76,2 x 38,1 x 40,6 cm.
Londres, Courtesy Annely Juda Fine
Art ; Paris, galerie Daniel Templon.

43 **Paper Sculpture n° 108:
Corner**
1981
Acrylique, épingle et papier fait main
62,2 x 58,4 x 29,2 cm.
Londres, Courtesy Annely Juda Fine
Art ; Paris, galerie Daniel Templon.

44 **Paper Sculpture n° 112**
1981
Crayon, acrylique et papier fait main
62,9 x 99,1 x 7,6 cm.
Collection privée

45 **Paper Sculpture n° 128**
1981
Craie, acrylique, papier fait main, bois
62,9 x 77,5 x 10,2 cm.
Collection privée

46 **Obama Veil**
1990-1991
Papier *washi*, gouache, pastel
101,5 x 70 x 5cm.
Londres, Courtesy Annely Juda Fine
Art ; Paris, galerie Daniel Templon.

47 **Obama Corner**
1990-1991
Papier *washi*, papier tissu, pastel
62 x 100,5 x 12,5 cm.
Collection privée

48 **Obama Delight**
1990-1991
Papier *washi*, gouache, cadre
99 x 109 x 9 cm.
Londres, Courtesy Annely Juda Fine
Art ; Paris, galerie Daniel Templon.

49 **Obama Curtain**
1990-1991
Papier *washi*, papier tissu, cadre
67,5 x 58,5 x 21,5 cm.
Londres, Courtesy Annely Juda Fine
Art ; Paris, galerie Daniel Templon.

50 **Obama Drawing**
1990-1991
Papier *washi*, pastel, cadre
66 x 67,5 x 10 cm.
Londres, Courtesy Annely Juda Fine
Art ; Paris, galerie Daniel Templon.

51 **Obama Sky**
1990-1991
Papier *washi*, aquarelle
68,5 x 101,5 x 9 cm.
Londres, Courtesy Annely Juda Fine
Art ; Paris, galerie Daniel Templon.

52 ***Obama Shadowbox***
1990-1991
Papier *washi*, gouache, cadres
68,5 x 54,5 x 6,5 cm.
Londres, Courtesy Annely Juda Fine
Art; Paris, galerie Daniel Templon.

53 ***Obama Brand***
1990-1992
Papier *washi*, frame
111,5 x 96,5 x 12,5 cm.
Collection pr

54 ***Obama Parthenon***
1990-1992
Papier *washi*, crayon
120,5 x 97,5 x 5 cm.
Londres, Courtesy Annely Juda Fine
Art; Paris, galerie Daniel Templon.

55 ***Obama Sunrise***
1990-1992
Papier *washi*, papier tissu, craie grasse,
gouache
104 x 71 x 10 cm.
Londres, Courtesy Annely Juda Fine
Art; Paris, galerie Daniel Templon.

56 ***Obama Stack***
1990-1992
Papier *washi*, crayon, cadres
91,5 x 76 x 11,5 cm.
Londres, Courtesy Annely Juda Fine
Art; Paris, galerie Daniel Templon.

57 ***Obama Scatter***
1990-1992
Papier *washi*, gouache
99 x 66 x 10 cm.
Londres, Courtesy Annely Juda Fine
Art; Paris, galerie Daniel Templon.

58 ***Obama Lawyer***
1990-1992
Papier *washi*, papier tissu, gouache
97,5 x 70 x 10 cm.
Londres, Courtesy Annely Juda Fine
Art; Paris, galerie Daniel Templon.

59 ***Obama Ohé***
1990-1992
Papier *washi*, papier tissu, cadre
89 x 99 x 17,5 cm.
Collection privée

60 ***Paper Sculpture n° 13:***
Whirl
1993
Crayon, acrylique, papier fait main, bois
19,6 x 40,6 x 40 cm.
Londres, Courtesy Annely Juda Fine
Art; Paris, galerie Daniel Templon.

61 ***Paper Sculpture n° 6:***
Hat Box
1993
Papier, technique mixte
27,9 x 35,6 x 35,6 cm.
Londres, Courtesy Annely Juda Fine
Art; Paris, galerie Daniel Templon.

62 ***Paper Sculpture n° 5:***
Black Bird
1993
Papier, technique mixte
27 x 44 x 38,5 cm.
Londres, Courtesy Annely Juda Fine
Art; Paris, galerie Daniel Templon.

63 ***Paper Sculpture n° 24:***
Rendering
1993
Papier, technique mixte
23 x 40,5 x 40 cm.
Londres, Courtesy Annely Juda Fine
Art; Paris, galerie Daniel Templon.

64 ***Paper Sculpture n° 26:***
Light
1993
Papier, technique mixte
17 x 33,5 x 32 cm.
Londres, Courtesy Annely Juda Fine
Art; Paris, galerie Daniel Templon.

65 ***Paper Sculpture n° 27:***
Nipper
1993
Papier, technique mixte
16 x 47,5 x 47,5 cm.
Londres, Courtesy Annely Juda Fine
Art; Paris, galerie Daniel Templon.

66 ***Paper Sculpture n° 30:***
His House
1993
Papier, technique mixte
32,5 x 51 x 50 cm.
Londres, Courtesy Annely Juda Fine
Art; Paris, galerie Daniel Templon.

67 ***Paper Sculpture n° 31:***
Steamer
1993
Papier
48,5 x 53,5 x 51 cm.
Londres, Courtesy Annely Juda Fine
Art; Paris, galerie Daniel Templon.

68 ***Paper Sculpture n° 34:***
Red Carpet
1993
Papier, technique mixte
23 x 56 x 40,5 cm.
Londres, Courtesy Annely Juda Fine
Art; Paris, galerie Daniel Templon.

69 ***Paper Fly***
1999-2002
Papier fait main, balsa, acier
24 x 31,5 x 33 cm.
Londres, Courtesy Annely Juda Fine
Art; Paris, galerie Daniel Templon.

70 ***Paper Slipper***
1999-2002
Papier fait main, corde, aluminium,
carton ondulé
38 x 29 x 33 cm.
Londres, Courtesy Annely Juda Fine
Art; Paris, galerie Daniel Templon.

SCULPTURES

"The Trojan War"
The Barbarians"
"The Kenwood Series"

Œuvres exposées au musée
des Beaux-Arts et de la Dentelle
de Calais

"The Trojan War"

71 **The Towers of Ilion**
1993-1994
Grès et acier
200 x 180 x 104cm.
Collection particulière

72 **The Trojan Horse**
1993-1994
Grès, acier et bois jarrah
193 x 351 x 219 cm.
Collection particulière

73 **The Skaian Gate**
1993-1994
Grès, acier et bois jarrah
229 x 305 x 153 cm.
Londres, Courtesy Annely Juda Fine
Art ; Paris, galerie Daniel Templon.

74 **Nestor**
1993-1994
Grès, acier et bois jarrah
183 x 70 x 43 cm.
Londres, Courtesy Annely Juda Fine
Art ; Paris, galerie Daniel Templon.

75 **The Death of Hector**
1993-1994
Grès, acier et pin
168 x 122 x 135 cm.
Londres, Courtesy Annely Juda Fine
Art ; Paris, galerie Daniel Templon.

76 **Scamander**
1993-1994
Grès et acier
116 x 71 x 53 cm.
Londres, Courtesy Annely Juda Fine
Art ; Paris, galerie Daniel Templon.

77 **The Felling of Iphition**
1993-1994
Grès et acier
63 x 102 x 145 cm.
Londres, Courtesy Annely Juda Fine
Art ; Paris, galerie Daniel Templon.

78 **Ares-War**
1993-1994
Grès et acier, peint
137 x 57 x 53,5 cm.
Collection particulière

79 **Achilles**
1993-1994
Grès et acier
168 x 94 x 53,5 cm.
Collection particulière

80 **Apollo**
1993-1994
Grès et acier
155 x 81 x 44,5 cm.
Collection particulière

81 **Aphrodite**
1993-1994
Grès et acier
179 x 38 x 58 cm.
Collection particulière

82 **Zeus**
1993-1994
Grès et acier
201 x 61 x 43 cm.
Collection particulière

83 **Poseidon**
1993-1994
Grès et acier
102,5 x 98 x 58 cm.
Collection particulière

"The Barbarians"

84 **Golom**
2000-2002
Terre cuite, bois, cuir et acier
193 x 155 x136 cm.
Londres, Courtesy Annely Juda Fine
Art ; Paris, galerie Daniel Templon.

85 **Kharsag**
2000-2002
Terre cuite, bois, cuir et acier
162,5 x 366 x 193 cm.
Londres, Courtesy Annely Juda Fine
Art ; Paris, galerie Daniel Templon.

86 **Saardag**
2000-2002
Terre cuite, bois, cuir et acier
206 x 155 x 81,5 cm.
Londres, Courtesy Annely Juda Fine
Art ; Paris, galerie Daniel Templon.

87 **Jiloo**
2000-2002
Terre cuite, bois, cuir et acier
203,5 x 178 x 91,5 cm.
Londres, Courtesy Annely Juda Fine
Art ; Paris, galerie Daniel Templon.

88 **Sulde**
2000-2002
206 x 262 x 155 cm.
Londres, Courtesy Annely Juda Fine
Art ; Paris, galerie Daniel Templon.

89 **Doroo**
2000-2002
Terre cuite, bois, cuir et acier
213,5 x 256,5 x 94 cm.
Londres, Courtesy Annely Juda Fine
Art ; Paris, galerie Daniel Templon.

90 **Kharjaar**
2000-2002
Terre cuite, bois, cuir et acier
221 x 158 x 89 cm.
Londres, Courtesy Annely Juda Fine
Art ; Paris, galerie Daniel Templon.

"The Kenwood Series"

91 **Aftermath**
2003-2004
Grès et acier
100 x 143 x 68,5 cm.
Collection particulière

92 **Bankers' Table**
2003-2004
Grès et acier
86,5 x 81,5 x 84 cm.
Collection particulière

93 **Artist's Table**
2003-2004
Grès et acier
150 x 122 x 103 cm.
Collection particulière

94 **Lawmaker's Table**
2003-2004
Grès, fonte et acier inoxydable
75 x 76 x 84 cm.
Collection particulière

95 **Summit Games**
2003-2004
Grès et acier
110 x 71 x 65 cm.
Collection particulière

96 **Messages**
2003-2004
Grès et acier
108 x 144 x 108 cm.
Collection particulière

97 **Provisions**
2003-2004
Grès et acier
157 x 63 x 46 cm.
Collection particulière

98 **Witness**
2003-2004
Grès et acier
280 x 221 x 147,5 cm.
Collection particulière

BIBLIOGRAPHIE

PRINCIPALES RÉFÉRENCES
MAJOR PUBLICATIONS

1974, Whelan
Whelan, Richard, *Anthony Caro*, Middlesex, 1974; New York, 1975, textes par Michael Fried, Clement Greenberg, John Russell et Phyllis Tuchman.

1975
Rubin, William, cat. exp., *Anthony Caro*, Museum of Modern Art, New York, 1975; Londres, 1975.

1981-2001
Blume, Dieter, *Anthony Caro. Catalogue raisonné, œuvres complètes de 1942-2000*, vol. I à XIV, Allemagne et Angleterre, 1981-2001.

1982
Waldman, Diane, *Anthony Caro*, New York, 1982; Oxford, 1982

1986
Fenton, Terry, *Anthony Caro*, Barcelone, 1986; Londres, 1986; New York, 1986; Paris 1990; réed. Londres, 1993.

1989
Barker, Ian (éd.), cat. exp., *Aspects of Anthony Caro*, Knoedler Gallery/Annely Juda Fine Art, Londres, 1989, intr. par Richard Rogers.

1991
Wilkin, Karen, *Caro*, photos par John Riddy, Munich, 1991; réed. Tokyo, 1992.

1991
Moorhouse, Paul, *Anthony Caro: Sculpture towards Architecture*, cat. exp., Tate Gallery, Londres, 1991, intr. par Nicholas Serota.

1992
Anzai, Shigeo, *Caro by Anzai: photo-essay*, Tokyo, 1992.

1992
Caradente, Giovanni, *Anthony Caro*, Sonzogno, 1992, cat. exp., *Caro a Roma*.

1993
Bryant, Julius et Spurling, John, *The Trojan War: Sculptures by Anthony Caro*, Londres, en collaboration avec English Heritage et Yorkshire Sculpture Park, 1993, réed. 1997 (versions grecque et anglaise).

1993
Barker, Ian (éd.), *Caro at the Trajan Markets*, Rome, Lund Humphries, Londres, 1993, intr. par Giovanni Carandente.

1994
Hopper, Robert, *Caro in Yorshire*, Halifax, 1994.

1998
Barker, Ian, cat. exp., *Anthony Caro: New Sculptures*, Annely Juda Fine Art, Londres, 1998, essai par Phyllis Tuchman.

1998
Golding, John, *Caro at the National Gallery: Sculpture from Painting*, cat. exp., National Gallery, Londres, 1998. avant-propos par Neil MacGregor.

1999
Barker, Ian, cat. exp., *The Last Judgement: Sculpture by Anthony Caro*, Museum Würth, Künzelsau (Allemagne), 1999. avant-propos par Reinhold Würth, préf. par Anthony Caro, contributions de Peter Baelz, Hans Magnus Enzensberger, Nadine Gordimer, Robert Hinde, Philip Rylands, John Spurling.

1999
Caradente, Giovanni, *Anthony Caro and Twentieth-Century Sculpture*, Museum Würth, Kinzelsau (Allemagne), 1999, préf. par Reinhold Würth.
Würth, Reinhold, voir Caradente, Giovanni

2001
Elliott, Ann, *A Sculptor's development: Anthony Caro*, publié par Sculpture Exhibitions Ltd, Lewes, 2001; trad. (français) adapté cat. exp., château-musée de Dieppe, 2002.

2002
Juncosa, Enrique, Subiros, Pepe, et Trias, Eugenio, *Anthony Caro: Drawing in Space – Sculptures from 1963-1988. The Last Judgement 1995-1999*, cat. exp., Fundacio Caixa Catalunya, Barcelone, 2002

2004
Barker, Ian, *Anthony Caro: Quest for the new sculpture*, Londres, 2004.

2004
Bryant, Julius, *Anthony Caro: A Life in Sculpture*, Londres et New York, 2004, cat. exp., Kenwood exhibition.

2005
Ciscar, Casaban Consuelo, et Dempsey, Andrew, *Anthony Caro*, cat. exp., IVAM, Institut Valencia d'Art Modern, Valencia, 2005.

2005
Paul Moorhouse, Michael Fried et Dave Hickey, *Anthony Caro*, cat. exp., Tate Gallery, Londres, 2005.

PRINCIPAUX ÉCRITS D'ANTHONY CARO
SELECTED WRITINGS FROM ANTHONY CARO

1960
'The master sculptor: Henry Moore, an appreciation', *The Observer Weekend Review*, 27 novembre 1960, p. 21.

1964
Anthony Caro, Kenneth Noland and Jules Olitski: 'Some excerpts from a conversation at Bennington, Vermont, USA', Monad (Chelsea Arts School Union), n° 1, janvier 1964, p. 18-22.

1966
BBC entretien avec Andrew Forge (octobre 1965), publié dans *Studio International*, Londres, vol. 171, n° 873, janvier 1966, p. 6-9.

1969
[Communication] dans *Art Now: New York*, vol. 1, n° 7, septembre 1969, p. 2.
Anthony Caro's Work: A Symposium by Four Sculptors' (David Annesley, Roelof Louw, Tim Scott, William Tucker), *Studio International*, Londres, janvier 1969.

1974
'Some thoughts after visiting Florence', *Art International*, vol.5, n° 18, mai 1974, p. 22-23, réed. Carandente, n° 3, 1992, p. 84-86 (italien).

1976
'Sculptors' Replies', *Artscribe,* 20 mai 1976, p. 8-10.

1979
Préface dans cat. exp., *Antony Caro*, Gallery Kasahara, Osaka, 1979.
'Stockwell Depot', *Art Monthly*, décembre/janvier 1979, n° 32, p. 27.
Baberton notebook, 1979-1980.

1981
'It all depends…', *Artscribe*, n° 27, février 1981, p. 34-48.

1983
Texte dans cat., *Biennale 17*, Middelheim, Anvers, 1983, p. 68.

1984
'How Sculpture gets looked at', *A Sense of Place: Sculpture in landscape*, Sutherland Arts Centre, Tyne and Wear, 1984, p. 42.
Caro, Anthony et Introduction, Triangle Artists' Workshop Yearbook 1983, Waddington, F (eds) Mashomac Fish & Game Preserve, Pine Plains, New York, p. 20-21, intro. par Karen Wilkin, 1984, p. 5-10.
Communication in cat. exp., itinérant, *Four Rooms*, Art Council of Great Britain, Londres, 1984.
'Art in jeopardy' [letter on proposed cuts in art education funding], *Times*, 12 octobre 1984, p. 14.
'How artists are losing their made in England' cachet' [letter on proposed cuts in art education funding], *Guardian*, 13 octobre 1984, p. 14.

1986
'Artists on art: an appetite for art', *Update*, vol.7, n° 3, Edmonton Art Gallery, été 1986, p. 13-14.
Introduction, *From the Figure: bronzes and drawing by Anthony Caro*, cat. exp., Acquavella Galleries, New York, 1986, p. 4.
[Lettre en réponse à Waldemar Januszczak], *Guardian*, 20 mars 1986, p. 14.

1988
'An Interview', avec Sheila Girling, Fred Pollock, Alan Gouk, Basil Beattie, *Hans Hofmann: Late Paintings*, cat. exp., Tate Gallery publications, 1988.
Introduction dans Triangle Artist Workshop Yearbook 1988, Mashomac Fish and Game Preserve, Pine Plains, New York, p. 4.
'The Artist's Method', *Fuse*, n° 1, automne 1988, version abrégée d'une lecture de Delia Heron Lecture, Falmouth, School of Art 1985, revise pour Contemporary Arts Society 1997, reed. Carandente 1992 pp.94-99 (italien).
Communication dans catalogue, *Anthony Caro: The Barcelona and the Catalan Series*, Sala de Exposiciones del Banco Bilbao Vizcaya, Barcelone, 1989.

1989
'A lesson from the first King Charles', *The Guardian*, 1er janvier 1989.
[Introduction], *Anthony Caro: major new work*, cat. exp., Richard Gray Gallery, Chicago, 1989, p. 5.
Introduction, dans *Triangle Artists Workshop Yearbook 1988*, Mashomac Fish & Game Preserve, Pine Plains, éd. New York, 1989, p. 4.

1990
Introduction, *Triangle Artists Workshop Yearbook 1989*, Mashomac Fish & Game Preserve, Pine Plains, éd. New York, 1990, p. 9-11.
Introduction, *Hans Hofman* exhibition catalogue, Crane Kalman Gallery, juin 1990; réed. Crane Kalman, catalogue 2000 (français et anglais).

1991
'Through the Window', à la Tate Gallery lecture donnée mars 1990, réed. Blume IX, p. 15-28 (allemand/anglais); Carandente, 1992, p. 99-104 (italien); Galerie Lelong, Paris catalogue (1996), p.19-22 (extrait en français); Longside catalogue (2001), pp.64-68; *Drawing in Space* (2002), p.37-41
'The architecture of sculpture', *Blueprint*, n° 78, juin 1991, p. 36.

1992
"My Own Work" 1985; réed. dans Giovanni Carandente, *Anthony Caro: At the Trajan Markets*, cat. exp., Rome, 1992.
'Sea music', *Arts Review*, vol. 44, n° 3, mars 1992, p. 70-2.

1993
'Michelangelo and Donatello: scale and presence',
Modern Painters, vol. 6, n° 1, printemps 1993, p. 36-40.
'Show prefers the trivial to the visual', [lettre],
The Independent, 17 septembre 1993.

1994
'The cube root', [compte rendu de l'exposition
Picasso sculptor/painter à la Tate Gallery],
The Independent, 11 février 1994.
"Anthony Caro, Robert Rosenblum et David
Sylvester: 'Picasso as Sculptor', *Modern Painters*, n° 7,
n° 1, printemps 1994 (texte repris d'une émission
BBC, 1967).

1995
"The Sculpture moment" inclue la série 'Sculptors
on Sculpture: The Sculptural Moment', *Sculpture
Magazine*, vol.14, n° 1, janvier/février 1995, p.28-31
[d'après une lecture donnée à la Sotheby's Annual
Conference of the Association of Art Historians,
Leeds, 1992].
'When British sculptors found their voice',
Daily Telegraph, 20 mai 1995.
Entretien avec Robert Hopper, *Anthony Caro: Halifax
Steps*, Henry Moore Sculpture Trust, Leeds, 1995.

1996
'A Conversation with The Very Revd James Parks
Morton', 'Homily delivered at Vespers, April 28',
Cathedral cat. exp., Cathedral Church of St John
the Divine, New York,
p.13-20; introduction par Karen Wilkin p.5-8.
"Sculpture's new spaces", *Art and Architecture*,
Londres, printemps 1996.

1998
'Picture Choice', *National Gallery News*, mars 1998, p. 1.
'Sculpture from Painting', *Art News and Review*,
19 février 1998, p.46-47.
'My greatest ever…'. *High Life* (British Airways maga-
zine), mai 1998.
[texte] dans (intr.) David Mitchinson: Celebrating
Moore: works from the collection of the Henry
Moore Foundation. Londres: Hund Humphries, 1998.

1999
'Sculpture's new spaces', lecture donnée en octobre
1997 à la Glasgow School of Art, *Dangerous Ground:
Sculpture in the City*, éd. dans Andrew Guest et Ray
McKenzie, *Dangerous ground: sculpture in the city*,
Edinbourg, 1999, p. 11-15.
Préface, *The Last Judgement: Sculpture by Anthony Caro*,
Künzelsau, 1999.

2000
'A Symphony of Mankind', essays pour le programme
d'un concert de Philharmonic Orchestra, Londres,
12 février 2000, p. 5.
'True colours', entretien sur Helen Frankenthaler avec
Hilly Janes, *Observer Magazine*, 4 juin 2000, p. 26-29.
'Duccio Variations n° 1 to 6', *Tate Magazine*, été 2000,
p. 52-53.
"Close Encounters", *Tate,* Londres, été 2000.

2001
'In the Studio', *Clement Greenberg: A Critic's Collection*
(éd. Karen Wilkin et Bruce Guenther), Portland Art
Museum and Princeton University Press, 2001, p.13.

2002
'The sculptural architecture of Mughal India',
The World of Interiors, avril 2002, p. 198-201.
'Veduggio Light', *Madly in Love, The Luigi and Peppino
Agrati Collection* (éd. Germano Celant), Milan, p. 24-25.
'Eduardo Chillida: lives remembered', *The Times*, 30
août 2002, p. 33.
'Artist statement' [on the work India 1976, based
on interview from 1991, revised 2001], in Sarah
Clark-Langager: Sculpture in place: a campus as site:
Western Washington University, Bellingham,
Bellingham: Western Washington University, 2002,
p. 13-14.

2003
'Art and the moral imperative', *The Kingston
& Winchester Papers* (éd. Stephen Newton), Londres,
2003, p. 203-205.
'Esculturas Hoy', *Francisco Gazitura Esculturas*
(éd. Elena Comandari and Rosita Lira), Artepacio,
Santiago, 2003, p. 13-15.
'Foreword', *Ironfighters* (éd. Lisa Page), William Hare
Ltd, Londres, 2003, p. 3

2004
'Frank Martin', *The Independent,* 11 février 2004, p. 18.
'Self-portrait of the artist', *The Independent*,
Art & Books Review, 2 juillet 2004, p. 1-4.

2006
'Introduction', *Embracing the Exotic: Jacob Epstein &
Dora Gordine*, cat. exp., Ben Uri Gallery, Londres 2006,
p. 17.
'Henry Moore', *Time,* 13 novembre 2006, p. 83.

2007
'Courageous', *Annely Juda: A Celebration,* cat. exp.,
Annely Juda Fine Art, Londres, 2007,
p. 63 (avec Sheila Girling).

EXPOSITIONS PERSONNELLES DANS DES MUSÉES
PERSONAL EXHIBITIONS IN MUSEUMS

1963
New Sculpture 1960-1963, Whitechapel Art
Gallery, Londres, 1963, (intr. Michael Fried).

1965
Sculpture, Washington Gallery of Modern Art,
Washington, 1965, (intr. Clément Greenberg).

1967
Anthony Caro, Kröller-Müller Museum, Otterlo,
1967

1969
Anthony Caro, Xe Bienale de Sao Paolo, Sao
Paolo, 1969
Anthony Caro, Hayward Gallery, Londres, 1969,
(texte de Michael, Fried, *Anthony Caro 1954-1968).*

1973
Anthony Caro, Norwich & Norfolk Triennial
Festival, County Hall, Norwich, 1973.

1974
Table Top Sculptures 1973/4, Iveagh Bequest,
Kenwood, Londres, Royaume-Uni, 1974, (texte de John,
Jacob, *Anthony Caro: Table Top Sculptures 1973-74).*

1975-1976
Anthony Caro: A Retrospective, Museum
of Modern Art, New York – exposition itinérante;
Walker Art Center, Minneapolis, Museum of Fine
Arts, Houston; Museum of Fine Arts, Boston, (texte
de William, Rubin, *Anthony Caro).*

1977
**Anthony Caro, Table Sculptures 1966-
1977**, Tel Aviv Museum of Art, Tel Aviv – exposition
itinérante organisée par le British Council: City Art
Gallery, Auckland; National Gallery, Wellington;
Queensland Art Gallery, Brisbane; Newcastle Region
Art Gallery; Victorian College Art Gallery, Melbourne;
Tasmanian Museum & Art Gallery, Hobart; Art
Gallery of New South Wales, Sydney; Undercroft
Gallery, University of Western Australia, Perth;
Stadtische Kunsthalle, Mannheim; Frankfurter
Kunstverein, Francfort; Kunstverein Braunschweig;
Stadtische Galerie im Lenbachhaus, Munich, 1977,
(texte de Michael, Fried, et Jürgen Schilling).

1980
Anthony Caro, The York Sculptures,
Christian Science Center, et museum of Fine Arts,
Boston, 1980, (intr. Et entretien avec Christopher
Andreane).

1981
Bronze Skulpturen 1976-1981, Sprengel
Museum, Hanovre; exposition itinérante: Wilhelm
Hack Museum, Ludwigshafen, 1981.
Anthony Caro, Recent Bronzes 1976-81,
Iveagh Bequest, Kenwood; Londres – exposition
itinérante. Stedelijk Museum, Schiedam, 1981,
(intr. de John Jacob; texte de John Jacob).
Anthony Caro, 12 Skulpturen, Städelschens
Kunstinstitut, Francfort-sur-Main; exposition
itinérante : Saarland Museum, Saarbrücken, 1981, (intr.
par Hannelore Kersting-Bleyl).
Anthony Caro, Sculptures, Storm King Art
Center, Mountainville, New York, 1981, (texte de
Karen, Wilkin, 'Anthony Caro Sculptures').

1982
Five Sculptures by Anthony Caro, Hunterian
Art Gallery, Glasgow, Scotland; exposition itinérante
organisée par le Arts Council Collection;
Huddersfield Art Gallery; City Museum & Art Gallery,
Stoke-on-Trent; Ferens Art Gallery, Hull; Rochdale Art
Gallery; The Minories, Colchester; National Museum
of Wales, Cardiff; Mold, (intr. de Norbert Lynton).

1984
Anthony Caro, Sculpture 1969-84, Serpentine
Gallery, Londres; exposition itinérante organisée par
le Arts Council of Great Britain: Whitworth Art
Gallery, Manchester; City Art Gallery, Leeds;
Ordrupgaardsamlingen, Copenhague; Kunstmuseum
Dusseldorf; Fundacio Joan Miro, Barcelone, 1984,
(intr. de Tim Hilton, texte de Joanna, Drew et
Catherine, Lampert).

1985
VII Skulpturer, Norrköping Konstmuseum,
Norrköping; exposition itinérante à la Galerie
Blanche, Stockholm; Galleri Lang, Malmö; Galerie
Artek, Helsinki, 1985, (intro. Beate Sydholl).

1987
Anthony Caro, Sculpture and Drawings,
Northern Centre for Contemporary Art, Sunderland,
1987.

1989
Anthony Caro 1963-1989, Walker Hill Art
Center, Séoul, 1989, (texte de Park Kae Hee et Um
Tai Jung).
Serie Barcelona y Serie Catalana, Banco
Bilbao Vizcaya, Barcelone, 1989 (texte de Gloria,
Moure, 'Anthony Caro').

1990
Anthony Caro, Oeuvres 1961-1989, musée
des Beaux-Arts et de la Dentelle, Calais, 1990,
(Patrick, Le Nouëne, préface et 'La constance
d'Anthony Caro').

1991
Sculpture Towards Architecture, Tate Gallery,
Londres, 1991, (texte de Paul Moonhouse).

BIBLIOGRAPHIE

1992
Caro a Roma, Trajan Markets, Rome, 1992, (Texte de Giovanni Carandente).
Preview Exhibition of New Sculptures, Accademia Italiana, Londres, 1992.

1993
Anthony Caro, The Cascades Sculptures, Mucsarnok Palace of Art, Budapest; exposition itinérante organisée par le British Council: Museum of Art, Cluj-Napoca; Museum of Art, Constanta; National Galleries, Bucharest; Aksanat, Akbank Culture, Arts & Training Centre, Istanbul; State Fine Arts Gallery, Ankara; State Painting & Sculpture Museum, Izmir; Skali Cultural Centre, Aglanja, Cyprus; Museum of Cycladic Art, Athènes; Municipality Exhibition Hall, Thessaloniki; Museum de Beyerd, Breda; Galerie Schloss Moritzburg, Halle; Moderna Galerija, Ljubljana, Slovenie; State Art Gallery, Nitra; Slovak National Gallery, Bratislava, (texte de Marlow, Tim, 'Anthony Caro Expanding the Language of Sculpture').

1994
Halifax Steps, Henry Moore Studio, Halifax, Yorkshire, 1994, (préface et entretien de Robert, Hopper).
Table Sculptures, Kettle's Yard Gallery, Cambridge, Cambridgeshire – exposition itinérante Whitworth Art Gallery, Manchester; Graves Art Gallery, Sheffield, (texte de Michael, Harrison; préface de Sarah Glennie, 1993).
70th Birthday Display, Tate Gallery, Londres, 1994.
The Trojan War: **Sculptures by Anthony Caro**, Iveagh Bequest, Kenwood, Londres – exposition itinérante: Yorkshire Sculpture Park, Wakefield, texte de John Spurling, Julius Bryant.

1995
Figure Drawings, Metropole Arts Centre, Folkestone, Kent – exposition itinérante Bridport Arts Centre, Dorset.
Anthony Caro, Museum of Contemporary Art, Tokyo, 1995, (textes de Yasuyoshi Saito, reiichi Noguchi, Keito Hashimoto, Oga Yosuke et Ian Barker, preface Yasuo Kamon, articles de Seji Oshima, Yasuyoshi Saito, Tadayasu, Sakai).
The Caro Connection, Koffler Gallery, North York, Ontario, 1995, (textes de Carpenter, Ken).

1996
Anthony Caro, Art Gallery of Alberta, Edmonton, 1996.
Sculptures et dessins figuratifs 1950-1990, Musée des Beaux-Arts, Angers, 1996, (texted de Le Nouëne, Patrick et de Jane, Lee, français/anglais)
The Caros: A Creative Partnership, Chesil Gallery, Portland, Dorset; exposition itinérante: University of Surrey Library Gallery, Guildford; Dorset County Museum, Dorchester; Pier Arts Centre, Stromness, Orkney.
Cathedral, Cathedral Church of St John the Divine, New York, 1996.

Caro & Olitski: Masters of Abstraction Draw the Figure, Studio School of Drawing, Painting & Sculpture, New York, 1996.

1997
Anthony Caro, Openluchtmuseum voor Beeldhouwkunst Middelheim, Anvers, 1997 (texte de Tina Marlow).
The Trojan War, French Institute, Thessaloniki – exposition itinérante: National Gallery, Athènes, 1997.

1998
Caro at the National Gallery: **Sculpture from Painting**, National Gallery, Londres, 1998, (texte par John Golding).

1999
Four Sculptures, Centrum beeldende Kunst, Nimique, 1999.
The Last Judgement, Biennale, Venise, 1999.

2000
The Last Judgement, Museo de Bellas Artes, Bilbao, 2000, (texte de F Calvo, Seraller, 'Quo Vadis').

2001
Caro at Longside: Sculpture and Sculpitecture, Yorkshire Sculpture Park, Wakefield, 2001.
Anthony Caro: A Sculptor's development, Town Hall, Lewes; exposition itinérante: Millfield School, Somerset; Château-musée, Dieppe, 2001.
The Last Judgement Sculpture by Anthony Caro 1995-99, Johanniterhalle, Schwäbisch Hall, Künzelsau, 2001.

2002
Drawing In Space & The Last Judgement, Centre Cultural Caixa Catalunya, Barcelone, 2002.

2003
The Emma Series, Frederik Meijer Gardens & Sculpture Park, Grand Rapids, Michigan – exposition itinérante: Meadows Museum, Dallas, (texte par Jerry Fenton).

2004
The Way It Is, Iveagh Bequest, Kenwood, Londres, Royaume-Uni – exposition itinérante Scripps College, California; Bentley Projects, Phoenix; Garth Clark Gallery, New York.
Caro in Focus: Skulpturen von Anthony Caro 1942-2003, Kunsthalle Würth, Schwäbisch Hall, Künzelsau, 2004.
The Barbarians, Seoul Museum of Art, Séoul, 2004, (texte de So Rock Chun).

2005
Caro in Focus, Portland Art Museum, Portland, 2005.
Anthony Caro, Ivam Centre Julio Gonzalez, Valencia, 2005, (texte de Kosme de Baranano).
Anthony Caro, Tate Britain, Londres, 2005 (texte de Paul Moonhouse).

2006
The Barbarians, Ivam Centre Julio Gonzalez, Valencia, 2006, (texte de Joseph Salvador et de Ciscar Casaban).

2007
Anthony Caro: CMA @ MOCA Exhibition, Cleveland Museum of Contemporary Art, Cleveland, 2007.

EXPOSITIONS PERSONNELLES EN GALERIE
PERSONAL EXHIBITIONS IN GALLERY

1956
Anthony Caro, Galleria del Naviglio, Milan, Italie, 1956, (texte de Lawrence, Alloway, 'Caro and gravity').

1957
Scultpure by Anthony Caro, Gimpel Fils Gallery, Londres, 1957.

1964
Anthony Caro: **First New York exhibition**, Andre Emmerich Gallery, New York, 1964.

1965
Anthony Caro: **Recent Sculpture**, Kasmin Gallery, Londres, 1965.

1966
New Sculpture, Andre Emmerich Gallery, New York, 1966.
Anthony Caro, New Skulpturen, Galerie Bischofberger, Zürich, 1966.
Anthony Caro, David Mirvish, Toronto, 1966.

1967
Recent Sculpture, Kasmin Gallery, Londres, 1967.

1968
Anthony Caro: **New Sculpture**, Andre Emmerich Gallery, New York, 1968.

1970
New Sculpture, Andre Emmerich Gallery, New York, 1970.

1971
New Sculptures, Kasmin Gallery, Londres, 1971.
Anthony Caro, David Mirvish Gallery, Toronto, 1971.

1972
New Sculpture, Kasmin Gallery, Londres, 1972.
New Sculpture, Andre Emmerich Gallery, New York, 1972.

1973
New Table Pieces, Andre Emmerich Gallery, New York, 1973.

1974
Sculture 1973-1974, Galleria dell'Ariete, Milan, 1974.
Anthony Caro, David Mirvish, Toronto, 1974.
Neue Eisenplastiken, Galerie André Emmerich, Zürich, 1974.
Sculptures from Veduggio and Londres 1972-73, Andre Emmerich Gallery, New York, 1974.

1975
New Sculptures, Richard Gray Gallery, Chicago, Illinois, 1975.
Anthony Caro, Galerie Wentzel, Hambourg, 1975.

1976
Recent Sculpture, Watson de Nagy Gallery, Houston, 1976.
New Sculpture, Lefevre Gallery, Londres, 1976.

1977
British Artists in the Sixties: Anthony Caro, Waddington and Tooth Galleries, Londres, 1977.
New Sculpture, Andre Emmerich Gallery, New York, 1977.
Anthony Caro, Galerie Piltzer, Rheims-Paris, France, 1977, (texte de Dominique Fourcade).

1978
Writing Pieces, Knoedler Gallery, Londres, 1978.
Emma Lake Sculptures, Andre Emmerich Gallery, New York, 1978.
Anthony Caro, Galerie Wentzel, Hambourg, 1978.
Recent Sculpture, Ace Gallery, Venice (Californie), 1978.
New Sculptures, Richard Gray Gallery, Chicago, 1978.
Anthony Caro, The Antwerp Gallery, Anvers, 1978.
Neue Plastiken, Galerie André Emmerich, Zürich, 1978.
Recent Sculpture, Harcus Krakow Gallery, Boston, 1978.

1979
Writing Pieces, Andre Emmerich Gallery, New York, 1979.
Sculpture 1974-78, Ace Gallery, Vancouver, 1979.
Anthony Caro, Gallery Kasahara, Osaka, 1979.

1980
Bronze Sculptures, Acquavella Contemporary Art, New York, 1980.
Anthony Caro, Galerie Andre, Berlin, 1980.
Writing Pieces, Compass Gallery, Glasgow, 1980.

1981
New Works, Downstairs Gallery, Edmonton, 1981.
Recent Bronzes, Harcus Krakow Gallery, Boston, 1981.

1982
Paper Sculpture, Harcus Krakow Gallery, Boston, 1982.
Anthony Caro, Gallery One, Toronto, 1982, (texte de Karenwilkin).
Paper Sculpture, Andre Emmerich Gallery, New York, 1982.
Bronze Screens & Table Sculptures, Andre Emmerich Gallery, New York, 1982.

1983
Anthony Caro, Galerie de France, Paris, 1983.
Recent Sculptures, Steel & Bronze, Waddington Galleries, Londres, 1983.
Recent Sculptures, Steel & Bronze, Knoedler Gallery, Londres, 1983, (texte de Christopher Andreae).

1984
Anthony Caro, Il Punto Blu, Southampton, New York, 1984.
Anthony Caro, Martin Gerard Gallery, Edmonton, 1984.
Sculpture and Drawings, Castlefield Gallery, Manchester, 1984, (intr. de Mike, Lyons).
Four Phases: Bronze Sculptures/The Pine Plains Series, Acquavella Contemporary Art, New York.
Four Phases: Steel Sculptures/Painted Lead & Wood Pieces, Andre Emmerich Gallery, New York, 1984, (texte de Andre, Emmerich, *Anthony Caro 1982-1984: Four Phases*).
Anthony Caro, Knoedler Gallery, Londres, 1984.

1985
Sculpture, Constantine Grimaldis Gallery, Baltimore, 1985.
Anthony Caro, Studio la Citta, Vérone, Italie; exposition itinérante: Galleria Stendhal, Milan; Centro Comunale de Bogliasco, Gènes, 1985.
Recent Sculpture in Bronze, Lead & Wood, and Steel, Gallery One, Toronto, 1985.
Recent Work, Harcus Krakow Gallery, Boston, 1985.
Skulpturen 1972-1984, Galerie André Emmerich, Zürich, 1985.
Skulpturen – Zeichnungen, Galerie Wentzel, Cologne, 1985.

1986
Anthony Caro, Arup Associates, Londres, 1986.
Recent Sculptures, Waddington Galleries, Londres, 1986, (texte de David Sylvester).
Recent Sculptures, Knoedler Gallery, Londres, 1986.
Escultures 1971-1985, Galeria Joan Prats, Barcelone; exposition itinérante : Iglesia de San Esteban, Murcia; La Lonja, Valence; Galeria Soledad Lorenzo, Madrid, 1986, (texte de Lluisa, Maria Borras, 'La imaginació d'Anthony Caro').
From the Figure, Acquavella Contemporary Art, New York, 1986.
Painted Sculpture 1983-1985, Andre Emmerich Gallery, New York, 1986, (intr. André Emmerich.
New Sculpture, Richard Gray Gallery, Chicago, 1986.

1987
Bronzes and Drawings from the Figure, Gallery One, Toronto, 1987, (texte de Karen Wilkin).
Anthony Caro, Elizabeth Franck Gallery, Knokke-le-Zoute, 1987.
Recent Sculptures, Constantine Grimaldis Gallery, Baltimore, 1987, (texte de Saunders, Wade, intr. de Grimaldis Constantine).
Anthony Caro, James Corcoran Gallery, Santa Monica, Californie, 1987.

1988
The Greek Series, Andre Emmerich Gallery, New York, 1988, (texte de John Dorsey).
Neue Skulpturen, Ziegler Galerie, Zürich, 1988.
Anthony Caro, Elizabeth Franck Gallery, Knokke-le-Zoute, 1988, (intr. de Fonce, Jan).
Skulpturen, Galerie Wentzel, Hambourg, 1988.
Paper Sculptures 1981-82, Sylvia Cordish Fine Art, Baltimore, 1988.

1989
Esculturas das Serias Barcelona e Catala, Galeria Fluxus, Porto, 1989, (intr. Pinto de Almeida de Bernado).
Anthony Caro 1963-1989, Nabis Gallery, Séoul, 1989.
Aspects of Anthony Caro, Knoedler Gallery, Londres, 1989.
Aspects of Anthony Caro, Annely Juda Fine Art, Londres, 1989.
From the Figure, Rutgers Barclay Gallery, Santa Fé, 1989.
New Acquisitions: Works by Anthony Caro, Carl Schlosberg Fine Arts, Sherman Oaks, 1989.
Anthony Caro, Kathleen Laverty Gallery, Edmonton, 1989.
Escultures, Sala d'Art Sebastia Jane, Gérone, 1989 (texte de Maria Luisa Borras).
Important Works of the 1980s, Constantine Grimaldis Gallery, Baltimore, 1989, (intr. de Charles, Millard).
New Sculpture, Andre Emmerich Gallery, New York, 1989.
Major New Work, Richard Gray Gallery, Chicago, 1989.

1990
Anthony Caro, Fuji Television Gallery, Tokyo, 1990, (texte de Seiji Oshima).
Anthony Caro, Galerie Pousse (Ichikawa Gallery), Tokyo, 1990.
Anthony Caro, Gallery AsRoyaume-Unia, Tokyo, 1990.
Steel Sculptures, Gallery Kasahara, Osaka, 1990, (texte de Tadayasu, Sakai, 'Anthony Caro, the Skipper Voyaging through the Sea of Iron').
Barcelona Sculpture, Gallery One, Toronto, 1990.
Anthony Caro, Huis Osterrieth, Anvers, 1990, (texte de Florent Bex).
Night Movements 1987-1990, Galerie Lelong, Paris, France, 1990, (texte de Bernard, Blistène, 'L'espace speculatif d'Anthony Caro').
Abstraccion y Figuracion, Galeria Acquavella, Caracas, 1990, (intr. de William Rubin et participation d'Anthony Caro, Jack Flam, David Sylvester, Michael Brenson et Michael Shepherd).
Anthony Caro, Galeria Charpa, Gandia, Valence, 1990.

1991
Skulpturen, Galerie Wentzel, Hambourg, 1991.
Skulpturen, Galerie Hans Mayer, Düsseldorf, 1991.
The Cascades, Andre Emmerich Gallery, New York, 1991, (texte de Ken Johnson).
The Cascades, Annely Juda Fine Art, Londres, 1991, (texte de Ken Johnson).
Two Sculptures by Anthony Caro, Knoedler Gallery, Londres, 1991.
Anthony Caro, Nabis Gallery, Séoul, 1991, (texte de Lee Kyoung Sung).

1992
Paper Works Obama Series, Fuji Television Gallery, Tokyo, 1992, (texte de Shigeo Anzai).
Antologica 1973/92, Studio Marconi, Milan, 1992.
Momenti Alternativi, Galleria Oddi Baglioni, Rome, 1992.
Sculptures, Paper Sculptures, Fondation Veranneman, Kruishoutem, 1992.

1994
Sculpture Towards Architecture, Constantine Grimaldis Gallery, Baltimore, 1994.
Sea Music: The Sculpture on Poole Quay, Upstairs Gallery, Scaplen's Court Museum, Poole, Dorset – puis Seldown Gallery.
The Zone Series: Bronzes, Richard Gray Gallery, Chicago, 1994.
Anthony Caro, Andre Emmerich Gallery, New York, 1994.
Five Decades: 1955-1994, Annely Juda Fine Art, Londres; puis itinérance à la Galerie Hans Mayer, Dusseldorf,; Kukje Gallery, Séoul, 1994, (texte de Kyung Mee Park).

1995
City and Sculpture, Gallery Kasahara, Tokyo, 1995.
Recente Sculptuur, Galerie Josine Bokhoven, Amsterdam, 1995.

1996
The Marker Series, Galerie Lelong, Paris, 1996, (texte de Serge Fauchereau).

1998
Ceramic Sculpture, Garth Clark Gallery, New York; puis Gallery, Chicago, 1998 (texte de Garth Clark).
Bronze/Lead & Wood, KRoyaume-Unije Gallery, Séoul, 1998.
Sculptuur 1995-1997, Galerie Josine Bokhoven, Amsterdam, 1998.
The Trojan War, Marlborough Gallery, New York, 1998.
New Sculptures – A Survey, Annely Juda Fine Art, Londres, 1998, (texte de Phyllis Tuchamn).

BIBLIOGRAPHIE

1999
Sculpture, Marlborough Gallery, Boca Raton, Floride, 1999.

2000
Nye Skulpturer, Galleri Weinberger, Copenhague, 2000.
Anthony Caro in Concerto, Venice Design, Venise, 2000, (texte de Giovanni Carandente).
Coloured Sculpture, Ameringer Howard Fine Art, New York; exposition itinérante: Butler Institute, Youngstown, 2000.

2001
Skulpturen aus fünf Jahrzehnten, Galerie Hans Mayer, Düsseldorf, 2001.
Duccio Variations, Gold Block Series and In Concerto, Marlborough Gallery, New York; version réduite présentée à la Marlborough Galeria, Santiago, 2001.

2002
The Barbarians, Mitchell-Innes et Nash, New York, 2002, (texte de Dave Hickey).
Clay Sculptures, Galerie Besson, Londres, 2002.
Anthony Caro, Galeria Altair, Palma de Majorque, 2002, (préface de Keith Patrick).
Scultura futura: Riflessioni su Anthony Caro, Galleria Lawrence Rubin, Milan, 2002.
Anthony Caro, Galeria Metta, Madrid, 2002.

2003
Anthony Caro: Sculpture, Artemis Greenberg van Doren Gallery, New York, 2003.
From the Figure, Hubert Gallery, New York, 2003.
The Barbarians, Europa and the Bull, Paper Book Sculptures, Annely Juda Fine Art, Londres, 2003, (texte de Ian Barker).
Escultures i obra sobre paper, Galeria Joan Prats, Barcelone, 2003.

2004
A Survey: 1960s Through 2000, Constantine Grimaldis Gallery, Baltimore, 2004, (texte de Virginia K. Adams).

Anthony Caro: Recente Sculptuur, Galerie Josine Bokhoven, Amsterdam, 2004.
Pot Ladies, Garth Clark Gallery, Long Island City, New York, 2004.

2005
Anthony Caro, Galeria Metta, Madrid, 2005.
Sculpture 1966-1983, Marc Selwyn Fine Art, Los Angeles, Californie; expositon organisée avec le concours de Daniel Weinberg Gallery, 2005.
Anthony Caro: Table Top Pieces, Mitchell-Innes & Nash, New York, 2005, (texte de Joan Pachner).
Anthony Caro, Galerie Daniel Templon, Paris, 2005.
Painted Sculpture, Mitchell-Innes and Nash, New York, 2005.

2006
Anthony Caro, Galeria Altair, Palma, 2006 (texte de Kosmé de Baranano).
2006
Joyas de Anthony Caro, Joyerias Grassy, Madrid, 2006.

2007
Anthony Caro: Galvanised Sculptures, Mitchell-Innes and Nash, New York, 2007, (texte de Kosmé de Baranano).
Anthony Caro: Galvanised Sculptures, Annely Juda Fine Art, Londres, 2007, texte de Karen Wilkin, David Juda et Lucy Mitchell-Innes).
Anthony Caro, Venice Design, Venise, 2007.
Anthony Caro & Sheila Girling, New Art Centre Sculpture Park and Gallery, Salisbury, 2007.
Anthony Caro, Galleri Weinberger, Copenhague, 2007.

2008
Anthony Caro, Musée des Beaux-Arts d'Angers, musée du Dessin et de l'Estampe originale de Gravelines, Lieu d'Art et d'Action Contemporaine de Dunkerque, musée des Beaux-Arts et de la Dentelle de Calais.

CRÉDITS PHOTOGRAPHIQUES
PHOTO CREDITS

Achevé d'imprimer en mai 2008 pour l'Association des Conservateurs des Musées Nord – Pas-de-Calais
et les éditions GOURCUFF GRADENIGO - STIPA, Montreuil